唐亚南/主编

中国法院类案检索与裁判规则专项研究丛书

中国法学会研究会支持计划
最高人民法院审判理论研究会主持

假冒注册商标刑事案件裁判规则

人民法院出版社

图书在版编目（CIP）数据

假冒注册商标刑事案件裁判规则 / 唐亚南主编. --
北京 : 人民法院出版社, 2022.7
（中国法院类案检索与裁判规则专项研究丛书）
ISBN 978-7-5109-3521-3

Ⅰ. ①假… Ⅱ. ①唐… Ⅲ. ①假冒商标－刑事犯罪－审判－案例－中国 Ⅳ. ①D923.435

中国版本图书馆CIP数据核字(2022)第101923号

中国法院类案检索与裁判规则专项研究丛书
假冒注册商标刑事案件裁判规则

唐亚南　主编

责任编辑：马　倩
执行编辑：白　鸽
封面设计：鲁　娟
出版发行：人民法院出版社
地　　址：北京市东城区东交民巷 27 号（100745）
电　　话：（010） 67550662（责任编辑） 67550558（发行部查询）
　　　　　65223677（读者服务部）
客 服 QQ：2092078039
网　　址：http://www.courtbook.com.cn
E - mail：courtpress@sohu.com
印　　刷：天津嘉恒印务有限公司
经　　销：新华书店

开　　本：787 毫米×1092 毫米　1/16
字　　数：404 千字
印　　张：22.75
版　　次：2022 年 7 月第 1 版　2022 年 7 月第 1 次印刷
书　　号：ISBN 978-7-5109-3521-3
定　　价：88.00 元

中国法院类案检索与裁判规则专项研究

首席专家组组长：姜启波

首席专家组成员（以姓氏笔画为序）：

丁文严　王　锐　王保森　王毓莹　代秋影　包献荣

刘俊海　李　明　李玉萍　杨　奕　吴光荣　沈红雨

宋建宝　陈　敏　范明志　周海洋　胡田野　钟　莉

袁登明　唐亚南　曹守晔　韩德强　黎章辉

假冒注册商标刑事案件裁判规则

主　编：唐亚南

副主编：许常海　闫帅锋

专家组（以姓氏笔画为序）：

刘大海　吴青良　余德厚　周　强　娄晓阳　黄金驹

中国法院
类案检索与裁判规则专项研究
说　明

最高人民法院《人民法院第五个五年改革纲要（2019—2023）》提出“完善类案和新类型案件强制检索报告工作机制”。2020年9月发布的《最高人民法院关于完善统一法律适用标准工作机制的意见》（法发〔2020〕35号）对此进行了细化，并进一步提出“加快建设以司法大数据管理和服务平台为基础的智慧数据中台，完善类案智能化推送和审判支持系统，加强类案同判规则数据库和优秀案例分析数据库建设，为审判人员办案提供裁判规则和参考案例”。为配合司法体制综合配套改革，致力于法律适用标准统一，推进人民法院类案同判工作，中国应用法学研究所组织了最高人民法院审判理论研究会及其下设17个专业委员会的力量，开展中国法院类案检索与裁判规则专项研究，并循序推出类案检索和裁判规则研究成果。

最高人民法院审判理论研究会及其分会的研究力量主要有最高人民法院法官和地方各级人民法院法官，国家法官学院和大专院校专家教授，国家部委与相关行业的专业人士。这些研究力量具有广泛的代表性，构成了专项研究力量的主体。与此同时，为体现法为公器，应当为全社会所认识，并利用优秀的社会专业人士贡献智力力量，专项研究中也有律师、企业法务参加，为专项研究提供经验与智慧，并参与和见证法律适用的过程。以上研究力量按照专业特长组成若干研究团队开展专项研究，坚持同行同专业同平台研究的基本原则。

专项研究团队借助大数据检索平台，形成同类案件大数据报告，为使用者提供同类案件裁判全景；从检索到的海量类案中，挑选可索引的、优秀的例案，为使用者提供法律适用参考，增加裁判信心，提高裁判公信；从例案中提炼出同类案件的裁判规则，分析裁判规则提要，提供给使用者参考。从司法改革追求的目标看，此项工作能够帮助法官从浩如烟海的同类案件中便捷找到裁判思路清晰、裁判法理透彻的好判决（即例案），帮助法官直接参考从这些好判决中提炼、固化的裁判规则。如此，方能帮助法官在繁忙工作中实现类案类判。中国法院类案检索与裁判规则专项研究，致力于统一法律适用，实现法院依法独立行使审判权与法官依法独立行使裁判权的统一。这也正是应用法学研究的应有之义。

专项研究的成果体现为电子数据和出版物（每年视法律适用的发展增减），内容庞大，需要大量优秀专业人力长期投入。有关法院裁判案件与裁判内容检索的人工智能并不复杂，算法也比较简单，关键在于“人工”，在于要组织投入大量优秀的“人工”建设优质的检索内容。专项研究团队中的专家学者将自己宝贵的时间、智力投入到“人工”建设优质内容的工作中，不仅仅需要为统一我国法律适用、提升裁判公信力作出贡献的情怀，还需要强烈的历史感、责任感，具备科学的体系思维和强大的理性能力。此次专项研究持续得越久，越能向社会传达更加成熟的司法理性，社会也越能感受到蕴含在优质司法中的理性力量。

愿我们砥砺前行。

2022 年 7 月

假冒注册商标刑事案件裁判规则

前　言

假冒注册商标罪是商标类犯罪中的基础罪名。商标所凝聚的商誉是商品提供者的无形财产，兼之商标对消费者所起到的商品标识作用，侵犯注册商标所有人的商标权，不仅侵犯了商标所有人的利益，还侵犯了消费者的利益。自 2021 年 3 月 1 日起施行的《刑法修正案（十一）》对假冒注册商标罪作了重大修改，回应了社会各界创新创作主体对加强知识产权刑事保护日益强烈的需求。随着假冒注册商标犯罪案件逐渐增多，新型商标犯罪案件层出不穷，司法机关在办理此类犯罪案件时面临越来越多的法律适用问题。本书选取了刑事司法实践中常见、多发、法律适用分歧较大的问题，如同一种商品的认定，相同商标的评判、使用的界定，犯罪数额的认定以及帮助犯的范围界定等，在大数据检索分析的基础上，遴选出了 58 个可供参考的例案，形成 20 条裁判规则，以期对依法惩治假冒注册商标犯罪，统一法律适用、促进司法公正尽献绵薄之力。

撰稿人（按撰稿顺序排列）：

最高人民法院民事审判第三庭（知识产权审判庭）三级高级法官许常海，负责规则第 1 条、第 15 条的撰写；

重庆市高级人民法院研究室闫帅锋，负责规则第 2 条、第 5 条、第 8 条的撰写；

海南省审判业务专家、海南省海口市中级人民法院审判员刘大海，负责规则第 3 条、第 10 条的撰写；

海南省海口市龙华区人民法院龙泉人民法庭庭长吴青良，负责规则第 4 条、第 6

条的撰写；

海南省高级人民法院刑事审判第一庭四级高级法官周强，负责规则第 7 条、第 14 条的撰写；

海南省高级人民法院审判员余德厚，负责规则第 9 条、第 12 条的撰写；

人民法院新闻传媒总社主任编辑唐亚南，负责第 11 条、第 17 条、第 18 条、第 19 条的撰写；

重庆两江新区人民法院（重庆自由贸易试验区人民法院）知识产权审判庭法官助理娄晓阳，负责规则第 13 条、第 16 条、第 20 条的撰写；

重庆市巴南区人民法院行政审判庭法官助理黄金驹，负责全书的大数据统计、文字校核、案例搜集等工作。

全书由人民法院新闻传媒总社主任编辑唐亚南统稿。

假冒注册商标刑事案件裁判规则

凡 例

一、法律法规及立法解释

1.《中华人民共和国刑法》，简称《刑法》。

2.《中华人民共和国商标法》，简称《商标法》。

3.《中华人民共和国反不正当竞争法》，简称《竞争法》。

4.《中华人民共和国公司法》，简称《公司法》。

5.《中华人民共和国刑事诉讼法》，简称《刑事诉讼法》。

6.《全国人民代表大会常务委员会关于〈中华人民共和国刑法〉第三十条的解释》，简称《刑法第三十条解释》。

7.《全国人民代表大会常务委员会关于惩治假冒注册商标犯罪的补充规定》，简称《假冒注册商标犯罪补充规定》。

8.《中华人民共和国商标法实施条例》，简称《商标法实施条例》。

二、司法解释及司法文件

1.《最高人民法院、最高人民检察院、公安部关于办理侵犯知识产权刑事案件适用法律若干问题的意见》，简称《知识产权刑事适用意见》。

2.《最高人民法院、最高人民检察院、公安部关于办理非法集资刑事案件若干问题的意见》，简称《非法集资刑事案件办理意见》。

3.《最高人民法院、最高人民检察院、海关总署关于办理走私刑事案件适用法律若干问题的意见》，简称《走私刑事案件法律适用问题意见》。

4.《最高人民法院、最高人民检察院关于办理侵犯知识产权刑事案件具体应用法律若干问题的解释》，简称《知识产权刑事司法解释》。

5.《最高人民法院、最高人民检察院关于办理侵犯知识产权刑事案件具体应用法律若干问题的解释（二）》，简称《知识产权刑事司法解释（二）》。

6.《最高人民法院、最高人民检察院关于办理侵犯知识产权刑事案件具体应用法律若干问题的解释（三）》，简称《知识产权刑事司法解释（三）》。

7.《最高人民法院、最高人民检察院关于办理生产、销售伪劣产品刑事案件具体应用法律若干问题的解释》，简称《生产、销售伪劣产品刑事司法解释》。

8.《最高人民法院、最高人民检察院关于适用刑事司法解释时间效力问题的规定》，简称《刑事司法解释时间效力规定》。

9.《最高人民法院、最高人民检察院关于办理非法利用信息网络、帮助信息网络犯罪活动等刑事案件适用法律若干问题的解释》，简称《非法利用、帮助信息网络犯罪刑事司法解释》。

10.《最高人民检察院、公安部关于公安机关管辖的刑事案件立案追诉标准的规定（一）》，简称《刑事案件立案追诉标准（一）》。

11.《最高人民检察院、公安部关于公安机关管辖的刑事案件立案追诉标准的规定（三）》，简称《刑事案件立案追诉标准的规定（三）》。

12.《最高人民法院关于适用刑法第十二条几个问题的解释》，简称《刑法第十二条适用问题解释》。

13.《最高人民法院关于审理非法出版物刑事案件具体应用法律若干问题的解释》，简称《非法出版物刑事案件应用问题解释》。

14.《最高人民法院关于审理单位犯罪案件具体应用法律有关问题的解释》，简称《单位犯罪司法解释》。

15.《最高人民法院关于审理破坏森林资源刑事案件具体应用法律若干问题的解释》，简称《破坏森林资源刑事案件应用若干法律问题解释》。

16.《最高人民法院关于确定民事侵权精神损害赔偿责任若干问题的解释》，简称《精神损害赔偿案件适用法律问题解释》。

17.《最高人民法院关于审理商标民事纠纷案件适用法律若干问题的解释》，简称《商标民事纠纷司法解释》。

18.《最高人民法院关于审理洗钱等刑事案件具体应用法律若干问题的解释》，简称《洗钱案件刑事司法解释》。

19.《最高人民法院关于适用〈中华人民共和国刑事诉讼法〉的解释》，简称《刑事诉讼法适用司法解释》。

20.《最高人民法院关于审理侵害信息网络传播权民事纠纷案件适用法律若干问题的规定》，简称《侵害信息网络传播权民事案件适用法律问题规定》。

21.《最高人民法院关于审理商标授权确权行政案件若干问题的规定》，简称《商标确权行政案件规定》。

22.《最高人民法院关于审理单位犯罪案件对其直接负责的主管人员和其他直接责任人员是否区分主犯、从犯问题的批复》，简称《单位犯罪案件主、从犯认定批复》。

23.《全国法院审理金融犯罪案件工作座谈会纪要》，简称《金融犯罪案件会议纪要》。

24.《最高人民法院关于审理生产、销售伪劣商品刑事案件有关鉴定问题的通知》，简称《生产、销售伪劣商品刑事案件鉴定问题通知》。

25.《最高人民法院关于依法加大知识产权侵权行为惩治力度的意见》，简称《知识产权侵权惩治意见》。

26.《最高人民法院刑事审判第二庭关于集体商标是否属于我国刑法的保护范围问题的复函》，简称《集体商标是否属于刑法保护范围复函》。

27.《最高人民检察院关于对跨越修订刑法施行日期的继续犯罪、连续犯罪以及其他同种数罪应如何具体适用刑法问题的批复》，简称《继续犯罪、连续犯罪及其他同种数罪适用刑法问题批复》。

28.《最高人民检察院关于涉嫌犯罪单位被撤销、注销、吊销营业执照或者宣告破产的应如何进行追诉问题的批复》，简称《犯罪单位被撤销、注销、吊销执照或宣告破产的追诉问题批复》。

29.《最高人民检察院关于办理涉互联网金融犯罪案件有关问题座谈会纪要》，简称《互联网金融犯罪会议纪要》。

30.《最高人民检察院法律政策研究室关于对数罪并罚决定执行刑期为三年以下有期徒刑的犯罪分子能否适用缓刑问题的复函》，简称《对数罪并罚犯罪分子缓刑适用问题复函》。

31. 上海市高级人民法院刑事审判庭、上海市人民检察院公诉处《上海法检刑事法律适用问题解答》，简称《上海法检刑事法律适用问题解答》。

三、部门规章等规范性文件

1.《公安部关于村民委员会可否构成单位犯罪主体问题的批复》，简称《村民委员会单位犯罪批复》。

2.《工商行政管理机关行政处罚案件违法所得认定办法》，简称《行政处罚案件违法所得认定办法》。

目 录

第一部分

假冒注册商标刑事案件
裁判规则摘要

假冒注册商标刑事案件裁判规则第 1 条：

未经注册服务商标所有人许可，在同一种服务上使用与其注册商标相同的商标，情节严重的，构成假冒注册商标罪

【规则描述】 服务商标是提供服务的经营者为将自己所提供的服务与他人提供的服务相区别而使用的标志，其与商品商标一样，可以由文字、图形、字母、数字、三维标志、声音和颜色组合，以及上述要素的组合而构成。服务商标一旦被注册，权利人就拥有了对该服务商标的专有使用权，受法律保护。《刑法修正案（十一）》将注册服务商标纳入刑法规制范畴，完善了我国注册商标刑事保护制度，提升了对服务商标所有人权益的保护水平。

假冒注册商标刑事案件裁判规则第 2 条：

证明商标用以保证商品的特定品质，假冒证明商标用于商品、商品包装或产品说明书，使消费者误以为商品达到了政府或行业认证标准的，可构成假冒注册商标罪

【规则描述】 证明商标由政府或者行业认证，具有较强公信力，用以保证所使用商品的特定品质，有利于企业向市场推销商品，也有利于消费者选择商品，保证商品的质量。证明商标主要包括：原产地证明商标，即证明商品或服务本身出自某原产地，是一种地理标志，原产地名称在一定情况下也可以作为证明商标注册；品质证明商标，是证明商品或服务具有某种特定品质的标志。行为人假冒使用证明商标用于商品、商品包装或者产品说明书、广告宣传，会使消费者误认商品的来源或者质量，损害商标管理制度，触犯假冒注册商标罪。

假冒注册商标刑事案件裁判规则第 3 条:

集体商标是集体组织成员资格的标志，集体组织以外成员未经许可在同一种商品上使用该集体商标的，可构成假冒注册商标罪

【规则描述】 根据我国《商标法》第 3 条第 2 款的规定，集体商标为注册商标的种类之一，享有商标专用权，受法律保护。集体商标是指以团体、协会或者其他组织名义注册，供该组织成员在商事活动中使用，以表明使用者在该组织中的成员资格的标志。各种行业协会注册集体商标供协会会员使用，集体商标的作用是向外界表明使用该集体商标的成员所提供的商品或者服务有相同的来源或者相同的质量特点。因此，违反国家商标管理法规，未经集体商标权人许可，在同一种商品、服务上使用与其注册的集体商标相同的商标，包括将商标用于商品、商品包装或者容器以及商品交易文书上，或者将商标用于广告宣传，情节严重的行为，可构成假冒注册商标罪。

假冒注册商标刑事案件裁判规则第 4 条:

同一种商品的比对应当在注册商标核定使用的商品和行为人实际生产销售的商品之间进行，名称相同或名称不同但指同一事物的商品，可以认定为同一种商品

【规则描述】 名称相同的商品以及名称不同但指同一事物的商品，可以认定为“同一种商品”。“名称”是指国家市场监督管理总局（原国家工商行政管理总局商标局）在商标注册工作中对商品使用的名称，通常指《商标注册用商品和服务国际分类》中规定的商品名称。“名称不同但指同一事物的商品”是指在功能、用途、主要原料、消费对象、销售渠道等方面相同或者基本相同，相关公众一般认为是同一种事物的商品。认定“同一种商品”，应当在权利人注册商标核定使用的商品和行为人实际生产销售的商品之间进行比较。

假冒注册商标刑事案件裁判规则第 5 条：

假冒注册商标罪中的相同商标认定，以是否足以使相关消费者误认为是注册商标为标准，包括完全相同和基本相同，具体可从商标的字形或具体图形要素方面识别

【规则描述】 刑法意义上的“相同”不以“与注册商标完全相同”为限，在司法实践中应当严格把握“基本相同”的认定标准。“视觉上与注册商标基本无差别、足以对公众产生误导”是并列关系而非选择关系，需同时满足才能证成相同商标，尤其应重视“视觉效果基本无差别”的认定标准，以免造成刑罚的不当扩张。刑法中“相同商标”的比对，不宜采用民事商标侵权案件中的“隔离观察方法”，而应采用“对比观察方法”进行比对。比对时要执行相对民事商标侵权更高的判断标准，防止“视觉效果基本无差别”的构成要件被“足以对公众产生误导”的构成要件置换和虚化。

假冒注册商标刑事案件裁判规则第 6 条：

被假冒的注册商标为组合商标的，在判定行为人所使用的商标是否属于刑法意义上的相同商标时，仍应严格坚持“在视觉上基本无差别、足以对公众产生误导”认定标准

【规则描述】 组合商标由多种要素组合而成的特性决定了其更易被侵权人所模仿、使用，其往往仅通过组合商标的某个要素或将某个要素与其他标识进行组合的方式来进行法律规避。具体案件中，对组合商标，仍应坚持司法解释规定的“在视觉上基本无差别、足以对公众产生误导”的判断原则。

假冒注册商标刑事案件裁判规则第7条：

注册商标为中英文组合商标的，行为人如仅使用中文文字或英文字母，以与注册商标基本无差别为判断标准，不宜一概否定该标识不属于刑法意义上的相同商标

【规则描述】 刑法意义上的相同商标并不以与注册商标完全相同为限，当中英文组合标识与单独的中文或英文标识发生纠纷时，单独的中文或英文标识能否被认定为新标识，在司法实践中主要认定标准为：是否存在视觉上与注册商标基本无差别、足以对公众产生误导或者使得相关公众难以分辨。

假冒注册商标刑事案件裁判规则第8条：

假冒他人商品装潢不构成假冒注册商标罪，但对于假冒名优酒类瓶贴的，因名优酒类瓶贴装潢中起到商标作用的部分已被作为商标注册，可以假冒注册商标罪论处

【规则描述】 商品装潢不同于商标，假冒商品装潢是用文字、图案、线条、色彩等假冒、伪造他人的包装装潢，达到以假乱真、误导消费者的目的。假冒他人商品装潢虽会误导消费者，损害消费者利益，但此类假冒行为一般可通过民事诉讼途径获得救济，不触及刑法。但随着名优酒类大受追捧，假冒名酒瓶贴的图案及装潢案件增多，而名优酒类的特定名称及瓶贴装潢起到了商标识别作用，相关公众对此类商标广为知晓，成为消费者认购的一种显著标志。为了加强对名优酒类商标专用权的保护，国家商标局将十三家酒厂的名酒的瓶贴装潢，如茅台、五粮液、西凤等名酒，作为商标予以注册。因此，对假冒这十三家企业名酒瓶贴的案件，可以假冒注册商标罪论处。

假冒注册商标刑事案件裁判规则第 9 条：

行为人虽非假冒注册商标商品的生产者，但如果其参与假冒商品与假冒注册商标之间的粘贴、包装、组合等任一行为的，可认定为假冒注册商标罪

【规则描述】 假冒注册商标罪中的各行为人因其行为模式的不同而在定罪量刑上有所差异。行为人非假冒注册商标商品的生产者，但其参与完成假冒商品与假冒注册商标之间的粘贴、包装、组合等任一行为的，属于假冒注册商标罪中的“使用”行为，对行为人可认定为假冒注册商标罪。原因在于这种非法组合行为与单纯的销售假冒注册商标的商品行为不同，其是将两个不同物品经过粘贴包装组合成一个具有特定含义的新的产品进行销售，行为人的非法组合行为侵犯了注册商标专用权，故该行为应认定为非法使用他人注册商标的行为。行为人为他人假冒注册商标提供的包装材料上印制有注册商标，或其提供的标签标识本身就是注册商标，应当认定为单独构成非法制造、销售非法制造的注册商标标识罪。

假冒注册商标刑事案件裁判规则第 10 条：

将同一商标的低端产品加工改装为高端产品出售，若该产品基本结构、关键部件、主要性能、功能、用途已发生实质性变化的，视为再生新产品，符合《刑法》第 213 条及相关司法解释规定的数额较大的情形，可构成假冒注册商标罪

【规则描述】 在涉电子产品的案件中，行为人将同一商标的低端产品加工改装为高端产品出售极为常见。对这一行为定性的关键在于对涉案产品加工改装的行为是否已使该产品性能发生实质性变化，转化为再生产品；如属此情形，行为人再使用同一商标进行包装的，可构成假冒注册商标罪。在司法实践中，对产品的加工分为“重新包装”和“加工改造”两类，对前一种形式，根据商标权用尽原则，其侵犯的不是商标权的保护法益；本条规则所列行为是指第二种情形，即在将同一商标的低端产品加工、改造成为高端产品，使得该产品发生质变，成为再生产品的情况下，行为人如使用该商品商标，情节严重的，可构成假冒注册商标罪。

假冒注册商标刑事案件裁判规则第 11 条：

“实际销售价格”是认定非法经营数额的最直观因素，对其判定可根据已查获的销售记录、报价单、销售单价、数量、发货单、销售商的供述和证人证言等能够证明商品单价、数量和总金额的证据综合认定

【规则描述】 商标是无形资产，假冒注册商标罪的构成与否及刑罚的具体适用，非法经营数额是其最为重要的量化标准之一。认定假冒注册商标罪中的非法经营数额有四个计算标准：实际销售价格，标价，实际销售的平均价格，市场中间价格。四个标准之间按照顺序依次认定，前者优于后者。对已销售的侵权产品案件中的非法经营数额认定，按照实际销售的价格计算。认定实际销售价格，根据能够证明商品单价、数量和总金额的证据综合认定，实际销售价格的计算无需扣除成本。

假冒注册商标刑事案件裁判规则第 12 条：

假冒注册商标罪的单位犯罪认定，单位决策机构决定，或经单位主要负责人、分管负责人事先同意、指使或明知而不制止实施假冒注册商标犯罪行为，且违法犯罪所得全部或主要部分归属单位的，构成假冒注册商标罪的单位犯罪

【规则描述】 构成单位犯罪必须满足犯罪意志的整体性和非法利益归属的团体性两个特征，即单位决策机构（人）决定实施犯罪和违法所得归单位所有。为单位谋取利益是假冒注册商标罪单位犯罪最根本的特征，犯罪所得归单位所有是为单位谋利的表征，假冒注册商标犯罪行为是否体现了单位意志是区分单位犯罪和自然人犯罪的关键。凡是由单位意思决定，或经单位主要负责人、分管负责人事先同意、指使或明知而不制止实施假冒注册商标犯罪行为，且犯罪所得款项全部或者主要部分用于单位的，以单位犯罪论处；凡是盗用单位名义实施犯罪，犯罪所得由实施犯罪的个人私分的，不以单位犯罪论处，而是依照个人犯罪的规定定罪处罚；此外，单位消亡的，亦不以单位犯罪论处，但单位分立、合并的，分立、合并前的单位构成该罪。

假冒注册商标刑事案件裁判规则第 13 条：

行为人设立公司、企业或子公司、分公司但未进行工商注册登记，或虽进行工商注册登记但以个人名义、使用个人账号实施假冒注册商标犯罪活动，违法犯罪所得主要归个人所有的，可认定为自然人犯罪，不以单位犯罪论处

【规则描述】 区分单位犯罪和自然人犯罪的关键在于假冒注册商标犯罪行为所体现的是单位的意志，还是作为单位成员的自然人个人意志。凡是由单位意思决定，以单位名义实施，违法所得款项全部或者主要部分用于单位的，以单位犯罪论处，但相关法律或司法解释另有规定的除外。行为人成立公司或设立分公司、子公司后，以实施假冒注册商标为主要业务的，为个人犯罪，不以单位犯罪论处。对个人资产与单位资产混同、财务制度不规范，没有合法经营业务，违法所得主要由个人任意支配、处分的，或者是由个人实际控制的单位、个人以单位名义实施假冒注册商标犯罪行为，即使假冒注册商标犯罪行为以单位名义实施，仍以自然人犯罪论处。

假冒注册商标刑事案件裁判规则第 14 条：

假冒注册商标罪的主观方面为故意，行为人的犯罪动机不影响本罪的成立。故意的认定应结合具体案件情况综合认定

【规则描述】 假冒注册商标罪的主观方面表现为故意，即行为人认识到其使用的商标与他人已注册商标相同，明知自己的假冒商标行为未经注册商标所有人许可，仍故意在同一种商品上使用与他人注册商标相同的商标，行为人的犯罪动机不影响假冒注册商标罪的成立。司法实践中，行为人的主观心理状态可结合行为人与权利人的行业相关度、地域远近及注册商标的知名度等因素综合判定，具有下列情形的可直接认定为故意：行为人多次或重复假冒注册商标的；假冒多种注册商标的；权利人曾经通知、警告或起诉行为人侵犯涉案商标的；行为人曾经与权利人就涉案商标具有业务合作或曾经寻求购买，仍然擅自实施假冒他人注册商标的。

假冒注册商标刑事案件裁判规则第 15 条：

明知他人实施假冒注册商标犯罪行为而为其提供人力、资金帮助，或提供生产、制造侵权产品的主要原材料、辅助材料、半成品、生产技术、配方等帮助，或提供生产、销售、制造、储存场所的，以假冒注册商标罪共犯论处

【规则描述】 为他人假冒注册商标提供帮助的行为人，应当区分情况认定其构成假冒注册商标罪的共同犯罪或者是构成非法制造、销售非法制造的注册商标标识罪。行为人为他人假冒注册商标提供生产、制造侵权产品的主要原材料、辅助材料、半成品、生产技术、配方等帮助，或者是为其提供不包含注册商标的包装材料、标签标识，或者是提供场地，应以假冒注册商标罪的共犯论处；行为人为他人假冒注册商标提供的包装材料上印制有注册商标，或其提供的标签标识本身就是注册商标，要根据案件具体情况分析，如果提供者仅提供标识，其获利依据是提供标识的数量等，并未参与到后期假冒等环节，可以非法制造、销售非法制造的注册商标标识罪定罪处罚；如果提供者与假冒注册商标行为人形成假冒他人注册商标的共同犯意，其只是根据分工负责非法制造或提供非法制造的标识，非法获利系根据假冒注册商标商品的数量等，则可以假冒注册商标罪定罪处罚。

假冒注册商标刑事案件裁判规则第 16 条：

受委托为他人实施假冒注册商标犯罪提供加工服务，或受雇为实施假冒注册商标犯罪提供日常监管帮助的，按假冒注册商标罪从犯处理

【规则描述】 加工包装者明知行为人委托其加工、包装的产品为假冒注册商标产品，其虽未直接从事生产、销售，也没有约定或实际上从侵权产品的销售中获取利润分成，仅是对侵权产品进行加工包装，从中收取加工包装费用的，可认定为共同假冒注册商标行为，由于加工包装者在共同犯罪中起次要作用，可以认定为从犯。协助他人看管、监督工人实施假冒注册商标犯罪活动，可认定为从犯。

假冒注册商标刑事案件裁判规则第 17 条：

行为人使用注册商标有一定民事权利基础的，可认定其主观上无假冒他人注册商标的故意，不宜认定为假冒注册商标罪

【规则描述】 假冒注册商标罪在主观方面是故意，即明知未经注册商标所有人的同意，而在同一种商品上使用与他人注册商标相同的商标。但如行为人使用注册商标具备一定的民事权利基础，如合同约定（包括口头），且证据又不足以证明行为人有假冒他人注册商标主观故意的，不构成假冒注册商标罪。应当注意的是，如果超出商标授权范围，或注册商标所有人口头同意后，双方又签订了以上报批准等形式作为生效要件的书面合同，而实际又未经批准的，不宜一律认定行为人的使用行为不构成犯罪。

假冒注册商标刑事案件裁判规则第 18 条：

行为人在其生产、销售的伪劣商品上擅自使用他人注册商标，是一个行为触犯了数个罪名，属于想象竞合，应从一重罪处罚

【规则描述】 伪劣商品的生产者、销售者为了顺利地将伪劣商品销售牟利，或者为了利用伪劣商品损害他人注册商标所承载的商业信誉，在其生产、销售的伪劣商品上擅自使用他人的注册商标，在上述行为过程中，假冒注册商标的行为实际上成为生产、销售伪劣商品行为的有机组成部分而没有独立评价的意义，二者系一个整体行为，应当按照想象竞合犯从一重罪处断原则定罪处罚，不数罪并罚。

假冒注册商标刑事案件裁判规则第 19 条：

假冒注册商标罪，在刑事附带民事诉讼案件的审理中，应分别体现刑事审判有利被告和民事审判平等保护的思维方式，按照刑事诉讼排除合理怀疑和民事诉讼优势证据的证明标准，确定罪刑相适应的刑事责任和依法酌定赔偿数额的民事责任

【规则描述】 刑事附带民事诉讼的前提是被害人遭受了物质方面的损失。假冒注册商标属于侵犯知识产权，知识产权作为一种无形财产权，属于民法意义上的无体物，知识产权因侵权遭受的财产损失理当属于物质损失，故知识产权案件符合刑事附带民事诉讼的成立条件。在审理刑事案件过程中一并解决民事赔偿问题，可以避免由刑事审判庭和民事审判庭分别审理刑事和民事问题可能出现的对同一事实作出相互矛盾的裁判的问题，有利于维护人民法院裁判结果的统一性。在刑事诉讼中，被告人承担刑事责任应当依据罪刑相适应原则，即人民法院在对犯罪分子量刑时，应当根据其行为危害性的大小以及犯罪情节、犯罪人的人身危险性等影响刑事责任的因素来确定与之相适应的刑罚，做到罪行、罪责和刑罚三者相适应。而商标侵权案件中民事赔偿责任需综合考量侵权人获利、被侵权人的实际损失及可能的收益等因素，无法确定具体数额的，人民法院有权依法酌定赔偿数额。

假冒注册商标刑事案件裁判规则第 20 条：

因侵犯知识产权被处以行政处罚或刑事处罚后，再次侵犯商标权构成假冒注册商标罪的，即使行为人与被假冒注册商标权利人达成了赔偿协议，一般也不再适用缓刑

【规则描述】 构成假冒注册商标罪的犯罪分子，若在此前曾经因侵犯知识产权被处以刑事处罚或者行政处罚，或者其拒不交出假冒注册商标所获取的违法所得，即使其符合我国《刑法》第 72 条规定的缓刑适用的一般条件，在此案中也不得适用缓刑。

第二部分

假冒注册商标刑事案件裁判规则

假冒注册商标刑事案件裁判规则第 1 条：

未经注册服务商标所有人许可，在同一种服务上使用与其注册商标相同的商标，情节严重的，构成假冒注册商标罪

【规则描述】 服务商标是提供服务的经营者为将自己所提供的服务与他人提供的服务相区别而使用的标志，其与商品商标一样，可以由文字、图形、字母、数字、三维标志、声音和颜色组合，以及上述要素的组合而构成。服务商标一旦被注册，权利人就拥有了对该服务商标的专有使用权，受法律保护。《刑法修正案（十一）》将注册服务商标纳入刑法规制范畴，完善了我国注册商标刑事保护制度，提升了对服务商标所有人权益的保护水平。

一、类案检索大数据报告

时间：2022 年 7 月 1 日之前，案例来源：Alpha 案例库，案件数量：17272 件，数据采集时间：2022 年 7 月 1 日。本次检索共获取认定假冒注册商标罪 2022 年 7 月 1 日之前 17272 篇裁判文书。整体情况如图 1–1 所示，从案件年份分布可以看到当前条件下案例数量的变化趋势。

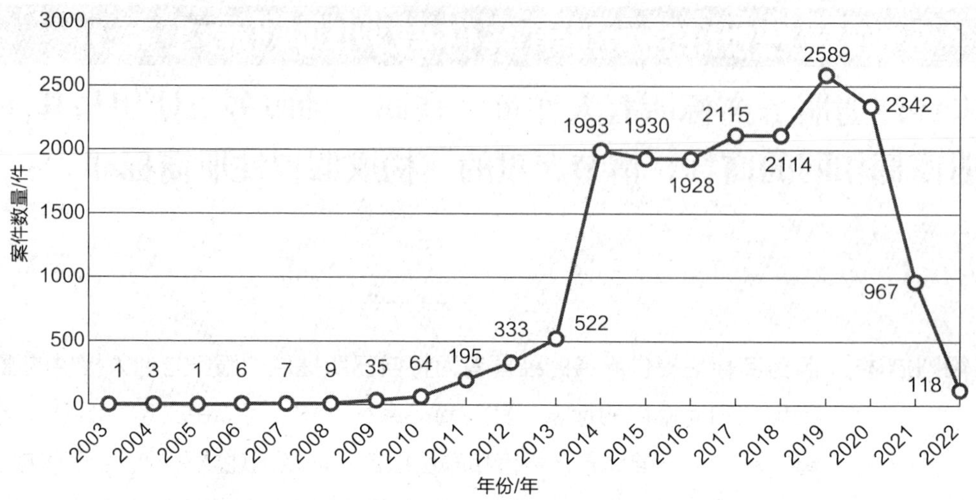

图 1–1　案件年份分布情况

如图 1–2 所示，从地域分布来看，当前假冒注册商标案例主要集中在广东省、浙江省，江苏省、分别占比 33.54%、8.23%、7.69%。其中广东省的案件量最多，达到 5793 件。

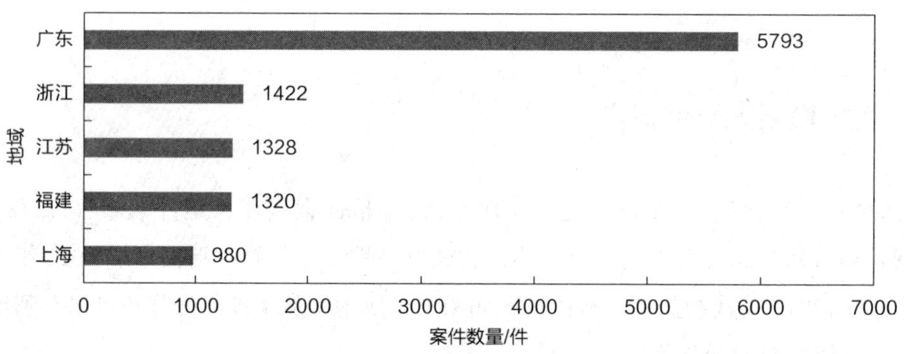

图 1–2　案件地域分布情况

如图 1–3 所示，从案件程序分类统计可以看到假冒注册商标罪当前的审理程序分布状况，其中一审案件有 11851 件，二审案件有 2019 件，再审案件有 111 件，执行案件有 3234 件。一审上诉率约为 17.04%。

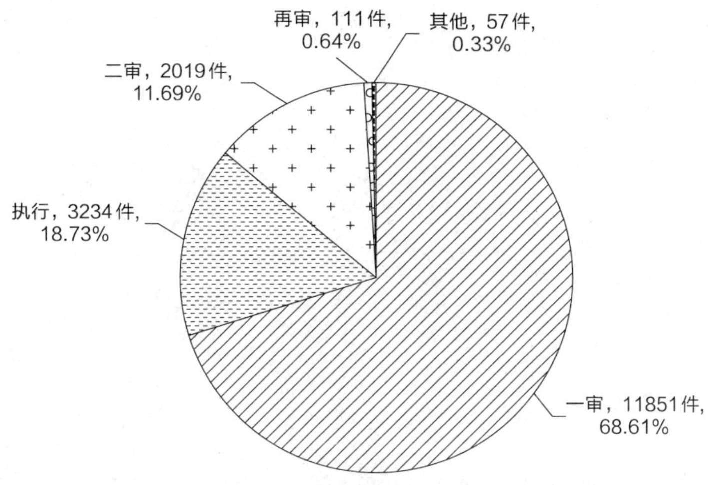

图 1–3　案件程序分类情况

如图 1–4 所示，通过对二审裁判结果的可视化分析可以看到，当前条件下维持原判的有 1240 件，占比为 61.42%；改判的有 278 件，占比为 13.77%；撤回上诉的有 249 件，占比为 12.33%。

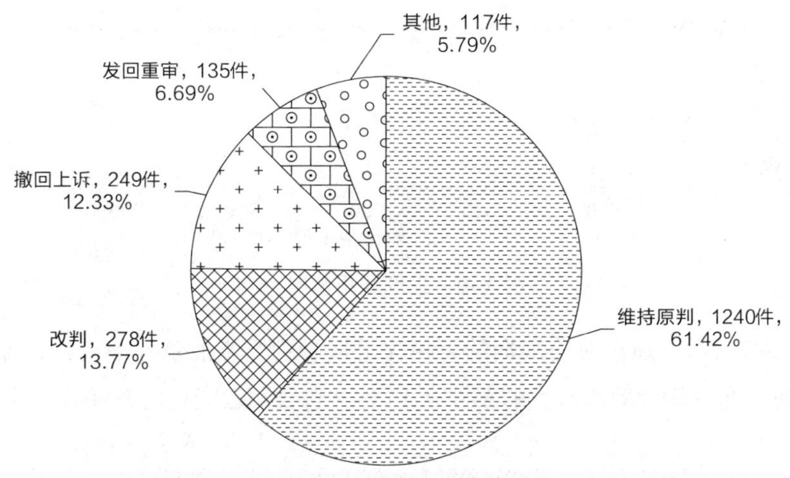

图 1–4　二审裁判结果情况

如图 1–5 所示，通过对再审裁判结果的可视化分析可以看到，当前条件下其他的有 86 件，占比为 77.48%；改判的有 17 件，占比为 15.31%；维持原判的有 7 件，占比为 6.31%。

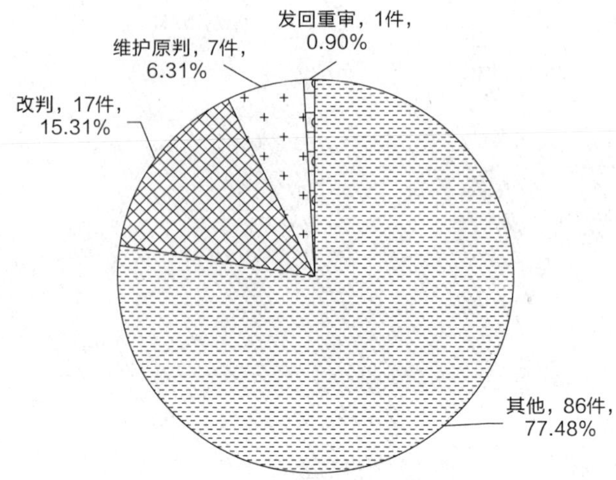

图 1–5　再审裁判结果情况

如图 1–6 所示，通过对主刑的可视化可以看到，当前条件下包含有期徒刑的案件有 11014 件，包含拘役的案件有 566 件，包含无期徒刑的案件有 4 件。其中包含缓刑的案件有 6655 件，免予刑事处罚的案件有 43 件。

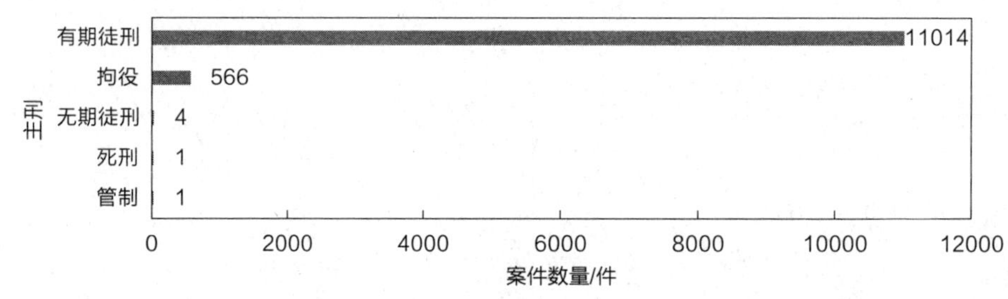

图 1–6　主刑适用情况

如图 1–7 所示，通过对附加刑的可视化可以看到，当前条件下包含罚金的案件有 11482 件，包含剥夺政治权利的案件有 15 件，包含驱逐出境的案件有 2 件。

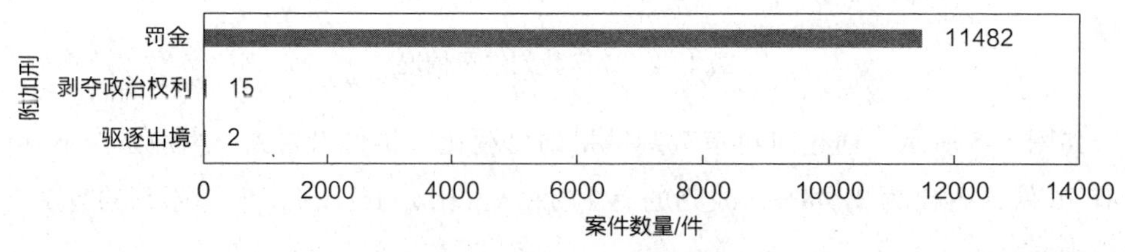

图 1–7　附加刑适用情况

二、可供参考的例案

例案：李某假冒注册商标案

【法院】

山东省蒙阴县人民法院

【案号】

（2007）蒙刑初字第 21 号

【诉讼主体】

公诉机关：山东省蒙阴县人民检察院

被告人：李某

【基本案情】

2005 年 5 月，李某为自己经营的加油站制作标志过程中，未经许可，采用了中国石化集团公司第 1948354 号、1948357 号注册服务商标标识，另将中国石化集团公司注册服务商标第 1948353 号“SINOPEC”改作为“SUPER”，与汉字“中国油化”，共同组成自己加油站的服务标志。制作完成后，李某使用此标志进行加油服务经营至 2005 年 10 月，经营数额达 201752.51 元。工商局对此作出行政处罚决定，认为李某的行为构成对中国石化集团公司注册商标的侵权。2005 年 11 月 1 日，工商局将此案移送公安局立案侦查。公诉机关提起公诉后决定撤回起诉。

【案件争点】

未经注册商标所有人许可，在同一种服务上使用与他人注册的服务商标相同的商标，是否构成假冒注册商标罪。

【裁判要旨】

法院审理认为，《刑法》第 213 条规定“未经注册商标所有人许可，在同一种商品上使用与其注册商标相同的商标，情节严重”的行为，构成假冒注册商标罪，该条并未规定在同一种商业服务经营上使用与他人注册服务商标相同商标的行为也是犯罪行为。法无明文规定不为罪，这是最基本的罪刑法定原则。因此，李某假冒中国石油化工集团注册的第 1948357 号、1948354 号服务商标，不符合《刑法》第 213 条假冒注册商标罪的构成要件，其违法行为应由相关民事法律和行政法规进行调整，因此李某的行为不构成犯罪。公诉机关撤回起诉符合法律规定，准许撤回起诉。

三、裁判规则提要

（一）《刑法修正案（十一）》施行后，情节严重的假冒注册服务商标行为可构成假冒注册商标罪

近年来，我国服务产业发展迅猛，与人民群众的日常生活紧密相连，随着企业品牌意识的提升，大量服务商标蕴含着巨大的品牌价值，我国对服务商标加大保护力度的重要性和紧迫性也日益凸显。因此，《刑法修正案（十一）》充分考虑当前社会各界对加强注册服务商标刑事保护的强烈需求和实际需要，将注册服务商标纳入刑法规制范畴，完善了我国注册商标刑事保护制度，提升了对服务商标所有人权益的保护水平。根据修正后《刑法》第213条的规定，未经注册商标所有人许可，在同一种商品、服务上使用与其注册商标相同的商标，情节严重的，构成假冒注册商标罪。此前，在司法实践中出现过多起假冒服务商标案件，但因为修正前《刑法》第213条罪状表述为“在同一种商品上使用与其注册商标相同的商标”，根据罪刑法定原则，不能将商品商标扩大解释为服务商标，所以一些假冒注册服务商标的案件没有作为犯罪处理。案例中法院认为李某不构成假冒注册商标罪，是符合修正前《刑法》第213条规定的。但《刑法修正案（十一）》施行后，对“未经注册商标所有人许可，在同一种服务上使用与其注册商标相同的商标，情节严重的”行为，可以假冒注册商标罪定罪处罚。需要说明的是，《刑法修正案（十一）》于2021年3月1日起施行，至本书编写时施行时间尚短，未收集到对假冒服务商标定罪处罚的相关法院判决案例。

在《刑法修正案（十一）》颁布之前，对假冒注册服务商标的行为是否构成假冒注册商标罪有过争议，曾有观点认为，商标法规定对商品商标的有关规定同样适用于服务商标，那么在刑法上对服务商标的假冒行为也可以构成假冒注册商标罪。本书认为，该观点值得商榷。从刑法与商标法的关系来看，商标法是基础法或者说是赋权法，刑法是保障法。对商标权利状态、权利范围及侵权行为认定等审查判断的基本依据是商标法，刑法规定的“同一种商品”“相同商标”及“商标的使用”等应该保持与商标法的一致。从这个意义上讲，刑法的相关规定有一定的附属性。但是，刑法同时也具有很强的独立性，独立性主要体现在刑法的基本原则上。其中罪刑法定原则是一项最基本原则，即法无明文规定不为罪、法无明文规定不处罚，这里的法指“刑法”。修正前《刑法》第213条规定“未经注册商标所有人许可，在同一种

商品上使用与其注册商标相同的商标，情节严重的”，构成犯罪。基于文意解释优先原理和刑法明确性原则，该条规定的商品显然不包括服务，在刑法未对服务商标有所规定的情况下，不宜因为商标法规定对商品商标的有关规定适用于服务商标，就认为在刑法上对商品商标的规制同样适用于服务商标。

另外，需要说明的是，《刑法修正案（十一）》实施之后，《刑法》第 215 条非法制造、销售非法制造的注册商标标识罪也适用于服务商标。

（二）“相同商标”及“同一种商品（或服务）”的认定

1. 与被假冒的注册商标完全相同，或者与被假冒的注册商标在视觉上基本无差别、足以对公众产生误导的商标

《知识产权刑事司法解释》第 8 条第 1 款规定：“刑法第二百一十三条规定的‘相同商标’，是指与被假冒的注册商标完全相同，或者与被假冒的注册商标在视觉上基本无差别、足以对公众产生误导的商标。”从《知识产权刑事司法解释》的规定可以看出，相同的商标可分两类：一类是假冒的注册商标与被假冒的注册商标在文字、图形以及文字与图形的结合上完全相同；另一类是假冒的注册商标与被假冒的注册商标在视觉上基本无差别，足以对公众产生误导，即假冒的注册商标与被假冒的注册商标基本相同，且这两个条件是并列关系，必须同时满足。在审判实践中，“完全相同”易于判定，但“在视觉上基本无差别、足以对公众产生误导”的“基本相同”仍然不容易操作。因此，《知识产权刑事司法解释（三）》进一步明确，具有下列情形之一的，可以认定为《刑法》第 213 条规定的“与其注册商标相同的商标”：（1）改变注册商标的字体、字母大小写或者文字横竖排列，与注册商标之间基本无差别的；（2）改变注册商标的文字、字母、数字等之间的间距，与注册商标之间基本无差别的；（3）改变注册商标颜色，不影响体现注册商标显著特征的；（4）在注册商标上仅增加商品通用名称、型号等缺乏显著特征要素，不影响体现注册商标显著特征的；（5）与立体注册商标的三维标志及平面要素基本无差别的；（6）其他与注册商标基本无差别、足以对公众产生误导的商标。司法实践中，对基本相同商标的认定，要依据《知识产权刑事司法解释（三）》的规定，严格把握“基本无差别、足以对公众产生误导”的这个条件，不能将近似商标认定为基本相同商标。在具体案件中，如果无法准确把握是否属于基本相同商标，应当坚持有利于被告人原则，不宜认定为基本相同商标。

2. 名称相同的商品（或服务）以及名称不同但指同一事物的商品（或服务）

《知识产权刑事适用意见》第5条指出：关于《刑法》第213条规定的“同一种商品”的认定问题，名称相同的商品以及名称不同但指同一事物的商品，可以认定为“同一种商品”。“名称”是指国家工商行政管理总局商标局在商标注册工作中对商品使用的名称，通常即《商标注册用商品和服务国际分类》中规定的商品名称。“名称不同但指同一事物的商品”是指在功能、用途、主要原料、消费对象、销售渠道等方面相同或者基本相同，相关公众一般认为是同一种事物的商品。认定“同一种商品”，应当在权利人注册商标核定使用的商品和行为人实际生产销售的商品之间进行比较。

《知识产权刑事适用意见》第5条明确指出的“名称相同的商品”以及“名称不同但指同一事物的商品”，可以认定为“同一种商品”。原因在于：在我国，商标注册须依据《类似商品和服务区分表》，即尼斯分类中对商品和服务的类别区分及具体纳入分类表中的商品和服务项目进行核定注册，分类表类别划分的依据是相关公众的一般认识。分类表是商标行政主管部门为了商标检索、审查及管理工作的需要制定的。而商品和服务项目是在不断更新和发展的，市场交易状况也在不断发生变化，商品或服务的类似关系也并非固定不变。因此，分类表具有一定滞后性。另外，商品或服务名称在分类表中的命名与实际使用时相关公众的称呼也有不一致之处。所以，《知识产权刑事适用意见》第5条中的“名称”原则上是参考分类表中规定的商品或服务项目名称，当名称不同时，在功能、用途、主要原料、消费对象、销售渠道等方面相同或者基本相同，相关公众一般认为是同一种事物的商品也可以认定为是同一种商品。《商标审查审理指南》明确指出：同一种商品是指名称相同的商品，或者名称不同但在功能、用涂、主要原料、生产部门、销售渠道、消费对象等方面相同或者基本相同，相关公众一般认为是同一事物的商品。同一种服务是指名称相同的服务，或者名称不同但在服务的目的、内容、方式、对象、场所等方面相同或者基本相同，相关公众一般认为是同一方式的服务。

四、辅助信息

《刑法》

第二百一十三条　未经注册商标所有人许可，在同一种商品、服务上使用与其注册商标相同的商标，情节严重的，处三年以下有期徒刑，并处或者单处罚金；情节特别严重的，处三年以上十年以下有期徒刑，并处罚金。

第二百一十五条　伪造、擅自制造他人注册商标标识或者销售伪造、擅自制造的注册商标标识，情节严重的，处三年以下有期徒刑，并处或者单处罚金；情节特别严重的，处三年以上十年以下有期徒刑，并处罚金。

《商标法》

第三条　经商标局核准注册的商标为注册商标，包括商品商标、服务商标和集体商标、证明商标；商标注册人享有商标专用权，受法律保护。

本法所称集体商标，是指以团体、协会或者其他组织名义注册，供该组织成员在商事活动中使用，以表明使用者在该组织中的成员资格的标志。

本法所称证明商标，是指由对某种商品或者服务具有监督能力的组织所控制，而由该组织以外的单位或者个人使用于其商品或者服务，用以证明该商品或者服务的原产地、原料、制造方法、质量或者其他特定品质的标志。

集体商标、证明商标注册和管理的特殊事项，由国务院工商行政管理部门规定。

第四条　自然人、法人或者其他组织在生产经营活动中，对其商品或者服务需要取得商标专用权的，应当向商标局申请商标注册。不以使用为目的的恶意商标注册申请，应当予以驳回。

本法有关商品商标的规定，适用于服务商标。

第四十八条　本法所称商标的使用，是指将商标用于商品、商品包装或者容器以及商品交易文书上，或者将商标用于广告宣传、展览以及其他商业活动中，用于识别商品来源的行为。

第六十七条第一款　未经商标注册人许可，在同一种商品上使用与其注册商标相同的商标，构成犯罪的，除赔偿被侵权人的损失外，依法追究刑事责任。

《反不正当竞争法》

第六条 经营者不得实施下列混淆行为，引人误认为是他人商品或者与他人存在特定联系：

（一）擅自使用与他人有一定影响的商品名称、包装、装潢等相同或者近似的标识；

（二）擅自使用他人有一定影响的企业名称（包括简称、字号等）、社会组织名称（包括简称等）、姓名（包括笔名、艺名、译名等）；

（三）擅自使用他人有一定影响的域名主体部分、网站名称、网页等；

（四）其他足以引人误认为是他人商品或者与他人存在特定联系的混淆行为。

第十八条 经营者违反本法第六条规定实施混淆行为的，由监督检查部门责令停止违法行为，没收违法商品。违法经营额五万元以上的，可以并处违法经营额五倍以下的罚款；没有违法经营额或者违法经营额不足五万元的，可以并处二十五万元以下的罚款。情节严重的，吊销营业执照。

经营者登记的企业名称违反本法第六条规定的，应当及时办理名称变更登记；名称变更前，由原企业登记机关以统一社会信用代码代替其名称。

第三十一条 违反本法规定，构成犯罪的，依法追究刑事责任。

《知识产权刑事适用意见》

二、关于办理侵犯知识产权刑事案件中行政执法部门收集、调取证据的效力问题

行政执法部门依法收集、调取、制作的物证、书证、视听资料、检验报告、鉴定结论、勘验笔录、现场笔录，经公安机关、人民检察院审查，人民法院庭审质证确认，可以作为刑事证据使用。

行政执法部门制作的证人证言、当事人陈述等调查笔录，公安机关认为有必要作为刑事证据使用的，应当依法重新收集、制作。

三、关于办理侵犯知识产权刑事案件的抽样取证问题和委托鉴定问题

公安机关在办理侵犯知识产权刑事案件时，可以根据工作需要抽样取证，或者商请同级行政执法部门、有关检验机构协助抽样取证。法律、法规对抽样机构或者抽样方法有规定的，应当委托规定的机构并按照规定方法抽取样品。

公安机关、人民检察院、人民法院在办理侵犯知识产权刑事案件时，对于

需要鉴定的事项，应当委托国家认可的有鉴定资质的鉴定机构进行鉴定。

公安机关、人民检察院、人民法院应当对鉴定结论进行审查，听取权利人、犯罪嫌疑人、被告人对鉴定结论的意见，可以要求鉴定机构作出相应说明。

五、关于刑法第二百一十三条规定的“同一种商品”的认定问题

名称相同的商品以及名称不同但指同一事物的商品，可以认定为“同一种商品”。“名称”是指国家工商行政管理总局商标局在商标注册工作中对商品使用的名称，通常即《商标注册用商品和服务国际分类》中规定的商品名称。“名称不同但指同一事物的商品”是指在功能、用途、主要原料、消费对象、销售渠道等方面相同或者基本相同，相关公众一般认为是同一种事物的商品。

认定“同一种商品”，应当在权利人注册商标核定使用的商品和行为人实际生产销售的商品之间进行比较。

六、关于刑法第二百一十三条规定的“与其注册商标相同的商标”的认定问题

具有下列情形之一，可以认定为“与其注册商标相同的商标”：

（一）改变注册商标的字体、字母大小写或者文字横竖排列，与注册商标之间仅有细微差别的；

（二）改变注册商标的文字、字母、数字等之间的间距，不影响体现注册商标显著特征的；

（三）改变注册商标颜色的；

（四）其他与注册商标在视觉上基本无差别、足以对公众产生误导的商标。

《知识产权刑事司法解释》

第一条　未经注册商标所有人许可，在同一种商品上使用与其注册商标相同的商标，具有下列情形之一的，属于刑法第二百一十三条规定的“情节严重”，应当以假冒注册商标罪判处三年以下有期徒刑或者拘役，并处或者单处罚金：

（一）非法经营数额在五万元以上或者违法所得数额在三万元以上的；

（二）假冒两种以上注册商标，非法经营数额在三万元以上或者违法所得数额在二万元以上的；

（三）其他情节严重的情形。

具有下列情形之一的，属于刑法第二百一十三条规定的“情节特别严重”，

应当以假冒注册商标罪判处三年以上七年以下有期徒刑，并处罚金：

（一）非法经营数额在二十五万元以上或者违法所得数额在十五万元以上的；

（二）假冒两种以上注册商标，非法经营数额在十五万元以上或者违法所得数额在十万元以上的；

（三）其他情节特别严重的情形。

第八条第二款 刑法第二百一十三条规定的“使用”，是指将注册商标或者假冒的注册商标用于商品、商品包装或者容器以及产品说明书、商品交易文书，或者将注册商标或者假冒的注册商标用于广告宣传、展览以及其他商业活动等行为。

《知识产权刑事司法解释（二）》

第三条 侵犯知识产权犯罪，符合刑法规定的缓刑条件的，依法适用缓刑。有下列情形之一的，一般不适用缓刑：

（一）因侵犯知识产权被刑事处罚或者行政处罚后，再次侵犯知识产权构成犯罪的；

（二）不具有悔罪表现的；

（三）拒不交出违法所得的；

（四）其他不宜适用缓刑的情形。

第四条 对于侵犯知识产权犯罪的，人民法院应当综合考虑犯罪的违法所得、非法经营数额、给权利人造成的损失、社会危害性等情节，依法判处罚金。罚金数额一般在违法所得的一倍以上五倍以下，或者按照非法经营数额的50%以上一倍以下确定。

《知识产权刑事司法解释（三）》

第一条 具有下列情形之一的，可以认定为刑法第二百一十三条规定的“与其注册商标相同的商标”：

（一）改变注册商标的字体、字母大小写或者文字横竖排列，与注册商标之间基本无差别的；

（二）改变注册商标的文字、字母、数字等之间的间距，与注册商标之间基本无差别的；

（三）改变注册商标颜色，不影响体现注册商标显著特征的；

（四）在注册商标上仅增加商品通用名称、型号等缺乏显著特征要素，不影响体现注册商标显著特征的；

（五）与立体注册商标的三维标志及平面要素基本无差别的；

（六）其他与注册商标基本无差别、足以对公众产生误导的商标。

第八条　具有下列情形之一的，可以酌情从重处罚，一般不适用缓刑：

（一）主要以侵犯知识产权为业的；

（二）因侵犯知识产权被行政处罚后再次侵犯知识产权构成犯罪的；

（三）在重大自然灾害、事故灾难、公共卫生事件期间，假冒抢险救灾、防疫物资等商品的注册商标的；

（四）拒不交出违法所得的。

第十一条　本解释发布施行后，之前发布的司法解释和规范性文件与本解释不一致的，以本解释为准。

第十二条　本解释自2020年9月14日起施行。

《商标确权行政案件规定》

第十一条　商标标志只是或者主要是描述、说明所使用商品的质量、主要原料、功能、用途、重量、数量、产地等的，人民法院应当认定其属于商标法第十一条第一款第（二）项规定的情形。商标标志或者其构成要素暗示商品的特点，但不影响其识别商品来源功能的，不属于该项所规定的情形。

第十二条　当事人依据商标法第十三条第二款主张诉争商标构成对其未注册的驰名商标的复制、摹仿或者翻译而不应予以注册或者应予无效的，人民法院应当综合考量如下因素以及因素之间的相互影响，认定是否容易导致混淆：

（一）商标标志的近似程度；

（二）商品的类似程度；

（三）请求保护商标的显著性和知名程度；

（四）相关公众的注意程度；

（五）其他相关因素。

商标申请人的主观意图以及实际混淆的证据可以作为判断混淆可能性的参考因素。

第十三条　当事人依据商标法第十三条第三款主张诉争商标构成对其已注

册的驰名商标的复制、摹仿或者翻译而不应予以注册或者应予无效的，人民法院应当综合考虑如下因素，以认定诉争商标的使用是否足以使相关公众认为其与驰名商标具有相当程度的联系，从而误导公众，致使驰名商标注册人的利益可能受到损害：

（一）引证商标的显著性和知名程度；

（二）商标标志是否足够近似；

（三）指定使用的商品情况；

（四）相关公众的重合程度及注意程度；

（五）与引证商标近似的标志被其他市场主体合法使用的情况或者其他相关因素。

第二十六条 商标权人自行使用、他人经许可使用以及其他不违背商标权人意志的使用，均可认定为商标法第四十九条第二款所称的使用。

实际使用的商标标志与核准注册的商标标志有细微差别，但未改变其显著特征的，可以视为注册商标的使用。

没有实际使用注册商标，仅有转让或者许可行为；或者仅是公布商标注册信息、声明享有注册商标专用权的，不认定为商标使用。

商标权人有真实使用商标的意图，并且有实际使用的必要准备，但因其他客观原因尚未实际使用注册商标的，人民法院可以认定其有正当理由。

《商标侵权判断标准》

第三条 判断是否构成商标侵权，一般需要判断涉嫌侵权行为是否构成商标法意义上的商标的使用。

商标的使用，是指将商标用于商品、商品包装、容器、服务场所以及交易文书上，或者将商标用于广告宣传、展览以及其他商业活动中，用以识别商品或者服务来源的行为。

第四条 商标用于商品、商品包装、容器以及商品交易文书上的具体表现形式包括但不限于：

（一）采取直接贴附、刻印、烙印或者编织等方式将商标附着在商品、商品包装、容器、标签等上，或者使用在商品附加标牌、产品说明书、介绍手册、价目表等上；

（二）商标使用在与商品销售有联系的交易文书上，包括商品销售合同、发票、票据、收据、商品进出口检验检疫证明、报关单据等。

第五条　商标用于服务场所以及服务交易文书上的具体表现形式包括但不限于：

（一）商标直接使用于服务场所，包括介绍手册、工作人员服饰、招贴、菜单、价目表、名片、奖券、办公文具、信笺以及其他提供服务所使用的相关物品上；

（二）商标使用于和服务有联系的文件资料上，如发票、票据、收据、汇款单据、服务协议、维修维护证明等。

假冒注册商标刑事案件裁判规则第 2 条：

证明商标用以保证商品的特定品质，假冒证明商标用于商品、商品包装或产品说明书，使消费者误以为商品达到了政府或行业认证标准的，可构成假冒注册商标罪

【规则描述】 证明商标由政府或者行业认证，具有较强公信力，用以保证所使用商品的特定品质，有利于企业向市场推销商品，也有利于消费者选择商品，保证商品的质量。证明商标主要包括：原产地证明商标，即证明商品或服务本身出自某原产地，是一种地理标志，原产地名称在一定情况下也可以作为证明商标注册；品质证明商标，是证明商品或服务具有某种特定品质的标志。行为人假冒使用证明商标用于商品、商品包装或者产品说明书、广告宣传，会使消费者误认商品的来源或者质量，损害商标管理制度，触犯假冒注册商标罪。

一、类案检索大数据报告

时间：2022 年 7 月 1 日之前，案例来源：Alpha 案例库，案件数量：277 件，数据采集时间：2022 年 7 月 1 日。本次检索共获取认定假冒注册商标罪中“证明商标”2022 年 7 月 1 之前 277 篇裁判文书。整体情况如图 2-1 所示，从案件年份分布可以看到当前条件下案例数量的变化趋势。

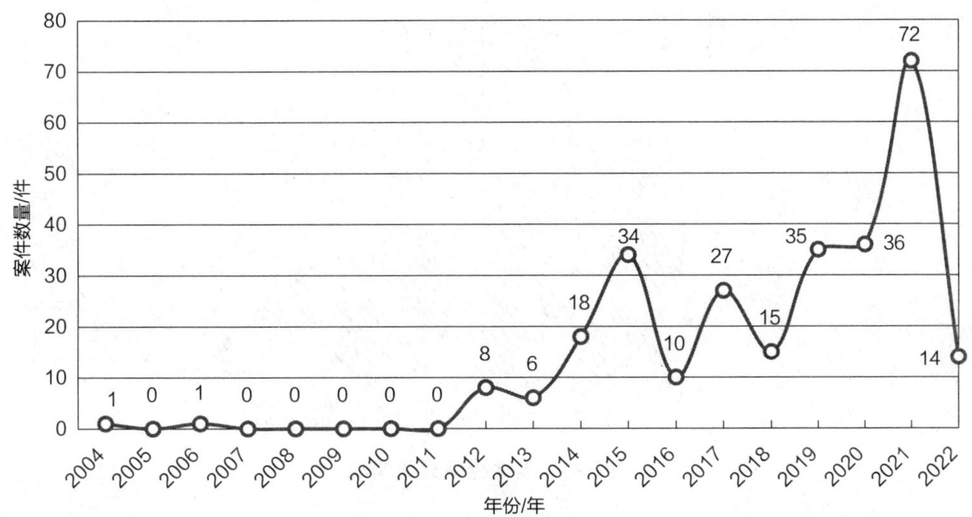

图 2-1 案件年份分布情况

如图 2-2 所示，从地域分布来看，假冒注册商标案例当前主要集中在上海市、广东省、河南省，分别占比 44.77%、29.24%、4.69%。其中上海市的案件量最多，达到 124 件。

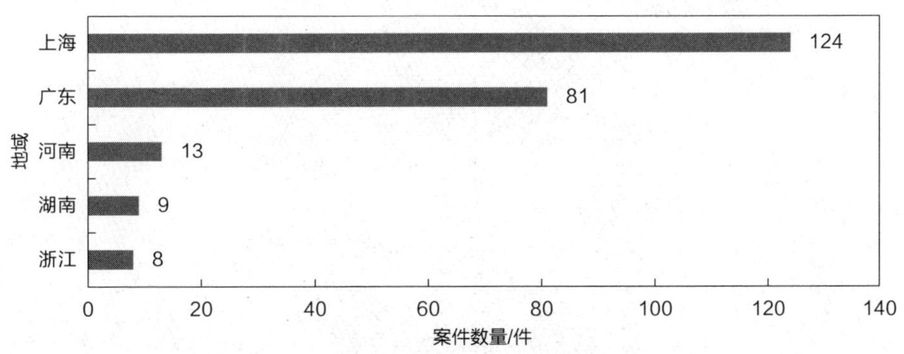

图 2-2 案件地域分布情况

如图 2-3 所示，从案件程序分类统计可以看到假冒注册商标罪当前的审理程序分布状况，一审案件有 245 件，二审案件有 32 件。一审上诉率约为 13.06%。

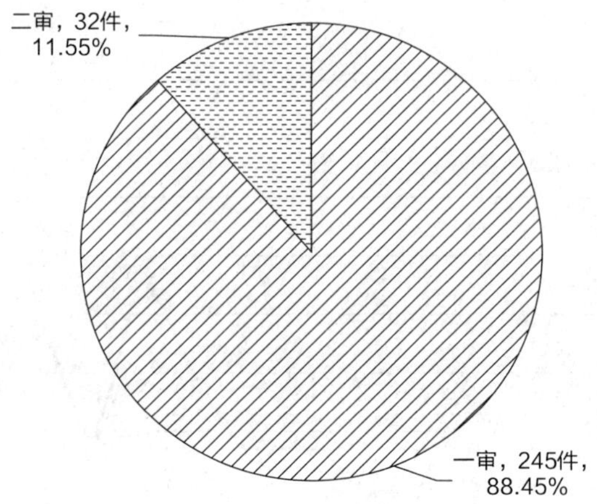

图 2–3　案件程序分类情况

如图 2–4 所示，通过对二审裁判结果的可视化分析可以看到，当前条件下维持原判的有 29 件，占比为 90.63%；改判的有 2 件，占比为 6.25%；其他的有 1 件，占比为 3.12%。

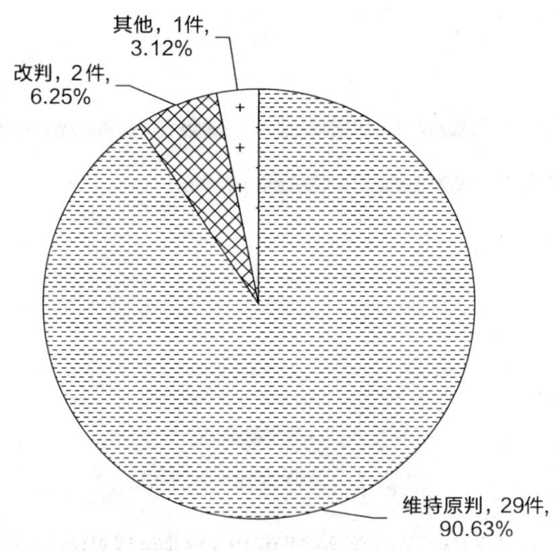

图 2–4　二审裁判结果情况

如图 2–5 所示，通过对主刑的可视化可以看到，当前条件下包含有期徒刑的案件有 241 件，包含拘役的案件有 11 件。其中包含缓刑的案件有 138 件，免予刑事处罚的案件有 2 件。

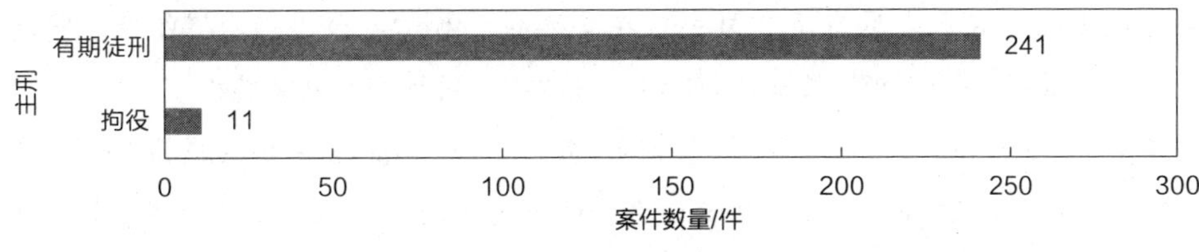

图 2-5　主刑适用情况

如图 2-6 所示，通过对附加刑的可视化可以看到，当前条件下包含罚金的案件有 241 件。

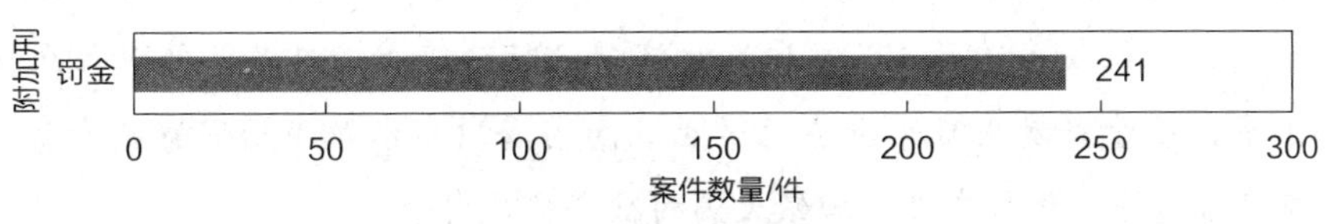

图 2-6　附加刑适用情况

二、可供参考的例案

例案一：符某、谢某成等假冒注册商标案

【法院】

江西省安远县人民法院

【案号】

（2017）赣 0726 刑初 11 号

【诉讼主体】

公诉机关：江西省安远县人民检察院

被告单位：安远县金亿隆生态农业发展有限公司

被告人：符某

被告人：谢某成

被告人：唐某丰

被告人：黄某某

【基本案情】

2013 年 8 月，被告人黄某某注册成立以其一人为股东的被告单位安远县金亿隆生态农业发展有限公司，被告人黄某某系法定代表人。2015 年、2016 年被告单位安

远县金亿隆生态农业发展有限公司先后在安远县、浙江省台州市购得印有“赣南脐橙”字样的纸箱、精品塑料袋及商口标签（箱贴），用于加工包装脐橙。

2016年12月12日，被告人符某前往湖北省秭归县购得当地脐橙780件（约25000斤至3万斤），并于12月14日运至安远县金亿隆生态农业发展有限公司。2016年12月15日，被告人符某要求安远县金亿隆生态农业发展有限公司将其从湖北采购的脐橙加工包装成赣南脐橙。安远县金亿隆生态农业发展有限公司法定代表人黄某某明知被告人符某采购的脐橙系湖北脐橙，仍然为被告人符某提供印有“赣南脐橙”字样的包装纸箱及印有“赣南脐橙”字样的精品塑料袋和加贴印有“赣南脐橙”字样的箱贴，并对符某采购的15540斤湖北脐橙进行分级加工包装，并以每斤0.14元收取加工费，并于当晚用货车准备运送至海南省海口市水果市场假冒赣南脐橙进行销售，当晚8时许，该货车在孔田镇大围村被公安民警查获。

2016年12月16日，经赣州市脐橙协会鉴定，所查获的货车上15540斤湖北脐橙中，12540斤严重侵犯了该协会的“赣南脐橙”地理标志证明商标专用权。经安远县价格认定中心鉴定，该12540斤湖北脐橙价值50160元。

【案件争点】

行为人使用“赣南脐橙”地理标志证明商标的行为是否构成假冒注册商标罪。

【裁判要旨】

法院认为，被告人符某、谢某成、唐某丰、黄某某、被告单位安远县金亿隆生态农业发展有限公司，利用湖北（湖南）脐橙假冒赣南脐橙，使用“赣南脐橙”注册商标，其中被告人符某、谢某成、唐某丰情节严重，被告人黄某某、被告单位安远县金亿隆生态农业发展有限公司情节特别严重，其行为均构成假冒注册商标罪，公诉机关指控的罪名成立。辩护人叶某、刘某某辩称被告人符某、黄某某不构成犯罪，与事实、法律不符，其意见不予采纳。公诉机关指控的第二起事实中，公诉机关认定的数量和非法经营数额与被告人实际经营的数量和非法经营数额有出入，应以被告人实际经营的数量和非法经营数额即法院审理查明的数量和非法经营数额为依据。辩护人黄蕾某、欧阳某这一辩护意见，予以采纳。被告人符某、谢某成、黄某某归案后如实供述自己所犯罪行，具有坦白情节，被告人唐某丰系其主动到公安机关后，如实供述的自己所犯罪行，对被告人唐某丰的该行为可认定为自首，综上，对被告人符某、被告单位安远县金亿隆生态农业发展有限公司予以从轻处罚，对被告人谢某成、唐某丰、黄某某予以从轻处罚后适用缓刑，对辩护人黄蕾某、欧阳某提出对被告人谢某成、唐某丰从轻处罚，并适用缓刑的辩护意见，予以采纳。

例案二：东莞市美安安防科技有限公司、唐某清假冒注册商标案

【法院】

广东省东莞市第二人民法院

【案号】

（2018）粤1972刑初1053号

【诉讼主体】

公诉机关：广东省东莞市第二市区人民检察院

被告单位：东莞市美安安防科技有限公司

被告人：唐某清

【基本案情】

第1219955号“UL”商标，由美国UL安全实验所于1998年10月28日注册，后由美国UL有限责任公司（又翻译为美国安全检测实验室公司）受让所得，经续展注册有效期至2018年10月27日，核定使用商品第9类，包括防窃探测装置、区域报警装置、电缆、电线等，商标类型为证明商标。被告单位东莞市美安安防科技有限公司（以下简称美安公司）成立于2009年6月2日，经营范围包括监控安防产品、报警器材及周边器材的研发、销售等，被告人唐某清系该公司法定代表人，并担任经理。被告单位美安公司在东莞市长安镇上沙社区中山北路36号4楼4–2号设立公司总部，在长安镇厦岗社区沿江南街33号五楼、六楼设立生产车间、仓库。自2014年开始，美安公司在未经注册商标所有人美国UL有限责任公司许可的情况下，私自生产、销售假冒“UL”商标的探测器。期间，美安公司已销售出约850对假冒“UL”商标的探测器（约价值51000元）。2015年4月29日18时许，公安机关接群众举报后到美安公司总部将法定代表人唐某清抓获，在美安公司总部以及美安公司生产车间、仓库内缴获一批假冒“UL”商标的探测器（约价值179970元，经认定均为假冒品）以及探测器半成品。

【案件争点】

《刑法》第213条假冒注册商标罪中的注册商标是否包含“证明商标”，假冒“UL”“RU”证明商标的行为是否属于刑法所约束的行为。

【裁判要旨】

法院审理认为，被告单位美安公司及其直接负责的主管人员被告人唐某清未经注册商标所有人许可，在同一种商品上使用与其注册商标相同的商标，情节严重，

其行为均已构成了假冒注册商标罪，依法应予惩处。

关于两辩护人提出有关证明商标的上述辩护意见。根据《商标法》第3条的规定，经商标局核准注册的商标为注册商标，包括商品商标、服务商标和集体商标、证明商标。因此，假冒注册商标罪中的注册商标包括证明商标。证明商标是指由对某种商品或者服务具有监督能力的组织所控制，而由该组织以外的单位或者个人使用于其商品或者服务，用以证明该商品或者服务的原产地、原料、制造方法、质量或者其他特定品质的标志。假冒注册的证明商标会导致公众对商品或者服务的原产地、原料、制造方法、质量或者其他特定品质产生混淆。证明商标和商品商标均有各自的作用和价值，无法比较哪个价值大哪个价值小。故对两辩护人提出的该项辩护意见不予采纳。

例案三：陈某某假冒注册商标案

【法院】

广东省中山市中级人民法院

【案号】

（2014）中中法知刑终字第4号

【诉讼主体】

原公诉机关：广东省中山市第二市区人民检察院

上诉人（原审被告人）：陈某某

【基本案情】

商标注册号为1219955的“UL”注册商标的权利人是美国UL安全实验所，注册有效期限为1998年10月28日至2008年10月27日止，核定使用的商品类别是第9类，包括电源插头、通用开关用变阻器、直流插座等。经国家工商行政管理总局商标局核准，该商标续展注册的有效期限为2008年10月28日至2018年10月27日止。商标注册号为第1219964号的“RU”注册商标的权利人为美国UL安全实验所，注册有效期限为1998年10月28日至2008年10月27日止，核定使用商品为第9类，包括电容器、变压器、直流插座、电流开关等。经核准，该商标续展注册的有效期限为2008年10月28日至2018年10月27日止。

2011年9月6日，陈某某投资成立了个体工商户中山市古镇金盾电源科技厂（以下简称金盾厂），经营范围为研发、生产、销售电源开关。为牟取非法利益，陈某某以该厂为据点，未经“UL”“RU”注册商标的权利人美国UL安全实验所许可，擅自在该厂生产加工的电源产品上张贴上述注册商标；同时，陈某某还购入明知是假冒“UL”“RU”注册商标的电源产品用于销售。

2013年9月10日，公安人员在金盾厂内抓获陈某某，当场查获假冒“UL”“RU”注册商标的电源产品43607个，其中为该厂生产的有24869个，价值223036元；陈某某外购但尚未对外销售的假冒“UL”“RU”注册商标的电源产品18738个，价值201393元。同时，查获印有“UL”“RU”字样的标签20万个、销售单、销售合同及报价表等物品。

权利人美国UL安全实验所的委托人伍勒机电技术（上海）有限公司（以下简称伍勒公司）出具证明，内容为美国UL安全实验所未授权金盾厂生产、仓储、销售标有“UL”“RU”注册商标的产品，经鉴定，在金盾厂扣押的开关电源产品及标识为假冒“UL”“RU”注册商标的产品。将扣押的被控侵权产品上使用的“UL”“RU”标识与上述注册商标进行比对，二者实质相同。

【案件争点】

陈某某假冒“UL”“RU”证明商标的行为是否属于我国刑法所约束的行为，是否构成假冒注册商标罪。

【裁判要旨】

一审法院认为，关于辩护人所提公诉机关指控的犯罪金额没有说服力的辩护意见，经查，陈某某在电源开关照片及单价明细表中确认每种型号产品的销售单价，公诉机关据此确定被控侵权产品的价值合法、合理，故辩护人的该点辩护意见不能成立。关于陈某某及其辩护人所提陈某某使用的“UL”“RU”标识为证明商标，而假冒注册商标罪、销售假冒注册商标的商品罪中的“商标”是商品商标，故陈某某不构成犯罪的辩护意见，经查，《商标法》第3条第1款规定：“经商标局核准注册的商标为注册商标，包括商品商标、服务商标和集体商标、证明商标；商标注册人享有商标专用权，受法律保护。”因此，我国《刑法》第213条、第214条所规定的“注册商标”包含了“证明商标”，陈某某假冒“UL”“RU”证明商标亦构成犯罪，故对陈某某及其辩护人的该项辩护意见不予采纳。伍勒公司获得美国UL安全实验所的授权，其有资格根据权利人的授权对使用“UL”“RU”标识的产品的真伪进行鉴定，并出具鉴定报告，故辩护人认为伍勒公司的鉴定结论不具备法律效力的辩护意见不能成立。对辩护人所提公诉机关没有证据证明陈某某明知所购商品上的商标是假冒注册商标而仍销售的辩护意见，经查，陈某某的供述证实，其在办理CE认证时，曾咨询过UL认证标识，只是由于认证费用过高，才没有办理，且清楚有很多人都在非法使用UL认证标识，陈某某在出差时亦会主动保留其他厂家的电话，再交由陈某利采购被控侵权产品，采购回来后，陈某某亦会签名确认，证人陈某利的证言可证实，陈某某会把握外购电源的整体备货情况，外购回来的产品销售前不会再进行改动或加工，被查获的电源在仓库内存放了很长时间，以上事实能够证实陈某某对采购假冒注册商标的电源然后销售的事实是清楚的，辩护人的该点辩护意见没有依据，不予采纳。陈某某的家庭及工厂的经营状况不是法律规定的从轻处罚的情节，对辩护人的该点辩护意见亦不予采纳。

陈某某不服，提出上诉称：原审判决扩大解释了《刑法》第213条规定的假冒注册商标罪中的注册商标包含有"证明商标"，从而错误认定陈某某的行为构成该罪。（1）从商品商标和证明商标的特征上看，涉案的"UL""RU"注册商标属于商标分类中的证明商标，美国UL安全实验所作为该证明商标专有权人，只提供认证服务，不生产产品，也不得在自己提供的商品上使用该注册商标，而商品商标既可以授权他人使用，也可以自用，故商品商标和证明商标不能是同一个标志，是证明商标就不可以作为商品商标。而《刑法》第213条规定的假冒注册商标罪强调的是在"同一种商品上"，故其所指的注册商标应专指商品商标，而不应包括证明商标等其他注册商标；（2）从《刑法》《商标法》的发展历史上看，1997年《刑法》修改时增加了第213条假冒注册商标罪，此时《商标法》只包括商品商标和服务商标，到2001年第二次修改《商标法》时，才增加了集体商标和证明商标。故本案中，陈某某假冒"UL""RU"证明商标的行为不属于《刑法》所约束的行为。

二审法院认为，关于陈某某认为其并不构成假冒注册商标罪的上诉及辩护意见，我国《刑法》第213条规定："未经注册商标所有人许可，在同一种商品上使用与其注册商标相同的商标，情节严重的，处三年以下有期徒刑或者拘役，并处或者单处罚金；情节特别严重的，处三年以上七年以下有期徒刑，并处罚金。"该罪的主要特征为：客体是国家对商标经济秩序的管理和商标权人的注册商标专用权；客观方面表现为未经注册商标所有人许可，在同一种商品上使用与其注册商标相同的商标，情节严重或特别严重的行为；主体为一般主体，包括自然人、法人和其他组织；主观方面是故意。本案中，"UL""RU"注册商标核准使用的起始日期均为1998年10月28日，核定使用的商品为第9类。经比对，从商品类别上，被控侵权的商品为电源适配器等电源产品，与本案注册商标核定使用的商品为同一种商品；从标识比对上，被控侵权的标识与涉案商标构成相同。因此，陈某某未经"UL""RU"注册商标所有人许可，在同一种商品上使用与“UL”“RU”注册商标相同的商标，情节特别严重，构成了假冒注册商标罪。故上诉人所提该项上诉意见理据不足，法院不予采纳。

三、裁判规则提要

（一）证明商标属于商品商标或服务商标

根据《商标法》第3条第3款的规定，证明商标是指由对某种商品或者服务具有监督能力的组织所控制，而由该组织以外的单位或者个人使用于其商品或者服务，用以证明该商品或者服务的原产地、原料、制造方法、质量或者其他特定品质的标志。证明商标是对具有特殊功能的商品商标或服务商标的再区分。注册商标分为普通商标、集体商标和证明商标，兼具商品商标或服务商标属性。证明商标首先是商品商标或者服务商标，用于表明其核定使用的商品或服务具有某种特定品质。

1. 从商标注册行政管理部门对证明商标种属的界定分析

1994年国家工商行政管理总局颁布的《集体商标、证明商标注册和管理办法》（以下简称《办法》）第2条第2款规定：“证明商标是指由对某种商品或者服务具有检测和监督能力的组织所控制，而由其以外的人使用在商品或服务上，用以证明该商品或服务的原产地、原料、制造方法、质量、精确度或其他特定品质的商品商标或服务商标。”1998年国家工商总局对该办法作出修订时仍保留了该条款。

由于《商标法》第3条第3款明确了证明商标的定义，国家工商行政管理总局于2003年发布《办法》时取消了原第2条对证明商标定义的内容。但通过前两次颁布、修订的《办法》可知，商标注册行政管理部门在定义证明商标时明确将其种属规定为商品商标或服务商标。

2. 从商标的申请注册实践分析

根据国家工商行政管理总局商标局编著的《中华人民共和国商标法释义》[①] 的界定，按商标具有的特殊作用，可将商品商标和服务商标划分为普通商标、证明商标和集体商标。申请人在填写《商标注册申请书》时，除须填写商品或服务的类别和

---

① 国家工商行政管理总局商标局编著：《中华人民共和国商标法释义》，中国工商出版社2003年版。

名称外，还须在表格“商标种类”一栏勾选“一般商标”（即普通商标）、“集体商标”或“证明商标”。该三种商标同样也是商品商标或服务商标。

（二）对《刑法》第 213 条等法条的理解

根据《刑法》第 213 条的规定，未经注册商标所有人许可，在同一种商品上使用与其注册商标相同的商标情节严重的，构成假冒注册商标罪。在假冒证明商标案件中，对于该条文中“注册商标”的理解，司法实践中存在争议。

法条规定的犯罪对象为“注册商标”，其并未对该注册商标是否属于证明商标作出限制，即只要在同一种商品上使用“注册商标”即可能构成犯罪。同样的理解可适用于《刑法》第 214 条、第 215 条中的“注册商标”和“注册商标标识”。

有观点认为，根据条文“在同一种商品上使用”的规定，此处“注册商标”应限定为商品商标，不包括证明商标。如在例案二中，被告单位美安公司的辩护人认为，假冒注册商标罪中的注册商标不包括证明商标，即使包括证明商标，但证明商标的价值并不等于商品商标的价值。虽然涉案产品中有“UL”标识，但实际上有无“UL”标识并不会对消费者产生误解；法院认为，证明商标是指由对某种商品或者服务具有监督能力的组织所控制，而由该组织以外的单位或者个人使用于其商品或者服务，用以证明该商品或者服务的原产地、原料、制造方法、质量或者其他特定品质的标志。假冒注册的证明商标会导致公众对商品或者服务的原产地、原料、制造方法、质量或者其他特定品质产生混淆，假冒注册商标罪中的注册商标包括证明商标。

我们认为，根据前述论证，注册在商品上的证明商标也同样是商品商标。即便该“注册商标”被限定为商品商标，侵犯注册在商品上的证明商标的行为同样构成假冒注册商标罪。

在现行 1997 年《刑法》颁布时，当时施行的 1993 年《商标法》中并无证明商标的规定。有观点据此认为现行《刑法》规定的假冒注册商标罪、销售假冒注册商标的商品罪以及非法制造、销售非法制造的注册商标标识罪中的“注册商标”不包括证明商标。而实际上，证明商标早就存在与相关商标法规和实践中。如前述，早在 1994 年，国家工商行政管理局就已颁布了《办法》。《商标法实施细则》（1993 年修订）第 6 条更明确规定，依照《商标法》第 3 条规定，经商标局核准注册的集体商标、证明商标，受法律保护。

在例案一中，“赣南脐橙”地理标志是属于赣州市脐橙协会的证明商标，而被告人谢某成、唐某丰等人利用湖北（湖南）脐橙假冒赣南脐橙，最终被告人使用“赣南脐橙”注册商标的行为被认定为构成假冒注册商标罪，可见，假冒注册的证明商标用于商品、商品包装或者产品说明书、广告宣传等，可构成假冒注册商标罪。

（三）以商标侵权犯罪追究证明商标侵权人刑事责任的必要性

1. 证明商标侵权犯罪行为的危害性

证明商标侵权犯罪行为的社会危害与普通商标侵权犯罪行为相比并无差异，其同样侵犯了国家商标管理制度和商标专用权。此外，侵犯证明商标行为的危害性还特别体现在以下方面：

一是对消费者信赖利益的特殊损害。证明商标，特别是证明商品或服务满足一定标准的证明商标，代表相关商品或服务的品质高于普通标准。消费者因而更倾向信赖带有证明商标的商品或服务。比如在全球具有极高认可度的 UL 证明商标，既是对产品安全的一种认定，也是消费者信心的保证。在一些特殊产品领域，比如电器、压力容器、易燃易爆、食品、室内装修等，安全认证标志更是消费者选择商品或服务的重要依据。一个不知名商标的商品上如果带有认证标志，会极大加强消费者对其品质的信心，从而增加购买该商品的概率。

在例案三中，上诉人陈某某投资成立了个体工商户金盾厂，经营范围为研发、生产、销售电源开关。为牟取非法利益，陈某某以该厂为据点，未经“UL”“RU”注册商标的权利人美国 UL 安全实验所许可，擅自在该厂生产加工的电源产品上张贴上述注册商标，其行为对公众的生命、财产带来极大的威胁，构成假冒注册商标罪。

二是对假冒产品海外流通的影响。一些国际知名的证明商标在欧美国家具有极高的认可度，能够极大地帮助生产者拓展产品的海外市场。一些制假厂商为拿到海外订单，促进产品出口，在其产品上违法使用相关标志，加大了商标侵权行为的深度和广度。

三是对证明商标权利人利益的极大损害。国家对证明商标的监管、许可和使用都设有专门的严格的制度。根据规定，证明商标所有人必须具备相应的检验、监督能力，并对商品或服务的品质负有保证责任。因而证明商标获得核准的门槛更高，审查时间更长。商标权人为建立证明商标的保证能力，为获得证明商标的核准，经受了比普通商标更严苛的审核，付出了极大的成本。相应地，其商标权利被侵犯时所受到的商誉和经济损失也极为严重。

从我国证明商标注册实践来看，获核准的大多数是具有极高知名度的标志。如果证明商标专用权不能获得刑事保护，将可能导致假冒证明商标的行为大幅增加。这将极大影响证明商标的品质保证功能和美誉度。权利人将不再追求获得证明商标的核准。我国的证明商标制度将因此备受冲击。

2. 以商标侵权犯罪追究证明商标侵权人的刑事责任更为便利

一是法律规定完善，办案能力提高。近年来随着多部司法解释出台，关于办理商标侵权犯罪案件的法律适用问题已得到极大完善。同时，随着商标侵权刑事案件的逐年增多，公安司法机关对相关案件的办案能力也大幅提高。以商标犯罪追究证明商标侵权人的刑事责任将有利于保证案件质量和办案效率，切实追究侵权人的刑事责任。

二是与其他罪名相比较，商标犯罪更便于适用。有观点认为可以生产、销售伪劣产品罪或生产、销售不符合安全标准的产品等罪追究相关证明商标侵权人的刑事责任。而在司法实践中，该种观点往往存在诸多阻碍，导致侵犯证明商标的行为难以依据生产、销售伪劣产品等罪定罪处罚。

首先，追诉标准高于商标侵权犯罪。根据《刑法》第 140 条和《生产、销售伪劣商品刑事司法解释》）第 2 条的规定，生产、销售伪劣产品罪的追诉标准要求已销售金额 5 万元以上或未销售货值金额达到 15 万元以上，高于假冒注册商标罪非法经营数额 5 万元以上（假冒两个以上注册商标的，非法经营数额 3 万元以上）的标准。根据《刑事案件立案追诉标准的规定（一）》第 22 条的规定，生产、销售不符合安全标准的产品罪还须造成人员伤亡或直接经济损失 10 万元以上。

其次，如何认定不符合质量标准有待明确。司法实践中如何认定“国家法律、法规或者产品明示质量标准规定的质量要求”以及“产品或者其包装上注明采用的产品标准”尚无定论。对于是否符合相关质量标准的认定，公安机关、司法机关往往需要委托产品质量检验机构进行鉴定，导致案件进程的拖延和权利人负担的加重。对于相关质量标准是否包括国外认证机构的安全标准问题，也存在较大的争议。

最后，在一些情形下对行为人无从入罪。如果说对于未经授权生产或销售带有假冒证明商标的不符合相关质量标准的产品（即“既伪且劣”）的行为，尚可以生产、销售伪劣产品罪追究刑事责任的话，对于常见的“伪而不劣”的情形（即生产、销售质量合格的假冒证明商标产品），如果《刑法》第 213 条和第 214 条的“注册商标”不包括证明商标，将无从追究行为人的刑事责任。此外，如果第 215 条的“注册商标”不包括证明商标，对于非法制造、销售非法制造的证明商标标识的行为也将无法追究刑事责任。

目前，一些地区的司法机关对于《刑法》第 213 条、第 214 条和第 215 条的

“注册商标”是否包括证明商标尚有不同认识。我们建议有权机关对上述法条进行修订或出台相关司法解释，将证明商标列明为假冒注册商标等相关罪名的犯罪对象，明确将证明商标纳入刑法保护范畴。

四、辅助信息

《商标法》

第三条　经商标局核准注册的商标为注册商标，包括商品商标、服务商标和集体商标、证明商标；商标注册人享有商标专用权，受法律保护。

本法所称集体商标，是指以团体、协会或者其他组织名义注册，供该组织成员在商事活动中使用，以表明使用者在该组织中的成员资格的标志。

本法所称证明商标，是指由对某种商品或者服务具有监督能力的组织所控制，而由该组织以外的单位或者个人使用于其商品或者服务，用以证明该商品或者服务的原产地、原料、制造方法、质量或者其他特定品质的标志。

集体商标、证明商标注册和管理的特殊事项，由国务院工商行政管理部门规定。

《反不正当竞争法》

第六条　经营者不得实施下列混淆行为，引人误认为是他人商品或者与他人存在特定联系：

（一）擅自使用与他人有一定影响的商品名称、包装、装潢等相同或者近似的标识；

（二）擅自使用他人有一定影响的企业名称（包括简称、字号等）、社会组织名称（包括简称等）、姓名（包括笔名、艺名、译名等）；

（三）擅自使用他人有一定影响的域名主体部分、网站名称、网页等；

（四）其他足以引人误认为是他人商品或者与他人存在特定联系的混淆行为。

第十八条　经营者违反本法第六条规定实施混淆行为的，由监督检查部门责令停止违法行为，没收违法商品。违法经营额五万元以上的，可以并处违法经营额五倍以下的罚款；没有违法经营额或者违法经营额不足五万元的，可以并处二十五万元以下的罚款。情节严重的，吊销营业执照。

经营者登记的企业名称违反本法第六条规定的，应当及时办理名称变更登记；名称变更前，由原企业登记机关以统一社会信用代码代替其名称。

第三十一条 违反本法规定，构成犯罪的，依法追究刑事责任。

《商标法实施条例》

第四条 商标法第十六条规定的地理标志，可以依照商标法和本条例的规定，作为证明商标或者集体商标申请注册。

以地理标志作为证明商标注册的，其商品符合使用该地理标志条件的自然人、法人或者其他组织可以要求使用该证明商标，控制该证明商标的组织应当允许。以地理标志作为集体商标注册的，其商品符合使用该地理标志条件的自然人、法人或者其他组织，可以要求参加以该地理标志作为集体商标注册的团体、协会或者其他组织，该团体、协会或者其他组织应当依据其章程接纳为会员；不要求参加以该地理标志作为集体商标注册的团体、协会或者其他组织的，也可以正当使用该地理标志，该团体、协会或者其他组织无权禁止。

《知识产权刑事司法解释》

第一条 未经注册商标所有人许可，在同一种商品上使用与其注册商标相同的商标，具有下列情形之一的，属于刑法第二百一十三条规定的"情节严重"，应当以假冒注册商标罪判处三年以下有期徒刑或者拘役，并处或者单处罚金：

（一）非法经营数额在五万元以上或者违法所得数额在三万元以上的；

（二）假冒两种以上注册商标，非法经营数额在三万元以上或者违法所得数额在二万元以上的；

（三）其他情节严重的情形。

具有下列情形之一的，属于刑法第二百一十三条规定的"情节特别严重"，应当以假冒注册商标罪判处三年以上七年以下有期徒刑，并处罚金：

（一）非法经营数额在二十五万元以上或者违法所得数额在十五万元以上的；

（二）假冒两种以上注册商标，非法经营数额在十五万元以上或者违法所得数额在十万元以上的；

（三）其他情节特别严重的情形。

第八条第二款　刑法第二百一十三条规定的“使用”，是指将注册商标或者假冒的注册商标用于商品、商品包装或者容器以及产品说明书、商品交易文书，或者将注册商标或者假冒的注册商标用于广告宣传、展览以及其他商业活动等行为。

《知识产权刑事司法解释（三）》

第一条　具有下列情形之一的，可以认定为刑法第二百一十三条规定的“与其注册商标相同的商标”：

（一）改变注册商标的字体、字母大小写或者文字横竖排列，与注册商标之间基本无差别的；

（二）改变注册商标的文字、字母、数字等之间的间距，与注册商标之间基本无差别的；

（三）改变注册商标颜色，不影响体现注册商标显著特征的；

（四）在注册商标上仅增加商品通用名称、型号等缺乏显著特征要素，不影响体现注册商标显著特征的；

（五）与立体注册商标的三维标志及平面要素基本无差别的；

（六）其他与注册商标基本无差别、足以对公众产生误导的商标。

《生产、销售伪劣商品刑事司法解释》

第二条　刑法第一百四十条、第一百四十九条规定的“销售金额”，是指生产者、销售者出售伪劣产品后所得和应得的全部违法收入。

伪劣产品尚未销售，货值金额达到刑法第一百四十条规定的销售金额三倍以上的，以生产、销售伪劣产品罪（未遂）定罪处罚。

货值金额以违法生产、销售的伪劣产品的标价计算；没有标价的，按照同类合格产品的市场中间价格计算。货值金额难以确定的，按照国家计划委员会、最高人民法院、最高人民检察院、公安部1997年4月22日联合发布的《扣押、追缴、没收物品估价管理办法》的规定，委托指定的估价机构确定。

多次实施生产、销售伪劣产品行为，未经处理的，伪劣产品的销售金额或者货值金额累计计算。

《刑事案件立案追诉标准的规定（一）》

第二十二条 ［生产、销售不符合安全标准的产品案（刑法第一百四十六条）］生产不符合保障人身、财产安全的国家标准、行业标准的电器、压力容器、易燃易爆或者其他不符合保障人身、财产安全的国家标准、行业标准的产品，或者销售明知是以上不符合保障人身、财产安全的国家标准、行业标准的产品，涉嫌下列情形之一的，应予立案追诉：

（一）造成人员重伤或者死亡的；

（二）造成直接经济损失十万元以上的；

（三）其他造成严重后果的情形。

《商标确权行政案件规定》

第二十六条 商标权人自行使用、他人经许可使用以及其他不违背商标权人意志的使用，均可认定为商标法第四十九条第二款所称的使用。

实际使用的商标标志与核准注册的商标标志有细微差别，但未改变其显著特征的，可以视为注册商标的使用。

没有实际使用注册商标，仅有转让或者许可行为；或者仅是公布商标注册信息、声明享有注册商标专用权的，不认定为商标使用。

商标权人有真实使用商标的意图，并且有实际使用的必要准备，但因其他客观原因尚未实际使用注册商标的，人民法院可以认定其有正当理由。

《集体商标、证明商标注册和管理办法》

第五条 申请证明商标注册的，应当附送主体资格证明文件并应当详细说明其所具有的或者其委托的机构具有的专业技术人员、专业检测设备等情况，以表明其具有监督该证明商标所证明的特定商品品质的能力。

第七条 以地理标志作为集体商标、证明商标注册的，应当在申请书件中说明下列内容：

（一）该地理标志所标示的商品的特定质量、信誉或者其他特征；

（二）该商品的特定质量、信誉或者其他特征与该地理标志所标示的地区的自然因素和人文因素的关系；

（三）该地理标志所标示的地区的范围。

第八条 作为集体商标、证明商标申请注册的地理标志，可以是该地理标志标示地区的名称，也可以是能够标示某商品来源于该地区的其他可视性标志。

前款所称地区无需与该地区的现行行政区划名称、范围完全一致。

第九条　多个葡萄酒地理标志构成同音字或者同形字的，在这些地理标志能够彼此区分且不误导公众的情况下，每个地理标志都可以作为集体商标或者证明商标申请注册。

第十一条　证明商标的使用管理规则应当包括：

（一）使用证明商标的宗旨；

（二）该证明商标证明的商品的特定品质；

（三）使用该证明商标的条件；

（四）使用该证明商标的手续；

（五）使用该证明商标的权利、义务；

（六）使用人违反该使用管理规则应当承担的责任；

（七）注册人对使用该证明商标商品的检验监督制度。

第十二条　使用他人作为集体商标、证明商标注册的葡萄酒、烈性酒地理标志标示并非来源于该地理标志所标示地区的葡萄酒、烈性酒，即使同时标出了商品的真正来源地，或者使用的是翻译文字，或者伴有诸如某某“种”、某某“型”、某某“式”、某某“类”等表述的，适用商标法第十六条的规定。

第十九条　使用集体商标的，注册人应发给使用人《集体商标使用证》；使用证明商标的，注册人应发给使用人《证明商标使用证》。

第二十条　证明商标的注册人不得在自己提供的商品上使用该证明商标。

《商标侵权判断标准》

第六条　商标用于广告宣传、展览以及其他商业活动中的具体表现形式包括但不限于：

（一）商标使用在广播、电视、电影、互联网等媒体中，或者使用在公开发行的出版物上，或者使用在广告牌、邮寄广告或者其他广告载体上；

（二）商标在展览会、博览会上使用，包括在展览会、博览会上提供的使用商标的印刷品、展台照片、参展证明及其他资料；

（三）商标使用在网站、即时通讯工具、社交网络平台、应用程序等载体上；

（四）商标使用在二维码等信息载体上；

（五）商标使用在店铺招牌、店堂装饰装潢上。

第七条 判断是否为商标的使用应当综合考虑使用人的主观意图、使用方式、宣传方式、行业惯例、消费者认知等因素。

第八条 未经商标注册人许可的情形包括未获得许可或者超出许可的商品或者服务的类别、期限、数量等。

假冒注册商标刑事案件裁判规则第 3 条：
集体商标是集体组织成员资格的标志，集体组织以外成员未经许可在同一种商品上使用该集体商标的，可构成假冒注册商标罪

【规则描述】 根据我国《商标法》第 3 条第 2 款的规定，集体商标为注册商标的种类之一，享有商标专用权，受法律保护。集体商标是指以团体、协会或者其他组织名义注册，供该组织成员在商事活动中使用，以表明使用者在该组织中的成员资格的标志。各种行业协会注册集体商标供协会会员使用，集体商标的作用是向外界表明使用该集体商标的成员所提供的商品或者服务有相同的来源或者相同的质量特点。因此，违反国家商标管理法规，未经集体商标权人许可，在同一种商品、服务上使用与其注册的集体商标相同的商标，包括将商标用于商品、商品包装或者容器以及商品交易文书上，或者将商标用于广告宣传，情节严重的行为，可构成假冒注册商标罪。

一、类案检索大数据报告

时间：2022 年 7 月 1 日之前，案例来源：Alpha 案例库，案件数量：182 件，数据采集时间：2022 年 7 月 1 日。本次检索共获取认定假冒注册商标罪中“集体商标”2022 年 7 月 1 日之前 182 篇裁判文书。整体情况如图 3–1 所示，从案件年份分布可以看到当前条件下案例数量的变化趋势。

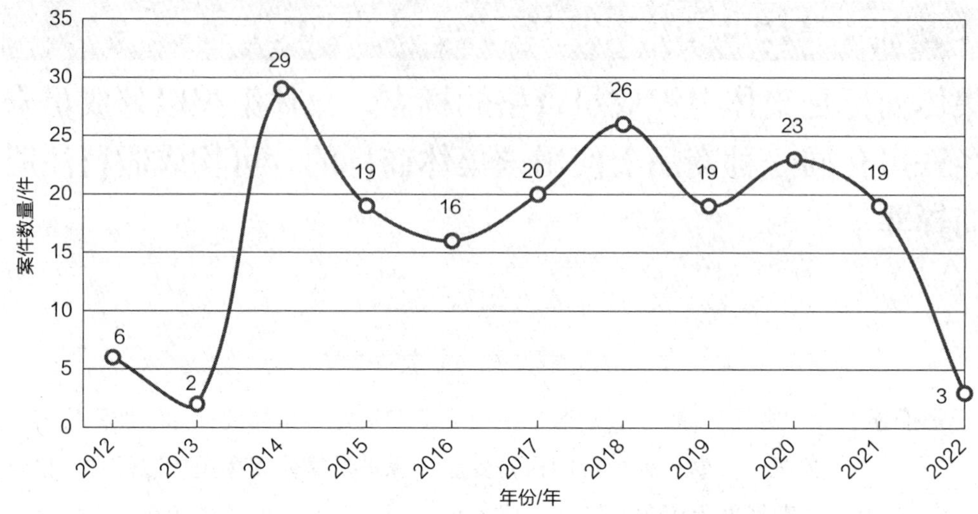

图 3–1　案件年份分布情况

如图 3–2 所示，从地域分布来看，当前假冒注册商标案例主要集中在河南省、广东省、吉林省，分别占比 37.91%、20.33%、6.59%。其中河南省的案件量最多，达到 69 件。

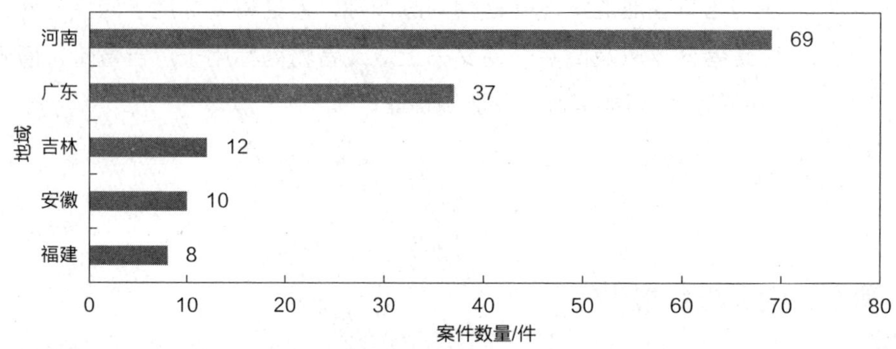

图 3–2　案件地域分布情况

如图 3–3 所示，从案件程序分类统计可以看到假冒注册商标罪当前的审理程序分布状况，其中一审案件有 76 件，二审案件有 28 件，执行案件有 78 件。一审上诉率约为 36.84%。

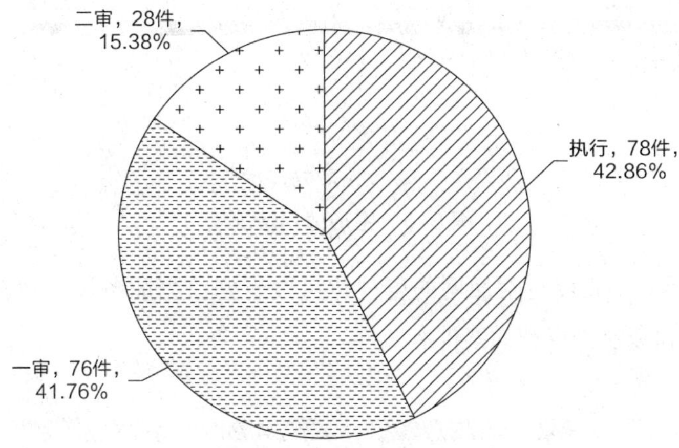

图 3–3　案件程序分类情况

如图 3–4 所示，通过对二审裁判结果的可视化分析可以看到，当前条件下维持原判的有 19 件，占比为 67.86%；撤回上诉的有 6 件，占比为 21.43%；其他的有 2 件，占比为 7.14%。

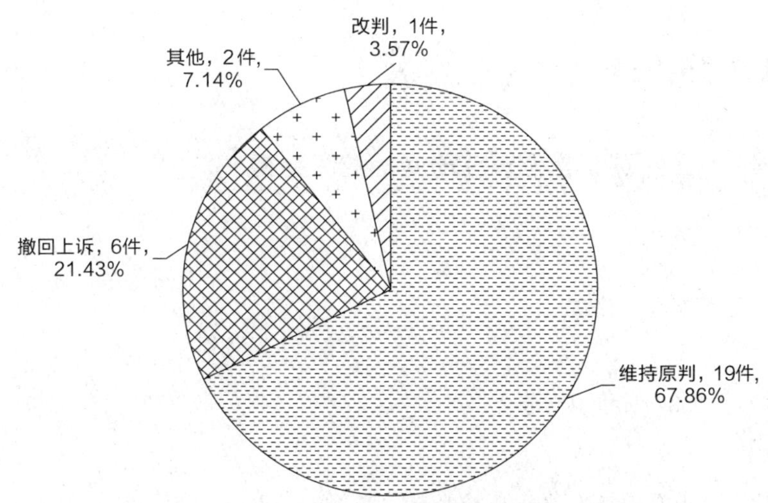

图 3–4　二审裁判结果情况

如图 3–5 所示，通过对主刑的可视化可以看到，当前条件下包含有期徒刑的案件有 68 件，包含拘役的案件有 5 件，包含无期徒刑的案件有 1 件。其中包含缓刑的案件有 43 件，免予刑事处罚的案件有 5 件。

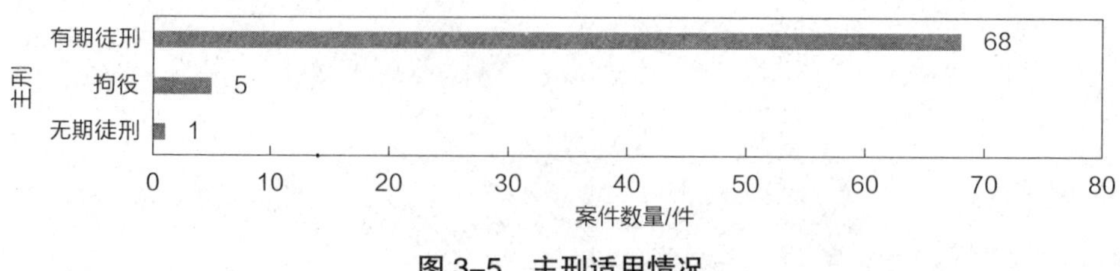

图 3-5　主刑适用情况

如图 3-6 所示，通过对附加刑的可视化可以看到，当前条件下包含罚金的案件有 69 件，包含剥夺政治权利的案件有 3 件。

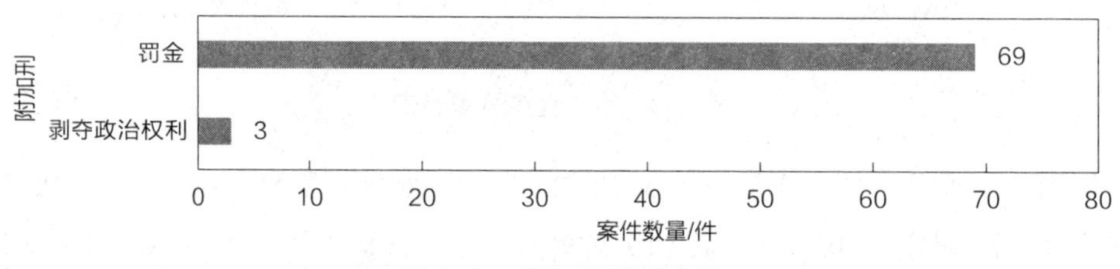

图 3-6　附加刑适用情况

二、可供参考的例案

例案一：王某某销售假冒注册商标的商品案

【法院】

山东省蓬莱市人民法院

【案号】

（2018）鲁 0684 刑初 109 号

【诉讼主体】

公诉机关：山东省蓬莱市人民检察院

被告人：王某某

【基本案情】

2017 年年初，被告人王某某为获取非法利益，以销售为目的，以明显低于市场的价格购买了假冒注册商标的“Penfolds 牌”BIN389（2014）葡萄酒、“Penfolds 牌”BIN470（2014）葡萄酒、“Penfolds 牌”BIN2（2013）葡萄酒、“Penfolds 牌”BIN128 葡萄酒，存放于蓬莱市刘家沟镇某村民房仓库内。期间以明显低于市场的价格销售给赵某1、迟某BIN2（2013）、BIN389（2014）、BIN407（2014）共9箱，其中BIN22013每箱6瓶，销售价格120元，BIN389（2014）每箱6瓶装，销售价格150元，BIN407（2014）每箱6瓶装，销售价格180元，共计1440元。2017年3月6日，蓬莱市市场监督管理局在刘家沟镇某村查获并扣押王某某持有的假冒注册商标的葡萄酒，其中“Penfolds牌”BIN2（2013）葡萄酒948瓶，“Penfolds牌”BIN389（2014）葡萄酒1176瓶，“Penfolds牌”BIN407（2014）葡萄酒1200瓶，共价值人民币84360元。“Penfolds牌”BIN128葡萄酒2244瓶，经鉴定价值人民币484704元。被告人王某某于2016年年初，未经注册商标所有人许可，购买BORDEAUX、MEDOC的相关物料，以销售为目的，委托烟台某公司进行灌装和贴标准备销售，后被蓬莱市市场监督管理局查获，其中假冒BORDEAUX酒360瓶，假冒MEDOC酒540瓶，经鉴定价值人民币13727元。

波尔多葡萄酒行业协会（CIVB）授权说明，证实波尔多葡萄酒行业协会（CIVB）在中国申请注册第10474883号“BORDEAUX波尔多”、第19564619号“BORDEAUX”和第19564619号“波尔多”地理标志集体商标。烟台某有限公司与CIVB没有任何关联，也从未获得CIVB授权或者许可使用第10474883号“BORDEAUX波尔多”和第15615996号“Medoc梅多克”注册商标，以及CIVB名下的其他注册商标。

【案件争点】

集体组织以外成员未经许可在同种商品上使用集体商标的，如何定罪量刑。

【裁判要旨】

法院认为，被告人王某某明知是假冒注册商标的商品而予以销售，销售金额数额巨大，其行为构成销售假冒注册商标的商品罪。公诉机关指控罪名成立，法院予以确认。被告人王某某如实供述犯罪事实，有悔罪表现，且仅销售9箱假冒注册商标的葡萄酒，其余绝大部分尚未销售，系犯罪未遂，依法对其减轻处罚。被告人王某某及其辩护人对未销售的假冒注册商标的葡萄酒的价格认定提出的辩解及辩护意见，于法无据，不予采纳；对辩护人提出的关于王某某系犯罪未遂以及认罪态度较好的辩护意见，法院予以采纳。依照《刑法》第214条、第67条第3款、第23条、第72条第1款、第3款之规定，判决如下：被告人王某某犯销售假冒注册商标的商品罪，判处有期徒刑二年，缓刑三年，并处罚金4万元。

例案二：邵某、邵某1假冒注册商标案

【法院】

山东省青岛市市北区人民法院

【案号】

（2019）鲁0203刑初435号

【诉讼主体】

公诉机关：山东省青岛市市北区人民检察院

被告人：邵某

被告人：邵某1

【基本案情】

2018年1月份以来，被告人邵某经营的青岛北大仓米业有限公司，从齐齐哈尔、绥化和安徽等地购进廉价大米，在青岛市市北区四流南路64号甲青岛北大仓米业有限公司仓库内，由被告人邵某1负责车间生产加工和人员调配，生产加工包装成印有“五常地理标识和鹰标”的“饭老大牌”五常真空稻花香5kg规格大米后，冒充“五常大米”进行销售。向青岛国粮坤源食品有限公司销售“饭老大”牌假冒“五常大米”真空稻花香5kg规格大米13485袋，销售金额人民币434128元。2018年12月20日，被告人邵某、邵某1在青岛市市北区青岛北大仓米业有限公司仓库内被抓获，现场查获有“五常地理标识和鹰标”的“饭老大”牌“五常大米”真空稻花香5kg规格大米3040袋，经鉴定，价值人民币118104元人民币。案发后，被告人邵某家属已赔偿商标持有人五常大米协会，五常大米协会对邵某、邵某1的行为表示谅解。

被告人邵某的辩护人提出的主要辩护意见是，邵某无前科，其所犯罪行为为非暴力性犯罪，案发后悔罪，赔偿被害单位经济损失并取得谅解，当庭认罪认罚，望人民法院对其从轻处罚并适用缓刑。

被告人邵某1的辩护人提出的主要辩护意见是，邵某1到案后如实供述罪行，认罪认罚愿缴纳罚金，其所犯罪行为为非暴力性犯罪，并已取得被害单位谅解，此次犯罪系初犯，望人民法院对其宣告缓刑。

【案件争点】

行为人的行为是否构成假冒注册商标罪，以及如何量刑的问题。

【裁判要旨】

法院认为，被告人邵某、邵某1的行为均构成假冒注册商标罪，且属于情节特

别严重，公诉机关指控成立。辩护人所提辩护意见已予以考虑。被告人邵某、邵某1如实供述罪行并认罪认罚，积极赔偿注册商标所有人经济损失并取得谅解，其亲属均代为积极预交罚金，确有悔罪表现，不致再危害社会，依法可对其从轻处罚并适用缓刑。依照我国《刑法》第213条、第25条第1款、第67条第3款、第72条、第64条之规定，判决被告人邵某犯假冒注册商标罪，判处有期徒刑三年，缓刑四年，并处罚金人民币25万元。依法实行社区矫正（缓刑考验期限自判决确定之日起计算；罚金已缴纳）。公安机关自二被告人处查获的假冒注册商标的大米3040袋予以没收，由青岛市公安局市北分局负责处理；被告人邵某、邵某1缓刑考验期限内严禁从事米业生产、销售及相关经营活动。

例案三：上海高轩酒业有限公司、刘某某等销售假冒注册商标的商品案

【法院】

上海市徐汇区人民法院

【案号】

（2017）沪0104刑初1078号

【诉讼主体】

公诉机关：上海市松江区人民检察院

被告单位：上海高轩酒业有限公司

被告人：刘某某

被告人：章某某

被害单位：波尔多葡萄酒行业联合委员会。

【基本案情】

2016年3月起，被告人刘某某在经营被告单位上海高轩酒业有限公司（以下简称上海高轩公司）期间，雇用被告人章某某等人作为销售人员，从他人处购买假冒注册商标“OPUSONE”“Penfolds”“CHATEAUMARGAUX”“BORDEAUX”“LAFITE”的红酒后加价销售，销售金额为人民币3162386元（以下币种均为人民币），待销售金额为2355024元，其中被告人章某某的销售金额为588666元。同年7月21日、8月31日，被告人章某某、刘某某接到电话通知后至公安机关投案。

被害单位波尔多葡萄酒行业联合委员会证实其在中国申请注册“波尔多”地理

标志集体商标，被告单位与波尔多葡萄酒行业联合委员会没有任何关联，也从未获得授权或者许可使用“波尔多”地理标志集体商标。

【案件争点】

被告单位与行为人刘某某、章某某假冒集体商标的行为构成何种犯罪，以及如何量刑的问题。

【裁判要旨】

法院认为，被告人刘某某在经营被告单位上海高轩公司期间，为牟取非法利益，伙同被告人章某某等人明知是假冒注册商标的商品仍予以销售，销售金额数额巨大，其行为已构成销售假冒注册商标的商品罪，应予处罚，公诉机关的指控成立。被告人刘某某作为被告单位直接负责的主管人员，被告人章某某作为被告单位的直接责任人员，均应当按照《刑法》的相关规定予以处罚。被告单位上海高轩公司、被告人刘某某、章某某自动投案，如实供述自己的犯罪行为，系自首，依法可从轻处罚。根据被告单位、被告人犯罪的事实、性质、情节和对于社会的危害程度，依照《刑法》第214条、第220条、第25条第1款、第67条第1款、第72条第1款、第3款、第73条第2款、第3款、第53条、第64条之规定，判决如下：一、被告单位上海高轩公司犯销售假冒注册商标的商品罪，判处罚金人民币40万元。二、被告人刘某某犯销售假冒注册商标的商品罪，判处有期徒刑三年，缓刑四年，并处罚金人民币40万元（缓刑考验期限，从判决确定之日起计算；罚金自本判决生效之日起一个月内向法院缴纳）。被告人刘某某回到社区后，应当遵守法律、法规，服从监督管理，接受教育，完成公益劳动，做一名有益社会的公民。三、被告人章某某犯销售假冒注册商标的商品罪，判处有期徒刑三年，缓刑三年，并处罚金人民币20万元（缓刑考验期限，从判决确定之日起计算；罚金自本判决生效之日起一个月内向法院缴纳）。四、查获的假冒注册商标的商品予以没收。

三、裁判规则提要

（一）集体商标与商品商标、服务商标的关系

国家工商行政管理总局1994年颁布以及1998年修订过的《集体商标、证明商标注册和管理办法》第2条规定：“集体商标是指由工商业团体、协会或其他集体组织的成员所使用的商品商标或服务商标，用以表明商品的经营者或服务的提供者属

于同一组织。”据此可以得知，商标注册行政管理部门在定义集体商标时明确将其种属规定为商品商标或服务商标。但根据我国《商标法》第 3 条第 2 款规定，集体商标，是指以团体、协会或者其他组织名义注册，供该组织成员在商事活动中使用，以表明使用者在该组织中的成员资格的标志。由于该条明确了集体商标的定义，国家工商行政管理总局于 2003 年发布《集体商标、证明商标注册和管理办法》时取消了原第 2 条对集体商标定义的内容，但这并不意味着对前述种属归类的否定。

据我国《类似商品和服务区分表》以及《商标注册用商品和服务国际分类》（即《尼斯分类》），商品被分为 34 个类别，服务被分为 11 个类别。我国注册商标申请人须在上述共计 45 类商品或服务中选定类别和名称。在我国的商标注册实践中，申请人在填写《商标注册申请书》时，须在表格的“类别”和“商品 / 服务项目”中填写核定商品或服务的类别以及商品或服务的名称。“商品商标”和“服务商标”是非此即彼的关系，两者全异且同时包含于同一种属概念“注册商标”当中。该两种类型的商标可以穷尽全部的注册商标。因此在我国，根据商标标示对象的不同，商标仅可划分为商品商标和服务商标。

国家工商行政管理总局商标局编著的《中华人民共和国商标法释义》[①]，按商标具有的特殊作用，将商品商标和服务商标又可以再被划分为普通商标、证明商标和集体商标。申请人在填写《商标注册申请书》时，除需填写商品或服务的类别和名称外，还需在表格“商标种类”一栏勾选“一般商标”（即普通商标）、“集体商标”或“证明商标”。该三种商标同样也是商品商标或服务商标。

《商标法》第 3 条第 1 款规定，“经商标局核准注册的商标为注册商标，包括商品商标、服务商标和集体商标、证明商标。”以文义解释来看，“和”字的位置表明商品商标、服务商标、集体商标、证明商标并非四种并列的概念。“商品商标、服务商标和集体商标、证明商标”的表述仅仅是立法者按照不同的商标分类标准作出的列举，其中，商品商标和服务商标并列，集体商标和证明商标并列。

据此可得，商品商标、服务商标、集体商标、证明商标并非并列的概念，而是根据不同标准进行的划分，其内涵存在交叉。无论是对商品商标和服务商标进行再区分，还是对普通商标、证明商标和集体商标进行再区分，均可得到以下 6 种商标：（1）注册在商品上的普通商标；（2）注册在服务上的普通商标；（3）注册在商

① 国家工商行政管理总局商标局编著:《中华人民共和国商标法释义》，中国工商出版社 2003 年版。

品上的证明商标；（4）注册在服务上的证明商标；（5）注册在商品上的集体商标；（6）注册在服务上的集体商标。

在以上三个例案中，例案二属于五常大米协会注册过的集体商标，例案一和例案三属于波尔多葡萄酒行业联合委员会注册过的集体商标。该三种集体商标均同时具有商品商标或服务商标的属性。首先必须是商品商标或者服务商标，其次表明使用者在该组织中的成员资格的标志。而在例案三中注册在红酒上的集体商标，系注册在商品上的商标，其既是集体商标又是商品商标。

（二）假冒注册商标罪中的“注册商标”应当涵盖“集体商标”

《刑法》第213条规定，未经注册商标所有人许可，在同一种商品上使用与其注册商标相同的商标情节严重的，构成假冒注册商标罪。第214条规定，销售明知是假冒注册商标的商品，销售金额数额较大的，处三年以下有期徒刑或者拘役，并处或者单处罚金；销售金额数额巨大的，处三年以上七年以下有期徒刑，并处罚金。在假冒集体商标案件中，对于该条文中“注册商标”，从法理角度分析其并未对该注册商标是否属于集体商标作出规定。目前在实务中有观点认为，根据条文“在同一种商品上使用”的规定，此处“注册商标”应限定为商品商标，不包括证明商标。但是根据前述分析和论证，集体商标也可以是属于商品商标，二者并不是并列且互不兼容的概念。因此，侵犯注册在商品上的集体商标的行为可以构成假冒注册商标罪。在实务中还有观点认为，在现行1997年《刑法》颁布时，2001年《商标法》尚未颁布，而当时施行的1993年《商标法》中并无证明商标的规定。因此，现行《刑法》规定的假冒注册商标罪、销售假冒注册商标的商品罪以及非法制造、销售非法制造的注册商标标识罪中的“注册商标”不包括证明商标。但1994年国家工商行政管理局就已颁布了《集体商标、证明商标注册和管理办法》。《商标法实施细则》（1993年修订）第6条更明确规定，依照《商标法》第3条规定，经商标局核准注册的集体商标、证明商标，受法律保护。此观点不成立。

最高人民法院刑事审判第二庭在《集体商标是否属于刑法保护范围复函》中提到：“我国《商标法》第三条规定：‘经商标局核准注册的商标为注册商标，包括商品商标、服务商标和集体商标、证明商标；商标注册人享有商标专用权，受法律保护。’因此，刑法第二百一十三条至第二百一十五条所规定的‘注册商标’应当涵盖‘集体商标’。”这份复函更加有力地佐证了以上论证。

（三）以刑法手段规制假冒注册集体商标的必要性

从法理角度来看，假冒注册商标罪等罪侵犯的犯罪客体是国家商标管理制度和商标专用权。我国《商标法》第 3 条明确规定，经商标局核准注册的集体商标、证明商标，受法律保护。此条文明确将对经过注册的集体商标的保护纳入我国商标管理制度体系，前述分析也能印证，对集体商标的侵权行为与对普通商品商标的侵权行为无异，均应受到相关民事、行政法律法规乃至刑法的法律规制。假冒集体商标的行为人造成权利人严重的权利损失时，如果只是承担民事或者行政责任的话，这无异于纵容严重侵害法益的行为，更严重的结果是让这些行为人抱有侥幸心理，继续实施类似行为，还会让其他潜在犯罪人实施这样的行为。既然如此，刑法应当充分发挥刑罚的作用处罚这种行为。

集体商标与商品商标、服务商标以及证明商标有着紧密的联系。从集体商标与普通商品商标的关系来看，两者真正的明显区别就是在主体上，前者的主体是集体，而后者的主体是个人或者某一法人，因此在使用两者上更多的是共性，比如两者都是基于意思自治的原则许可他人使用。而集体商标和服务商标之间的关系，类似于集体商标和普通商品商标的关系，只不过集体中的成员都是提供服务的公司或者个人。集体商标和证明商标之间同样有紧密联系，申请获得两者的许可都需要具备某种限制条件。在这种情况下，将假冒普通商品商标、服务商标与证明商标都纳入刑法规制，而独独将假冒集体商标排除在外，是有悖于常识与逻辑的。

假冒注册商标罪相关现行立法不仅对“同一种商品”“同一种服务”“同一种商标”“情节严重”及犯罪对象等有了明确的解释，还对商标的注册与使用以及保护有了较为完备的管理体系，假冒集体商标纳入刑法规制有完备的法律保障，公安司法机关对相关案件的办案能力不断增强。把假冒集体商标纳入刑法规制将有利于保证案件质量和办案效率，有力保障集体商标所有人的切身利益，切实追究侵权人的刑事责任，坚定维护国家商标管理制度和商标专用权。

另外，集体商标在现代市场经济中还发挥着独特的作用。集体商标往往用于表征某个提供商品或服务的成员来自同一个团体，既是对团体商誉的宣传，也表征了该商品或服务出自某一特定团体，是对来源或者质量的肯定。近些年，随着经济发展，从业者的维权意识不断加强，集体商标的应用也得到更多的重视。消费者也越来越习惯通过集体商标去选择商品或者服务，如果不法行为人冒用他人集体商标，会使消费者误认商品来源于一个特定的集体，产生不利于集体商标使用者的后果。

目前，我国已形成一批有知名度、有影响力、有规模的集体商标，例如沙县小吃、秭归脐橙、澄海玩具、瓯海眼镜等，这些中小企业行会将优质资源整合，抱团取暖，以有规模有品质的商品与服务打响了市场知名度，在全国乃至世界范围都产生一定的影响力和控制力，创造出巨大的市场价值。因此，将假冒集体商标纳入刑法规制能够更加完善地对集体商标进行保护，有利于我国社会主义市场经济形成良性竞争循环。

四、辅助信息

《刑法》

第二百一十三条 未经注册商标所有人许可，在同一种商品、服务上使用与其注册商标相同的商标，情节严重的，处三年以下有期徒刑，并处或者单处罚金；情节特别严重的，处三年以上十年以下有期徒刑，并处罚金。

第二百一十四条 销售明知是假冒注册商标的商品，违法所得数额较大或者有其他严重情节的，处三年以下有期徒刑，并处或者单处罚金；违法所得数额巨大或者有其他特别严重情节的，处三年以上十年以下有期徒刑，并处罚金。

第二百二十条 单位犯本节第二百一十三条至第二百一十九条之一规定之罪的，对单位判处罚金，并对其直接负责的主管人员和其他直接责任人员，依照本节各该条的规定处罚。

《商标法》

第三条 经商标局核准注册的商标为注册商标，包括商品商标、服务商标和集体商标、证明商标；商标注册人享有商标专用权，受法律保护。

本法所称集体商标，是指以团体、协会或者其他组织名义注册，供该组织成员在商事活动中使用，以表明使用者在该组织中的成员资格的标志。

本法所称证明商标，是指由对某种商品或者服务具有监督能力的组织所控制，而由该组织以外的单位或者个人使用于其商品或者服务，用以证明该商品或者服务的原产地、原料、制造方法、质量或者其他特定品质的标志。

集体商标、证明商标注册和管理的特殊事项，由国务院工商行政管理部门规定。

第十三条　为相关公众所熟知的商标，持有人认为其权利受到侵害时，可以依照本法规定请求驰名商标保护。

就相同或者类似商品申请注册的商标是复制、摹仿或者翻译他人未在中国注册的驰名商标，容易导致混淆的，不予注册并禁止使用。

就不相同或者不相类似商品申请注册的商标是复制、摹仿或者翻译他人已经在中国注册的驰名商标，误导公众，致使该驰名商标注册人的利益可能受到损害的，不予注册并禁止使用。

第六十七条第一款　未经商标注册人许可，在同一种商品上使用与其注册商标相同的商标，构成犯罪的，除赔偿被侵权人的损失外，依法追究刑事责任。

《知识产权刑事司法解释》

第一条　未经注册商标所有人许可，在同一种商品上使用与其注册商标相同的商标，具有下列情形之一的，属于刑法第二百一十三条规定的“情节严重”，应当以假冒注册商标罪判处三年以下有期徒刑或者拘役，并处或者单处罚金：

（一）非法经营数额在五万元以上或者违法所得数额在三万元以上的；

（二）假冒两种以上注册商标，非法经营数额在三万元以上或者违法所得数额在二万元以上的；

（三）其他情节严重的情形。

具有下列情形之一的，属于刑法第二百一十三条规定的“情节特别严重”，应当以假冒注册商标罪判处三年以上七年以下有期徒刑，并处罚金：

（一）非法经营数额在二十五万元以上或者违法所得数额在十五万元以上的；

（二）假冒两种以上注册商标，非法经营数额在十五万元以上或者违法所得数额在十万元以上的；

（三）其他情节特别严重的情形。

第八条第二款　刑法第二百一十三条规定的“使用”，是指将注册商标或者假冒的注册商标用于商品、商品包装或者容器以及产品说明书、商品交易文书，或者将注册商标或者假冒的注册商标用于广告宣传、展览以及其他商业活动等行为。

《知识产权刑事司法解释（三）》

第一条 具有下列情形之一的，可以认定为刑法第二百一十三条规定的"与其注册商标相同的商标"：

（一）改变注册商标的字体、字母大小写或者文字横竖排列，与注册商标之间基本无差别的；

（二）改变注册商标的文字、字母、数字等之间的间距，与注册商标之间基本无差别的；

（三）改变注册商标颜色，不影响体现注册商标显著特征的；

（四）在注册商标上仅增加商品通用名称、型号等缺乏显著特征要素，不影响体现注册商标显著特征的；

（五）与立体注册商标的三维标志及平面要素基本无差别的；

（六）其他与注册商标基本无差别、足以对公众产生误导的商标。

《商标确权行政案件规定》

第二十六条 商标权人自行使用、他人经许可使用以及其他不违背商标权人意志的使用，均可认定为商标法第四十九条第二款所称的使用。

实际使用的商标标志与核准注册的商标标志有细微差别，但未改变其显著特征的，可以视为注册商标的使用。

没有实际使用注册商标，仅有转让或者许可行为；或者仅是公布商标注册信息、声明享有注册商标专用权的，不认定为商标使用。

商标权人有真实使用商标的意图，并且有实际使用的必要准备，但因其他客观原因尚未实际使用注册商标的，人民法院可以认定其有正当理由。

《集体商标、证明商标注册和管理办法》

第四条 申请集体商标注册的，应当附送主体资格证明文件并应当详细说明该集体组织成员的名称和地址；以地理标志作为集体商标申请注册的，应当附送主体资格证明文件并应当详细说明其所具有的或者其委托的机构具有的专业技术人员、专业检测设备等情况，以表明其具有监督使用该地理标志商品的特定品质的能力。

申请以地理标志作为集体商标注册的团体、协会或者其他组织，应当由来自该地理标志标示的地区范围内的成员组成。

第七条　以地理标志作为集体商标、证明商标注册的，应当在申请书件中说明下列内容：

（一）该地理标志所标示的商品的特定质量、信誉或者其他特征；

（二）该商品的特定质量、信誉或者其他特征与该地理标志所标示的地区的自然因素和人文因素的关系；

（三）该地理标志所标示的地区的范围。

第八条　作为集体商标、证明商标申请注册的地理标志，可以是该地理标志标示地区的名称，也可以是能够标示某商品来源于该地区的其他可视性标志。

前款所称地区无需与该地区的现行行政区划名称、范围完全一致。

第九条　多个葡萄酒地理标志构成同音字或者同形字的，在这些地理标志能够彼此区分且不误导公众的情况下，每个地理标志都可以作为集体商标或者证明商标申请注册。

第十条　集体商标的使用管理规则应当包括：

（一）使用集体商标的宗旨；

（二）使用该集体商标的商品的品质；

（三）使用该集体商标的手续；

（四）使用该集体商标的权利、义务；

（五）成员违反其使用管理规则应当承担的责任；

（六）注册人对使用该集体商标商品的检验监督制度。

第十七条　集体商标注册人的集体成员，在履行该集体商标使用管理规则规定的手续后，可以使用该集体商标。

集体商标不得许可非集体成员使用。

第十九条　使用集体商标的，注册人应发给使用人《集体商标使用证》；使用证明商标的，注册人应发给使用人《证明商标使用证》。

《集体商标是否属于刑法保护范围复函》

一、我国《商标法》第三条规定：“经商标局核准注册的商标为注册商标，包括商品商标、服务商标和集体商标、证明商标；商标注册人享有商标专用权，受法律保护。”因此，刑法第二百一十三条至二百一十五条所规定的“注册商标”应当涵盖“集体商标”。

二、商标标识中注明了自己的注册商标的同时，又使用了他人注册为集体商标的地理名称，可以认定为刑法规定的“相同的商标”。根据贵局提供的材料，山西省清徐县溢美源醋业有限公司在其生产的食用醋的商标上用大号字体在显著位置上清晰地标明“镇江香（陈）醋”，说明其已经使用了与江苏省镇江市醋业协会所注册的“镇江香（陈）醋”集体商标相同的商标。而且，山西省清徐县溢美源醋业有限公司还在其商标标识上注明了江苏省镇江市丹阳市某香醋厂的厂名厂址和QS标志，也说明其实施假冒注册“镇江香（陈）醋”集体商标的行为。

假冒注册商标刑事案件裁判规则第 4 条：

同一种商品的比对应当在注册商标核定使用的商品和行为人实际生产销售的商品之间进行，名称相同或名称不同但指同一事物的商品，可以认定为同一种商品

【规则描述】 名称相同的商品以及名称不同但指同一事物的商品，可以认定为“同一种商品”。“名称”是指国家市场监督管理总局（原国家工商行政管理总局商标局）在商标注册工作中对商品使用的名称，通常指《商标注册用商品和服务国际分类》中规定的商品名称。“名称不同但指同一事物的商品”是指在功能、用途、主要原料、消费对象、销售渠道等方面相同或者基本相同，相关公众一般认为是同一种事物的商品。认定“同一种商品”，应当在权利人注册商标核定使用的商品和行为人实际生产销售的商品之间进行比较。

一、类案检索大数据报告

时间：2022 年 7 月 1 日之前，案例来源：Alpha 案例库，案件数量：14723 件，数据采集时间：2022 年 7 月 1 日。本次检索共获取认定假冒注册商标罪中“同一种商品”2022 年 7 月 1 日之前 14723 篇裁判文书。整体情况如图 4-1 所示，从案件年份分布可以看到当前条件下案例数量的变化趋势。

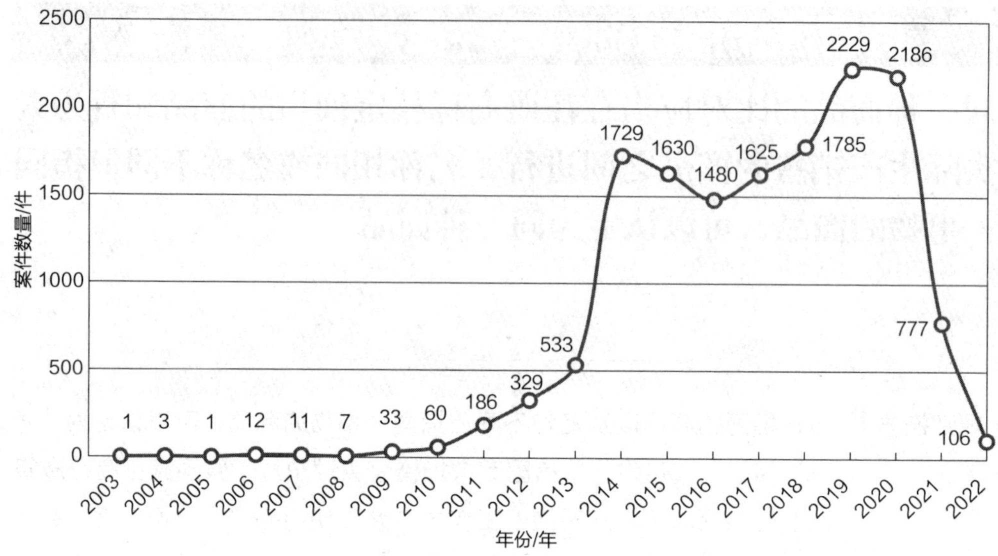

图 4–1　案件年份分布情况

如图 4–2 所示，从地域分布来看，当前假冒注册商标案例主要集中在广东省、江苏省、浙江省，分别占比 30.94%、9.56%、9.15%。其中广东省的案件量最多，达到 4556 件。

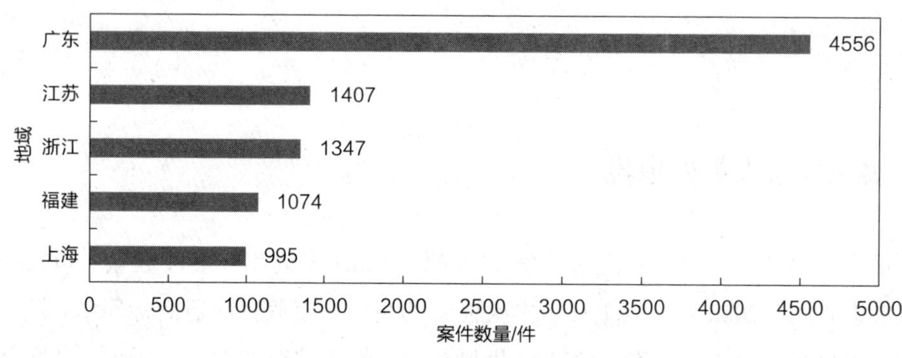

图 4–2　案件地域分布情况

如图 4–3 所示，从案件程序分类统计可以看到假冒注册商标罪当前的审理程序分布状况，其中一审案件有 12720 件，二审案件有 1903 件，再审案件有 65 件，执行案件有 6 件。一审上诉率约为 14.96%。

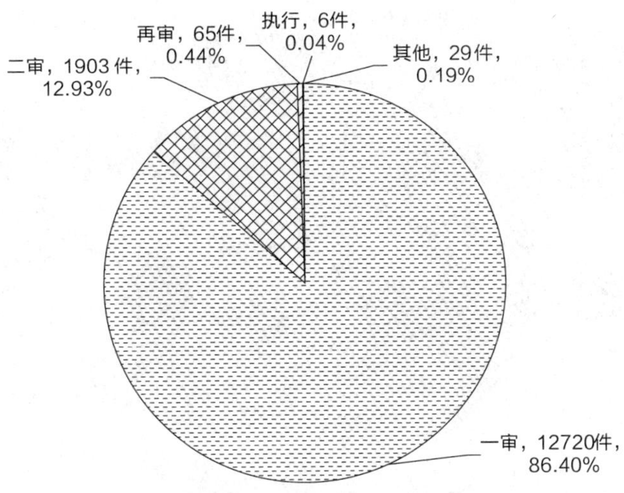

图 4–3　案件程序分类情况

如图 4–4 所示，通过对二审裁判结果的可视化分析可以看到，当前条件下维持原判的有 1433 件，占比为 75.30%；改判的有 361 件，占比为 18.97%；其他的有 73 件，占比为 3.84%。

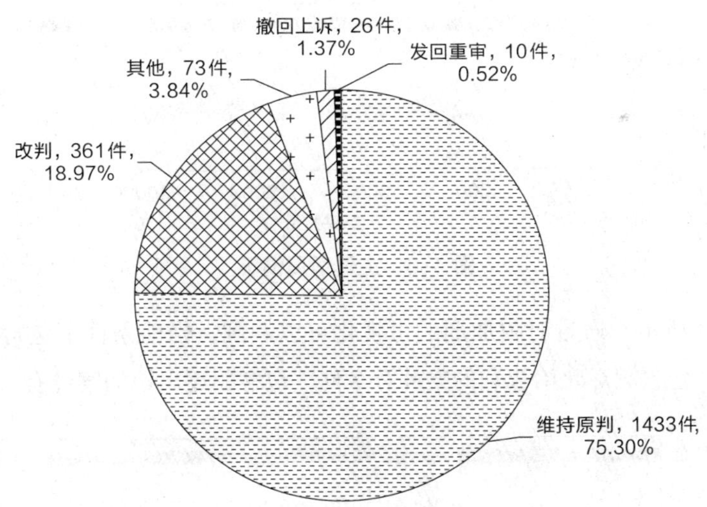

图 4–4　二审裁判结果情况

如图 4–5 所示，通过对再审裁判结果的可视化分析可以看到，当前条件下其他的有 33 件，占比为 50.77%；改判的有 26 件，占比为 40%；维持原判的有 3 件，占比为 4.61%。

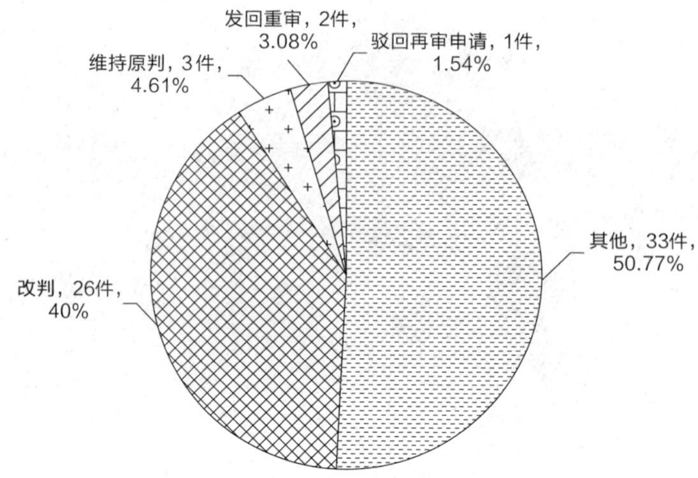

图 4–5　再审裁判结果情况

如图 4–6 所示，通过对主刑的可视化可以看到，当前条件下包含有期徒刑的案件有 11741 件，包含拘役的案件有 661 件，包含管制的案件有 2 件。其中包含缓刑的案件有 7257 件，免予刑事处罚的案件有 51 件。

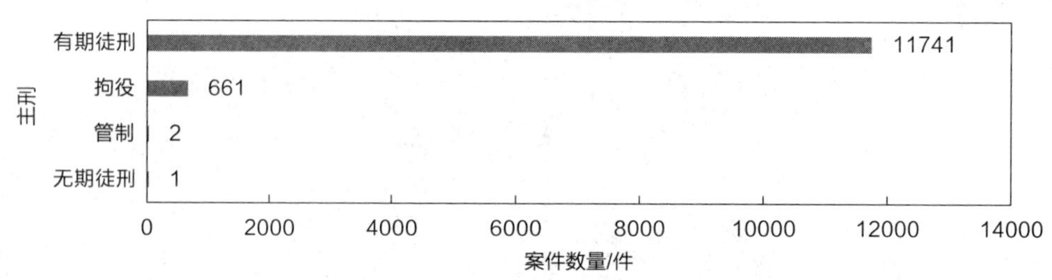

图 4–6　主刑适用情况

如图 4–7 所示，通过对附加刑的可视化可以看到，当前条件下包含罚金的案件有 12129 件，包含剥夺政治权利的案件有 3 件，包含驱逐出境的案件有 2 件。

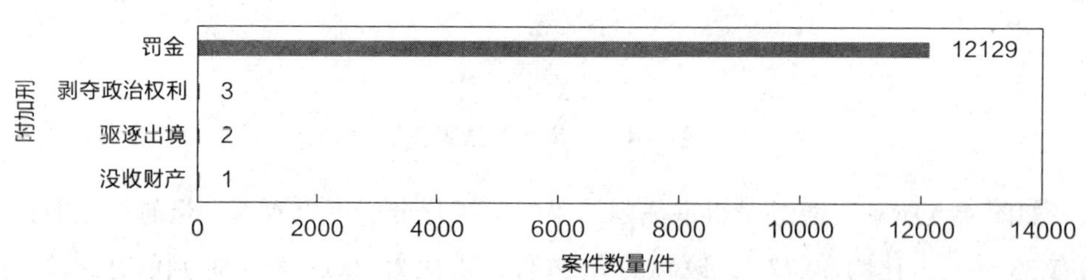

图 4–7　附加刑适用情况

二、可供参考的例案

例案一：潘某某、浙江山耐斯气动有限公司假冒注册商标案

【法院】

浙江省义乌市人民法院

【案号】

（2018）浙 0782 刑初 2352 号

【诉讼主体】

公诉机关：浙江省义乌市人民检察院

被告单位：浙江山耐斯气动有限公司

被告人：潘某某

【基本案情】

2017 年 6 月以来，被告单位浙江山耐斯气动有限公司（以下简称山耐斯公司）、被告人潘某某在未经“山耐斯”注册商标所有人山耐斯气动液压（磐安）有限公司授权许可的情况下，在公司生产的电磁阀、汽缸、气源处理器等气动产品表面及外包装上，使用“山耐斯”中文商标，并对外销售。2018 年 5 月 16 日，磐安县公安局在被告单位浙江山耐斯气动有限公司的车间、仓库扣押假冒“山耐斯”的气动产品共计 64 种 19446 件，价值人民币 664811.22 元。被告人潘某某系本案直接负责的主管人员。2018 年 5 月 22 日上午 9 时许，被告人潘某某到磐安县公安局主动投案。

【案件争点】

查扣产品与第 4137395 号核定使用的“气动元件”是否为“同一种商品”。

【裁判要旨】

一审法院认为，2017 年 6 月以来，被告单位山耐斯公司、被告人潘某某在未经“山耐斯”注册商标所有人山耐斯气动液压（磐安）有限公司授权许可的情况下，在公司生产的电磁阀、气缸、气源处理器等气动产品表面及外包装上，使用“山耐斯”中文商标，并对外销售。2018 年 5 月 16 日，磐安县公安局在被告单位山耐斯公司的车间、仓库扣押假冒“山耐斯”的气动产品共计 64 种 19446 件，价值人民币 664811.22 元。

一审宣判后，被告单位山耐斯公司不服，提出上诉。上诉单位山耐斯公司及其辩护人提出的上诉和辩护意见是：一审判决认定事实不准确，错误地将涉案商品与

注册商标核定使用的商品认定为“同一种商品”，未弄清特定情景下“气动元件”概念的内涵及外延，气动元件不是产品或产品名称，而是元件的集合；认定事实所依据的证据不充分，在认定事实的逻辑推理中有偷换概念之嫌。故请求撤销原判，依法改判上诉人无罪。

二审法院审理认为，关于扣押产品与第4137395号注册商标核定使用的商品“气动元件”是否为“同一种商品”的问题。认定“同一种商品”，应当在权利人注册商标核定使用的商品和行为人实际生产销售的商品之间进行比较。本案中，涉案第4137395号注册商标核定使用商品包括气动元件、液压元件、压力机、气动开关门器等，被扣押产品包括气缸、气源处理器、电磁阀、手动阀、自动阀、过滤器、减压阀、过滤减压阀。首先，依照《知识产权刑事适用意见》的相关规定，名称相同的商品以及名称不同但指同一事物的商品，可以认定为“同一种商品”；“名称不同但指同一事物的商品”是指在功能、用途、主要原料、消费对象、销售渠道等方面相同或者基本相同，相关公众一般认为是同一种事物的商品。可见，评判是否为“同一种商品”主要是以相关公众的认知为准，而相关公众则是指对涉案商品有一定认知度的经营者或消费者。就本案被扣押产品而言，奉化气动工业协会、被告单位及被害单位的经销商均系接触、了解涉案产品的相关公众，依照奉化气动工业协会的证明、被告单位及被害单位经销商的证言，均认为被扣押的产品系气动元件产品。其次，依照被告人潘某某的供述其在气动行业已工作多年，对该行业有较深了解，一审庭审中被告人潘某某及被告单位山耐斯公司对奉化气动行业协会出具的证明亦未提出异议。最后，被告单位山耐斯公司与被害单位均系气动工具的生产企业，被告单位山耐斯公司开具的增值税专用发票中也将与涉案被扣押产品相同的产品标注为气动元件产品。辩护人所提《商标注册用商品和服务国际分类》及《类似商品和服务区分表》可以作为参考意见，但相关公众依据产品功能、用途、主要原料、消费对象、销售渠道等方面的认知判断更为客观。综上，应认定被扣押产品与涉案第4137395号注册商标核定使用的商品“气动元件”系“同一种商品”。两上诉人及其辩护人就此所提意见，法院不予采纳。

例案二：杨某民、刘青某、龚志某、潘某军假冒注册商标案

【法院】

南昌铁路运输法院

【案号】

（2016）赣 7101 刑初 33 号

【诉讼主体】

公诉机关：南昌铁路运输检察院

被告人：杨某民、刘青某、龚志某、潘某军

【基本案情】

2003 年 11 月 21 日，武汉正远铁路电气有限公司注册“正远”注册商标，该商标经续展有效期限至 2023 年 11 月 20 日。2013 年 7 月 11 日，武汉正远铁路电气有限公司名称变更为征原公司。征原公司系“正远”“征原电气”文字及图标的商标注册人，核定使用商品范围（第 9 类和第 12 类）：传感器（换向器）、接线盒（电）、低压电源；配电控制台（电）、控制板（电）；整流用电力装置、节拍器、计算机软件、微处理机、逆变器、铁路车辆、机车等。

2012 年初，被告人杨某民邀集被告人刘青某参与制造征原公司产品。2012 年 5 月至 2015 年间，被告人杨某民、刘青某在广告标牌店定制征原公司“正远”注册商标、合格证等，在南昌、厦门的租住房利用购进无商标的电子元器件和线路板等器材，大肆伪造征原公司 DC600V 车下电源配件“DSP 微机控制板”“IGBT 驱动板”“电压检测板”等予以销售。

2015 年 8 月至 10 月，被告人潘某军为获取非法利益，从被告人杨某民等人处收购假冒征原公司的铁路配件予以转售。被告人龚志某作为东尼斯公司销售人员，明知是假冒征原公司的铁路配件，经请示公司总经理刘某（另案处理）同意后，以东尼斯公司名义先后从杨某民、刘青某、潘某军处收购，后转售给物资供应段，为东尼斯公司牟利。

【案件争点】

涉案铁路配件除“电压传感器”外，其余是否在征原公司注册商标的保护范围之内，行为人杨某民的涉案金额如何认定。

【裁判要旨】

法院认为，针对被告人杨某民的辩护人提出涉案铁路配件除“电压传感器”外，其余均不在征原公司注册商标的保护范围之内，故杨某民的涉案金额仅为 5 万余元的辩护意见，经查，注册商标专用权系保护核准注册的商标和核定使用的商品。本案书证第 3300333 号商标注册证和第 3300332 号商标注册证，证明注册商标“正远”核定使用的商品范围是传感器（换向器）、接线盒（电）、低压电源、配电控制台（电）、控制板（电）、整流用电力装置、节拍器、计算机软件、微处理机、逆变器、铁路车辆、机车等。涉案配件"DSP微机控制板""IGBT驱动板""电压检测板"等在功能、用途、销售渠道等方面与第3300333号和第3300332号商标注册证核定使用的商品相同或者基本相同。根据《知识产权刑事适用意见》第五条的规定，属"名称不同但指同一事物的商品"，应当认定为同一种商品。故涉案配件"DSP微机控制板""IGBT驱动板""电压检测板"等是注册商标专用权保护的商品。杨某民未经注册商标所有权人许可，在涉案配件"DSP微机控制板""IGBT驱动板""电压检测板"等上使用"正远"注册商标，侵犯了注册商标专用权。

针对被告人杨某民的辩护人提出征原公司不能对涉案铁路配件真伪进行鉴定的辩护意见。经查，征原公司出具关于涉案铁路配件是否是公司生产产品的书面材料，是"正远"注册商标所有权人征原公司就公司产品与涉案配件在外观、标示、用途等细节进行甄别比对后的陈述意见，该陈述意见与杨某民等被告人关于假冒"正远"注册商标的供述相印证。上述证据均经法庭质证，客观、真实证明涉案配件是假冒注册商标的商品，可以作为定案的依据。辩护人此点辩护意见不能成立，不予采纳。

例案三：陈某甲、陈某乙假冒注册商标案

【法院】

广东省广州市越秀区人民法院

【案号】

（2015）穗越法审监刑再字第4号

【诉讼主体】

原公诉机关：广东省广州市越秀区人民检察院

被告人：陈某甲、陈某乙

【基本案情】

2003年1月13日，原审被告人陈某甲、陈某乙共同成立广州市科顺机电设备有限公司（以下简称科顺公司），经营范围：批发零售电子产品，机电设备，喷墨机及其耗材。原审被告人陈某甲任公司法定代表人，负责联系业务，原审被告人陈某乙负责公司内务，多次向广州市杜某精密机电有限公司等购买多米诺（DOMINO）喷码机及零配件，通过添加、组装喷码机后，以多米诺（DOMINO）喷码机整机销售，总销售金额达人民币683000元。2012年3月20日，公安机关经侦查将原审被告人陈某甲、陈某乙抓获归案。后公安机关在广州市越秀区广州大道中路111-113号802

房、1702 房的广州市科顺机电设备有限公司的办公场所查获多米诺（DOMINO）喷码机 A100 型号 1 台、A200 型号 4 台（全新正品价值人民币 21 万元）、稀释液 302 瓶、多米诺中文键盘 8 个、墨水一批等物品；在原审被告人陈某乙位于广州市海珠区江海大道新安街 ×× 号 ××× 房查获储存销售记录的电脑主机 1 台。

多米诺公司（Domino Printing Sciencesplc，又音译为度米农印刷科学有限公司）第 G709885 号商标申请使用在第一类、第二类和第九类商品上，根据《商标国际注册马德里协定》和《商标国际注册马德里协定有关议定书》的规定于 1999 年通过领土延伸指定到我国并获得保护。多米诺公司申请时使用英文提交相关文件，没有对申请使用的商品附对应的中文翻译件，且申请文件中并未包含对商品的图片或文字说明。商标局档案记录该商标核定使用在第九类上的中文商品名称为：喷墨打印装置；喷墨标示装置；激光标示装置；喷墨打印机；上述商品的电动、电子控制装置；控制工业喷墨打印机、工业喷墨标示装置和工业激光标示装置的运行状况的计算机软件等商品。该注册商标有效期自 2009 年 1 月 28 日至 2019 年 1 月 28 日。

2011 年 12 月 19 日，国家工商行政管理总局商标局出具了第 G709885 号商标注册证明，核定使用商品包括：喷墨打印器具；喷墨绘图装置；激光打印机、喷墨打印机；上述商品的电气电子控制部件；控制工业用喷墨打印机；工业用喷墨绘图及工业用激光绘图器具运行用计算机软件；喷墨打印机头；上述商品的零配件。

2012 年 12 月 28 日，该局再次出具第 G709885 号商标注册证明，核定使用商品包括：喷墨打印器具；喷码机；激光打码器具；喷墨打印机；上述商品的电气电子控制部件；用于控制工业用喷墨打印机、工业用喷墨打码器具及工业用激光喷墨打码器具运转的计算机软件；喷墨打印机头；上述商品的零配件。

多米诺标识科技有限公司出具了第 G709885 号商标国际注册英文证书及其中文翻译件（由中国对外翻译出版有限公司翻译），内容如下：商标持有人是多米诺公司，基础申请：英国，1999 年 1 月 12 日。商品及其服务明细：9 墨水打印器具；喷码机；激光打码器具；喷墨打印机；上述商品的电气电子控制部件；用于控制工业用喷墨打印机、工业用喷墨打码器具及工业激光打码器具运转的计算机软件；喷墨打印机打印头；上述商品的零配件。英文证书中与中文翻译件中“喷码机”对应的英文单词为：inkjet marking apparatus。多米诺标识科技有限公司出具的第 G709885 号商标在英国、澳大利亚、加拿大、欧共体的英文注册证书及其中文翻译件，上述证书的中文翻译件载明上述商标以多米诺公司的名义注册于下列商品上：第九类：喷墨打印器具；喷墨打码器具；激光打码器具；喷码机；上述商品的电气电子控制部件；用于控制工业用喷码机、工业用喷墨打码器具及工业用激光打码器具运转的计算机软件；喷码机打印头；前述所有产品的零配件。英文证书中与中文翻译件中“喷码机”对应的英文单词为：inkjet printers。

2014年2月11日，国家工商行政管理总局商标局出具的商标函字（2014）10号《关于第G709885号“DOMINO”商标有关情况的复函》主要内容有：第G709885号“DOMINO”商标系国际注册商标，可以根据相关国际协定通过领土延展指定在我国得到保护；第G709885号“DOMINO”商标于1999年通过领土延伸指定到我国并获得保护，申请使用在商标注册用商品和服务国际分类第一类、第二类、第九类商品上。国家商标局于2011年12月19日及2012年12月28日出具了商标注册证明，外文商品名称译为中文时，中外文之间存在不是唯一对应的情况，第G709885号“DOMINO”商标核定使用在第九类上的中文商品名称以商标局数据库的记录为准；“喷码机”并非《类似商品和服务区分表》所列商品名称，且其所涉及的商品较为宽泛，需要根据具体商品的功能、用途、销售渠道、消费对象等方面确定所属的类别。例如：功能、用途等和“与计算机连用的打印机”类似的，属于第九类；功能、用途等和“塑料导线印字机”“工业打标机”类似的，属于第七类。第G709885号“DOMINO”商标核定使用商品“喷墨标示装置”包括符合第九类分类标准的“喷码机”，其功能、用途和“与计算机连用的打印机”类似。

【案件争点】

行为人所销售的喷码机及零部件和多米诺公司第G709885号注册商标核定使用的商品是否为同一商品，行为人是否构成假冒商标罪。

【裁判要旨】

法院认为，1997年修订的《刑法》第213条规定，未经注册商标所有人许可，在同一种商品上使用与其注册商标相同的商标，情节严重的，处三年以下有期徒刑或者拘役，并处或者单处罚金；情节特别严重的，处三年以上七年以下有期徒刑，并处罚金。本案中，公诉机关指控科顺公司所销售的喷码机及零配件是假冒多米诺公司DOMINO商标，构成销售假冒注册商标的商品罪，现经法庭查证科顺公司所销售的DOMINO商标喷码机及零配件来源于杜某公司，因此，杜某公司生产、销售给科顺公司的喷码机及零配件是否侵犯了多米诺公司第G709885号注册商标权是决定原审被告人陈某甲、陈某乙是否构成犯罪的关键。原审被告人陈某甲、陈某乙提供的新证据（2014）穗中法知刑终字第21号生效判决，已确认了杜某公司生产、销售的涉案喷码机属于工业用机械，是《类似商品和服务区分表》中的第七类商品，其销售的喷码机与多米诺公司第G709885号注册商标核定使用的第九类商品并非“同一种商品”，杜某公司并不构成销售假冒注册商标商品，且被生效判决宣告杜某公司的法定代表人、股东等人无罪。因此，公诉机关指控原审被告人陈某甲、陈某乙构成销售假冒注册商标的商品罪证据不足，罪名不能成立。原审被告人陈某甲、陈某乙提供的新证据足以推翻原审判决，依法予以撤销。

三、裁判规则提要

（一）“同一种商品”的认定

《知识产权刑事适用意见》第5条对《刑法》第213条规定的“同一种商品”的认定问题作出规定：名称相同的商品以及名称不同但指同一事物的商品，可以认定为“同一种商品”。“名称”是指国家工商行政管理总局商标局在商标注册工作中对商品使用的名称，通常即《商标注册用商品和服务国际分类》中规定的商品名称。“名称不同但指同一事物的商品”是指在功能、用途、主要原料、消费对象、销售渠道等方面相同或者基本相同，相关公众一般认为是同一种事物的商品。认定“同一种商品”，应当在权利人注册商标核定使用的商品和行为人实际生产销售的商品之间进行比较。《知识产权刑事适用意见》第5条将“同一种商品”分为以下两种情况：

1.“名称相同”型

根据《知识产权刑事适用意见》第5条规定，通过名称是否相同来判断涉案商品与注册商标核定使用商品是否属于“同一种商品”，是一种比较直观简便的判断方法。判断名称是否相同即只需要判断涉案商品名称与《商标注册用商品和服务国际分类》中规定的商品名称是否相同即可，当双方相同时，即属于“同一种商品”。尽管该判断方法看似明了，但在实务操作中也会遇到个别特殊案件使之判断过程不那么容易。“名称相同”的商品可能有以下两种情况：

第一，名称完全相同的商品。“商品名称”是指国家工商行政管理总局商标局在商标注册工作中对商品使用的名称，通常即《商标注册用商品和服务国际分类》中规定的商品名称，划分商品种类的标准是商品性质和功能，具有确定性、标准性。因此，以《商品注册用商品和服务国际分类》作为判断“名称相同”的依据是比较客观、明确的。在《商品注册用商品和服务国际分类》中，所有商品按照类、组、种三个级次分门别类，同种商品就是指同一种目下所列举的商品。因此，只要是处于同一种目的商品，无论其类型、重量、规格、型号等如何均为同一种商品。

第二，名称实际相同的商品。由于各地风土人情的差异，虽然权利人和行为人分别对各自生产销售的商品确定了不同的商品名称，但该商品在《商品注册用商品和服务国际分类》和《类似商品和服务区分表》中对应的却是同一个商品名称，即名称实际相同的商品。如果仅因为地域文化或风俗习惯等方面的差异，叫法不同而已，相关公众一般认为是同一事物的商品，二者指向的实际也是同一事物，故而也应当认定为“名称相同”的“同一种商品”。

2.“名称不同但指同一事物的商品”

据该《知识产权刑事适用意见》的规定，“名称不同但指同一事物的商品”也应当认定为《刑法》第213条规定的“同一种商品”。因此，判断是否属于“名称不同但指同一事物的商品”也是认定“同一种商品”的重要参考依据之一。《商品注册用商品和服务国际分类》最主要的功能是在商标注册时划分类别，方便注册审查与商标行政管理，与判断商品是否相同的目的不尽一致。因此在判断商品是否相同时，不能仅以此作为依据，还应当结合相关公众对商品的一般认识进行综合认定。《知识产权刑事适用意见》第5条也明确规定，“名称不同但指同一事物的商品”是指在功能、用途、主要原料、消费对象、销售渠道等方面相同或者基本相同，相关公众一般认为是同一种事物的商品。由此可以看出，对“名称不同但指同一事物的商品”的认定应当包含客观和主观两个方面。

第一，客观方面，应判定两种商品在功能、用途、主要原料、消费对象、销售渠道等方面是否全部相同或者全部基本相同。如果两种商品的功能或用途不同，即便其主要原料、消费对象、销售渠道等方面相同，也不能认定为“同一种商品”。如果两种商品的功能和用途相同，但其主要原料或消费对象等方面有所不同，也不能认定为“同一种商品”。在例案三中，涉案喷码表属于工业用机械设备，而注册商标核定使用商品则属于家用或普通商用小型电子设备。二者在消费对象上存在显著差异，据此也不能认定其为“同一种商品”。

第二，主观方面，应判定相关公众对两种商品的认识方面是否相同或基本相同。即要满足相关消费者群体对于二者的一般性认识。只有满足以上客观与主观两方面认定标准，才能判断属于“名称不同但指同一事物的商品”。

在例案三中，被告所销售的涉案喷码机属于工业用机械，是《类似商品和服务区分表》中的第七类商品，而多米诺公司第G709885号注册商标核定使用的属于第九类商品。区分属于第七类和第九类的喷码机并非以是否与计算机控制为标准，而是根据功能、用途、销售渠道、消费对象等方面进行分类。属于第七类的喷码机主要为工业用机械设备或工业成套设备的组成部分，属于第九类的喷码机则为家用或普通商用的小型电子设备。据此认定两者不属于同一种商品，被告不构成假冒注册商标罪。

在例案一中，从奉化气动工业协会的说明、被告单位经销商、同行业其他经营者以及被告人潘某某的庭审供述，已可以证明查扣产品均为气动元件产品，一审法院认定查扣产品与第 4137395 号核定使用的“气动元件”系“同一种商品”。被告单位山耐斯公司、被告人潘某某未经注册商标所有人许可，在同一种商品上使用与其注册商标相同的商标，情节特别严重，其行为均构成假冒注册商标罪。在例案二中，注册商标“正远”核定使用的商品范围是传感器（换向器）、接线盒（电）、低压电源、配电控制台（电）、控制板（电）、整流用电力装置、节拍器、计算机软件、微处理机、逆变器、铁路车辆、机车等。涉案配件“DSP 微机控制板”“IGBT 驱动板”“电压检测板”等虽然与第 3300333 号和第 3300332 号商标注册证核定使用的商品范围名称不同，但在功能、用途、销售渠道等方面与第 3300333 号和第 3300332 号商标注册证核定使用的商品相同或者基本相同。因此法院认定其系同一种商品，被告构成假冒注册商标罪。

（二）民事案件认定“商品类似”与刑事案件认定“同一种商品”的比较

1. 民事案件“商品类似”的认定

商品类似的判断是民事商标纠纷中的常见问题。相关司法解释对判断方法与参考要素也作了较为详尽的规定。2002 年《商标民事纠纷司法解释》中规定：“商标法第五十二条第（一）项规定的类似商品，是指在功能、用途、生产部门、销售渠道、消费对象等方面相同，或者相关公众一般认为其存在特定联系、容易造成混淆的商品。类似服务，是指在服务的目的、内容、方式、对象等方面相同，或者相关公众一般认为存在特定联系、容易造成混淆的服务。商品与服务类似，是指商品和服务之间存在特定联系，容易使相关公众混淆。”“人民法院依据商标法第五十二条第（一）项的规定，认定商品或者服务是否类似，应当以相关公众对商品或者服务的一般认识综合判断；《商标注册用商品和服务国际分类表》、《类似商品和服务区分表》可以作为判断类似商品或者服务的参考。”《最高人民法院关于审理商标授权确权行政案件若干问题的意见》第 15 条规定：“人民法院审查判断相关商品或者服务是否类似，应当考虑商品的功能、用途、生产部门、销售渠道、消费群体等是否相同或者具有较大的关联性；服务的目的、内容、方式、对象等是否相同或者具有较大的关联性；商品和服务之间是否具有较大的关联性，是否容易使相关公众认为商品或者服务是同一主体提供的，或者其提供者之间存在特定联系。《商标注册用商品和服务国际分类表》《类似商品和服务区分表》可以作为判断类似商品或者服务的参考。”

从上述司法解释的规定可以看出，商品的功能、用途、生产部门、销售渠道、消费群体等是否相同或者具有较大的关联性是判断商品类似时考虑的因素，但非决定因素，即使两种商品在功能、用途、生产部门、销售渠道、消费群体等方面均相近，也有可能不构成类似商品。理论上，商品的物理属性越相近，商品类似的可能性越高，但并不绝对。正如最高人民法院在驳回再审申请通知书中指出的：“在商标授权确权和侵权判定过程中，进行商标法意义上相关商品是否类似的判断，并非作相关商品物理属性的比较，而主要考虑商标能否共存或者决定商标保护范围的大小。”①

2.“商品类似”与“同一种商品”的比较

《商标法》设置商品类似关系，一方面有利于商标按照商品类别进行注册与管理；另一方面在商标确权授权与侵权判断过程中，也有重要意义。为了维护商标功能的正常发挥，《商标法》以防止混淆为宗旨之一，在判断商品类似上，也要从防止混淆的角度出发。在对比过程中，不但要着眼于商品自然属性的近似程度，更要考虑商标共存于该商品上，相关公众产生混淆的可能性。

由于《刑法》是最为严厉的法律，其处罚的是同类行为中社会危害性最为严重的行为。刑法的谦抑性决定了对犯罪行为的认定标准和要求也一定要严于民事侵权和行政违法等其他违法行为。综合以上相关刑事法律规范与民事法律规范来看，其均存在“功能、用途、生产部门、销售渠道、消费对象等方面相同”的类似表述，但在此表述之后，刑事规定又进一步规定了“相关公众一般认为是同一种事物的商品”，即在满足一般要求的基础上还要满足相关公众认识的要求方可符合刑事犯罪的判断标准；而上述民事规定则是并列规定了“或者相关公众一般认为其存在特定联系、容易造成混淆的商品”，即满足一般要求或者相关公众认识的要求，均可满足民

① 参见最高人民法院（2011）知行字第37号驳回再审申请通知书。杭州啄木鸟鞋业有限公司与中华人民共和国国家工商行政管理总局商标评审委员会、七好（集团）有限公司商标争议行政纠纷一案，杭州啄木鸟鞋业有限公司不服北京市高级人民法院于2010年12月2日作出的（2020）高行终字第743号行政判决，向最高人民法院申请再审，后最高人民法院认为二审判决虽在部分法律适用上存在不当之处，但撤销争议商标的结论正确，于2011年7月12日驳回该再审申请。

事侵权的判断标准。由此可见，假冒注册商标罪中认定“同一种商品”的标准相较于商标民事侵权中类似商品认定的标准更加严格。

在例案三中，涉案喷码机与多米诺公司第G709885号注册商标核定使用的商品在《类似商品和服务区分表》分别属于第七类和第九类商品，根据《商标民事纠纷司法解释》的规定，将《类似商品和服务区分表》作为参考，涉案喷码机与该注册商标核定使用的商品都不足以认定为类似商品，那么认定标准更为严苛的“同一种商品”就更谈不上了，因此法院判定其不属于同一种商品，被告人不构成假冒注册商标罪。

总体而言，司法解释中明确规定，《商标注册用商品和服务国际分类》《类似商品和服务区分表》可以作为判断类似商品或者服务的参考。但对于“同一种商品”与类似商品的认定更应该从商品的功能、用途、主要原料、消费对象、销售渠道等方面以及一般公众的认知加以综合确认。《类似商品和服务区分表》的作用在行政审查环节对商品类似的判断起到更强的决定作用，这是兼顾商标注册和管理效率的结果，以此“保证执法的统一性和效率”。2001年修订《商标法》后，我国为商标行政裁决提供了司法救济，即司法审查更倾向于维护个案正义而非统一性与效率。因此，在诉讼过程中，法院在进行商品类似判断时，会结合具体案件事实，而非严格遵循《类似商品和服务区分表》的规定。同时，《类似商品和服务区分表》的滞后性也需要法院通过个案认定进行弥补。最高人民法院在判决中指出：“把个案中准确认定商品类似关系寄托于《类似商品和服务区分表》的修订是不现实和不符合逻辑的，相反个案的认定和突破才能及时反映商品关系变化，在必要时也可促进《类似商品和服务区分表》的修正。”①

四、辅助信息

《刑法》

第三条　法律明文规定为犯罪行为的，依照法律定罪处刑；法律没有明文规定为犯罪行为的，不得定罪处刑。

第二百一十三条　未经注册商标所有人许可，在同一种商品、服务上使用

① 参见最高人民法院（2011）知行字第37号驳回再审申请通知书。

与其注册商标相同的商标，情节严重的，处三年以下有期徒刑，并处或者单处罚金；情节特别严重的，处三年以上十年以下有期徒刑，并处罚金。

《商标法》

第三条 经商标局核准注册的商标为注册商标，包括商品商标、服务商标和集体商标、证明商标；商标注册人享有商标专用权，受法律保护。

本法所称集体商标，是指以团体、协会或者其他组织名义注册，供该组织成员在商事活动中使用，以表明使用者在该组织中的成员资格的标志。

本法所称证明商标，是指由对某种商品或者服务具有监督能力的组织所控制，而由该组织以外的单位或者个人使用于其商品或者服务，用以证明该商品或者服务的原产地、原料、制造方法、质量或者其他特定品质的标志。

集体商标、证明商标注册和管理的特殊事项，由国务院工商行政管理部门规定。

第十三条 为相关公众所熟知的商标，持有人认为其权利受到侵害时，可以依照本法规定请求驰名商标保护。

就相同或者类似商品申请注册的商标是复制、摹仿或者翻译他人未在中国注册的驰名商标，容易导致混淆的，不予注册并禁止使用。

就不相同或者不相类似商品申请注册的商标是复制、摹仿或者翻译他人已经在中国注册的驰名商标，误导公众，致使该驰名商标注册人的利益可能受到损害的，不予注册并禁止使用。

第六十七条第一款 未经商标注册人许可，在同一种商品上使用与其注册商标相同的商标，构成犯罪的，除赔偿被侵权人的损失外，依法追究刑事责任。

《商标民事纠纷司法解释》

第八条 商标法所称相关公众，是指与商标所标识的某类商品或者服务有关的消费者和与前述商品或者服务的营销有密切关系的其他经营者。

第九条 商标法第五十二条第（一）项规定的商标相同，是指被控侵权的商标与原告的注册商标相比较，二者在视觉上基本无差别。

商标法第五十二条第（一）项规定的商标近似，是指被控侵权的商标与原告的注册商标相比较，其文字的字形、读音、含义或者图形的构图及颜色，或者其各要素组合后的整体结构相似，或者其立体形状、颜色组合近似，易使相关公众对商品的来源产生误认或者认为其来源与原告注册商标的商品有特定的联系。

第十条 人民法院依据商标法第五十二条第（一）项的规定，认定商标相同或者近似按照以下原则进行：

（一）以相关公众的一般注意力为标准；

（二）既要进行对商标的整体比对，又要进行对商标主要部分的比对，比对应当在比对对象隔离的状态下分别进行；

（三）判断商标是否近似，应当考虑请求保护注册商标的显著性和知名度。

第十一条 商标法第五十二条第（一）项规定的类似商品，是指在功能、用途、生产部门、销售渠道、消费对象等方面相同，或者相关公众一般认为其存在特定联系、容易造成混淆的商品。

类似服务，是指在服务的目的、内容、方式、对象等方面相同，或者相关公众一般认为存在特定联系、容易造成混淆的服务。

商品与服务类似，是指商品和服务之间存在特定联系，容易使相关公众混淆。

第十二条 人民法院依据商标法第五十二条第（一）项的规定，认定商品或者服务是否类似，应当以相关公众对商品或者服务的一般认识综合判断；《商标注册用商品和服务国际分类表》、《类似商品和服务区分表》可以作为判断类似商品或者服务的参考。

第二十三条 本解释有关商品商标的规定，适用于服务商标。

《知识产权刑事司法解释》

第八条 刑法第二百一十三条规定的“相同的商标”，是指与被假冒的注册商标完全相同，或者与被假冒的注册商标在视觉上基本无差别、足以对公众产生误导的商标。

刑法第二百一十三条规定的“使用”，是指将注册商标或者假冒的注册商标用于商品、商品包装或者容器以及产品说明书、商品交易文书，或者将注册商标或者假冒的注册商标用于广告宣传、展览以及其他商业活动等行为。

《知识产权刑事司法解释（三）》

第一条 具有下列情形之一的，可以认定为刑法第二百一十三条规定的“与其注册商标相同的商标”：

（一）改变注册商标的字体、字母大小写或者文字横竖排列，与注册商标之间基本无差别的；

（二）改变注册商标的文字、字母、数字等之间的间距，与注册商标之间基本无差别的；

（三）改变注册商标颜色，不影响体现注册商标显著特征的；

（四）在注册商标上仅增加商品通用名称、型号等缺乏显著特征要素，不影响体现注册商标显著特征的；

（五）与立体注册商标的三维标志及平面要素基本无差别的；

（六）其他与注册商标基本无差别、足以对公众产生误导的商标。

《知识产权刑事适用意见》

五、关于刑法第二百一十三条规定的“同一种商品”的认定问题

名称相同的商品以及名称不同但指同一事物的商品，可以认定为“同一种商品”。“名称”是指国家工商行政管理总局商标局在商标注册工作中对商品使用的名称，通常即《商标注册用商品和服务国际分类》中规定的商品名称。“名称不同但指同一事物的商品”是指在功能、用途、主要原料、消费对象、销售渠道等方面相同或者基本相同，相关公众一般认为是同一种事物的商品。

认定“同一种商品”，应当在权利人注册商标核定使用的商品和行为人实际生产销售的商品之间进行比较。

六、关于刑法第二百一十三条规定的“与其注册商标相同的商标”的认定问题

具有下列情形之一，可以认定为“与其注册商标相同的商标”：

（一）改变注册商标的字体、字母大小写或者文字横竖排列，与注册商标之间仅有细微差别的；

（二）改变注册商标的文字、字母、数字等之间的间距，不影响体现注册商标显著特征的；

（三）改变注册商标颜色的；

（四）其他与注册商标在视觉上基本无差别、足以对公众产生误导的商标。

《商标侵权判断标准》

第九条 同一种商品是指涉嫌侵权人实际生产销售的商品名称与他人注册商标核定使用的商品名称相同的商品，或者二者商品名称不同但在功能、用途、主要原料、生产部门、消费对象、销售渠道等方面相同或者基本相同，相关公

众一般认为是同种商品。

同一种服务是指涉嫌侵权人实际提供的服务名称与他人注册商标核定使用的服务名称相同的服务，或者二者服务名称不同但在服务的目的、内容、方式、提供者、对象、场所等方面相同或者基本相同，相关公众一般认为是同种服务。

核定使用的商品或者服务名称是指国家知识产权局在商标注册工作中对商品或者服务使用的名称，包括《类似商品和服务区分表》（以下简称区分表）中列出的商品或者服务名称和未在区分表中列出但在商标注册中接受的商品或者服务名称。

第十一条 判断是否属于同一种商品或者同一种服务、类似商品或者类似服务，应当在权利人注册商标核定使用的商品或者服务与涉嫌侵权的商品或者服务之间进行比对。

第十二条第一款 判断涉嫌侵权的商品或者服务与他人注册商标核定使用的商品或者服务是否构成同一种商品或者同一种服务、类似商品或者类似服务，参照现行区分表进行认定。

假冒注册商标刑事案件裁判规则第 5 条：

假冒注册商标罪中的相同商标认定，以是否足以使相关消费者误认为是注册商标为标准，包括完全相同和基本相同，具体可从商标的字形或具体图形要素方面识别

【规则描述】 刑法意义上的“相同”不以“与注册商标完全相同”为限，在司法实践中应当严格把握“基本相同”的认定标准。“视觉上与注册商标基本无差别、足以对公众产生误导”是并列关系而非选择关系，需同时满足才能证成相同商标，尤其应重视“视觉效果基本无差别”的认定标准，以免造成刑罚的不当扩张。刑法中“相同商标”的比对，不宜采用民事商标侵权案件中的“隔离观察方法”，而应采用“对比观察方法”进行比对。比对时要执行相对民事商标侵权更高的判断标准，防止“视觉效果基本无差别”的构成要件被“足以对公众产生误导”的构成要件置换和虚化。

一、类案检索大数据报告

时间：2022 年 7 月 1 日之前，案例来源：Alpha 案例库，案件数量：15934 件，数据采集时间：2022 年 7 月 1 日。本次检索共获取认定假冒注册商标罪中“相同商标认定”2022 年 7 月 1 日之前 15934 篇裁判文书。整体情况如图 5-1 所示，从案件年份分布可以看到当前条件下案例数量的变化趋势。

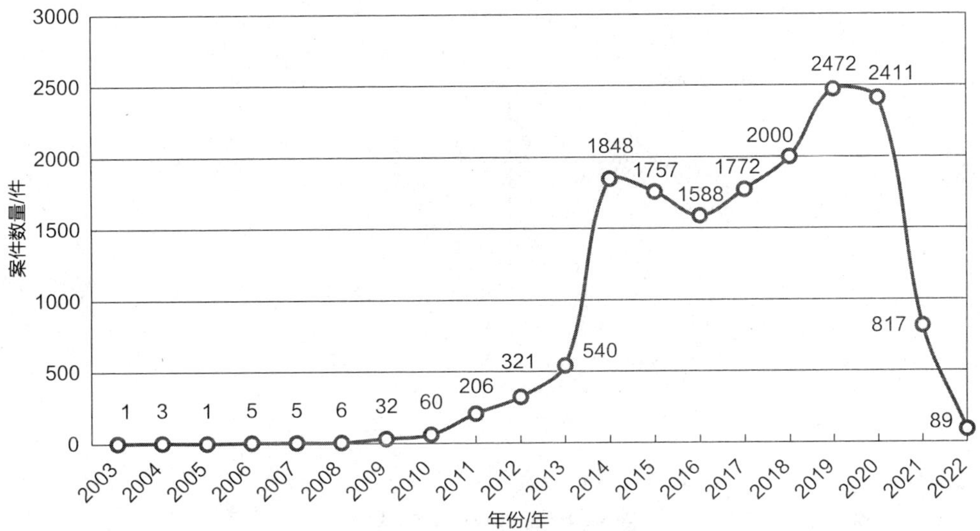

图 5-1　案件年份分布情况

如图 5-2 所示，从地域分布来看，当前假冒注册商标案例主要集中在广东省、江苏省、浙江省，分别占比 29.91%、8.87%、8.87%。其中广东省的案件量最多，达到 4766 件。

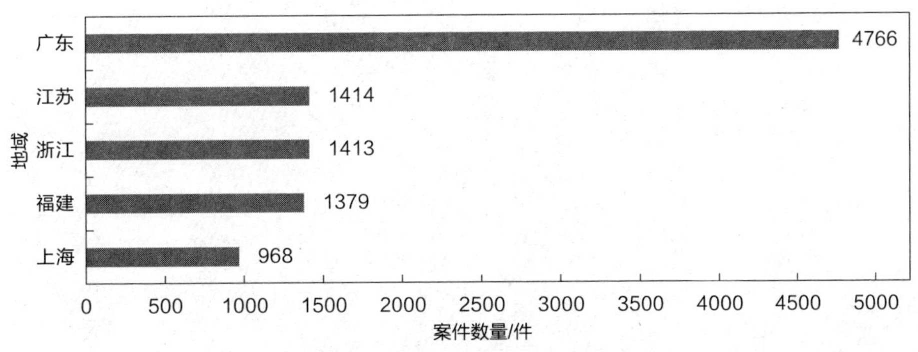

图 5-2　案件地域分布情况

如图 5-3 所示，从案件程序分类统计可以看到假冒注册商标罪当前的审理程序分布状况，其中一审案件有 13703 件，二审案件有 2124 件，再审案件有 72 件，执行案件有 21 件。一审上诉率约为 15.48%。

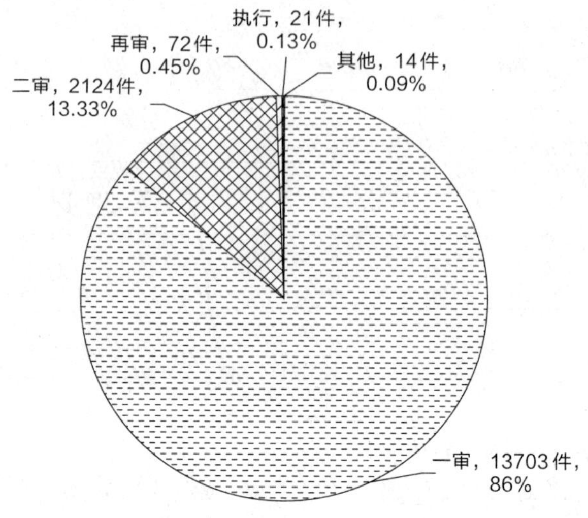

图 5-3　案件程序分类情况

如图 5-4 所示，通过对二审裁判结果的可视化分析可以看到，当前条件下维持原判的有 1576 件，占比为 74.20%；改判的有 424 件，占比为 19.96%；其他的有 77 件，占比为 3.63%。

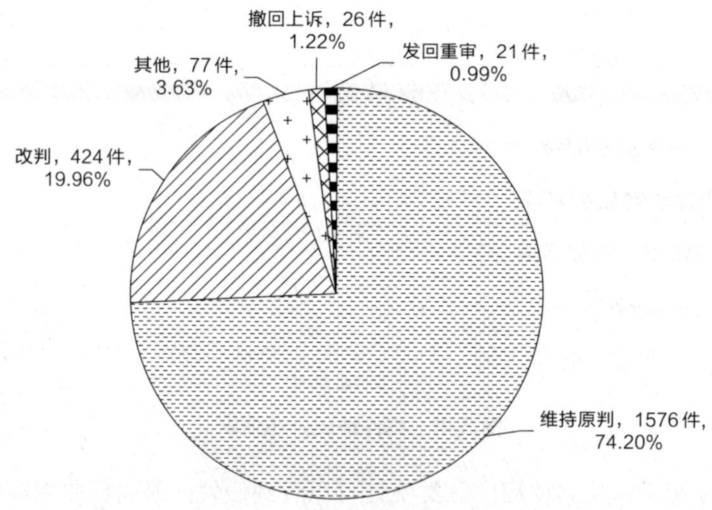

图 5-4　二审裁判结果情况

如图 5-5 所示，通过对主刑的可视化可以看到，当前条件下包含有期徒刑的案件有 13498 件，包含拘役的案件有 736 件，包含管制的案件有 3 件。其中包含缓刑的案件有 8105 件，免予刑事处罚的案件有 64 件。

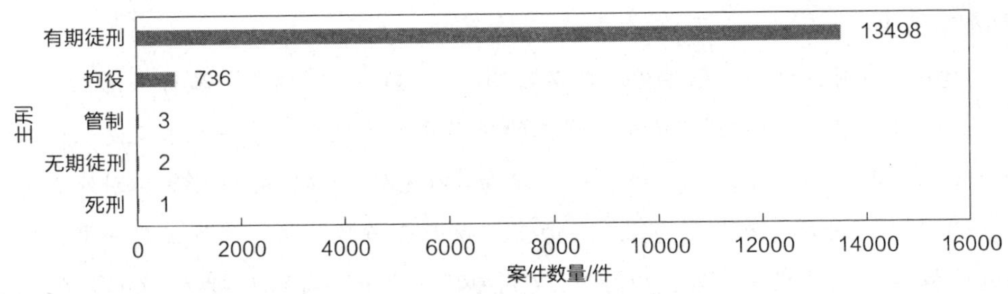

图 5–5　主刑适用情况

如图 5–6 所示，通过对附加刑的可视化可以看到，当前条件下包含罚金的案件有 13906 件，包含没收财产的案件有 15 件，包含剥夺政治权利的案件有 10 件。

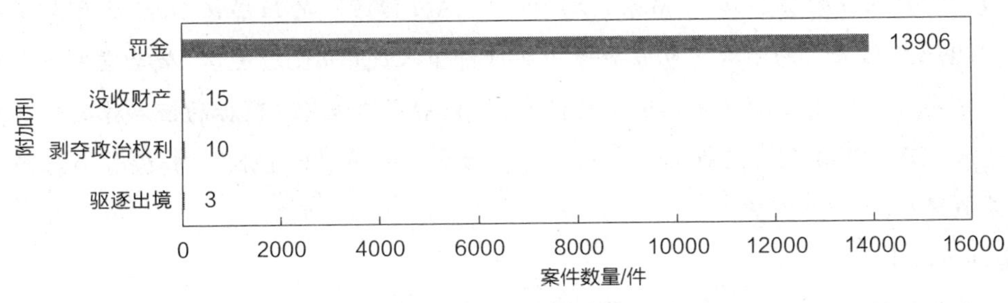

图 5–6　附加刑适用情况

二、可供参考的例案

例案一：张某浩、陈某玲假冒注册商标案

【法院】

浙江省金华市中级人民法院

【案号】

（2017）浙 07 刑终 718 号

【诉讼主体】

原公诉机关：浙江省义乌市人民检察院

上诉人（原审被告人）：黄某划

原审被告人：张某浩

原审被告人：陈某玲

【基本案情】

2016年9月，被告人张某浩、陈某玲明知“CHAN”“传澄”商标系他人注册商标，仍合谋假冒“CHAN”“传澄”商标的恒温袜用于销售。被告人张某浩从他人处购进无品牌打底裤、水洗标、纸箱等，以36030元的价格从被告人黄某划处购买标有“CHAN”“传澄”商标的包装16740套（每套含吊牌一张、洗护说明一份、塑料吊绳一根、气泡包装袋一只，均标有“CHAN”“传澄”商标），共计66960个商标。被告人张某浩、陈某玲在义乌市紫金三区 × 幢 × 单元地下室组织人员进行包装加工。被告人陈某玲将上述标有“CHAN”“传澄”商标的恒温袜通过微信进行销售。同年10月14日，义乌市公安局工作人员在义乌市紫金三区 × 幢 × 单元地下室查获标有“CHAN”的恒温袜1700条、标有“CHAN传澄”的恒温袜1080条及大量标有“CHAN传澄”的吊牌、包装袋等（共计价值人民币61672元）。截至案发时，被告人张某浩、陈某玲假冒并已销售的标有“CHAN”“传澄”商标的恒温袜的销售金额达人民币53150元。经商标所有人鉴定，涉案的标有“CHAN”“传澄”商标产品均系假冒产品。

【案件争点】

黄某划销售“CHAN传澄”标识的行为是否构成对“CHAN”“传澄”的商标侵权行为。

【裁判要旨】

一审法院经审查认为，被告人张某浩、陈某玲犯假冒注册商标罪，被告人黄某划犯销售非法制造的注册商标标识罪。黄某划不服，提起上诉。

二审法院审理认为，对行为人黄某划销售“CHAN传澄”的行为是否侵权可以从以下几方面论证：（1）关于黄某划所侵犯的商标个数问题。虽“CHAN传澄”标识未作为一个整体标识进行注册，但“CHAN”及“传澄”系两个经注册的独立的商标标识，本案中查扣商品将“CHAN”“传澄”组合一起使用，并不能否定“CHAN传澄”标识侵犯了“CHAN”“传澄”两个注册商标标识的事实，因此，应认定黄某划销售了两种非法制造的注册商标标识；（2）关于吊绳数量问题。在一审及二审庭审中，黄某划均对一审认定其销售非法制造的注册商标标识为16740套表示没有异议，在检察院讯问时也明确供述“一套标识包含塑料包装袋（即气泡袋）、两张小吊卡（即吊牌及洗护说明）、一根绳子（即吊绳）”四样物件，同案被告人张某浩在二审庭审中亦表示对一审认定的其从黄某划处购买的非法制造的注册商标标识的套数及总数量无异议，故黄某划所提仅提供5000根吊绳的辩解，并无相关证据证实；(3) 关于黄某划所销售的非法制造的注册商标标识的数量及是否构罪问题。根据《知识产权刑事司法解释》第12条规定，本解释第3条所规定的"件"，是指有完整商标图样的一份标识。本案中黄某划销售的非法制造的注册商标标识为16740套，而每套中均含"吊牌一张、洗护说明一份、塑料吊绳一根、气泡包装袋一只"，共四样物件，且每样物件上均标有"CHAN传澄"标识，故黄某划所销售的非法制造的注册商标标识数量为16740×4=66960件。黄某划销售两种非法制造的注册商标标识，且数量达到五万件以上，属特别严重情节，已构成销售非法制造的注册商标标识罪；(4) 关于鉴定人的资质问题。江阴市传澄制袜有限公司为涉案商标权利人，其所作真伪鉴定并无不当，黄某划对其所作鉴定并未提出异议。(5) 关于黄某划是否构成自首问题。公安机关向黄某划开具传唤证，经两次传唤未到案，后经电话联系，黄某划至公安机关投案，且在黄某划传唤到案前，公安机关已初步掌握了黄某划的犯罪事实，故对其投案行为不认定为自首。综上，黄某划及其辩护人所提的上诉理由和辩护意见，与查明的事实不符，法院不予采信。

例案二：苍南县龙翔激光烫金材料有限公司、吴某某等非法制造注册商标标识案

【法院】

浙江省温州市中级人民法院

【案号】

(2019) 浙03刑终191号

【诉讼主体】

原公诉机关：浙江省苍南县人民检察院

上诉人（原审被告人）：吴晓某

上诉人（原审被告人）：蔡某龙

上诉人（原审被告人）：张仁某

【基本案情】

2016年12月，吴晓某未经注册商标权人授权，经与蔡某龙洽谈，委托苍南县龙翔激光烫金材料有限公司（以下简称龙翔公司）制造云烟激光防伪商标标识。之后，蔡某龙、张仁某委托汤某某制版，并指派蔡某国负责压膜，刘某某负责离层和上色，何某某负责配料，赵某某负责分切，制造云烟激光防伪商标标识。2017年4月，蔡

某龙、张仁某将制造的激光防伪商标标识托运至广东省汕头市，其中，“三根烟”激光防伪标识18824400个；“双龙抱珠”激光防伪商标标识78000个，共计18902400个。当日，在广东被公安机关全部查获。

【案件争点】

“双龙抱珠”“三根烟”的激光防伪标识是否属于刑法意义上的相同商标的制造标识行为。

【裁判要旨】

法院认为，刑法意义上的“相同商标”并不以“与注册商标完全相同”为限，在司法实践中应当严格把握“视觉上与注册商标基本无差别、足以对公众产生误导”的认定标准。两个构成要件须同时满足，缺一不可，尤其应重视“视觉效果基本无差别”的构成要件，以免造成刑罚的不当扩张。即合理合法区分本案中对于“双龙抱珠”激光防伪标识和第3793151号注册商标相同，而“三根烟”激光防伪标识与第4181544号注册商标虽均由祥云图案围绕三根过滤嘴香烟组成，但“三根烟”激光防伪标识中三根过滤嘴香烟的相对位置明显与第4181544号注册商标存在不同，应认为在视觉上存在较为显著的差别，不能认定为相同商标。

刑法上“相同商标”的比对，不宜采用民事商标侵权案件中使用的“隔离观察方法”，而应采用“对比观察方法”进行比对。比对时要执行相对民事商标侵权更高的判断标准，防止“视觉效果基本无差别”的构成要件被“足以对公众产生误导”的构成要件置换和虚化。对确实不构成“相同商标”的制造标识行为，可根据在案证据认定为不构成犯罪。

本案中对于在认定涉案“三根烟”激光防伪标识与注册商标不构成相同的情况下，法院认定该行为无罪，说理如下：

1.本案不构成非法经营罪。非法经营罪，是指自然人或者单位，违反国家规定，故意从事非法经营活动，扰乱市场秩序，情节严重的行为。根据《刑法》第225条的规定，非法经营是指以下四类行为：未经许可，经营法律、行政法规规定的专营、专卖物品或者其他限制买卖的物品；买卖进出口许可证、进出口原产地证明以及法律、行政法规规定的其他经营许可证或者批准文件；未经国家有关主管部门批准，非法经营证券、期货、保险业务，或者非法从事资金支付结算业务；其他严重扰乱市场秩序的非法经营行为。非法经营罪的前三类行为往往容易认定，难以认定的是其他严重扰乱市场秩序的非法经营行为。仔细分析上述三类非法经营行为可知，其共同特征是侵犯国家特许经营管理制度。因此，本着刑事兜底规定的同类解释规则，对其他非法经营行为也只能从侵犯国家特许经营制度的角度来界定，也就是说，其他经营行为即便违反了相关规范市场活动的制度扰乱了市场秩序，但如果与国家特许经营制度无关，也不能以非法经营罪论处。本案中，根据各被告人的供述，其制造的涉案“三根烟”激光防伪标识将用于云烟烟盒，虽然烟草制品属于国家专卖物品，但本案被告人的行为仅仅系为烟草制品的包装盒制造激光防伪标识，并不构成未经许可经营法律、行政法规规定的专营、专卖物品或者其他限制买卖的物品。再者，根据《最高人民检察院、公安部关于经济犯罪案件追诉标准的规定》的有关规定，对非法经营案应当追诉的情形中，与知产类犯罪相关的仅包括非法出版行为，主要包括：一是出版、发行、复制发行具有反动性政动性政治内容出版物、侵权复制品、淫秽物品等以外的严重危害社会秩序和扰乱市场秩序的非法出版物的行为；二是非法从事出版物的出版、印刷、复制、发行业务，严重扰乱市场秩序、情节特别严重的行为。上述行为仍旧属于违反国家特许经营制度的行为。而本案中各被告人的行为并未被其他法律、法规或相关规定明确为非法经营行为，也与上述列举规定的行为存在本质区别。

2. 根据现有证据，本案尚不构成侵犯著作权罪。侵犯著作权罪，是指自然人或者单位，以营利为目的，侵犯他人著作权，违法所得数额较大或者有其他严重情节的行为。根据《刑法》第 217 条的规定，侵害著作权罪包括以下几类行为：未经著作权人许可，复制发行、通过信息网络向公众传播其文字作品、音乐、美术、视听作品、计算机软件及法律、行政法规规定的其他作品的；出版他人享有专有出版权的图书的；未经录音录像制作者许可，复制发行、通过信息网络向公众传播其制作的录音录像的；未经表演者许可，复制发行录有其表演的录音录像制品，或者通过信息网络向公众传播其表演的；制作、出售假冒他人署名的美术作品的未经著作权人或者与著作权有关的权利人许可，故意避开或者破坏权利人为其作品、录音录像制品等采取的保护著作权或者与著作权有关的权利的技术措施的。本案中，涉案“三根烟”激光防伪标识被应用于多款“云烟”烟盒，且该激光防伪标识由祥云图案围绕三根过滤嘴香烟组成，应当系“云烟”公司或关联单位经过特别设计而成的图案。但根据本案的现有证据，对该美术作品的版权归属无法查明，也缺乏该图案是否属于著作权法意义上作品的认定环节，因此本案缺乏定侵犯著作权罪的事实基础。

综上，涉案“三根烟”激光防伪标识因无法与现有证据中的注册商标标识认定为相同注册商标标识，也不属于他罪的调整对象，因此各被告人制造涉案“三根烟”激光防伪标识的行为在现有证据下不应被认定为犯罪。

例案三：金某假冒注册商标案

【法院】

北京市第二中级人民法院

【案号】

（2014）二中刑终字第505号

【诉讼主体】

原公诉机关：北京市大兴区人民检察院

上诉人（原审被告人）：金某

【基本案情】

2009年至2011年11月，被告人金某未经商标所有权人许可，在其经营的北京中炼石油制品有限公司内，生产“昆仑天峰”润滑油产品，并在该产品上使用与中国石油天然气股份有限公司“昆仑”天字系列润滑油产品近似的图案标识，并对外销售获利。2009年至2010年间，销售“昆仑天峰”产品共计1559929.37公斤；2011年1月至10月，销售该产品的销售金额共计4128844.72元。2011年11月10日，公安机关将被告人金某查获，并在其位于北京经济技术开发区兴盛国际大厦的办公地点及位于北京市大兴区天堂河魏永路的工厂内，查获大量的带有上述商标标识的产品标贴、包装桶及“昆仑天峰”润滑油等物品，查扣的“昆仑天峰”润滑油产品货值金额共计为150171.64元。

【案件争点】

行为人金某的行为是否构成假冒注册商标罪，其非法经营额应如何计算。

【裁判要旨】

一审法院认为，被告人金某未经注册商标所有人许可，在同一种商品上使用与注册商标相同的商标，情节特别严重，其行为已构成假冒注册商标罪，依法应予惩处。被告人金某不服，提出上诉。

二审法院认为，对于上诉人金某所提原判认定的罪名不成立，其没有模仿任何人的品牌的上诉理由及其辩护人所提原判认定金某的犯罪事实不确切的辩护意见，经查，2010年7月，金某经营的北京中炼石油制品有限公司就曾因未经“昆仑”等注册商标的所有人中国石油天然气集团公司和中国石油天然气股份有限公司许可，而使用相关“昆仑”商标的产品，被工商行政管理部门处罚，当时查扣没收的侵权商品中，就有“昆仑天峰”标识的相关产品、包装箱、标贴等。工商行政管理部门已经认定上述“昆仑天峰”的商标和图形商标与中石油的“昆仑”商标相近似。金某在接受调查时，也承认知道“昆仑”商标在润滑油商品中知名度高，就搞了个和“昆仑”沾边的“昆仑天峰”。经查，根据公安机关调取相关证据照片，“昆仑天峰”的标识与被假冒的中石油梅花商标在视觉上基本无差别，已经足以对公众产生误导，应当认定在同一种商品上使用与注册商标相同的商标。金某的上诉理由及其辩护人的辩护意见均无事实和法律依据，不能成立，法院均不予采纳。

对于金某的辩护人所提原判适用法律不当，应当认定金某的侵权数额在 14 万元以下，属于情节严重，而不属于情节特别严重，要求将金某刑期改为三年以下有期徒刑的辩护意见，经查，根据司法审计报告，仅 2011 年 1 月至同年 10 月，北京中炼石油制品有限公司“昆仑天峰”产品的经营额就为人民币 412 万余元，已大大超过了相关司法解释规定的非法经营数额在 25 万元以上的“情节特别严重”标准，依法应当对金某判处三年以上有期徒刑。金某辩护人的辩护意见没有法律依据，法院不予采纳。原审人民法院根据金某犯罪的事实、犯罪的性质、情节所作出的判决，定罪及适用法律正确，量刑适当，追缴违法所得和对在案扣押的物品处理无误，审判程序合法，应予维持。

三、裁判规则提要

（一）相同商标的相关立法及司法解释

司法实践中，对于相同商标的理解曾经存在本义说和扩张说的争议。本义说认为应当根据字面含义严格解释相同商标，只要存在差异，就不应纳入相同商标的范围。扩张说认为应将存在细微差别，但整体视觉效果实质相同的商标纳入相同商标的范畴，以满足有效打击商标犯罪的需要。为了统一认识，规范实践中关于相同商标的法律适用问题，《知识产权刑事司法解释》第 8 条规定：《刑法》第 213 条规定的相同的商标，是指与被假冒的注册商标完全相同，或者与被假冒的注册商标在视觉上基本无差别、足以对公众产生误导的商标。尽管如此，何为“在视觉上基本无差别、足以对公众产生误导”仍显得较为抽象。对此，最高人民法院、最高人民检察院、公安部《知识产权刑事适用意见》进一步明确，具有下列情形之一，可以认定为与其注册商标相同的商标：改变注册商标的字体、字母大小写或者文字横竖排列，与注册商标之间仅有细微差别的；改变注册商标的文字、字母、数字等之间的间距，不影响体现注册商标显著特征的；改变注册商标颜色的；其他与注册商标在视觉上、听觉上基本无差别，足以对公众产生误导的商标。

（二）相同商标的认定标准

根据《知识产权刑事司法解释》的规定，基本相同的情形包含两个构成要件，即与被假冒商标在视觉效果上基本无差别和足以对公众产生误导。该两个构成要件是并列关系而非选择关系，需同时满足才能证成相同商标。然而，司法实践中受商标民事侵权混淆理论的影响，往往在比对时以“混淆即相似”“混淆即视觉无差别”省略、替代了视觉差别的分析和证明。

司法实践中，两个导致相关公众混淆，且在民事上应认定为侵权的商标，可能在视觉上存在明显不同。在上述三个案例中，以例案二为例，“三根烟”激光防伪标识和第4181544号注册商标的构成要素均为环绕祥云图案的三根香烟。侦查机关、一审检察院和法院虽可能意识到三根香烟的相对位置存在明显不同，但由于涉案“三根烟”标识多达1800余万枚，案情重大，事实上采用了混淆标准，将非法制造的“三根烟”标识与第4181544号注册商标认定为相同。因为消费者在购买产品时，看到云烟包装上假冒“三根香烟”激光防伪标识时极易产生混淆，认为三根香烟相对位置的变化是源于公司的防伪需要，误认为两者之间存在关联。因此在司法实践中应当严格把握视觉上与注册商标基本无差别，足以对公众产生误导的认定标准，尤其重视视觉效果基本无差别的构成要件。也有一种意见认为，即使涉案“三根烟”激光防伪标识与第4181544号注册商标在视觉效果上存在明显差别，但该“三根烟”激光防伪标识经查系云烟公司另一枚烟盒注册商标标识的组成部分。因为商标标识类犯罪行为具有的间接性、辅助性的特点，也就是说，商标标识类犯罪并不要求有具体的商品存在，只要证明被告人明知或者应知用于核定使用的商品即可。本案各被告人明确承认被查获的标识将使用于“云烟”香烟的完整烟壳，涉案“三根烟”防伪激光标识虽然不是完整图案，但该标识也是明确用于烟盒，用以组成一个完整的注册商标标识，属于刑法上的帮助行为。如果对这种行为予以排除，那么刑事打击就无法从源头上遏制商标标识类犯罪行为，与落实严格保护知识产权的司法政策相悖，因此可以犯罪未遂形态对涉案“三根烟”标识进行定性。

司法实践中一般认为，该观点得以成立的前提是在案证据能够证明被查获的标识明确使用于特定的某种完整烟盒，且该种烟盒整体已经注册为商标。但在该案中，从查获的产品来说只是激光防伪标识，无法确定是全部用于还是部分用于制造烟盒，而且即使该标识要贴到烟盒上，包含该标识的云烟烟壳的种类有很多，也无法确定该标识贴在已经申请注册为商标的烟盒上。非法制造注册商标标识罪是指伪造、擅自制造他人注册商标的行为，在没有其他证据佐证的情况下，不宜用被控标识和注册商标的一部分进行比对，还是要严格按照罪刑法定和刑法谦抑原则进行定罪。

（三）相同商标的比对方法

商标标识类刑事案件中，如何将被诉假冒注册商标标识和注册商标进行比对，在法律规定和司法解释中并无明确规定。司法实践中，不少法院自然沿用了民事商标侵权案件中使用的隔离观察方法，即将商标置于不同时间和地点加以观察。与之对应的是比对观察方法，即将商标放在一起进行观察。两种比对方法的区别在于，前者只要存在被消费者误认的可能性，就应认定为相同商标，而后者只要存在细微差别，也能被辨识出来。

一般认为，隔离观察方法不宜作为商标类刑事案件中相同商标的比对方法，因为司法解释之所以将视觉效果基本无差别和足以对公众产生误导表述为并列的构成要件，就是为了预防罪名的扩大和滥用。如果在判定视觉无差别时采用隔离观察的方法，实际上是对足以对公众产生误导的妥协，因为很多视觉上存在差别的商标，在隔离观察的方法下，消费者对差别难以察觉，而在对比观察的标准下，则消费者无需太多辨识成本即可看出变化。需要强调的是，刑法上相同商标的比较主要是从形上进行比较，区别于民事商标侵权案件还需从义、音、色、知名度等方面进行综合考虑。因此，商标标识类刑事案件的商标比对，不但要执行更高的判定标准，而且只能局限于字形或具体图形要素的比对。在上述基础认识上对例案二中“三根烟”标识与第4181544号注册商标比对，就能够轻易得出两者存在实质性差异的结论。

四、辅助信息

《刑法》

第五十二条　判处罚金，应当根据犯罪情节决定罚金数额。

第五十三条　罚金在判决指定的期限内一次或者分期缴纳。期满不缴纳的，强制缴纳。对于不能全部缴纳罚金的，人民法院在任何时候发现被执行人有可以执行的财产，应当随时追缴。

由于遭遇不能抗拒的灾祸等原因缴纳确实有困难的，经人民法院裁定，可以延期缴纳、酌情减少或者免除。

第六十七条 犯罪以后自动投案，如实供述自己的罪行的，是自首。对于自首的犯罪分子，可以从轻或者减轻处罚。其中，犯罪较轻的，可以免除处罚。

被采取强制措施的犯罪嫌疑人、被告人和正在服刑的罪犯，如实供述司法机关还未掌握的本人其他罪行的，以自首论。

犯罪嫌疑人虽不具有前两款规定的自首情节，但是如实供述自己罪行的，可以从轻处罚；因其如实供述自己罪行，避免特别严重后果发生的，可以减轻处罚。

第二百一十三条 未经注册商标所有人许可，在同一种商品、服务上使用与其注册商标相同的商标，情节严重的，处三年以下有期徒刑，并处或者单处罚金；情节特别严重的，处三年以上十年以下有期徒刑，并处罚金。

第二百一十四条 销售明知是假冒注册商标的商品，违法所得数额较大或者有其他严重情节的，处三年以下有期徒刑，并处或者单处罚金；违法所得数额巨大或者有其他特别严重情节的，处三年以上十年以下有期徒刑，并处罚金。

第二百一十五条 伪造、擅自制造他人注册商标标识或者销售伪造、擅自制造的注册商标标识，情节严重的，处三年以下有期徒刑，并处或者单处罚金；情节特别严重的，处三年以上十年以下有期徒刑，并处罚金。

《商标法》

第四十三条第一款 商标注册人可以通过签订商标使用许可合同，许可他人使用其注册商标。许可人应当监督被许可人使用其注册商标的商品质量。被许可人应当保证使用该注册商标的商品质量。

第六十七条第二款 伪造、擅自制造他人注册商标标识或者销售伪造、擅自制造的注册商标标识，构成犯罪的，除赔偿被侵权人的损失外，依法追究刑事责任。

《反不正当竞争法》

第六条 经营者不得实施下列混淆行为，引人误认为是他人商品或者与他人存在特定联系：

（一）擅自使用与他人有一定影响的商品名称、包装、装潢等相同或者近似的标识；

（二）擅自使用他人有一定影响的企业名称（包括简称、字号等）、社会组织名称（包括简称等）、姓名（包括笔名、艺名、译名等）；

（三）擅自使用他人有一定影响的域名主体部分、网站名称、网页等；

（四）其他足以引人误认为是他人商品或者与他人存在特定联系的混淆行为。

第十八条　经营者违反本法第六条规定实施混淆行为的，由监督检查部门责令停止违法行为，没收违法商品。违法经营额五万元以上的，可以并处违法经营额五倍以下的罚款；没有违法经营额或者违法经营额不足五万元的，可以并处二十五万元以下的罚款。情节严重的，吊销营业执照。

经营者登记的企业名称违反本法第六条规定的，应当及时办理名称变更登记；名称变更前，由原企业登记机关以统一社会信用代码代替其名称。

第三十一条　违反本法规定，构成犯罪的，依法追究刑事责任。

《知识产权刑事适用意见》

五、关于刑法第二百一十三条规定的“同一种商品”的认定问题

名称相同的商品以及名称不同但指同一事物的商品，可以认定为“同一种商品”。“名称”是指国家工商行政管理总局商标局在商标注册工作中对商品使用的名称，通常即《商标注册用商品和服务国际分类》中规定的商品名称。“名称不同但指同一事物的商品”是指在功能、用途、主要原料、消费对象、销售渠道等方面相同或者基本相同，相关公众一般认为是同一种事物的商品。

认定“同一种商品”，应当在权利人注册商标核定使用的商品和行为人实际生产销售的商品之间进行比较。

六、关于刑法第二百一十三条规定的“与其注册商标相同的商标”的认定问题

具有下列情形之一，可以认定为“与其注册商标相同的商标”：

（一）改变注册商标的字体、字母大小写或者文字横竖排列，与注册商标之间仅有细微差别的；

（二）改变注册商标的文字、字母、数字等之间的间距，不影响体现注册商标显著特征的；

（三）改变注册商标颜色的；

（四）其他与注册商标在视觉上基本无差别、足以对公众产生误导的商标。

九、关于销售他人非法制造的注册商标标识犯罪案件中尚未销售或者部分销售情形的定罪问题

销售他人伪造、擅自制造的注册商标标识，具有下列情形之一的，依照刑法第二百一十五条的规定，以销售非法制造的注册商标标识罪（未遂）定罪处罚：

（一）尚未销售他人伪造、擅自制造的注册商标标识数量在六万件以上的；

（二）尚未销售他人伪造、擅自制造的两种以上注册商标标识数量在三万件以上的；

（三）部分销售他人伪造、擅自制造的注册商标标识，已销售标识数量不满二万件，但与尚未销售标识数量合计在六万件以上的；

（四）部分销售他人伪造、擅自制造的两种以上注册商标标识，已销售标识数量不满一万件，但与尚未销售标识数量合计在三万件以上的。

《商标民事纠纷司法解释》

第八条　商标法所称相关公众，是指与商标所标识的某类商品或者服务有关的消费者和与前述商品或者服务的营销有密切关系的其他经营者。

第九条　商标法第五十七条第（一）（二）项规定的商标相同，是指被控侵权的商标与原告的注册商标相比较，二者在视觉上基本无差别。

商标法第五十七条第（二）项规定的商标近似，是指被控侵权的商标与原告的注册商标相比较，其文字的字形、读音、含义或者图形的构图及颜色，或者其各要素组合后的整体结构相似，或者其立体形状、颜色组合近似，易使相关公众对商品的来源产生误认或者认为其来源与原告注册商标的商品有特定的联系。

第十条　人民法院依据商标法第五十七条第（二）项的规定，认定商标相同或者近似按照以下原则进行：

（一）以相关公众的一般注意力为标准；

（二）既要进行对商标的整体比对，又要进行对商标主要部分的比对，比对应当在比对对象隔离的状态下分别进行；

（三）判断商标是否近似，应当考虑请求保护注册商标的显著性和知名度。

第十二条　人民法院依据商标法第五十七条第（二）项的规定，认定商品

或者服务是否类似，应当以相关公众对商品或者服务的一般认识综合判断；《商标注册用商品和服务国际分类表》《类似商品和服务区分表》可以作为判断类似商品或者服务的参考。

《知识产权刑事司法解释》

第八条　刑法第二百一十三条规定的“相同的商标”，是指与被假冒的注册商标完全相同，或者与被假冒的注册商标在视觉上基本无差别、足以对公众产生误导的商标。

刑法第二百一十三条规定的“使用”，是指将注册商标或者假冒的注册商标用于商品、商品包装或者容器以及产品说明书、商品交易文书，或者将注册商标或者假冒的注册商标用于广告宣传、展览以及其他商业活动等行为。

《商标侵权判断标准》

第十一条　判断是否属于同一种商品或者同一种服务、类似商品或者类似服务，应当在权利人注册商标核定使用的商品或者服务与涉嫌侵权的商品或者服务之间进行比对。

第十二条第一款　判断涉嫌侵权的商品或者服务与他人注册商标核定使用的商品或者服务是否构成同一种商品或者同一种服务、类似商品或者类似服务，参照现行区分表进行认定。

假冒注册商标刑事案件裁判规则第 6 条：

被假冒的注册商标为组合商标的，在判定行为人所使用的商标是否属于刑法意义上的相同商标时，仍应严格坚持“在视觉上基本无差别、足以对公众产生误导”认定标准

【规则描述】 组合商标由多种要素组合而成的特性决定了其更易被侵权人所模仿、使用，其往往仅通过组合商标的某个要素或将某个要素与其他标识进行组合的方式来进行法律规避。具体案件中，对组合商标，仍应坚持司法解释规定的“在视觉上基本无差别、足以对公众产生误导”的判断原则。

一、类案检索大数据报告

时间：2022 年 7 月 1 日之前，案例来源：Alpha 案例库，案件数量：163 件，数据采集时间：2022 年 7 月 1 日。本次检索共获取认定假冒注册商标罪中“商标显著部分比对”2022 年 7 月 1 日之前 163 篇裁判文书。整体情况如图 6–1 所示，从案件年份分布可以看到当前条件下案例数量的变化趋势。

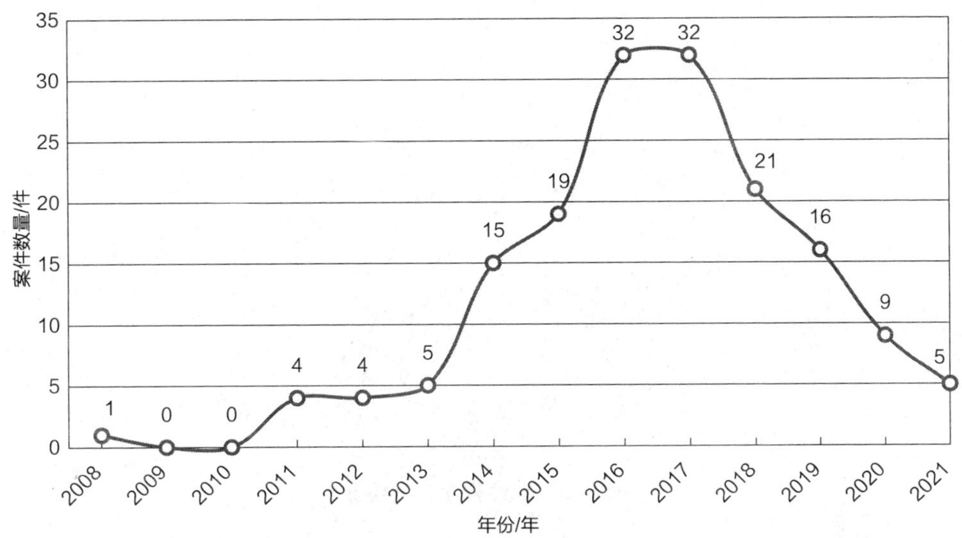

图 6–1　案件年份分布情况

如图 6–2 所示，从地域分布来看，当前假冒注册商标案例主要集中在广东省、江苏省、贵州省，分别占比 34.97%、15.95%、12.27%。其中广东省的案件量最多，达到 57 件。

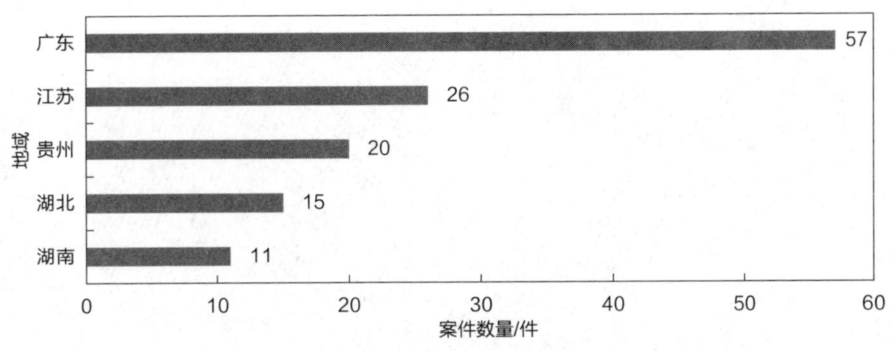

图 6–2　案件地域分布情况

如图 6–3 所示，从案件程序分类统计可以看到假冒注册商标罪当前的审理程序分布状况，其中一审案件有 130 件，二审案件有 31 件，再审案件有 2 件。一审上诉率约为 23.85%。

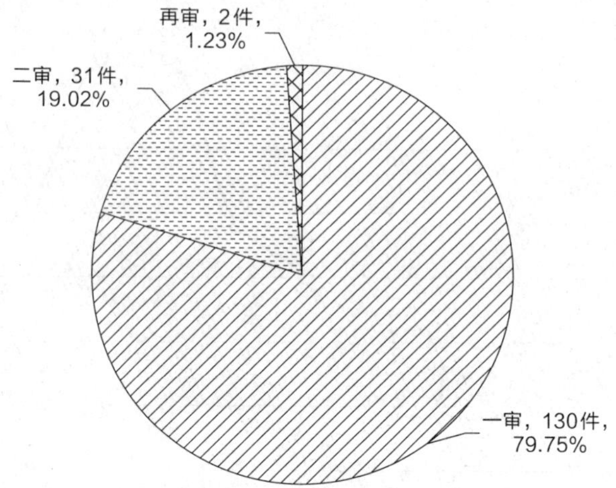

图 6–3　案件程序分类情况

如图 6–4 所示，通过对二审裁判结果的可视化分析可以看到，当前条件下维持原判的有 24 件，占比为 77.42%；改判的有 5 件，占比为 16.13%；其他的有 2 件，占比为 6.45%。

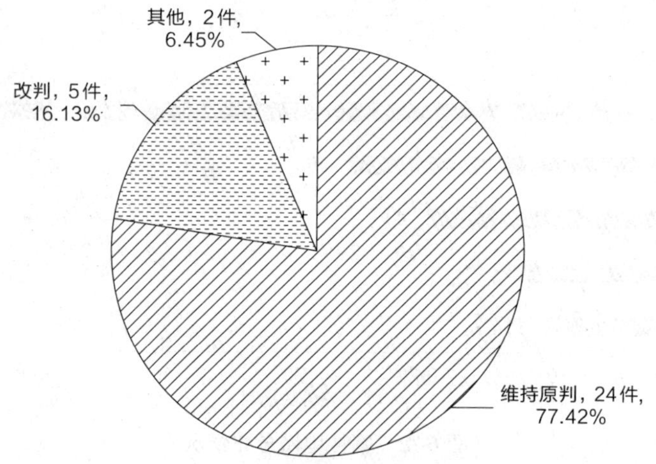

图 6–4　二审裁判结果情况

如图 6–5 所示，通过对主刑的可视化可以看到，当前条件下包含有期徒刑的案件有 131 件，包含拘役的案件有 8 件。其中包含缓刑的案件有 65 件。

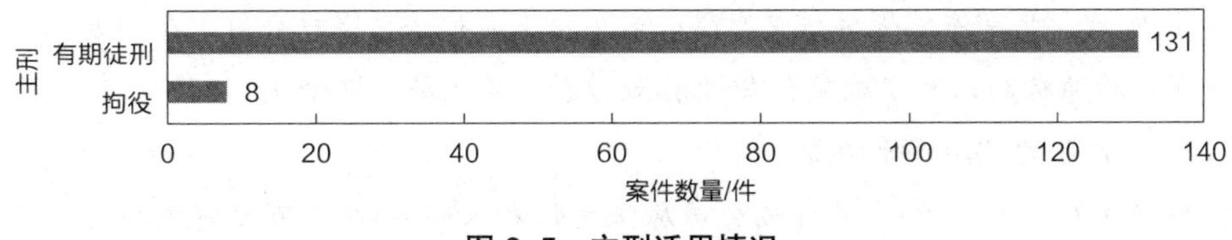

图 6–5　主刑适用情况

如图 6–6 所示，通过对附加刑的可视化可以看到，当前条件下包含罚金的案件有 134 件。

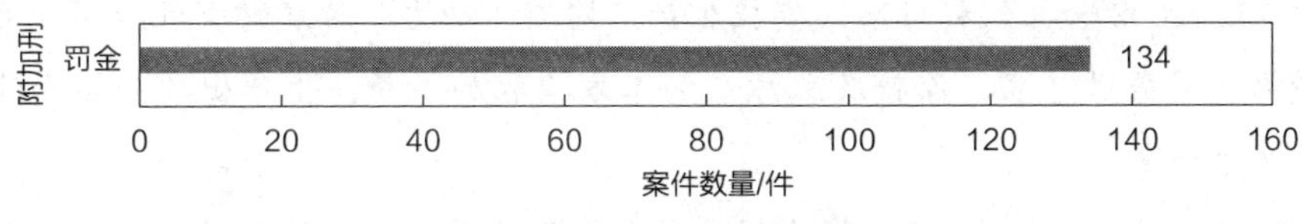

图 6–6　附加刑适用情况

二、可供参考的例案

例案一：陈广某假冒注册商标案

【法院】

湖北省宜昌市中级人民法院

【案号】

（2019）鄂 05 刑初 4 号

【诉讼主体】

公诉机关：湖北省宜昌市人民检察院

原审被告人：陈广某

【基本案情】

1995 年 10 月 21 日，温州市均瑶航空饮品有限公司在国家工商行政管理总局商标局注册了核定使用于牛奶饮料（以牛奶为主）、牛奶制品等第 29 类商品的“均瑶”商标。2001 年 3 月 12 日，“均瑶”商标被认定为驰名商标。2004 年 5 月 28 日，该注册商标经核准转让至均瑶集团乳业股份有限公司（以下简称均瑶公司），并先后两次经核准续展注册有效期至 2025 年 10 月 20 日。2012 年 8 月 21 日，均瑶公司注册了核定使用于牛奶饮料（以牛奶为主）、牛奶制品等第 29 类商品的“味动力”商标。2017

年3月21日，北京法兰得福科贸有限公司（以下简称法兰得福公司）在国家工商行政管理总局商标局注册了核定使用于乳酸饮料（果制品、非奶）、奶茶（非奶为主）等第32类商品的“均瑶味动力”商标。

2017年6月30日，法兰得福公司原法定代表人邱某以50万元将该公司及“均瑶味动力”商标转让给陈广某。陈广某成为该公司实际控制人后，即将该公司法定代表人变更登记为苘某，陈广某任公司监事。2017年8月1日，法兰得福公司分别与济南绿宝乳业有限公司、德州山宝饮料有限公司签订《产品委托加工合同》，适用GB/T21732-2008含乳饮料标准，委托生产“均瑶味动力”牌发酵型乳酸菌饮品，由法兰得福公司提供包装、原料及配方，加工方收取加工费，生产出的产品由法兰得福公司提货销售。

2017年8月至10月期间，济南绿宝乳业有限公司生产“均瑶味动力”乳酸菌饮品100ml、200ml、338ml共计15320箱，由法兰得福公司提货销售，销售金额48万。2017年8月，德州山宝饮料有限公司生产“均瑶味动力”乳酸菌饮品100ml、338ml共计30487箱，由法兰得福公司提货销售，销售金额93万元。上述“均瑶味动力”乳酸菌饮品共计45807箱，销售金额共计141万元。

经检验，法兰得福公司生产的“均瑶味动力”乳酸菌饮品符合GB/T21732-2008含乳饮料标准，其产品配料表与均瑶公司适用GB/T21732-2008含乳饮料标准生产的“味动力”乳酸菌饮品大致相同。

【案件争点】

被控标识与组合商标的构成元素相同，且构成近似商标的，可否构成刑法意义上的相同的商标。

【裁判要旨】

法院审理认为，涉案乳酸菌饮料应当归入《类似商品和服务区分表》第29类的牛奶饮料（以奶为主）。主要理由：（1）案涉“乳酸菌饮品”均标注适用GB/T21732-2008含乳饮料标准进行生产，经检验均符合该国家标准，案涉商品为含乳饮料；（2）含乳饮料国标中3.1规定“含乳饮料是指以乳或乳制品为原料，加入水或适量辅料经配制或发酵而成的饮料制品，含乳饮料还可称为乳（奶）饮料、乳（奶）饮品。”该商品的名称与第29类中的“牛奶饮料（以奶为主）”基本相同。（3）从案涉“乳酸菌饮品”配料表可以看出，奶粉为主要原料，符合牛奶饮料（以奶为主）的文义。（4）国家工商总局已于2015年以批复的形式界定了《类似商品和服务区分表》第32类的“乳酸饮料（果制品、非奶）”不是奶制品或奶饮料，一般不含有奶成分。

被告人陈广某将其注册于第32类的“均瑶味动力”商标，使用在第29类的商品上，生产、销售“均瑶味动力”乳酸菌饮品，与均瑶公司生产第29类的商品“味动力”乳酸菌饮品构成在同一种商品上使用涉案商标。

根据《刑法》第213条规定，未经注册商标所有人许可，在同一种商品、服务上使用与其注册商标相同的商标，情节严重的，处三年以下有期徒刑，并处或者单处罚金；情节特别严重的，处三年以上十年以下有期徒刑，并处罚金。构成假冒注册商标罪必须具备的一个条件是“在同一种商品上使用与他人注册商标相同的商标”，本案被告人陈广某的行为虽然构成在同一种商品上使用涉案商标，但其使用的涉案商标是否与均瑶公司的或商标相同，是本案争议的焦点问题。

《知识产权刑事司法解释》第8条规定，《刑法》第213条规定的“相同的商标”，是指与被假冒的注册商标完全相同，或者与被假冒的注册商标在视觉上基本无差别、足以对公众产生误导的商标。《知识产权刑事适用意见》第6条规定，关于《刑法》第213条规定的“与其注册商标相同的商标”的认定问题，具有下列情形之一，可以认定为“与其注册商标相同的商标”：（1）改变注册商标的字体、字母大小写或者文字横竖排列，与注册商标之间仅有细微差别的；（2）改变注册商标的文字、字母、数字等之间的间距，不影响体现注册商标显著特征的；（3）改变注册商标颜色的；（4）其他与注册商标在视觉上基本无差别、足以对公众产生误导的商标。

通过比对可见，均瑶公司的商标是由“味动力”汉字、“werdery”英文字母、盾形图形组合而成。该商标图形分为上下两部分，上下部分之间呈横向S状相连；上部分约占三分之一，为飘带状，“werdery”字母位于上部分；下部分约占三分之二，“味动力”汉字位于下部分。法兰得福公司生产的“均瑶味动力”乳酸菌饮品使用了商标，在该商标上方加了一相似飘带（飘带中印有“肠胃新动力”汉字），在下方加了盾形图案（图案中印有“发酵型乳酸菌饮品”汉字），上、中、下三部分之间有一定间隙，其组合成的整体形成了商标性使用，虽然与商标构成近似商标，但在视觉上仍具有较为明显的差别，尚不构成刑法意义上的相同的商标。同理，法兰得福公司使用的涉案商标与均瑶公司的商标亦不构成相同的商标。综上所述，被告人陈广某的行为不构成假冒注册商标罪。

例案二：夏某男假冒注册商标罪案

【法院】

辽宁省鞍山市中级人民法院

【案号】

（2021）辽03刑终106号

【诉讼主体】

原公诉机关：辽宁省鞍山市铁东区人民检察院

上诉人（原审被告人）：夏某男

【基本案情】

2014年1月1日至2014年12月31日、2015年3月1日至2016年3月1日、2016年1月1日至2017年12月31日，大连某鞍公司获得了山某公司授权经销商资格，并与鞍钢某经济贸易有限公司、鞍钢某有限公司签订了供应山某品牌进口备件合同，其中约定购买橡胶减震垫240个。大连某鞍公司法定代表人夏某男与山某公司签订了上述备件的采购合同，并部分履行，先后从山某公司购买143个橡胶减震垫后送货至鞍钢各矿站。

2018年1月12日，山某公司通知夏某男2018年7月12日正式解除双方于2014年12月12日签署的经销协议，在解除协议之前，双方继续按照经销协议约定合作，已经签订的相关买卖或销售合同不受经销协议解除的影响，仍然执行。

2017年6月，夏某男与埃某公司签订了购买93件橡胶减震垫合同。货到鞍山后，夏某男在其中90件橡胶减震垫上粘贴山某公司商标标识，假冒山某品牌备件送入鞍钢，又利用其与山某公司合同，重复使用之前的海关报关单等与鞍钢结算该批减震垫货款606316.95元，夏某男违法所得219316.95元。

2018年3月1日，埃某公司授权大连某鞍公司作为该司辽宁省的经销商，授权产品为埃某公司破碎筛分主机，零部件销售及相关业务，授权有效期为：2018年3月1日至2023年2月28日。

2018年3月7日，大连某鞍公司与埃某公司签订了27件零件购销合同，总价1236150元。

2018年4月8日，沈阳某物流将该批货物送到夏某男借用的院内，并由夏某男接收。之后夏某男将该27件备件粘贴山某公司商标标识，于2018年4月10日起分别送到鞍钢集团公司各使用单位供应站。夏某男该批备件合同金额为2573729.09元，被鞍钢纪委发现后，通知相关结算单位暂停付夏某男货款。

2018 年 6 月 19 日 10 时，鞍山市公安局鞍钢分局接鞍钢纪委报案称，其在查办国贸公司有关问题过程中，发现大连某鞍公司销售给鞍钢的进口 andvik 备件产品偏心套（442.6246-01）1 件、HUB（442.9246-01）1 件、减震垫（864.0079-00）5 件，涉案金额约 57 万元，存在涉嫌假冒注册商标问题。鞍钢分局接报后，开展侦查工作。2018 年 8 月 23 日，夏某男被鞍钢分局传唤到案。

【案件争点】

行为人夏某男仅是改变商标颜色是否可以认定在同一种商品上使用与其注册商标相同的商标?

【裁判要旨】

一审法院审理认为，被告人夏某男违反商标管理法规，未经注册商标所有人许可，在同一种商品上使用与其注册商标相同的商标，情节特别严重，其行为构成假冒注册商标罪。被告人夏某男不服，提出上诉，认为原审判决对假冒注册商标罪的认定，事实不清，证据不足。其通过埃某公司购买山某公司的产品是为履行与鞍钢集团公司签订的合同，其主观上没有假冒注册商标的故意，且从埃某公司购买的是山某公司的产品，而不是其他公司的产品，所用标识不受法律保护，其不具有本罪的客观行为。

二审法院认为，埃某公司向夏某男销售的备件系外购于坎格（上海）机电设备有限公司，哈金森品牌，原产地英国，虽然可以应用于山某公司设备上，但并非山某公司原产零件，符合假冒注册商标罪在同一种商品上使用与其注册商标相同的商标的客观要件。再查，夏某男辩解其所用商标颜色与山某公司已注册的商标不同，该种颜色的商标系该公司于 2019 年才注册，故案发时不受保护。《知识产权刑事司法解释（三）》第 1 条 3 项规定，改变注册商标颜色，不影响体现注册商标显著特征的，可以认定为《刑法》第 213 条规定的“与其注册商标相同的商标”，依据该规定夏某男假冒注册商标的行为足以认定。故对该上诉及辩护意见不予采纳。

例案三：罗疆某、杨明某等假冒注册商标案

【法院】

湖北省武汉市中级人民法院

【案号】

（2016）鄂01刑终1395号

【诉讼主体】

抗诉机关（原公诉机关）：湖北省武汉市江岸区人民检察院

原审被告人：罗疆某

原审被告人：杨明某

原审被告人：谢霞某

原审被告人：张钢某

原审被告人：杨建某

【基本案情】

深圳市卓宝科技股份有限公司（以下简称卓宝公司）在《类似商品和服务区分表》第19类类别上，分别注册了第1507628号图形、拼音字母（ZHUOBAO）组合商标和第3627607号文字商标，核定使用商品均为建筑用沥青产品（制成物）、建筑用毡、防水卷材等。实践中，卓宝公司在其防水卷材上未使用其注册商标，而是使用了（图形、卓宝科技汉字和英文字母JOABOATECHNOLOGY组成）标识。

新晨公司成立于2010年，经营范围为：新型防水材料、卷材、涂料生产、销售等。2015年1月，被告人杨建某中标承接了位于武汉市江夏区的建筑工程项目，涉及防水工程。为降低工程成本，被告人杨建某联系了新晨公司，要求其生产假冒卓宝公司的防水卷材。新晨公司接到上述订单后，由罗疆某进行安排，杨明某负责组织生产，谢霞某负责贴标识及合格证，张钢某负责仓库保管、核对出库及辅助贴标。2015年1月至4月间，新晨公司应被告人杨建某的要求，组织生产了前述卷材946卷，货值金额共计146000余元。根据新晨公司出库单、账本以及杨建某与发包方签订的合同、被告人的供述，前述卷材中货值金额12万余元的防水卷材在2015年1月25日至2015年3月28日出库，其余货值金额为25600元的卷材在2015年4月出库；出库的卷材中有3mm和4mm两种型号。前述946卷防水卷材中有600余卷，在进场时已按工程施工的相关要求，在监理方、发包方、施工方三方见证下进行了进场质量检测，取得了结论为产品合格的质检报告，且已铺设完毕。案发时尚未铺设的另外286卷防水卷材，被告人分别存放在施工工地、新晨公司仓库及其对面的砖瓦厂内，于2015年4月12日被武汉市公安局予以扣押。武汉市公安局将扣押的涉案卷材存放在位于武汉市新洲区阳逻经济开发区的卓宝公司厂区里，并向卓宝公司下达委托保管涉案扣押财物的函件。

经比对，涉案假冒卓宝公司产品的防水卷材使用的标识为卓宝公司产品上的标识一致。卓宝公司出具未授权声明，说明从未授权新晨公司生产卓宝防水卷材。

【案件争点】

卓宝公司实际使用的商标是否属于注册商标的保护范围，新晨公司生产的防水卷材上使用的组合商标标识是否侵犯了卓宝公司的商标权利。

【裁判要旨】

一审法院认为，有关假冒注册商标罪是否成立，即涉案产品上使用的标识与权利人注册商标是否属于相同商标的问题。我国《刑法》第213条规定，未经注册商标所有人许可，在同一种商品、服务上使用与其注册商标相同的商标，情节严重的，处三年以下有期徒刑，并处或者单处罚金；情节特别严重的，处三年以上十年以下有期徒刑，并处罚金。在同一种商品上使用与他人注册商标相同的商标，是假冒注册商标罪的犯罪构成要件。本案被告人作为新晨公司生产防水卷材的主要负责人和直接责任人员，伙同杨建某，为牟取非法利益，在新晨公司生产的防水卷材上假冒卓宝公司实际使用的商标，其行为从表象上看，具备假冒他人商标、侵犯他人商标专用权的显性特征。但是，本案的关键节点在于，卓宝公司实际使用的商标并不是注册商标，而是对注册商标进行了改变使用，改变使用的标识系将注册商标中的"卓宝"文字加在注册商标的图形下方，并在"卓宝"后加上"科技"二字，再将中"ZHUOBAO"更改为"JORBOATECHNOLOGY"。改变后的标识无论是与注册商标1相比较还是与注册商标2比较，均存在较大的变化和较为明显的差异，其显然不是注册商标，也不属于"在视觉上基本无差别、足以对公众产生误导的商标"，上述五名被告人所假冒的商标不属于我国《刑法》第213条规定的"与注册商标相同的商标"。公诉机关关于被控侵权商标属于《知识产权刑事适用意见》第6条规定的"其他与注册商标在视觉上基本无差别、足以对公众产生误导的商标"的主张，过度扩大了"视觉上基本无差别"的适用标准和范围，法院不予支持。据此，本案五名被告人虽然未经许可假冒他人商业标识，但因该商业标识不是刑法意义上的"与注册商标相同的商标"，故五名被告人的行为不在刑法调整范围之内，不构成假冒注册商标罪。

二审法院认为，判定相同商标，应当将被控侵权商标与权利人商标注册证中核定使用的注册商标进行比对。因此，尽管卓宝公司实际使用的是组合商标，但原审被告人被控行为发生时，该商标并非注册商标，不能作为相同商标的比对对象。该组合商标是否在视觉上与卓宝公司注册商标基本无差别，应当将其分别与注册商标证中所载的标识逐一比对。

根据《知识产权刑事适用意见》第6条之规定，“与其注册商标相同的商标”包括：改变注册商标的字体、字母大小写或者文字横竖排列，与注册商标之间仅有细微差别的；改变注册商标的文字、字母、数字等之间的间距，不影响体现注册商标显著特征的；改变注册商标颜色的；其他与注册商标在视觉上基本无差别、足以对公众产生误导的商标。因此，与注册商标相同的商标，实为标识的文字、字母、图形以及整体结构等无实质改变，使得相关公众施以普通注意、整体上观察时，视觉上基本无差别的商标。而本案中，涉案产品的商标是将其图文分开加入“卓宝科技”四字，将字母、图形的二元素标识变为文字、字母、图形组成的三元素标识，又将字母从拼音“ZHUOBAO”改为英文“JORBOATECHNOLOGY”；相比注册商标，是将单一元素的标识更改为文字、字母、图形组成的三元素商标，因此，改变后的组合商标无论是与注册的图文商标相比较还是与注册的文字商标比较，整体视觉上均存在较大的变和较为明显的差异，不属于我国《刑法》第213条规定的“与注册商标相同的商标”。因此，检察机关提出的该抗诉理由不能成立，法院不予采纳。

三、裁判规则提要

（一）商品、商标相同或近似的判定

1. 关于商品是否相同或类似的认定

关于相同商品的认定。商标法意义上的商品相同是指注册商标核定使用的类别相同。故此，商标所有人经核准使用的商品类别，即使其尚未在有些商品上实际使用该注册商标，他人在同类商品上使用相同或近似的商标的，不影响在相同或者类似商品上使用相同或者近似商标的认定。比如，注册类别的商品中含有衣服、帽子、鞋子等，商标权人仅使用商标生产了衣服，被控侵权商品是帽子，不影响商品相同的认定。这种认识源于法律已为商标注册人预留了权利空间，该空间不因存在未用而丧失。关于类似商品的认定。根据《商标民事纠纷司法解释》第11条第1款及第12条的规定，应结合案件具体情况，根据商品的功能、用途、生产部门、销售渠道、消费对象等方面是否相同，或者相关公众是否认定其存在特定联系、容易造成混淆，判断是否类似。

在例案一中，涉案乳酸菌饮料是否应当归入《类似商品和服务区分表》第29类

的牛奶饮料，法院考虑以下因素：一是案涉“乳酸菌饮品”均标注适用含乳饮料标准进行生产，案涉商品为含乳饮料；二是含乳饮料国标规定“含乳饮料是指以乳或乳制品为原料，加入水或适量辅料经配制或发酵而成的饮料制品，含乳饮料还可称为乳（奶）饮料、乳（奶）饮品”，该商品的名称与第29类中的“牛奶饮料（以奶为主）”基本相同；三是从配料表可以看出，奶粉为案涉“乳酸菌饮品”主要原料，符合牛奶饮料（以奶为主）的文义；四是国家工商总局已于2015年界定了《类似商品和服务区分表》第32类的“乳酸饮料（果制品、非奶）”不是奶制品或奶饮料，一般不含有奶成分。

2. 关于商标是否相同或近似的认定

根据《商标民事纠纷司法解释》第10条的规定，比对是以相关公众的一般注意力为标准，既要整体比对也要隔离比对，同时考虑知名度和显著性。比对的时候需要注意两点：一是比对是将被控侵权标识与注册商标进行比对而非正品进行比对，也即比对对象是注册商标或者说是商标注册证上的商标。这也是上面相同商品里提到的商标相同应是注册商标核定使用的类别相同的原因。当然，有一种例外，如果被控侵权商品完全仿冒正品，则需要拿出正品与被控侵权商品进行比对，从而确定被控侵权商品系仿冒商品而非正品。二是相关公众不是所有公众。根据《商标民事纠纷司法解释》第8条规定，相关公众是指具有一般的社会和生活经验、中等的智力水平和认识能力等的相关领域的普通公众，而不是该领域的专业人员，如具有高度的识别能力和谨慎习惯的人，也不是认知能力低于普通水平的人员，如粗心大意或者智力障碍的人。

根据《商标民事纠纷司法解释》第9条规定，商标近似，不仅是指被控侵权商标与他人注册商标在外观等方面相似，还意味着必须易于使相关公众产生混淆，也称为“混淆性近似”。换言之，商标构成要素近似只是一种物理意义上或者自然状态上的近似，而商标近似是构成侵权的商标法意义上的近似，也即商标近似是构成市场混淆的商业标识近似。可以说，商标近似 = 商标构成要素近似 + 混淆可能性。近似商标比对有三种情况，一是比对的两个商标均不具有较高的知名度，对比通常按照音、形、义等自然因素进行整体比对，这种相似更接近于商标构成要素近似。二是比对的两个商标均具有旗鼓相当的较高的知名度，这种情况下比对时还应考虑商标实际使用背景等深度因素，尊重已经客观形成的市场格局，防止简单地把商标构成要素近似等同于商标侵权。三是比对商标知名度悬殊，通常比对主要部分决定其相似性，而不采取整体比对。

商标相同的判定除了在侵权商标与被侵权商标之间进行比较，当被侵权商标与注册商标不一致时，还须在被侵权商标与注册商标进行判定。在例案三中，因卓宝公司使用的商标与注册商标相比，将其图文分开加入“卓宝科技”四字，将字母、图形的二元素标识变为文字、字母、图形组成的三元素标识，又将字母从拼音“ZHUOBAO”改为英文“JORBOATECHNOLOGY”，因此，改变后的组合商标无论是与注册的图文商标相比较还是与注册的文字商标比较，整体视觉上均存在较大的变和较为明显的差异，不属于我国《刑法》第213条规定的“与注册商标相同的商标”。

3. 近似商标比对需要审查商标的知名度

根据《商标法》第56条规定，商标权人只能在其核准注册的类别上使用注册商标，也即正常情况下，商标权人只能禁止他人在该商标核准注册类别相同的商品上使用相同商标。但是根据第57条第2项的规定，商标权人有权禁止他人在与该商标核准注册类别相同或类似的商品上使用相同或近似标识，原因就是考虑到商标的知名度。商标知名度越高，近似商标认定的范围越广，其获得保护的力度也更大。当商标达到驰名的情况下，其甚至可以突破相同或类似商品而给予跨类保护。所以在判定是否构成“混淆性近似”的时候，必须考虑商标的知名度大小。商标知名度，需要原告举证，相关证据包括商标持续使用时间，宣传方式及时间、投入的资金和地域范围，获得的市场声誉及受保护的证据等。但需要说明的是，商标知名度大小只影响商标保护范围的大小，或者说保护力度的大小，不影响是不是应该予以保护。新注册商标，即使没有知名度，也应该予以保护，只是保护范围可能局限于相同商品相同商标，但并不代表不保护。这是因为，根据《商标法》第8条和第11条的规定，商标主要功能是“识别”功能，公众看到商标后就能知道这是某个主体而非其他主体提供的，也即能够让公众将商标与某商品或商品的提供者建立稳定的联系。当然，商标的标识功能只是限于指示同一商标的商品具有同样的商业来源，而并不要求消费者一定知道生产经营者的具体名称。这样认定，是将新注册商标、未注册但有一定影响的商标放置到了同样的保护起跑线上。

（二）涉案商标与被假冒组合商标相同的判定方法

一是整体比对与部分比对相结合。应首先将组合商标与涉案商标进行整体比对，在整体比对有差异的情况下，采取适当的要素保护原则，将组合商标中的某要素与被控侵权标识进行比对。

二是判断涉案商标使用的部分要素是否是组合商标中的主要部分。这是判断被控侵权标识的核心问题，亦是较难判断的问题。一方面，应从要素外观性进行分析，根据要素在组合商标中的整体结构、比例，判断该要素是否在组合商标的整体布局中较为突出，此种要素更易为相关消费者所关注、识别；另一方面，应从要素使用性进行分析，当权利人的产品包装、外宣传中较多使用该要素时，使相关消费者能够对该要素与权利人之间产生较为稳定的联系，其即具有了区分商品与服务来源的识别性。如在例案二中，夏某男辩解其所用商标颜色与山某公司已注册的商标不同，该种颜色的商标系该公司于2019年才注册，故案发时不受保护。二审法院认为，改变注册商标颜色，不影响体现注册商标显著特征的，可以认定为《刑法》第213条规定的“与其注册商标相同的商标”，依据该规定夏某男假冒注册商标的行为足以认定。故对该上诉及辩护意见不予采纳。

三是被控标识能否造成相关公众产生混淆。这涉及组合商标的知名度、被控标识行为人的使用行为及主观意图等。该种判定方式既避免组合商标权利的滥用，又可以有效遏制组合商标被随意拆分而发生侵权的情形，更符合商标法司法解释中有关判断商标相同或者近似的规定。如在例案一中，“均瑶味动力”乳酸菌饮品所使用组合成的整体形成了商标性使用，其虽与商标构成近似商标，但在视觉上仍具有较为明显的差别，并不构成刑法意义上的相同的商标。

四、辅助信息

《刑法》

第二百一十三条 未经注册商标所有人许可，在同一种商品、服务上使用与其注册商标相同的商标，情节严重的，处三年以下有期徒刑，并处或者单处罚金；情节特别严重的，处三年以上十年以下有期徒刑，并处罚金。

《商标法》

第八条 任何能够将自然人、法人或者其他组织的商品与他人的商品区别开的标志，包括文字、图形、字母、数字、三维标志、颜色组合和声音等，以及上述要素的组合，均可以作为商标申请注册。

第九条 申请注册的商标，应当有显著特征，便于识别，并不得与他人在先取得的合法权利相冲突。

商标注册人有权标明“注册商标”或者注册标记。

第十条 下列标志不得作为商标使用：

（一）同中华人民共和国的国家名称、国旗、国徽、国歌、军旗、军徽、军歌、勋章等相同或者近似的，以及同中央国家机关的名称、标志、所在地特定地点的名称或者标志性建筑物的名称、图形相同的；

（二）同外国的国家名称、国旗、国徽、军旗等相同或者近似的，但经该国政府同意的除外；

（三）同政府间国际组织的名称、旗帜、徽记等相同或者近似的，但经该组织同意或者不易误导公众的除外；

（四）与表明实施控制、予以保证的官方标志、检验印记相同或者近似的，但经授权的除外；

（五）同“红十字”、“红新月”的名称、标志相同或者近似的；

（六）带有民族歧视性的；

（七）带有欺骗性，容易使公众对商品的质量等特点或者产地产生误认的；

（八）有害于社会主义道德风尚或者有其他不良影响的。

县级以上行政区划的地名或者公众知晓的外国地名，不得作为商标。但是，地名具有其他含义或者作为集体商标、证明商标组成部分的除外；已经注册的使用地名的商标继续有效。

第十一条 下列标志不得作为商标注册：

（一）仅有本商品的通用名称、图形、型号的；

（二）仅直接表示商品的质量、主要原料、功能、用途、重量、数量及其他特点的；

（三）其他缺乏显著特征的。

前款所列标志经过使用取得显著特征，并便于识别的，可以作为商标注册。

第十二条 以三维标志申请注册商标的，仅由商品自身的性质产生的形状、为获得技术效果而需有的商品形状或者使商品具有实质性价值的形状，不得注册。

第十三条 为相关公众所熟知的商标，持有人认为其权利受到侵害时，可以依照本法规定请求驰名商标保护。

就相同或者类似商品申请注册的商标是复制、摹仿或者翻译他人未在中国注册的驰名商标，容易导致混淆的，不予注册并禁止使用。

就不相同或者不相类似商品申请注册的商标是复制、摹仿或者翻译他人已经在中国注册的驰名商标，误导公众，致使该驰名商标注册人的利益可能受到损害的，不予注册并禁止使用。

第十四条 驰名商标应当根据当事人的请求，作为处理涉及商标案件需要认定的事实进行认定。认定驰名商标应当考虑下列因素：

（一）相关公众对该商标的知晓程度；

（二）该商标使用的持续时间；

（三）该商标的任何宣传工作的持续时间、程度和地理范围；

（四）该商标作为驰名商标受保护的记录；

（五）该商标驰名的其他因素。

在商标注册审查、工商行政管理部门查处商标违法案件过程中，当事人依照本法第十三条规定主张权利的，商标局根据审查、处理案件的需要，可以对商标驰名情况作出认定。

在商标争议处理过程中，当事人依照本法第十三条规定主张权利的，商标评审委员会根据处理案件的需要，可以对商标驰名情况作出认定。

在商标民事、行政案件审理过程中，当事人依照本法第十三条规定主张权利的，最高人民法院指定的人民法院根据审理案件的需要，可以对商标驰名情况作出认定。

生产、经营者不得将“驰名商标”字样用于商品、商品包装或者容器上，或者用于广告宣传、展览以及其他商业活动中。

第十六条 商标中有商品的地理标志，而该商品并非来源于该标志所标示的地区，误导公众的，不予注册并禁止使用；但是，已经善意取得注册的继续有效。

前款所称地理标志，是指标示某商品来源于某地区，该商品的特定质量、信誉或者其他特征，主要由该地区的自然因素或者人文因素所决定的标志。

第四十八条 本法所称商标的使用，是指将商标用于商品、商品包装或者容器以及商品交易文书上，或者将商标用于广告宣传、展览以及其他商业活动中，用于识别商品来源的行为。

第五十七条 有下列行为之一的，均属侵犯注册商标专用权：

（一）未经商标注册人的许可，在同一种商品上使用与其注册商标相同的商标的；

（二）未经商标注册人的许可，在同一种商品上使用与其注册商标近似的商标，或者在类似商品上使用与其注册商标相同或者近似的商标，容易导致混淆的；

（三）销售侵犯注册商标专用权的商品的；

（四）伪造、擅自制造他人注册商标标识或者销售伪造、擅自制造的注册商标标识的；

（五）未经商标注册人同意，更换其注册商标并将该更换商标的商品又投入市场的；

（六）故意为侵犯他人商标专用权行为提供便利条件，帮助他人实施侵犯商标专用权行为的；

（七）给他人的注册商标专用权造成其他损害的。

第五十九条 注册商标中含有的本商品的通用名称、图形、型号，或者直接表示商品的质量、主要原料、功能、用途、重量、数量及其他特点，或者含有的地名，注册商标专用权人无权禁止他人正当使用。

三维标志注册商标中含有的商品自身的性质产生的形状、为获得技术效果而需有的商品形状或者使商品具有实质性价值的形状，注册商标专用权人无权禁止他人正当使用。

商标注册人申请商标注册前，他人已经在同一种商品或者类似商品上先于商标注册人使用与注册商标相同或者近似并有一定影响的商标的，注册商标专用权人无权禁止该使用人在原使用范围内继续使用该商标，但可以要求其附加适当区别标识。

第六十七条第一款 未经商标注册人许可，在同一种商品上使用与其注册商标相同的商标，构成犯罪的，除赔偿被侵权人的损失外，依法追究刑事责任。

《知识产权刑事适用意见》

五、关于刑法第二百一十三条规定的“同一种商品”的认定问题

名称相同的商品以及名称不同但指同一事物的商品，可以认定为“同一种商品”。“名称”是指国家工商行政管理总局商标局在商标注册工作中对商品使用的名称，通常即《商标注册用商品和服务国际分类》中规定的商品名称。“名称不同但指同一事物的商品”是指在功能、用途、主要原料、消费对象、销售渠道等方面相同或者基本相同，相关公众一般认为是同一种事物的商品。

认定“同一种商品”，应当在权利人注册商标核定使用的商品和行为人实际生产销售的商品之间进行比较。

六、关于刑法第二百一十三条规定的“与其注册商标相同的商标”的认定问题

具有下列情形之一，可以认定为“与其注册商标相同的商标”：

（一）改变注册商标的字体、字母大小写或者文字横竖排列，与注册商标之间仅有细微差别的；

（二）改变注册商标的文字、字母、数字等之间的间距，不影响体现注册商标显著特征的；

（三）改变注册商标颜色的；

（四）其他与注册商标在视觉上基本无差别、足以对公众产生误导的商标。

《知识产权刑事司法解释》

第八条　刑法第二百一十三条规定的“相同的商标”，是指与被假冒的注册商标完全相同，或者与被假冒的注册商标在视觉上基本无差别、足以对公众产生误导的商标。

刑法第二百一十三条规定的“使用”，是指将注册商标或者假冒的注册商标用于商品、商品包装或者容器以及产品说明书、商品交易文书，或者将注册商标或者假冒的注册商标用于广告宣传、展览以及其他商业活动等行为。

《知识产权刑事司法解释（三）》

第一条　具有下列情形之一的，可以认定为刑法第二百一十三条规定的“与其注册商标相同的商标”：

（一）改变注册商标的字体、字母大小写或者文字横竖排列，与注册商标之间基本无差别的；

（二）改变注册商标的文字、字母、数字等之间的间距，与注册商标之间基本无差别的；

（三）改变注册商标颜色，不影响体现注册商标显著特征的；

（四）在注册商标上仅增加商品通用名称、型号等缺乏显著特征要素，不影响体现注册商标显著特征的；

（五）与立体注册商标的三维标志及平面要素基本无差别的；

（六）其他与注册商标基本无差别、足以对公众产生误导的商标。

《商标民事纠纷司法解释》

第八条 商标法所称相关公众，是指与商标所标识的某类商品或者服务有关的消费者和与前述商品或者服务的营销有密切关系的其他经营者。

第九条 商标法第五十七条第（一）（二）项规定的商标相同，是指被控侵权的商标与原告的注册商标相比较，二者在视觉上基本无差别。

商标法第五十七条第（二）项规定的商标近似，是指被控侵权的商标与原告的注册商标相比较，其文字的字形、读音、含义或者图形的构图及颜色，或者其各要素组合后的整体结构相似，或者其立体形状、颜色组合近似，易使相关公众对商品的来源产生误认或者认为其来源与原告注册商标的商品有特定的联系。

第十条 人民法院依据商标法第五十七条第（一）（二）项的规定，认定商标相同或者近似按照以下原则进行：

（一）以相关公众的一般注意力为标准；

（二）既要进行对商标的整体比对，又要进行对商标主要部分的比对，比对应当在比对对象隔离的状态下分别进行；

（三）判断商标是否近似，应当考虑请求保护注册商标的显著性和知名度。

第十一条 商标法第五十七条第（二）项规定的类似商品，是指在功能、用途、生产部门、销售渠道、消费对象等方面相同，或者相关公众一般认为其存在特定联系、容易造成混淆的商品。

类似服务，是指在服务的目的、内容、方式、对象等方面相同，或者相关公众一般认为存在特定联系、容易造成混淆的服务。

商品与服务类似，是指商品和服务之间存在特定联系，容易使相关公众混淆。

第十二条 人民法院依据商标法第五十七条第（二）项的规定，认定商品或者服务是否类似，应当以相关公众对商品或者服务的一般认识综合判断；《商标注册用商品和服务国际分类表》《类似商品和服务区分表》可以作为判断类似商品或者服务的参考。

《商标侵权判断标准》

第十四条 涉嫌侵权的商标与他人注册商标相比较，可以认定与注册商标相同的情形包括：

（一）文字商标有下列情形之一的：

1. 文字构成、排列顺序均相同的；

2. 改变注册商标的字体、字母大小写、文字横竖排列，与注册商标之间基本无差别的；

3. 改变注册商标的文字、字母、数字等之间的间距，与注册商标之间基本无差别的；

4. 改变注册商标颜色，不影响体现注册商标显著特征的；

5. 在注册商标上仅增加商品通用名称、图形、型号等缺乏显著特征内容，不影响体现注册商标显著特征的；

（二）图形商标在构图要素、表现形式等视觉上基本无差别的；

（三）文字图形组合商标的文字构成、图形外观及其排列组合方式相同，商标在整体视觉上基本无差别的；

（四）立体商标中的显著三维标志和显著平面要素相同，或者基本无差别的；

（五）颜色组合商标中组合的颜色和排列的方式相同，或者基本无差别的；

（六）声音商标的听觉感知和整体音乐形象相同，或者基本无差别的；

（七）其他与注册商标在视觉效果或者听觉感知上基本无差别的。

第十五条　与注册商标近似的商标是指涉嫌侵权的商标与他人注册商标相比较，文字商标的字形、读音、含义近似，或者图形商标的构图、着色、外形近似，或者文字图形组合商标的整体排列组合方式和外形近似，或者立体商标的三维标志的形状和外形近似，或者颜色组合商标的颜色或者组合近似，或者声音商标的听觉感知或者整体音乐形象近似等。

第十七条　判断商标是否相同或者近似，应当在权利人的注册商标与涉嫌侵权商标之间进行比对。

第十八条　判断与注册商标相同或者近似的商标时，应当以相关公众的一般注意力和认知力为标准，采用隔离观察、整体比对和主要部分比对的方法进行认定。

第十九条　在商标侵权判断中，在同一种商品或者同一种服务上使用近似商标，或者在类似商品或者类似服务上使用相同、近似商标的情形下，还应当对是否容易导致混淆进行判断。

第二十二条 自行改变注册商标或者将多件注册商标组合使用，与他人在同一种商品或者服务上的注册商标相同的，属于商标法第五十七条第一项规定的商标侵权行为。

自行改变注册商标或者将多件注册商标组合使用，与他人在同一种或者类似商品或者服务上的注册商标近似、容易导致混淆的，属于商标法第五十七条第二项规定的商标侵权行为。

假冒注册商标刑事案件裁判规则第 7 条：

注册商标为中英文组合商标的，行为人如仅使用中文文字或英文字母，以与注册商标基本无差别为判断标准，不宜一概否定该标识不属于刑法意义上的相同商标

【规则描述】 刑法意义上的相同商标并不以与注册商标完全相同为限，当中英文组合标识与单独的中文或英文标识发生纠纷时，单独的中文或英文标识能否被认定为新标识，在司法实践中主要认定标准为：是否存在视觉上与注册商标基本无差别、足以对公众产生误导或者使得相关公众难以分辨。

一、类案检索大数据报告

时间：2022 年 7 月 1 日之前，案例来源：Alpha 案例库，案件数量：47 件，数据采集时间：2022 年 7 月 1 日。本次检索共获取认定假冒注册商标罪中“中英文组合商标”2022 年 7 月 1 日之前 47 篇裁判文书。整体情况如图 7–1 所示，从案件年份分布可以看到当前条件下案例数量的变化趋势。

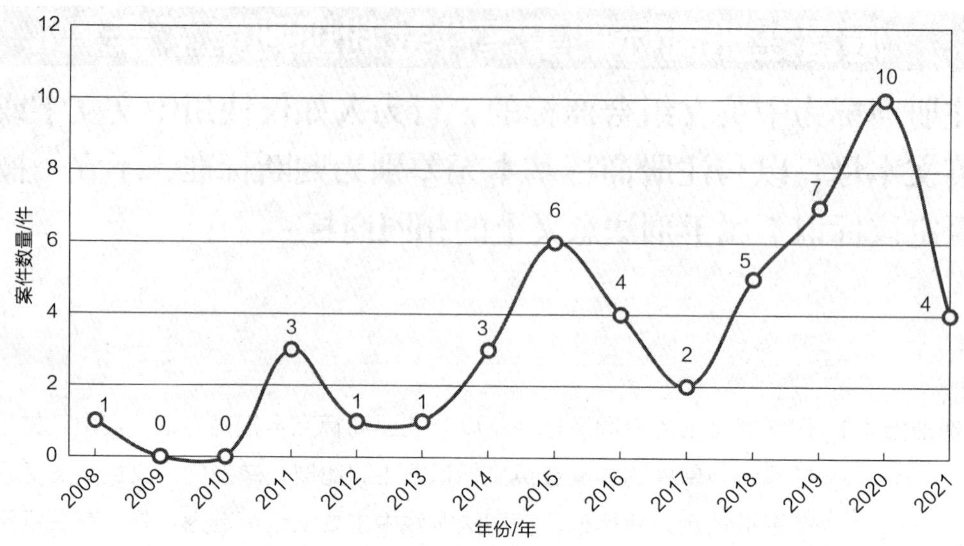

图 7-1　案件年份分布情况

如图 7-2 所示，从地域分布来看，当前假冒注册商标案例主要集中在广东省、上海市、江苏省，分别占比 23.40%、14.89%、12.77%。其中广东省的案件量最多，达到 11 件。

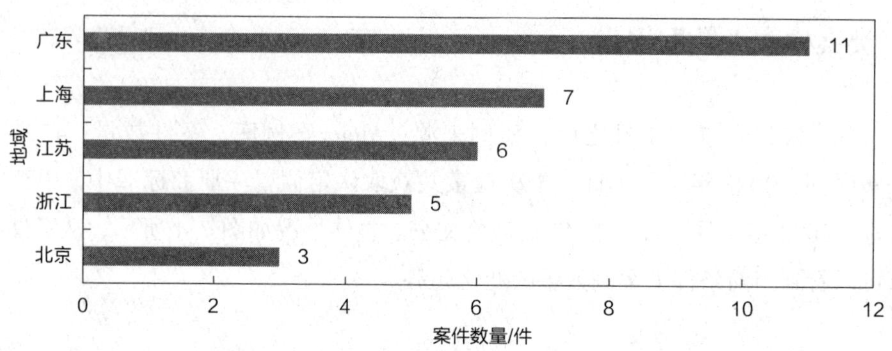

图 7-2　案件地域分布情况

如图 7-3 所示，从案件程序分类统计可以看到假冒注册商标罪当前的审理程序分布状况，其中一审案件有 36 件，二审案件有 9 件，再审案件有 1 件。一审上诉率约为 25%。

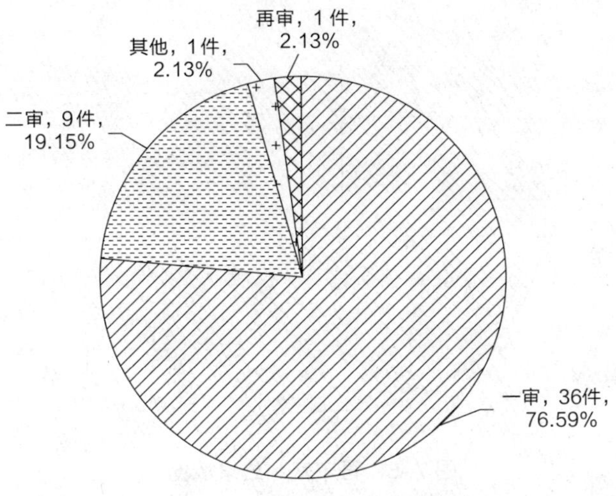

图 7–3　案件程序分类情况

如图 7–4 所示，通过对二审裁判结果的可视化分析可以看到，当前条件下改判的有 5 件，占比为 55.56%；维持原判的有 4 件，占比为 44.44%。

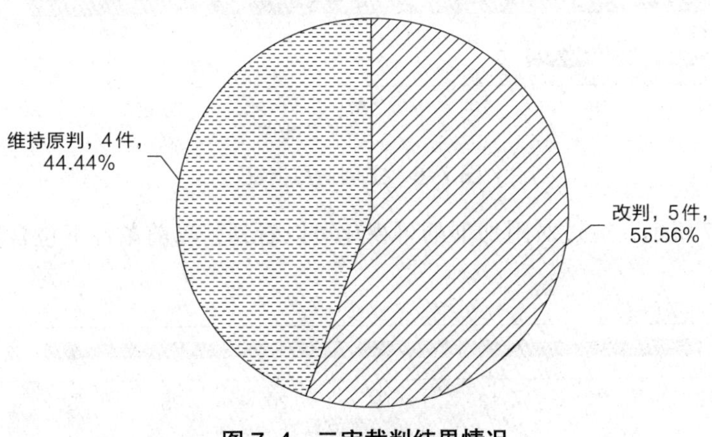

图 7–4　二审裁判结果情况

如图 7–5 所示，通过对再审裁判结果的可视化分析可以看到，当前条件下改判的有 1 件，占比为 100%。

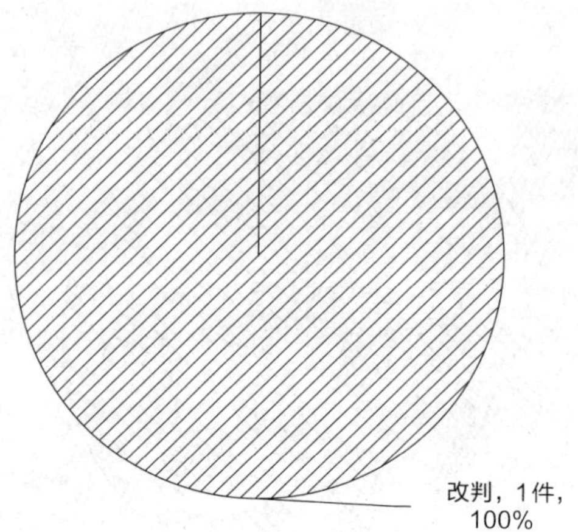

图 7–5　再审裁判结果情况

如图 7–6 所示，通过对主刑的可视化可以看到，当前条件下包含有期徒刑的案件有 30 件，包含拘役的案件有 3 件。其中包含缓刑的案件有 15 件。

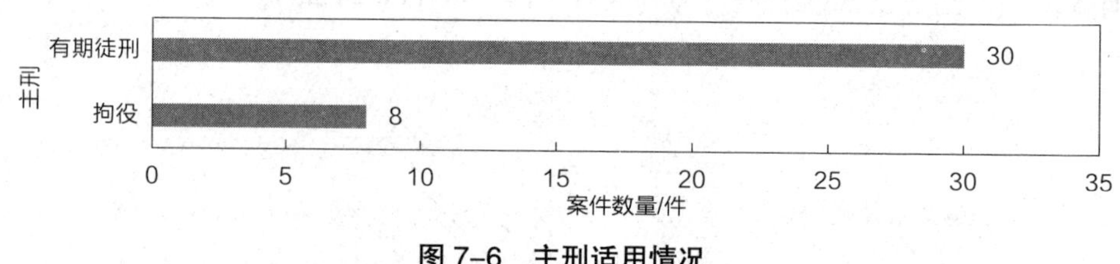

图 7–6　主刑适用情况

如图 7–7 所示，通过对附加刑的可视化可以看到，当前条件下包含罚金的案件有 31 件。

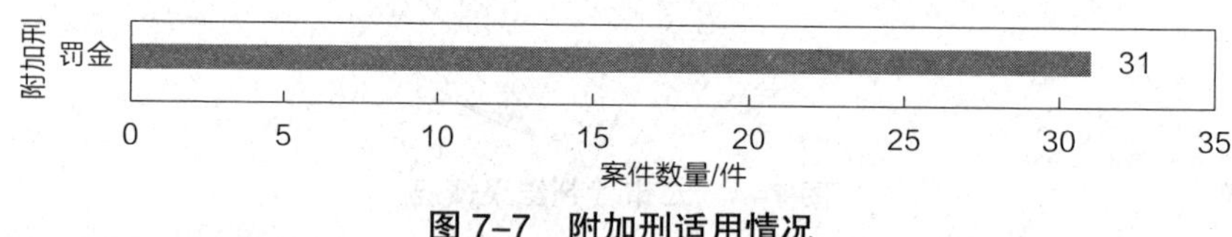

图 7–7　附加刑适用情况

二、可供参考的例案

例案一：杨某某假冒注册商标案

【法院】

四川省成都市中级人民法院

【案号】

（2017）川01刑终1230号

【诉讼主体】

抗诉机关：四川省成都市锦江区人民检察院

原审被告人：杨某某

【基本案情】

从2014年3月起，被告人杨某某在其与杉杉品牌运营股份有限公司（以下简称杉杉公司）的代理销售合同终止后，在成都市锦江区春熙路西段尚都服饰广场3楼3055号“锦江区梵尚服饰店”内，将私自制作的假冒杉杉公司的“梵尚”注册商标，贴在进购的其他品牌服装上进行销售。2017年2月24日10时许，公安机关对该店进行检查时，查获待销售的假冒杉杉公司“梵尚”注册商标的服装（包括羽绒服、夹克、西服等）共计482件（套）以及账本3册、进货单1打、商标打印机1台，并挡获被告人杨某某。经认定，上述被查获的服装均系假冒杉杉公司“梵尚”注册商标的商品。按照吊牌价格计算，查获的上述服装货值总金额为856364元（3件未标单价的服装除外）。现场起获、查获物品均已扣押在案。2017年9月14日，被告人杨某某主动向法院预缴纳罚金30万元。另外，国家工商行政管理总局商标局就“梵尚”文字商标向上海杉杉休闲服饰有限公司颁发了第3096431号商标注册证，核定使用商品为第25类，包括服装、帽子、袜、手套、围巾、领带、皮带（服饰用）、童装、游泳衣，该商标注册有效期限自2003年6月28日至2013年6月27日，有效期经续展至2023年6月27日。2006年3月14日，经商标局核准，杉杉集团有限公司受让取得第3096431号注册商标。杉杉集团有限公司授权杉杉公司使用包括“梵尚”注册商标在内的商标，并对以上注册商标在中国境内进行市场、网络维权投诉打假工作等。原审被告人杨某某在被抓获时，在其服装店内查获的服装上，在领标上有“finsun”标识，在吊牌、合格证上有“finsun”及“梵尚”标识并有“杉杉集团授权品牌”字样。

【案件争点】

商标权人的商标与杨某某所使用的商标有明显区别，权利人的商标为中文“梵尚”，杨某某使用英文加中文，将商标组合成“finsun梵尚”的行为，是否构成假冒注册商标罪。

【裁判要旨】

一审法院认为，被告人杨某某销售明知是假冒注册商标的商品，尚未销售商品金额数额巨大，由于其意志以外的原因而未得逞，其行为已构成销售假冒注册商标的商品罪（未遂）。

二审法院认为，杨某某在商品的吊牌及合格证上使用横排的“finsun 梵尚”标识，尽管该标识为外文与中文相组合，但按照中国市场上的普通消费者的认知水平、识别能力，该标识中的中文部分更易被识别和呼叫，对于中国消费者而言，上述标识中的“梵尚”字样才是首先被认知、甚至是唯一被辨识和呼叫的商标，因此其与“梵尚”商标仍为相同商标。加之在该商标下方同时标注“杉杉集团授权品牌”字样，足以对公众产生误导。根据《知识产权刑事司法解释》第 8 条以及《知识产权刑事适用意见》第 6 条第 4 项关于“其他与注册商标在视觉上基本无差别、足以对公众关生误导的商标”“可以认定为与其注册商标相同的商标”的规定，可以认定原审被告人杨某某使用了与注册商标相同的商标。

关于罪名的认定。本案中，原审被告人杨某某既实施了未经注册商标所有人许可，在同一种商品上使用与其注册商标相同的商标的行为，又实施了销售上述假冒注册商标的商品的行为，根据《知识产权刑事司法解释》第 13 条的规定，应当以假冒注册商标罪定罪处罚。原判认定杨某某构成销售假冒注册商标的商品罪不当，应予纠正。

关于本案的量刑。根据《知识产权刑事司法解释》第 12 条的规定，“制造、储存、运输和未销售的侵权产品的价值，按照标价或者已经查清的侵权产品的实际销售平均价格计算”。本案中，杨某某所称实际销售价格为标价的 2 折以下，但并未提供相应的销售凭据等书证予以印证，故无法查清侵权产品的实际销售价格，原判按照标价计算杨某某非法经营数额为 856364 元，符合法律规定。根据《知识产权刑事司法解释》第 1 条第 2 款第 1 项的规定，“非法经营数额在二十五万元以上或者违法所得数额在十五万元以上的”，属于《刑法》第 213 条规定的“情节特别严重”，故对原审被告人杨某某应当在“三年以上七年以下有期徒刑，并处罚金”范围内量刑。杨某某归案后能如实供述自己的犯罪事实，认罪态度较好，且主动缴纳罚金，依法可从轻处罚。原判对上述量刑情节的认定正确，但原判因认定罪名有误，故导致对犯罪行为的既、未遂判定有误。虽然本案被查获的假冒注册商标的商品尚未销售出去，但杨某某假冒注册商标的行为已实施完毕，故其假冒注册商标的行为构成既遂。杨某某虽不具有犯罪未遂的从轻处罚情节，但综合全案犯罪事实、社会危害性及杨某某的认罪悔罪表现，可对杨某某从轻处罚并适用缓刑。同时，根据《知识产权刑事司法解释（二）》第 4 条的规定，对于侵犯知识产权犯罪的，罚金数额一般在违法所得的 1 倍以上 5 倍以下，或者按照非法经营数额 50% 以上 1 倍以下确定。本案中，未查清杨某某的违法所得，故应按已查实的非法经营数额 856364 元，并综合考虑其违法行为持续时间等情况确定罚金数额。

例案二：杨某某、广东天驰酒店设备工程有限公司假冒注册商标案

【法院】

江苏省南通市中级人民法院

【案号】

（2017）苏06刑终429号

【诉讼主体】

原公诉机关：江苏省启东市人民检察院

上诉人（原审被告人）：杨某某

原审被告单位：广东天驰酒店设备工程有限公司

【基本案情】

广东天驰酒店设备工程有限公司（以下简称广东天驰公司）分别于2014年3月3日、2014年10月21日与启东通誉置业有限公司（以下简称启东通誉公司）签订了《恒大海上威尼斯酒店厨房设备采购合同》及《恒大海上威尼斯首期幼儿园厨房设备采购合同》，承接启东通誉公司投资成立的启东恒大酒店及恒大幼儿园中厨房设备的采购和安装等项目，约定部分厨房设备指定使用日本产"FUJIMAK"（福喜玛克）、英国产"HOSHIZAKI"（星崎）、意大利产"Electrolux"（伊莱克斯）、中国产的德国品牌"Williams"（威廉士）、"SINMAG"（新麦）等商标的商品。为牟取非法利益，广东天驰公司总经理杨某某低价从广州市白云区百旺制冷设备厂、上海久景商用设备销售中心、深圳玛克餐饮设备有限公司等国内厂家购进与所订合同功能相同的产品，在未经相关注册商标权利人许可的情形下，指使公司员工伪造"FUJIMAK"（福喜玛克）、"Williams"（威廉士）、"Electrolux"（伊莱克斯）、"HOSHIZAKI"（星崎）、"SINMAG"（新麦）等假冒的商标标识粘贴于所购产品上，并于2015年3月将上述粘贴假冒商标标识的24套厨具陆续销售至启东恒大酒店及恒大幼儿园，非法经营额计人民币516147元，违法所得额计人民币297586元。

【案件争点】

行为人杨某某指使员工伪造"FUJIMAK"（福喜玛克）、"Williams"（威廉士）、"Electrolux"（伊莱克斯）、"HOSHIZAKI"（星崎）、"SINMAG"（新麦）等假冒商标标识与注册商标是否构成相同。

【裁判要旨】

一审法院认为，被告单位广东天驰公司未经注册商标所有权人许可，在同一种类商品上使用与他人注册商标相同的商标，情节特别严重，其行为已构成假冒注册商标罪。本案是单位犯罪，被告人杨某某作为被告单位直接负责的主管人员，亦承担假冒注册商标罪的刑事责任。

二审法院认为，关于案涉假冒商标标识与注册商标是否构成相同的问题。被告单位广东天驰公司在与案涉注册商标核定商品相同产品上使用了“FUJIMAK”（福喜玛克）、“Williams”（威廉士）、“Electrolux”（伊莱克斯）、“HOSHIZAKI”（星崎）、“SINMAG”（新麦）等假冒商标标识。经比对，与注册商标“Williams”（威廉士）文字、呼叫相同，仅在英文左上部添加弧线，右侧添加地球标识，上述区别属于局部微小的差异，不影响整体的视觉效果，实质性无差异，构成刑法意义上的相同商标。假冒标识与注册商标“Electrolux”（伊莱克斯）商标构成要素、文字内容均相同，仅在方块与文字的布局上存在差异，但整体外观及视觉效果基本相同，亦构成刑法意义上的相同商标。假冒商标与注册商标“FUJIMAK”（福喜玛克）文字、呼叫、排列均相同，构成相同商标；假冒商标与注册商标相比，商标要素、布局、部分文字内容均相同，假冒商标虽然在黑圈内添加了“SHANGHAICO.DTL”文字，但上述文字字体较小，相比其他商标要素显著性较弱，在整体外观上与注册商标无实质性差异，亦构成刑法意义上的相同。假冒标识“SINMAG”，与注册商标相比缺少中文部分，而“新麦”中文部分在注册商标中处显著位置，两者在视觉上存在差异，故不构成刑法意义上的相同商标。综上，上诉人杨某某在相同产品上使用“FUJIMAK”（福喜玛克）、“Williams”（威廉士）、“Electrolux”（伊莱克斯）、“HOSHIZAKI”（星崎）商标标识，与注册商标构成相同。

例案三：上海江某实业有限公司等假冒注册商标案

【法院】

上海市闵行区人民法院

【案号】

（2003）闵刑再初字第 2 号

【诉讼主体】

原审公诉机关：上海市闵行区人民检察院

原审被告单位：上海江某实业有限公司

原审被告人：谢某某

【基本案情】

湖南省邵阳市江某实业有限公司在沪开设了子公司，即被告单位上海江某实业有限公司（以下简称江某公司），由被告人谢某某负责经营。1996年6月，江某公司租赁了位于本区北翟路2910号华漕村钱更浪生产队的仓库作为化工原料仓储和生产加工场所。期间于1997年5月至1998年4月，江某公司从他处非法购得印有“ishihara sangyo kaisha.ltd”（译为“石原产业株式会社”）、“made in japan”（译为“原产国日本”）、“grade r–930”（译为“品名r–930”）、“tipaque”（系登录商标）英文标记的仿冒包装袋，又从甘肃华原企业总公司上海分公司购进华原公司生产的钛白粉，进行再加工后，装入仿冒包装袋内，冒充日本石原会社经商标注册的r–930钛白粉，以低于同期一级代理商销售日产r–930钛白粉的价格在市场上销售，其中销售给上海科益化工技术开发部44.5吨、上海良良化工有限公司30吨，非法经营额共计人民币1120950元。

【案件争点】

日本石原会社注册商标是“TIPAQUE泰白克”，由中英文统一组合，仅用中文或英文都不能视作为其注册商标，而被告单位仅使用“tipaque”英文作为商标，其行为是否构成假冒注册商标罪。

【裁判要旨】

再审法院认为，日本石原产业株式会社在我国注册的商标为“TIPAQUE泰白克”中英文组合文字，依照《刑法》第213条“未经注册商标人所有人许可，在同一种商品上使用与其注册商标相同的商标，情节严重的，处三年以下有期徒刑或者拘役，并处或者单处罚金；情节特别严重的，处三年以上七年以下有期徒刑，并处罚金”，以及《知识产权刑事司法解释》第8条第1款“刑法第二百一十三条规定的‘相同的商标’是指与被假冒的注册商标完全相同，或者与被假冒的注册商标在视觉上基本无差别、足以对公众产生误导的商标”的规定，日本石原产业株式会社在我国注册的商标为“TIPAQUE泰白克”中英文组合文字，而本案江某公司使用的商标为“tipaque”英文，并非完全等同于日本石原产业株式会社在我国注册的商标，也不具有“在视觉上基本无差异”的情形，不宜以假冒注册商标罪论处。原审公诉机关指控原审被告单位江某公司、原审被告人谢某某的罪名不成立。原审被告单位江某公司的行为不构成犯罪，其直接负责的主管人员原审被告人谢某某的行为也不构成犯罪。法院原审认定江某公司冒充日本石原产业株式会社之名销售钛白粉的事实无误，但认定被告单位和被告人构成假冒注册商标罪定性不当。应予纠正。原审被告单位提出其未完整使用过日本石原产业株式会社在我国注册的“TIPAQUE 泰白克”中英文组合商标，不构成犯罪的辩护意见，法院予以采纳。

三、裁判规则提要

（一）商标的本质特征和构成要素

我国《商标法》第 8 条规定：“任何能够将自然人、法人或者其他组织的商品与他人的商品区别开的标志，包括文字、图形、字母、数字、三维标志、颜色组合和声音等，以及上述要素的组合，均可以作为商标申请注册。”本条是关于商标的本质特征和构成要素的规定。换言之，要成为注册商标，就应当具备识别商品或者服务来源的能力，这是商标的本质特征，也是建立商标制度的根本意义所在。这一本质特征在商标要素上体现为：一方面，本条所列举的文字、图形、字母数字、三维标志、颜色组合和声音等商标构成要素，不是必然都能够作为商标申请注册，这些要素只有具备了识别商品或者服务来源的能力，才能够作为商标申请注册；另一方面，商标要素并非固定不变，随着实践的发展，一些新的要素具备了识别商品或者服务来源的能力，实践中又确有需要，法律就可以将其确认为新的商标要素，允许其作为商标申请注册。《商标法》第 8 条规定实际上是从申请注册的角度出发，通过正面规定哪些标志可以作为商标注册，来对商标法保护的注册商标概念范围进行定义。亦即商标是用来区分不同生产经营者的商品或者服务来源的标志，包括文字、图形、字母、数字、三维标志、颜色组合和声音等，以及上述要素的组合。

（二）相同商标的认定标准

在以往的司法审判实践中，对于相同商标的认定存在两种学说争议，一种是本义说，另一种是扩张说。本义说，顾名思义就是认为判断是否属于相同商标应当根据字面含义来严格解释，只要存在区别，就不应认定为属于相同商标。而扩张说则认为，如果两个商标之间存在有细微差别，但整体视觉效果却是实质相同，那么就应当认定为属于相同商标，从而更好地打击商标犯罪。

由于实践中争议较大，为了统一认识，规范实践中关于相同商标的法律适用问题，《知识产权刑事司法解释》第 8 条规定：《刑法》第 213 条规定的相同的商标，是指与被假冒的注册商标完全相同，或者与被假冒的注册商标在视觉上基本无差别、足以对公众产生误导的商标。尽管如此，何为“在视觉上基本无差别、足以对公众产生误导”仍显得较为抽象。对此，《知识产权刑事适用意见》进一步明确，具有下列情形之一，可以认定为“与其注册商标相同的商标”：一是改变注册商标的字体、字母大小写或者文字横竖排列，与注册商标之间仅有细微差别的；二是改变注册商标的文字、字母、数字等之间的间距，不影响体现注册商标显著特征的；三是改变注册商标颜色的；四是其他与注册商标在视觉上、听觉上基本无差别，足以对公众产生误导的商标。但《知识产权刑事适用意见》对不改变商标构成要素（文字、字母、数字）的内容组成，而仅仅改变表现形态的，认为属于相同商标，未对文字与字母的组合商标与单独的文字或字母商标的认定作出说明。

根据《知识产权刑事司法解释》的规定，基本相同的情形包含两个构成要件，即与被假冒商标在视觉效果上基本无差别和足以对公众产生误导。该两个构成要件是并列关系而非选择关系，需同时满足才能证成相同商标。然而，司法实践中受商标民事侵权混淆理论的影响，往往在比对时以“混淆即相似”“混淆即视觉无差别”省略、替代了视觉差别的分析和证明。

在例案三中，日本石原产业株式会社在我国注册的商标为“TIPAQUE 泰白克”中英文组合文字，而本案江某公司使用的商标为“tipaque”英文，并非完全等同于日本石原产业株式会社在我国注册的商标，也不具有“在视觉上基本无差异”的情形，因此被再审法院认定为不构成犯罪。在例案一中，杨某某在商品的吊牌及合格证上使用横排的“finsun 梵尚”标识，尽管该标识为外文与中文相组合，但按照中国市场上普通消费者的认知水平、识别能力，该标识中的中文部分更易被识别和呼叫，对于中国消费者而言，上述标识中的“梵尚”字样才是首先被认知、甚至是唯一被辨识和呼叫的商标，因此其与“梵尚”商标仍为相同商标。加之在该商标下方同时标注“杉杉集团授权品牌”字样，足以对公众产生误导。最终被认定符合“其他与注册商标在视觉上基本无差别、足以对公众关生误导的商标”这一规定，构成假冒注册商标罪。在例案二中，是否存在视觉上与注册商标基本无差别、足以对公众产生误导或者使得相关公众难以分辨的认定标准体现得更为明显，其中“FUJIMAK”（福喜玛克）、“Williams”（威廉士）、“Electrolux”（伊某克斯）、“HOSHIZAKI”（星崎）四个商标被认定为构成假冒注册商标，而假冒标识“SINMAG”，被二审法院认定与注册商标相比，缺少中文部分，而“新麦”中文部分在注册商标中处显著位置，两者在视觉上存在差异，因此不构成刑法意义上的相同商标。

（三）相同商标的比对方法

对于如何将被诉假冒注册商标标识和注册商标进行比对，目前法律规定和司法解释中并无明确规定。司法实践中，一些法院沿用了民事商标侵权案件中经常使用的隔离观察方法，即将商标置于不同时间和地点加以观察。与之对应的是比对观察方法，即将商标放在一起进行观察。两种比对方法的区别在于，前者只要存在被消费者误认的可能性，就应认定为相同商标，而后者只要存在细微差别，也能被辨识出来。隔离观察方法不宜作为商标类刑事案件中相同商标的比对方法，因为《知识产权刑事司法解释》之所以将视觉效果基本无差别和足以对公众产生误导表述为并列的构成要件，就是为了预防罪名的扩大和滥用。如果在判定视觉无差别时采用隔离观察的方法，实际上是对足以对公众产生误导的妥协，因为很多视觉上存在差别的商标，在隔离观察的方法下，消费者对差别难以察觉，而在对比观察的标准下，则消费者无需太多辨识成本即可看出变化。需要强调的是，刑法上相同商标的比较主要是从形上进行比较，区别于民事商标侵权案件还需从义、音、色、知名度等方面进行综合考虑。因此商标标识类刑事案件的商标比对，不但要执行更高的判定标准，而且只能局限于字形或具体图形要素的比对。

在上述基础认识上对例案一、二、三进行探究，就能够轻易得出何种情况两者存在实质性差异，何种情况不存在。有观点认为，当出现涉案标识数量巨大，非法制造者主观故意明显，如对该行为认定为无罪，不利于打击知识产权侵权行为，可以非法经营罪或侵犯著作权罪进行处理。我们认为，不少权利人确实存在通过民事诉讼方式进行维权取证难以及维权成本高的困难，但期望以刑事手段打击知识产权侵权行为的同时仍应符合罪刑法定原则，审慎适用刑法罪名。

四、辅助信息

《刑法》

第二十三条 已经着手实行犯罪，由于犯罪分子意志以外的原因而未得逞的，是犯罪未遂。

对于未遂犯，可以比照既遂犯从轻或者减轻处罚。

第五十二条　判处罚金，应当根据犯罪情节决定罚金数额。

《商标法》

第八条　任何能够将自然人、法人或者其他组织的商品与他人的商品区别开的标志，包括文字、图形、字母、数字、三维标志、颜色组合和声音等，以及上述要素的组合，均可以作为商标申请注册。

《反不正当竞争法》

第六条　经营者不得实施下列混淆行为，引人误认为是他人商品或者与他人存在特定联系：

（一）擅自使用与他人有一定影响的商品名称、包装、装潢等相同或者近似的标识；

（二）擅自使用他人有一定影响的企业名称（包括简称、字号等）、社会组织名称（包括简称等）、姓名（包括笔名、艺名、译名等）；

（三）擅自使用他人有一定影响的域名主体部分、网站名称、网页等；

（四）其他足以引人误认为是他人商品或者与他人存在特定联系的混淆行为。

第十八条　经营者违反本法第六条规定实施混淆行为的，由监督检查部门责令停止违法行为，没收违法商品。违法经营额五万元以上的，可以并处违法经营额五倍以下的罚款；没有违法经营额或者违法经营额不足五万元的，可以并处二十五万元以下的罚款。情节严重的，吊销营业执照。

经营者登记的企业名称违反本法第六条规定的，应当及时办理名称变更登记；名称变更前，由原企业登记机关以统一社会信用代码代替其名称。

第三十一条　违反本法规定，构成犯罪的，依法追究刑事责任。

《商标法实施条例》

第十三条　申请商标注册，应当按照公布的商品和服务分类表填报。每一件商标注册申请应当向商标局提交《商标注册申请书》1份、商标图样1份；以颜色组合或者着色图样申请商标注册的，应当提交着色图样，并提交黑白稿1份；不指定颜色的，应当提交黑白图样。

商标图样应当清晰，便于粘贴，用光洁耐用的纸张印制或者用照片代替，长和宽应当不大于10厘米，不小于5厘米。

以三维标志申请商标注册的，应当在申请书中予以声明，说明商标的使用方式，并提交能够确定三维形状的图样，提交的商标图样应当至少包含三面视图。

以颜色组合申请商标注册的，应当在申请书中予以声明，说明商标的使用方式。

以声音标志申请商标注册的，应当在申请书中予以声明，提交符合要求的声音样本，对申请注册的声音商标进行描述，说明商标的使用方式。对声音商标进行描述，应当以五线谱或者简谱对申请用作商标的声音加以描述并附加文字说明；无法以五线谱或者简谱描述的，应当以文字加以描述；商标描述与声音样本应当一致。

申请注册集体商标、证明商标的，应当在申请书中予以声明，并提交主体资格证明文件和使用管理规则。

商标为外文或者包含外文的，应当说明含义。

《知识产权刑事适用意见》

六、关于刑法第二百一十三条规定的“与其注册商标相同的商标”的认定问题

具有下列情形之一，可以认定为“与其注册商标相同的商标”：

（一）改变注册商标的字体、字母大小写或者文字横竖排列，与注册商标之间仅有细微差别的；

（二）改变注册商标的文字、字母、数字等之间的间距，不影响体现注册商标显著特征的；

（三）改变注册商标颜色的；

（四）其他与注册商标在视觉上基本无差别、足以对公众产生误导的商标。

《知识产权刑事司法解释》

第一条第二款　具有下列情形之一的，属于刑法第二百一十三条规定的“情节特别严重”，应当以假冒注册商标罪判处三年以上七年以下有期徒刑，并处罚金：

（一）非法经营数额在二十五万元以上或者违法所得数额在十五万元以上的；

（二）假冒两种以上注册商标，非法经营数额在十五万元以上或者违法所得数额在十万元以上的；

（三）其他情节特别严重的情形。

第八条　刑法第二百一十三条规定的“相同的商标”，是指与被假冒的注册商标完全相同，或者与被假冒的注册商标在视觉上基本无差别、足以对公众产生误导的商标。

刑法第二百一十三条规定的“使用”，是指将注册商标或者假冒的注册商标用于商品、商品包装或者容器以及产品说明书、商品交易文书，或者将注册商标或者假冒的注册商标用于广告宣传、展览以及其他商业活动等行为。

《知识产权刑事司法解释（二）》

第四条　对于侵犯知识产权犯罪的，人民法院应当综合考虑犯罪的违法所得、非法经营数额、给权利人造成的损失、社会危害性等情节，依法判处罚金。罚金数额一般在违法所得的一倍以上五倍以下，或者按照非法经营数额的50%以上一倍以下确定。

假冒注册商标刑事案件裁判规则第 8 条：

假冒他人商品装潢不构成假冒注册商标罪，但对于假冒名优酒类瓶贴的，因名优酒类瓶贴装潢中起到商标作用的部分已被作为商标注册，可以假冒注册商标罪论处

【规则描述】 商品装潢不同于商标，假冒商品装潢是用文字、图案、线条、色彩等假冒、伪造他人的包装装潢，达到以假乱真、误导消费者的目的。假冒他人商品装潢虽会误导消费者，损害消费者利益，但此类假冒行为一般可通过民事诉讼途径获得救济，不触及刑法。但随着名优酒类大受追捧，假冒名酒瓶贴的图案及装潢案件增多，而名优酒类的特定名称及瓶贴装潢起到了商标识别作用，相关公众对此类商标广为知晓，成为消费者认购的一种显著标志。为了加强对名优酒类商标专用权的保护，国家商标局将十三家酒厂的名酒的瓶贴装潢，如茅台、五粮液、西凤等名酒，作为商标予以注册。因此，对假冒这十三家企业名酒瓶贴的案件，可以假冒注册商标罪论处。

一、类案检索大数据报告

时间：2022 年 7 月 1 日之前，案例来源：Alpha 案例库，案件数量：19 件，数据采集时间：2022 年 7 月 1 日。本次检索共获取认定假冒注册商标罪中“名酒瓶贴”2020 年 11 月 18 日之前 19 篇裁判文书。整体情况如图 8-1 所示，从案件年份分布可以看到当前条件下案例数量的变化趋势。

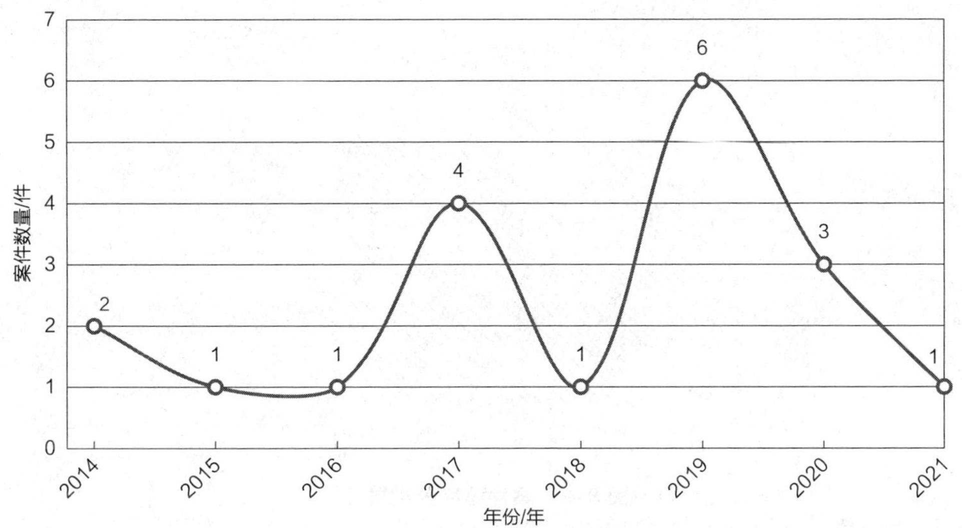

图 8-1　案件年份分布情况

如图 8-2 所示，从地域分布来看，当前假冒注册商标案例主要集中在在河北省、北京市、四川省，分别占比 21.05%、15.79%、15.79%。其中河北省的案件量最多，达到 4 件。

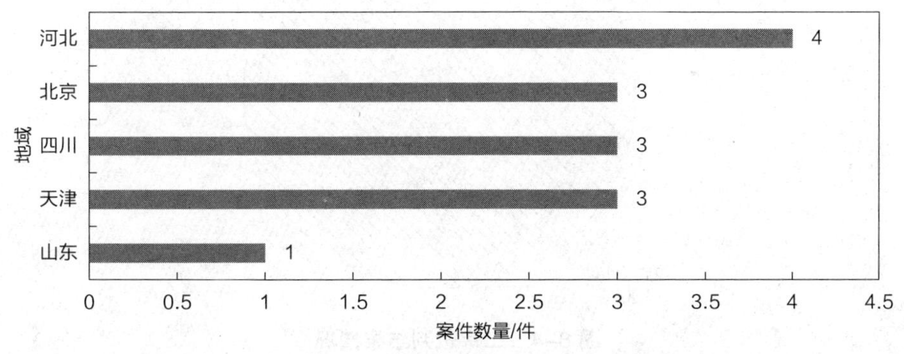

图 8-2　案件地域分布情况

如图 8-3 所示，从案件程序分类统计可以看到假冒注册商标罪当前的审理程序分布状况，其中一审案件有 18 件，二审案件有 1 件。一审上诉率约为 5.56%。

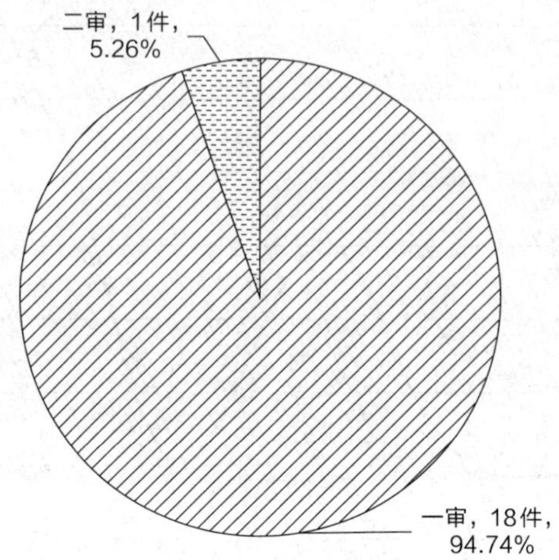

图 8–3　案件程序分类情况

如图 8–4 所示，通过对二审裁判结果的可视化分析可以看到，当前条件下改判的有 1 件，占比为 100%。

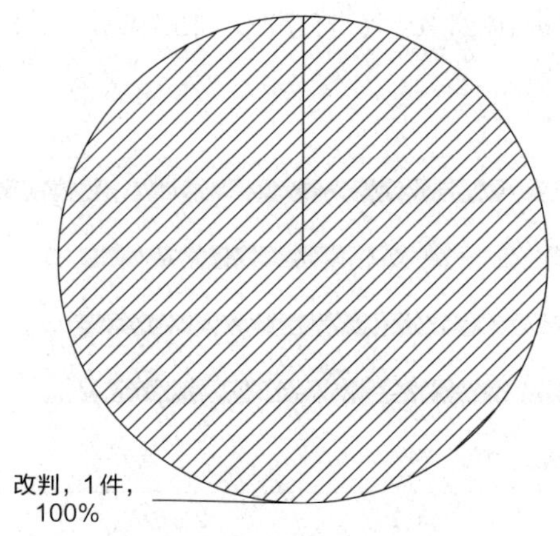

图 8–4　二审裁判结果情况

如图 8–5 所示，通过对主刑的可视化可以看到，当前条件下包含有期徒刑的案件有 19 件，包含拘役的案件有 2 件。其中包含缓刑的案件有 8 件，免予刑事处罚的案件有 1 件。

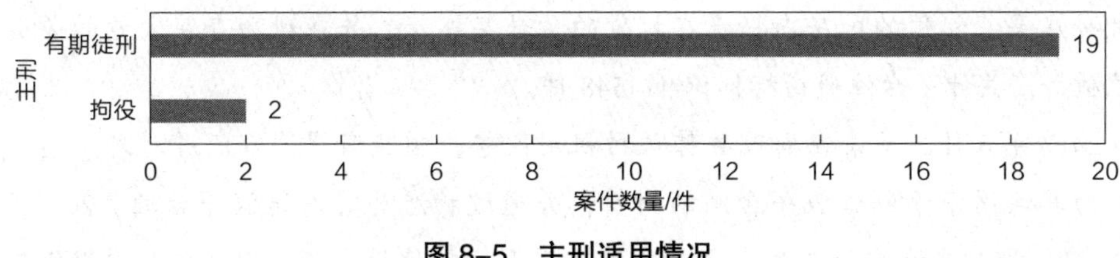

图 8-5　主刑适用情况

如图 8-6 所示，通过对附加刑的可视化可以看到，当前条件下包含罚金的案件有 19 件。

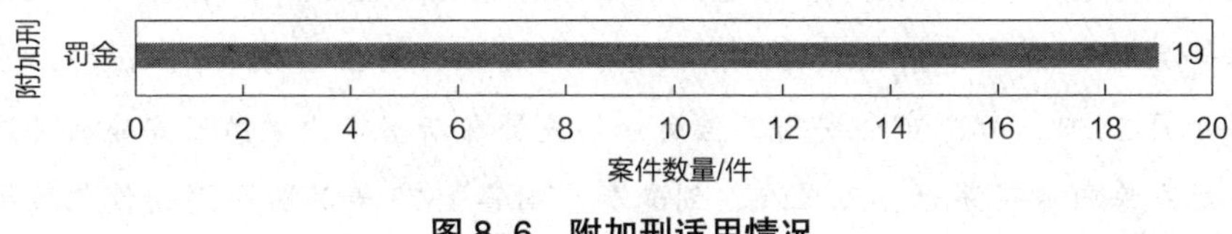

图 8-6　附加刑适用情况

二、可供参考的例案

例案一：吴某、黄献某假冒注册商标案

【法院】

河南省郑州市中级人民法院

【案号】

（2018）豫 01 刑初 140 号

【诉讼主体】

公诉机关：河南省郑州市人民检察院

被告人：吴某

被告人：黄献某

【基本案情】

2017 年 3 月至 2018 年 1 月，被告人吴某雇用从事个体运输的被告人黄献某为其拉货，从他处购进非法制造的茅台酒贴标、酒盒、瓶盖、防伪胶帽、手提袋等茅台酒包装材料，从被告人师某、滑某处及他处购进非法制造的茅台酒外包装纸箱，存放于其在郑州市经济技术开发区大孙庄租用的民房内，并对外销售，销售金额 253800 元。2018 年 1 月 20 日，郑州市公安局二里岗分局民警在郑州市经济技术开发

区大孙庄吴某租用的民房内将正在拉货的黄献某抓获，并在现场查获大量的茅台酒包装材料，共计茅台注册商标标识 414548 件。

2017 年 8 月，吴某在尉氏县韩佐村租用民房，制造假冒茅台酒并对外销售。黄献某为其运送用于制造假茅台酒的材料，并通过物流为其发送假茅台酒。2018 年 1 月 20 日，郑州市公安局二里岗分局民警在尉氏县韩佐村吴某租用的民房内现场查获茅台酒 7 箱（每箱 6 瓶），货值金额 62958 元。

2016 年 10 月以来，师遂路在新密市曲梁镇五虎庙村其租用的两处民房，后又雇佣被告人滑某，未经相关厂家许可，从他处购进空白纸箱，印制成茅台、五粮液、剑南春等品牌白酒的外包装纸箱，根据客户的需求，打上日期和编码后对外销售。2018 年 1 月 20 日，郑州市公安局二里岗分局民警在新密市曲梁镇五虎庙村师遂路租用的一处民房内查获茅台、五粮液、剑南春、国窖 1573 等品牌白酒的外包装纸箱共计 9570 个，及打印机、喷码机等造假工具。2018 年 1 月 22 日，郑州市公安局经济技术开发区分局民警在新密市曲梁镇五虎庙村师遂路租用的另一处民房内查获茅台、五粮液、剑南春、国窖 1573 品牌白酒的外包装纸箱共计 13015 个。公安机关在师遂路租房处查获茅台、五粮液、剑南春、国窖 1573 商标标识共计 22585 件。

中国贵州茅台酒厂（集团）有限责任公司系第 3159141 号“贵州茅台”文字注册商标、第 3159143 号“MOUTAI”图文注册商标、第 237040 号“飞天牌”图文注册商标权利人。四川省宜宾五粮液集团有限公司系第 160922 号“WULIANGYE+ 五粮液”拼音文字组合注册商标、第 1207092 号图形注册商标、第 1257697 号“五粮春”文字注册商标权利人。四川绵竹剑南春酒厂有限公司系第 1047165 号“劍南春”文字注册商标权利人。泸州老窖股份有限公司系第 1719161 号“国窖”文字注册商标权利人。上述注册商标均在有效期内。

【案件争点】

行为人假冒名酒贴标、酒盒、瓶盖、防伪胶帽、手提袋等名酒酒类包装材料的，如何定罪量刑。

【裁判要旨】

法院认为，被告人吴某伙同黄献某销售明知是非法制造的注册商标标识，销售金额 253800 元，尚未销售的注册商标标识 414548 件，情节特别严重，其行为均已构成销售非法制造的注册商标标识罪；又未经注册商标所有人许可，在同一种商品上使用与其注册商标相同的商标，非法经营数额 62958 元，情节严重，其行为均已构成假冒注册商标罪。在共同犯罪中，被告人吴某租用民房，购进假冒茅台酒包装材料，销售明知是假冒的注册商标标识并制造假冒的茅台酒；雇佣黄献某帮助其运输假冒商标的包装材料和假酒，在犯罪中起主要作用，系主犯。被告人黄献某明知吴某销售假冒标识及假冒白酒，受吴某雇佣，帮助其运送，在共同犯罪中起次要作用，系从犯。被告人黄献某协助公安人员抓获吴某、滑某，具有立功表现。被告人师某伙同滑某等人伪造他人两种以上注册商标标识并销售，尚未销售的非法制造的注册商标标识22585件，情节严重，其行为均已构成非法制造、销售非法制造的注册商标标识罪。在共同犯罪中，师某租用民房，购进空白纸箱，并雇用滑某根据其提供客户的需求，打上日期和编码后通过物流发货销售，在犯罪中起主要作用，系主犯。被告人滑某明知师某假冒他人注册商标标识，受师某雇用，根据其提供的客户需求，在他人制好的假冒外包装打上日期和编码后对外发货销售，在犯罪中起次要作用，系从犯。公诉机关指控被告人的罪名及提请惩处的理由成立，予以支持。其中，被告人吴某虽系初犯、偶犯，但其行为触犯二罪，在共同犯罪中系主犯，且所涉案的假冒白酒及标识，既对消费者的饮用安全存在潜在威胁，亦侵犯了注册商标权利人的合法权益，社会危害性较大。根据其所犯的销售非法制造的注册商标标识罪，应在有期徒刑三年以上判处刑罚，对其不适用缓刑。

例案二：后某甲、后某乙假冒注册商标案

【法院】

河北省涿州市人民法院

【案号】

（2014）涿刑初字第27号

【诉讼主体】

公诉机关：河北省涿州市人民检察院

被告人：后某甲

被告人：后某乙

【基本案情】

自2010年以来，被告人后某甲先后在河北省涿州市、北京市大兴区、房山区等地租住地内，用普通散装白酒灌装至多种名酒酒瓶中并贴上伪造的品牌名酒商标标识对外销售。其中2012年8月、2013年3月，被告人后某乙、后某丙（另案处理）先后跟随被告人后某甲参与制作销售假冒品牌名酒。2013年4月的一天，被告人后

某甲将个人灌装的450箱假冒牛栏山陈酿白酒、16箱假冒板城烧锅白酒以18000余元的价格销售给河北省枣强县祥和副食店店主蔡某某；2013年8月的一天，被告人后某甲将个人灌装的120箱假冒牛栏山陈酿白酒以9000余元的价格销售给河北省易县丁某某副食批发部的店主丁某某；2013年9月的一天，被告人后某甲将个人灌装的120箱假冒牛栏山陈酿白酒以8160元的价格销售给涿州市丰华超市店主狄某某。案发后涿州市公安局民警在被告人后某甲所驾驶的面包车内和其与被告人后某乙、后某丙（另案处理）在北京市房山区琉璃河镇的租住房内扣押尚未销售的假冒牛栏山陈酿白酒114箱、假冒板城烧锅白酒22瓶、假冒海之蓝白酒、天之蓝白酒各3箱。经鉴定，扣押假冒品牌白酒价值16690元。综上，涉案总价值51850元。

【案件争点】

行为人用伪造的名酒商标标识制作外包装，并用普通散装白酒进行灌装后销售，是否构成犯罪。

【裁判要旨】

法院认为，被告人后某甲、后某乙在未经牛栏山牌、板城牌、蓝色经典牌注册商标的所有人北京顺鑫农业股份有限公司牛栏山酒厂、承德乾隆醉酒业有限责任公司、江苏洋河酒厂股份有限公司许可的情况下，在自己生产的产品上使用假冒的牛栏山牌、板城牌、蓝色经典牌注册商标，情节严重的行为，构成假冒注册商标罪，公诉机关指控罪名成立。

例案三：张某、褚仁某等假冒注册商标案

【法院】

贵州省贵阳市中级人民法院

【案号】

（2019）黔01刑初146号

【诉讼主体】

公诉机关：贵州省贵阳市人民检察院

被告人：张某

被告人：褚仁某

被告人：雷林某

被告人：陈国某

【基本案情】

2018年以来，被告人张某先后租用贵阳市白云区都拉乡奔土村瓦窑关民房和贵阳市乌当区东风镇洛湾村六组河边大山民房，并先后雇用被告人褚仁某、雷林某、陈国某制作假冒贵州茅台酒、习酒。其间，被告人张某负责提供包装材料、底酒及销售，被告人褚仁某、雷林某、陈国某负责加工和包装。被告人制作假冒名酒有两种方法，一是直接买真酒回来，把瓶子里的真酒换成被告低价购买的散装白酒，然后再用原包装包装好；二是由被告人到外地购买制作好的假冒外包装材料，然后再到废旧回收的地方收来酒瓶，用低价散装白酒灌进去制作假冒名酒。

2019年6月14日，公安机关在贵阳市乌当区东风镇洛湾村六组河边大山抓获被告人张某、褚仁某、雷林某、陈国某，并在被告人张某租用的两处民房内查获标识为贵州茅台酒30年2瓶、贵州茅台酒15年5瓶、贵州飞天茅台酒8件共计48瓶、金质习酒60件共计360瓶、银质习酒1件共计6瓶，贵州飞天茅台酒半成品180瓶、茅台酒空瓶1350个及茅台酒飘带、包装材料、习酒瓶盖、吹风机、压盖机、打包机等物。经注册商标所有权人贵州茅台酒股份有限公司、贵州茅台酒厂习酒有限责任公司鉴定，查获的上述商品均系假冒注册商标的商品。经贵阳市花溪区价格认证中心认定，查获的假酒共计价值人民币229293元。

【案件争点】

从他处购买非法制造的名酒瓶贴、酒瓶、包装等外部材料，未经注册商标人许可即在相同商品上使用此类材料的，如何定罪量刑。

【裁判要旨】

法院认为，被告人张某、褚仁某、雷林某、陈国某未经注册商标所有人许可，在同一种商品上使用与其注册商标相同的商标，非法经营数额达229293元，且假冒两种商标，属情节特别严重，其行为均已构成假冒注册商标罪，依法应予惩处。公诉机关指控被告人张某、褚仁某、雷林某、陈国某犯假冒注册商标罪的罪名成立，法院予以确认。本案中，被查获的涉案侵权商品均处于存储待销售状态，属于“已着手实行犯罪，由于犯罪分子意志以外的原因而未得逞”，系犯罪未遂，依法可比照既遂犯从轻或者减轻处罚。在共同犯罪中，被告人张某系犯意的提起者、犯罪行为的组织实施者，起主要作用，系主犯，应当按照其所参与的全部犯罪处罚，且除公诉机关指控的涉案假冒茅台酒外，尚在其仓库内查获大量假冒茅台酒的酒瓶。结合其未能全部缴纳罚金等情节，不宜适用缓刑；被告人褚仁某、雷林某、陈国某负责加工包装等辅助性工作，按日从被告人张某处领取报酬，起次要、辅助作用，应当认定为从犯，依法应当从轻或者减轻处罚或者免除处罚。

三、裁判规则提要

（一）假冒他人商品装潢与假冒注册商标罪

商品装潢是指在商品或者其包装上附加文字、线条、图案、色彩及其组合，用以识别或美化商品，具有美观、绚丽、易识别的性质，主要用于吸引消费者的关注从而刺激消费者的购买欲来达到商家的目的。

1. 商品装潢与商标不同

商品装潢与商标同为商业标识，二者主要作用都在于识别，但两者识别的重点有所差异。（1）功能不同：商品装潢主要用于识别不同种类的商品以表现商品的用途、特殊原材料等，用来美化商品；而商标主要用来区分同一商品的不同生产者，识别商品来源。（2）受保护前提不同。商品包装装潢则需要经过在市场积累，具备“一定影响”才受保护，而“一定影响”需要根据商品销售区域、销售时间、消费者认知度等因素综合评判，而目前我国商标采用注册核准制，一旦核准即享有商标专用权，受商标法、刑法保护。实务中，有一定影响的商品包装装潢与商标权发生冲突时，多以保护在先权利为出发点，兼顾公平竞争。

2. 假冒他人商品装潢构成不正当竞争行为

市场混同行为指经营者采用假冒、仿冒等欺骗性手段从事市场交易，使自己的商品或服务与特定竞争对手的商品或服务混同，造成或足以造成购买者误购的不正当竞争行为。根据《反不正当竞争法》第6条规定，擅自使用知名商品特有的名称、包装、装潢，或者使用与知名商品近似的名称、包装、装潢，造成和他人的知名商品相混淆，使购买者误认为是该知名商品，构成不正当竞争行为。若某商品在市场上具有一定知名度和影响力，为相关公众所知悉的商品，则可以认定该商品系知名商品。行为人在自己产品上使用了与另一企业的知名商品特有的相似的装潢，例如仿冒或全面模仿，足以引起市场混淆、误导消费者、给消费者带来损失的，构成市场混同行为，系不正当竞争行为，被侵权人可以通过民事诉讼达到救济。

区分特有装潢与其他商品的关键在于识别性，即商品或者其包装上的附加文字、线条、图案、色彩及其排列组合是否具有区别商品来源的显著特征。若对知名商品特有装潢进行改版，虽未改变主要部分及风格，但仍可将知名商品与其他商品相区分，具有一定的识别性，稍具商品知识的消费者能够区分二者、不致混同的，则变更后的装潢受到法律保护。

3. 假冒注册商标罪的形式限定为“在同一种商品、服务上使用与其注册商标相同的商标”的行为

假冒注册商标罪，是指违反国家商标管理法规，未经注册商标所有人许可，在同一种商品、服务上使用与其注册商标相同的商标，情节严重的行为。该罪名构成要件的客观方面将形式限定为在“在同一种商品、服务上使用与其注册商标相同的商标”的行为，意味着触犯假冒注册商标罪只能是以使用商标的形式，而其他一切诸如以商品（服务）名称、包装装潢、商号等形式侵犯他人注册商标权的行为均不构成本罪。但如果商品的装潢是该商品注册商标的组成部分，行为人在同种商品上使用相同装潢，且符合假冒注册商标罪的其他构成要件，达到情节严重的标准，则应当认定为假冒注册商标罪。因此，基于罪刑法定原则，即刑法评价应当符合特定犯罪的罪状表述，假冒他人商品装潢不构成假冒注册商标罪。

（二）假冒名优酒类瓶贴的行为构成假冒注册商标罪

假冒注册商标罪的保护法益是注册商标所有人合法的注册商标专用权以及国家商标管理秩序，客观方面表现为行为人明知某一商标是他人的注册商标，未经注册商标所有人的许可，在同一种商品上使用与该注册商标相同的商标。

针对假冒商标侵权活动猖獗、商标使用混乱问题，前者如少数违法犯罪分子为了牟取非法利润，大肆假冒名酒商标，破坏社会经济秩序，严重地损害了商标注册人和消费者的利益；后者如许多企业为自己生产的酒起一些不同于本厂注册商标和酒的通用名称的别名，在使用中，注册商标被置于次要地位，而不受法律保护的酒的别名、原料名称、产地名称等却很突出，使商标的作用淡化，而且大量造成商标侵权和假冒。国家工商行政管理局曾发布《关于继续开展整顿酒类商标工作的通知》，要求禁止使用酒的别名，在酒的瓶贴或包装上使用商标的同时使用酒的别名的，应当去掉别名，只使用商标。如“平泉”牌“八珍御酒”，应去掉别名“八珍御酒”，而称“平泉”酒。要求将酒的别名转变为商标使用的，应当将别名作为商标申请注册，同时注销原注册商标。如“郎泉”牌“郎”酒，已去掉“郎泉”商标，将“郎”字申请注册，称为“郎”酒。该通知虽已废止，但对名优酒类的保护程度并未减弱。

名优酒类的特定名称、瓶贴的装潢作为商标的组成部分，已经起到了商标的标识性作用，具有一定的市场影响力和企业信誉，相关公众对此类商标广为知晓，因

此成为消费者认购的一种显著标志，凭借此类商标联系企业与公众，建立了广大的消费者群体，但商品装潢此前并不属于刑法、商标法所保护的范畴。为了加强对此类名优酒类商标专用权的保护，弥补商标管理中的漏洞，保护消费者的权益，国家商标管理局根据企业的要求，将13种名酒（如“贵州茅台”酒、四川“五粮液”酒）瓶贴中起到商标作用的部分也作为商标予以注册，曾发出《名酒瓶贴作为商标注册的通告》，并率先对茅台等13家名酒厂的24种瓶贴进行了全包装注册。因此，将假冒知名白酒瓶贴装潢、并符合刑法规制要求的以假冒商标罪论处，并不违反刑法的罪刑法定原则。

例案二中，后某甲、后某乙两人用伪造的名酒商标标识制作外包装，并用普通散装白酒进行灌装后销售，符合未经商标专用权人许可，在同一种商品上使用与注册商标相同的商标，构成假冒注册商标罪。

综上，商标在酒的瓶贴或包装上应居于显著地位。酒的原料名称、产地名称应当真实，并且酒的装潢、原料名称、产地名称不得比商标更突出或使人误认为商标。使用注册商标的，应在商标旁边明显标明注册标记。

（三）假冒名优酒类瓶贴的行为具有社会危害性

根据《刑法》第13条规定，“情节显著轻微危害不大的，不认为是犯罪”，仅是一般商标侵权的违法行为。但名酒作为如今社交的必需物品，在经济市场上起到了一定的重要作用，其作为饮用品，涉及食品安全，如出现假冒伪劣商品，会对公众的健康造成威胁，应当予以重点关注。行为人将假冒的名酒瓶贴装点假酒，并流通于市场，是对国家的商标管理制度、社会市场经济秩序、公众的健康带来危害，具有一定的社会危害性。结合实践中的案例，行为人以假冒名酒装潢的方法制作假酒，即使存在坦白、自首等从轻量刑情节，或犯罪未遂的从轻、减轻情节，因其行为的性质，仍不能适用缓刑。

例案一中，被告人吴某、黄献某从他处购买非法制造的名酒瓶贴、酒瓶、包装等外部材料并销售，且未经注册商标人许可，在同一种商品上使用明知是非法制造的注册商标标识，已触犯刑法，构成假冒注册商标罪。因假冒名酒瓶贴并销售假酒的行为对消费者的饮用安全存在潜在威胁，同时侵犯了注册商标权利人的合法权益，社会危害性较大，因此，被告人并不能适用缓刑。

例案三中，被告人张某、褚仁某、雷林某、陈国某假冒名酒商标及外包装，并以普通白酒灌装冒充名酒销售，已构成假冒注册商标罪。虽然涉案侵权商品被查获时均处于存储待销售状态，尚未流通于市场，被告人系犯罪未遂，但该行为已经侵犯了他人的注册商标专用权，扰乱了市场经济秩序，且具有一定的社会危害性，一旦流通于市场就会对潜在的消费群体构成健康威胁，因此，主犯张某即便可以比照既遂犯从轻、减轻，也不宜适用缓刑。

四、辅助信息

《刑法》

第十三条 一切危害国家主权、领土完整和安全，分裂国家、颠覆人民民主专政的政权和推翻社会主义制度，破坏社会秩序和经济秩序，侵犯国有财产或者劳动群众集体所有的财产，侵犯公民私人所有的财产，侵犯公民的人身权利、民主权利和其他权利，以及其他危害社会的行为，依照法律应当受刑罚处罚的，都是犯罪，但是情节显著轻微危害不大的，不认为是犯罪。

第二十三条 已经着手实行犯罪，由于犯罪分子意志以外的原因而未得逞的，是犯罪未遂。

对于未遂犯，可以比照既遂犯从轻或者减轻处罚。

第二百一十五条 伪造、擅自制造他人注册商标标识或者销售伪造、擅自制造的注册商标标识，情节严重的，处三年以下有期徒刑，并处或者单处罚金；情节特别严重的，处三年以上十年以下有期徒刑，并处罚金。

《商标法》

第十三条第一款 为相关公众所熟知的商标，持有人认为其权利受到侵害时，可以依照本法规定请求驰名商标保护。

第五十七条 有下列行为之一的，均属侵犯注册商标专用权：

（一）未经商标注册人的许可，在同一种商品上使用与其注册商标相同的商标的；

（二）未经商标注册人的许可，在同一种商品上使用与其注册商标近似的商标，或者在类似商品上使用与其注册商标相同或者近似的商标，容易导致混淆的；

（三）销售侵犯注册商标专用权的商品的；

（四）伪造、擅自制造他人注册商标标识或者销售伪造、擅自制造的注册商标标识的；

（五）未经商标注册人同意，更换其注册商标并将该更换商标的商品又投入市场的；

（六）故意为侵犯他人商标专用权行为提供便利条件，帮助他人实施侵犯商标专用权行为的；

（七）给他人的注册商标专用权造成其他损害的。

第六十一条 对侵犯注册商标专用权的行为，工商行政管理部门有权依法查处；涉嫌犯罪的，应当及时移送司法机关依法处理。

第四十三条 商标注册人可以通过签订商标使用许可合同，许可他人使用其注册商标。许可人应当监督被许可人使用其注册商标的商品质量。被许可人应当保证使用该注册商标的商品质量。

经许可使用他人注册商标的，必须在使用该注册商标的商品上标明被许可人的名称和商品产地。

许可他人使用其注册商标的，许可人应当将其商标使用许可报商标局备案，由商标局公告。商标使用许可未经备案不得对抗善意第三人。

第六十七条 未经商标注册人许可，在同一种商品上使用与其注册商标相同的商标，构成犯罪的，除赔偿被侵权人的损失外，依法追究刑事责任。

伪造、擅自制造他人注册商标标识或者销售伪造、擅自制造的注册商标标识，构成犯罪的，除赔偿被侵权人的损失外，依法追究刑事责任。

销售明知是假冒注册商标的商品，构成犯罪的，除赔偿被侵权人的损失外，依法追究刑事责任。

《反不正当竞争法》

第六条 经营者不得实施下列混淆行为，引人误认为是他人商品或者与他人存在特定联系：

（一）擅自使用与他人有一定影响的商品名称、包装、装潢等相同或者近似的标识；

（二）擅自使用他人有一定影响的企业名称（包括简称、字号等）、社会组织名称（包括简称等）、姓名（包括笔名、艺名、译名等）；

（三）擅自使用他人有一定影响的域名主体部分、网站名称、网页等；

（四）其他足以引人误认为是他人商品或者与他人存在特定联系的混淆行为。

第十八条　经营者违反本法第六条规定实施混淆行为的，由监督检查部门责令停止违法行为，没收违法商品。违法经营额五万元以上的，可以并处违法经营额五倍以下的罚款；没有违法经营额或者违法经营额不足五万元的，可以并处二十五万元以下的罚款。情节严重的，吊销营业执照。

经营者登记的企业名称违反本法第六条规定的，应当及时办理名称变更登记；名称变更前，由原企业登记机关以统一社会信用代码代替其名称。

第三十一条　违反本法规定，构成犯罪的，依法追究刑事责任。

《商标法实施条例》

第七十六条　在同一种商品或者类似商品上将与他人注册商标相同或者近似的标志作为商品名称或者商品装潢使用，误导公众的，属于商标法第五十七条第二项规定的侵犯注册商标专用权的行为。

《商标民事纠纷司法解释》

第九条　商标法第五十七条第（一）（二）项规定的商标相同，是指被控侵权的商标与原告的注册商标相比较，二者在视觉上基本无差别。

商标法第五十七条第（二）项规定的商标近似，是指被控侵权的商标与原告的注册商标相比较，其文字的字形、读音、含义或者图形的构图及颜色，或者其各要素组合后的整体结构相似，或者其立体形状、颜色组合近似，易使相关公众对商品的来源产生误认或者认为其来源与原告注册商标的商品有特定的联系。

假冒注册商标刑事案件裁判规则第 9 条：

行为人虽非假冒注册商标商品的生产者，但如果其参与假冒商品与假冒注册商标之间的粘贴、包装、组合等任一行为的，可认定为假冒注册商标罪

【规则描述】 假冒注册商标罪中的各行为人因其行为模式的不同而在定罪量刑上有所差异。行为人非假冒注册商标商品的生产者，但其参与完成假冒商品与假冒注册商标之间的粘贴、包装、组合等任一行为的，属于假冒注册商标罪中的“使用”行为，对行为人可认定为假冒注册商标罪。原因在于这种非法组合行为与单纯的销售假冒注册商标的商品行为不同，其是将两个不同物品经过粘贴包装组合成一个具有特定含义的新的产品进行销售，行为人的非法组合行为侵犯了注册商标专用权，故该行为应认定为非法使用他人注册商标的行为。行为人为他人假冒注册商标提供的包装材料上印制有注册商标，或其提供的标签标识本身就是注册商标，应当认定为单独构成非法制造、销售非法制造的注册商标标识罪。

一、类案检索大数据报告

时间：2022 年 7 月 1 日之前，案例来源：Alpha 案例库，案件数量：82 件，数据采集时间：2022 年 7 月 1 日。本次检索共获取认定假冒注册商标罪中“粘贴或包装、组装行为”2022 年 7 月 1 日之前 82 篇裁判文书。整体情况如图 9-1 所示，从案件年份分布可以看到当前条件下案例数量的变化趋势。

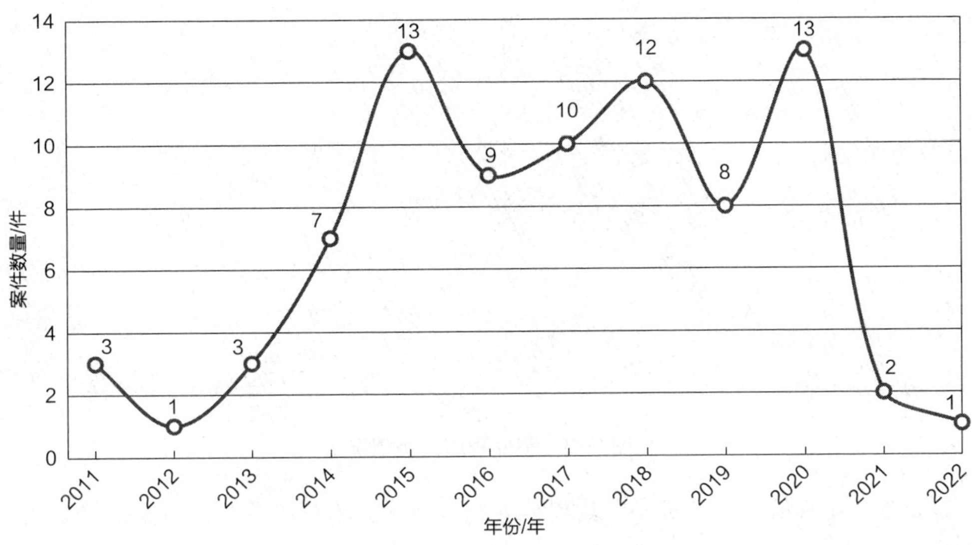

图 9–1　案件年份分布情况

如图 9–2 所示，从地域分布来看，当前假冒注册商标案例主要集中在广东省、上海市、江苏省，分别占比 43.90%、8.54%、7.32%。其中广东省的案件量最多，达到 36 件。

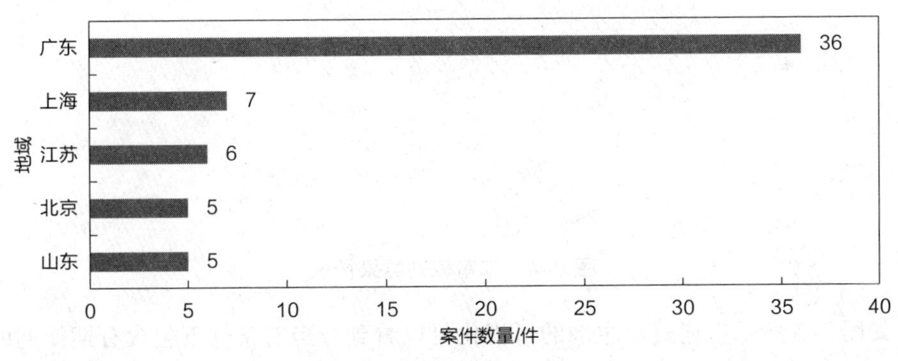

图 9–2　案件地域分布情况

如图 9–3 所示，从案件程序分类统计可以看到假冒注册商标罪当前的审理程序分布状况，其中一审案件有 66 件，二审案件有 16 件。一审上诉率约为 24.24%。

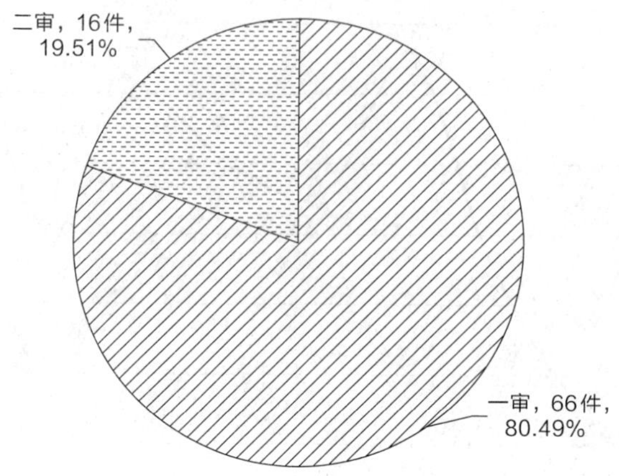

图 9–3　案件程序分类情况

如图 9–4 所示，通过对二审裁判结果的可视化分析可以看到，当前条件下维持原判的有 13 件，占比为 81.25%；改判的有 3 件，占比为 18.75%。

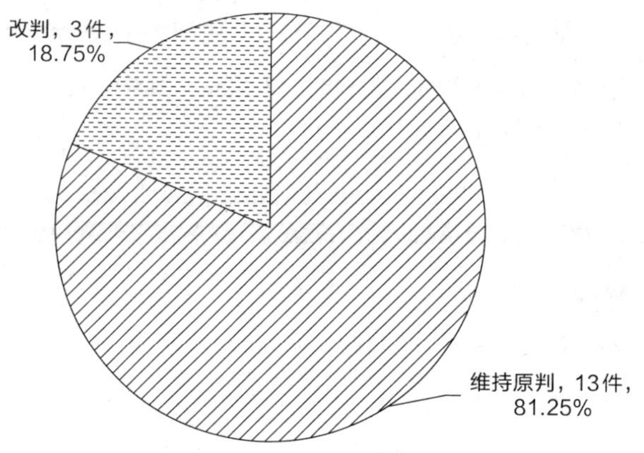

图 9–4　二审裁判结果情况

如图 9–5 所示，通过对主刑的可视化可以看到，当前条件下包含有期徒刑的案件有 60 件，包含拘役的案件有 1 件。其中包含缓刑的案件有 35 件，免予刑事处罚的案件有 1 件。

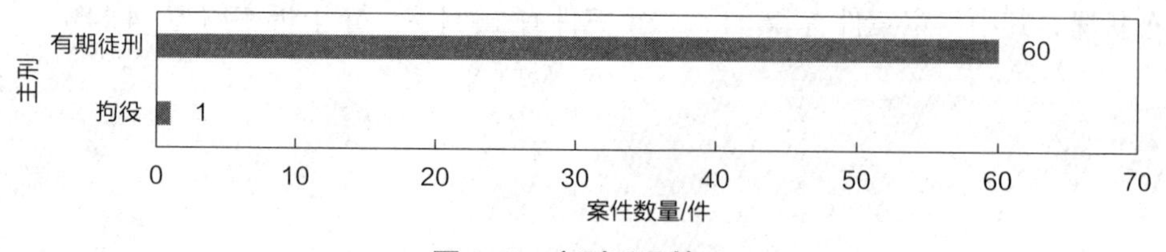

图 9–5　主刑适用情况

如图 9-6 所示，通过对附加刑的可视化可以看到，当前条件下包含罚金的案件有 61 件。

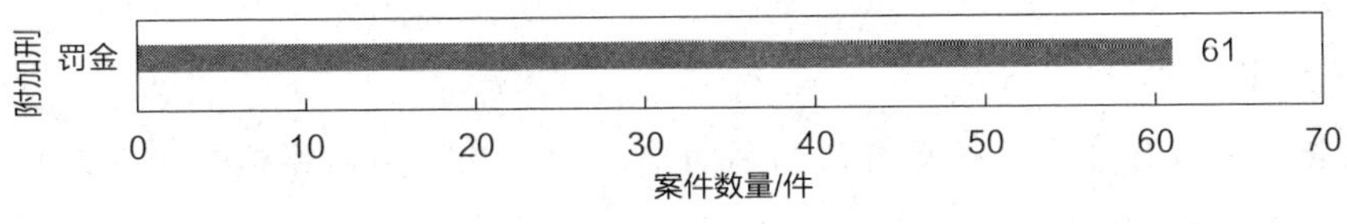

图 9-6　附加刑适用情况

二、可供参考的例案

例案一：王日某、王运某、王某右假冒注册商标案

【法院】

广东省佛山市中级人民法院

【案号】

（2020）粤 06 刑终 40 号

【诉讼主体】

原公诉机关：广东省佛山市南海区人民检察院

上诉人（原审被告人）：王日某

原审被告人：王运某

原审被告人：王某右

【基本案情】

2014 年起，被告人王日某租赁佛山市南海区某商行，后租赁佛山市南海区某铺作为生产假冒奔富等注册商标酒类的制假仓库，雇请被告人王某右、王运某作为工人，在未取得商标注册权人授权的情况下，将假冒奔富注册商标的葡萄酒中文标签及防伪标签粘贴到上述假冒葡萄酒瓶身上，予以销售。另王日某为牟取利益，从他处购买假冒轩尼诗、贵州茅台等注册商标的瓶装酒，存放于上述仓库，予以销售。

2019 年 3 月 28 日，民警在山东省烟台市牟平区某公司抓获被告人王日某。同年 4 月 22 日，民警查获上述制假仓库，当场抓获被告人王某右、王运某，现场起获假冒轩尼诗、贵州茅台、奔富等注册商标的瓶装酒 1230 瓶，及印有奔富注册商标的中文标签、防伪标签 753 套等。

经调查，上述起获的生产的假冒奔富注册商标葡萄酒155瓶，共价值62392元；其他用于销售的假冒轩尼诗、贵州茅台等注册商标的瓶装酒1075瓶，共价值539929元。

【案件争点】

被告人将假冒奔富注册商标的葡萄酒中文标签及防伪标签粘贴到假冒葡萄酒瓶上的行为是否构成犯罪。

【裁判要旨】

一审法院认为，被告人王日某在同一种商品上使用与其注册商标相同的商标，情节严重，又销售明知是假冒注册商标的商品，销售金额数额巨大，其行为已分别构成假冒注册商标罪、销售假冒注册商标的商品罪；被告人王运某、王某右在同一种商品上使用与其注册商标相同的商标，情节严重，其行为均已构成假冒注册商标罪。

二审法院认为，上诉人王日某、原审被告人王运某、王某右未经注册商标所有人许可，在同一种商品上使用与其注册商标相同的商标，情节严重，其行为已构成假冒注册商标罪。王日某销售明知是假冒注册商标的商品，销售金额数额巨大，其行为已构成销售假冒注册商标的商品罪。上诉人王日某及其辩护人所提王日某犯罪情节轻微，可以判处缓刑，经查，王日某雇请王某右、王运某在制假仓库中粘贴假冒的奔富中文标签及防伪标签，仅仓库起获的假冒葡萄酒就达155瓶；王日某还销售假冒轩尼诗、贵州茅台等注册商标的瓶装酒1075瓶，销售金额数额巨大。王日某同时实施两种犯罪，犯罪情节并非较轻。原审判决已经根据上诉人王日某的犯罪事实、性质、情节、认罪态度及对社会的影响程度，依法对其量处刑罚，量刑适当，王日某及其辩护人要求二审再从轻处罚并适用缓刑的意见，无事实和法律依据，不予支持。

例案二：许振某、鲁成某等假冒注册商标案

【法院】

上海市高级人民法院

【案号】

（2019）沪刑终106号

【诉讼主体】

原公诉机关：上海市人民检察院第三分院

上诉人（原审被告人）：许振某

上诉人（原审被告人）：鲁成某

原审被告人：黄杰某

原审被告人：王某

原审被告人：钟鸿某

原审被告人：张天某

原审被告人：覃美某

原审被告人：宁江某

【基本案情】

经中华人民共和国国家工商行政管理总局商标局核准，莱雅公司在第3类化妆品等商品上注册了“KIEHL’S”商标（商标有效期自2009年6月14日至2019年6月13日）以及“科颜氏”商标（有效期自2009年5月28日至2019年5月27日）。经我国国家工商行政管理总局商标局核准，日本株式会社DR.CL：LABO在第3类化妆品等商品上注册了“LaboLabo”商标（有效期自2016年6月7日至2026年6月6日）；2017年4月20日，强生私人有限公司经核准转让取得该注册商标专用权。

2015年至案发期间，被告人许振某为非法牟利，在未取得莱雅公司商标使用许可的情况下，委托被告人黄杰某研发假冒“KIEHL’S”化妆品的原料配方并提供生产原料，委托被告人鲁成某印制假冒的“KIEHL’S”粘贴商标标识，委托他人提供化妆品瓶子、瓶盖、纸盒等包装材料，并陆续雇用被告人张天某、覃美某、张贵某、谢某在其租借的生产窝点广东省深圳市宝安区民主新村7巷10号内，对假冒“KIEHL’S”化妆品进行灌装、贴标、装盒、打包、收发货等，尔后将制成品发送到租借的仓储窝点深圳市宝安区流塘路河东大厦B栋3B层019号。嗣后，许振某将假冒“KIEHL’S”品牌的化妆品销售给王某、李某等人。

2017年3月到案发期间，被告人许振某要求被告人钟鸿某为其提供假冒的“KIEHL’S”热转印商标标识。钟鸿某遂委托被告人宁江某按照许振某提供的正品“KIEHL’S”商标及由其委托他人制作的商标标识电子模版，印制假冒商标标识3万个，并将商标标识热转印到空瓶上，尔后将热转印后的瓶子按许振某要求送到刘某的深圳市泊泉化妆品有限公司进行灌装。钟鸿某从许振某处收取货款后将其中大部分转给宁江某，并从中获利人民币5500余元（以下币种均为人民币）。

与此同时，被告人许振某仍委托被告人黄杰某研发假冒“KIEHL’S”化妆品的原料配方并生产提供原料。黄杰某研发成功原料配方后，委托刘某的公司先后共生产了假冒“KIEHL’S”系列化妆品原料9000余公斤，并灌装了部分化妆品原料。被告人张天某、覃美某、张贵某、谢某受许振某雇用在上述生产窝点和仓储点，对假冒“KIEHL’S”系列化妆品进行灌装、贴标、装盒、打包、收发货等，尔后由许振某将假冒产品销售给王某、李某等人。

2017年下半年，被告人许振某从他人处购得印有“LaboLabo”商标标识的纸盒、空瓶、瓶盖等包装材料，并委托被告人黄杰某研发生产原料。黄杰某通过刘保厚的公司共生产假冒“LaboLabo”化妆品原料400公斤，并灌装假冒“LaboLabo”化妆品3000余瓶。被告人张天某、覃美某、张贵某、谢某受许振某雇用在上述生产窝点和仓储窝点，对假冒“LaboLabo”化妆品进行装盒、打包、收发货等，尔后由许振某通过王某和其本人所开淘宝店铺“融美达商贸”对外进行销售。

被告人王某为非法牟利，自2015年起至案发，从被告人许振某处购进假冒“KIEHL’S”系列化妆品，然后加价销售给陈某（另案处理）、余某（另案处理）等多人。

【案件争点】

对既非假冒产品“KIEHL’S”化妆品的生产者，也非商标标识和包装材料生产者的行为人，如其仅完成假冒“KIEHL’S”化妆品的灌装、贴标、装盒等行为，是否构成假冒注册商标罪，应如何定罪量刑。

【裁判要旨】

一审法院认为，被告人许振某、黄杰某、鲁成某、张天某、张贵某、覃美某、谢某、钟鸿某、宁江某，未经注册商标权人许可，在同一种商品上使用与注册商标相同的商标，并对外销售，情节特别严重，其行为均已构成假冒注册商标罪，依法应予惩处。在共同犯罪中，被告人许振某、黄杰某系主犯，应当按照所参与组织、指挥的全部犯罪处罚。被告人鲁成某、张天某、张贵某、覃美某、谢某、钟鸿某、宁江某均系从犯，依法应当减轻处罚。

上诉人许振某及其辩护人对一审法院认定其犯假冒注册商标罪的犯罪事实和证据不持异议，但均认为一审量刑过重。上诉人鲁成某及其辩护人对其2015年以来为许振某伪造“KIEHL’S”商标标识和说明书、参与许振某假冒注册商标的犯罪事实和证据不持异议，但认为一审量刑过重。鲁成某及其辩护人要求在二审期间主动退缴违法所得和缴纳罚金，同时以鲁成某患有疾病为由，请求二审对鲁成某改判缓刑。

二审法院认为，关于一审法院对许振某、鲁成某量刑是否过重的问题。经查：上诉人许振某、鲁成某自2015年起就开始假冒“KIEHL’S”商标商品，许振某自2017年下半年又开始假冒“LaboLabo”商标商品；仅从2017年7月计算，许振某犯罪金额达463万余元、鲁成某参与犯罪金额达415万元。上诉人许振某、鲁成某假冒注册商标犯罪时间长，情节特别严重，均应当在三年以上七年以下、并在非法经营额50%以上一倍以下判处自由刑和罚金。其中，许振某系共同犯罪的组织者和主要获利者，系主犯，对全部犯罪承担责任；鲁成某参与帮助假冒注册商标犯罪，系从犯，对其减轻处罚。一审法院根据两人在共同犯罪中的地位和作用，判处被告人许振某有期徒刑四年六个月、并处罚金人民币220万元，被告人鲁成某有期徒刑一年十个月、并处罚金人民币8万元，原判量刑并无不当。法院对上诉人许振某、鲁成某及其二名上诉人的辩护人关于原判量刑过重的辩护意见不予采纳。

关于对鲁成某是否应当适用缓刑的问题。二审期间，鲁成某及其辩护人提供了鲁成某的病历证明、表示愿意退缴违法所得并缴纳罚金，请求改判鲁成某缓刑。法院认为，首先，鲁成某的辩护人提交的鲁成某的两份病历证明仅证实了鲁成某曾患有疾病，无法证明其二审期间患疾病且不适合羁押。其次，在本案侦查至一审期间，鲁成某曾被长期取保候审，其未退缴违法所得和预缴罚金，一审法院根据犯罪事实和相关情节，对其判处有期徒刑一年十个月、并处罚金人民币8万元，追缴其违法所得。而根据法律规定，退缴违法所得和缴纳罚金是上诉人鲁成某必须履行的法定义务。因此，检察机关认为鲁成某的病历证明以及愿意退缴违法所得、缴纳罚金的酌定情节，尚不足以对鲁成某进行改判并适用缓刑的评判意见正确，法院予以采纳。

综上所述，法院确认，原判认定被告人许振某、鲁成某以及被告人黄杰某、钟鸿某、张天某、覃美某、张贵某、谢某、宁江某犯假冒注册商标罪，被告人王某犯销售假冒注册商标的商品罪事实清楚，证据确实、充分，适用法律正确，量刑适当，审判程序合法。上海市人民检察院建议法院驳回许振某、鲁成某上诉，维持原判的意见正确，应予支持。

例案三：王某、付某假冒注册商标案

【法院】

黑龙江省哈尔滨市中级人民法院

【案号】

（2019）黑01刑终978号

【诉讼主体】

原公诉机关：黑龙江省哈尔滨市松北区人民检察院

上诉人（原审被告人）：王某

上诉人（原审被告人）：付某

上诉人（原审被告人）：苏立某

原审被告人：杨广某

原审被告人：鲍培某

原审被告人：韩珍某

【基本案情】

2018年6月至2019年3月期间，闫某租用哈尔滨市香坊区大南沟村一处民房作为假酒加工点，并将购买的雪花牌啤酒瓶发往嫩江等地的啤酒厂，由厂家灌装啤酒后再发回假酒加工点，并由闫某雇佣的工人在酒瓶上粘贴华润雪花啤酒（黑龙江）有限公司“9度精酿原汁麦”啤酒的商标标识，装箱后对外销售，非法经营数额共计754708元。被告人杨广某于2018年6月至2019年3月间受雇于闫某，负责运输假冒雪花牌啤酒，涉案非法经营数额共计604638元；被告人鲍培某于2018年6月至2019年3月间受雇于闫某，负责起盖、压盖等工作，涉案非法经营数额共计604638元；被告人王某于2018年6月至2019年3月间受雇于闫某，负责粘贴假冒啤酒的颈标，涉案非法数额共计604638元；被告人付某于2018年11月至2019年3月间受雇于闫某，负责操作机器粘贴商标、贴颈标和装箱等工作，非法经营数额共计270102.5元；被告人苏立某于2018年10月至2019年3月间受雇于闫某，负责操作机器贴商标、贴颈标和装箱等工作，涉案非法经营数额共计346030.5元；被告人韩珍某于2018年12月至2019年3月间受雇于闫某，负责操作机器贴商标、起盖等工作，涉案非法经营数额共计229624.5元。

2019年3月6日，公安机关在对闫某在哈尔滨市香坊区的假酒加工点检查时，将正生产假酒的被告人杨广某、鲍培某、王某、付某、苏立某、韩珍某抓获，并在现场缴获假啤酒30737瓶及制造假酒的工具、商标等。

【案件争点】

行为人在假冒产品上粘贴已注册商标标识的行为是否构成假冒注册商标罪。

【裁判要旨】

一审法院认为，被告人杨广某、鲍培某、王某、付某、苏立某、韩珍某未经注册商标所有人许可，在同一种商品上使用与其注册商标相同的商标，其中杨广某、鲍培某、王某、付某、苏立某属犯罪情节特别严重，韩珍某属犯罪情节严重，其行为均构成假冒注册商标罪。宣判后，王某、付某、苏立某均以原审对其量刑过重为由，提出上诉。

二审法院认为，上诉人王某、付某、苏立某伙同原审被告人杨广某、鲍培某、韩珍某，受他人指使，未经注册商标所有人许可，在同一种商品上使用与其注册商标相同的商标，其行为均已构成假冒注册商标罪。原审对诸被告人的定罪准确，量刑适当，审判程序合法。在原公诉机关提出量刑建议后，全案被告人均签署认罪认罚具结书，原判在此基础上的判罚并无不当。原判遵照《刑法》及相关司法解释规定，以查明的非法经营额为据，结合主犯在逃，诸被告人均系从犯等法定减轻和从轻处罚情节，对上诉人王某、付某、苏立某及原审被告人杨广某、鲍培某、韩珍某的刑罚裁量准确，王某、付某、苏立某提出量刑过重的理由均不成立，均不予采纳。

三、裁判规则提要

（一）假冒注册商标罪与非法制造、销售非法制造的注册商标标识罪的界限

我国《刑法》（2017 年修正）第 213 条规定："未经注册商标所有人许可，在同一种商品上使用与其注册商标相同的商标，情节严重的，处三年以下有期徒刑或者拘役，并处或者单处罚金；情节特别严重的，处三年以上七年以下有期徒刑，并处罚金。"第 215 条规定："伪造、擅自制造他人注册商标标识或者销售伪造、擅自制造的注册商标标识，情节严重的，处三年以下有期徒刑、拘役或者管制，并处或者单处罚金；情节特别严重的，处三年以上七年以下有期徒刑，并处罚金。"

假冒注册商标罪与非法制造、销售非法制造的注册商标标识罪在主观上均是故意，其犯罪主体均为一般主体，即自然人和单位都可以成为上述两罪的主体，并且，上述两罪的犯罪客体也相同，其侵犯的客体均为国家对商标的管理制度以及他人的注册商标专用权。但是，假冒注册商标罪与非法制造、销售非法制造的注册商标标识罪在犯罪客观方面有本质的区别。假冒注册商标罪在客观方面表现为未经注册商标权利人的许可，在同一种商品上使用与其注册商标相同的商标，情节严重的行为，至于商标标识是否是行为人自己制造的，不影响犯罪的成立；而非法制造、销售非法制造的注册商标标识罪在客观方面表现为伪造、擅自制造的注册商标标识或者销售伪造、擅自制造的注册商标标识，情节严重的行为，至于行为人是否将伪造、擅自制造的商标标识用于注册商标核定使用的同一种商品上，不影响本罪的成立。

就例案一和例案二而言，被告人王日某和许振某的犯罪行为是一种典型的未经

商标权人许可在同一种商品上使用与其注册商标相同的商标的行为，应当认定构成假冒注册商标罪；而在例案二中，被告人鲁成某虽然只是非法制造的注册商标标识，并未直接将商标标识使用在商品上，但因其与被告人共同串通，共谋了假冒注册商标以及销售假冒注册商标商品的犯罪行为，并不仅是单纯地销售注册商标标识的行为，故而其不仅成立销售非法制造的注册商标标识罪，也与许振某共同成立假冒注册商标罪。

（二）假冒注册商标罪的从犯与独立构成非法制造、销售非法制造的注册商标标识罪的认定

我国《刑法》第25条第1款规定："共同犯罪是指二人以上共同故意犯罪。"《知识产权刑事适用意见》第15条规定："明知他人实施侵犯知识产权犯罪，而为其提供生产、制造侵权产品的主要原材料、辅助材料、半成品、包装材料、机械设备、标签标识、生产技术、配方等帮助，或者提供互联网接入、服务器托管、网络存储空间、通讯传输通道、代收费、费用结算等服务的，以侵犯知识产权犯罪的共犯论处。"

在例案三中，被告人杨广某于2018年6月至2019年3月间受雇于闫某，负责运输假冒雪花牌啤酒，涉案非法经营数额共计604638元；被告人鲍培某于2018年6月至2019年3月间受雇于闫某，负责起盖、压盖等工作，涉案非法经营数额共计604638元；被告人王某于2018年6月至2019年3月间受雇于闫某，负责粘贴假冒啤酒的颈标，涉案非法数额共计604638元；被告人付某于2018年11月至2019年3月间受雇于闫某，负责操作机器粘贴商标、贴颈标和装箱等工作，非法经营数额共计270102.5元；被告人苏立某于2018年10月至2019年3月间受雇于闫某，负责操作机器贴商标、贴颈标和装箱等工作，涉案非法经营数额共计346030.5元；被告人韩珍某于2018年12月至2019年3月间受雇于闫某，负责操作机器贴商标、起盖等工作，涉案非法经营数额共计229624.5元。上述被告人的行为属于在假冒注册商标行为中的不同分工，但有着共同的犯罪故意，构成共同犯罪。其中，案外人闫某在逃，其作为犯意的发起者、犯罪的指挥者、犯罪的重要实行者，在共同犯罪中起主要作用，系主犯；杨广某、鲍培某、王某、付某、苏立某、韩珍某在共同犯罪中听命于闫某的策划，从事某一方面的犯罪活动，起次要作用，应当认定为假冒注册商标罪的从犯。

（三）“使用与其注册商标相同商标”中“使用”的认定

我国《刑法》第213条规定，构成假冒注册商标罪的行为模式是在同一种商品上“使用”与其注册商标相同的商标。关于“使用”的范围，刑法理论上有狭义和广义之说。狭义论者认为：“商标的‘使用’假冒注册商标罪中的使用应为在商品、商品包装或容器上的使用，不包括仅在交易文书、广告宣传等非商品上的使用。”[①] 广义论者则认为：“对他人注册商标的使用包括：（1）在商品交易文书上使用他人的注册商标，例如发票、收据、合同或契约。（2）将商标用于广告宣传、商品展览以及其他业务活动中。（3）在业务活动中口头使用。”[②] 为统一分歧，《知识产权刑事司法解释》中对于假冒注册商标罪中的“使用”作了总结，即“《刑法》第二百一十三条规定的‘使用’，是指将注册商标或者假冒的注册商标用于商品、商品包装或者容器以及产品说明书、商品交易文书，或者将注册商标或者假冒的注册商标用于广告宣传、展览以及其他商业活动等行为。”应当说《知识产权刑事司法解释》基本采纳了广义论者的观点，但也应当注意到，该解释的着重点在于“商业活动”四字，即超出“商业活动”的其他业务活动不应当涵盖在假冒注册商标罪的“使用”中。

1. 假冒注册商标罪的使用应为“商标性使用”

商标性使用又称商标性标识使用，亦可称为商标意义上的使用。“在民事侵权中，构成侵犯商标专用权的基本行为是在商标意义上使用相同或者近似商标的行为，也即被控侵权标识的使用必须是将该商业标识作为区分商品来源的商业标识来使用。”他人对注册商标的使用只有在可能影响商标发挥其最基本的区分来源的功能，从而影响商标权利人的利益时才能被禁止。

“商标性使用”作为商标概念的延伸，其含义也应当紧扣这一概念。有论者对“商标性使用”作了如下定义：“商标性使用，一般是指生产者为了将其生产的商品与他人生产的商品区分开来而将商业标识用于市场上的商业活动中，使得该等商业标识起到区分商品来源之作用，因此，若要构成‘商标性使用’，其必须具有三个前提要件：（1）该等商业标识需是在市场上的商业活动中使用；（2）该等商业标识的使用目的应是区别商品的来源；（3）通过该等商业标识的使用行为，必须达到能够使相关公众区分该等商品或服务之来源的目的”。若无法符合以上三个前提条件，则

---

① 凌宗亮：《假冒注册商标罪中商标使用的认定》，载《中华商标》2021年第2期。

② 许成磊等：《侵犯注册商标权犯罪问题研究》，载《法律科学（西北政法学院学报）》2002年第5期。

不能认定行为人对商业标识的使用构成“商标性使用”。

2.“商标性使用”与“混淆可能性”的逻辑关系

在我国的商标法司法实践中，可能导致消费者对商品的来源产生混淆，是构成商标侵权的必要条件，也是商标法所需要限制和规范的行为。对于商标权利人而言，侵权人的行为只有达到商标法所承认的损害时才可被法律保护，不可能导致混淆的行为则不然。在商标侵权的认定过程中，应按照前后的逻辑顺序来对“商标性使用”与“混淆可能性”进行考量。当面对需要判断行为人的行为是否构成商标侵权、是否构成犯罪时，首先应对其使用行为是否可界定为商标性使用作出判断，只有构成商标法意义上的使用行为才存在讨论其是否导致相关公众混淆的意义，才可以将其纳入认定是否构成侵权的范围之中，而后再视其情节是否严重判定其是否构成假冒注册商标罪。

四、辅助信息

《刑法》

第二十五条 共同犯罪是指二人以上共同故意犯罪。

二人以上共同过失犯罪，不以共同犯罪论处；应当负刑事责任的，按照他们所犯的罪分别处罚。

第二十六条 组织、领导犯罪集团进行犯罪活动的或者在共同犯罪中起主要作用的，是主犯。

三人以上为共同实施犯罪而组成的较为固定的犯罪组织，是犯罪集团。

对组织、领导犯罪集团的首要分子，按照集团所犯的全部罪行处罚。

对于第三款规定以外的主犯，应当按照其所参与的或者组织、指挥的全部犯罪处罚。

第二十七条 在共同犯罪中起次要或者辅助作用的，是从犯。

对于从犯，应当从轻、减轻处罚或者免除处罚。

第二百一十三条 未经注册商标所有人许可，在同一种商品、服务上使用与其注册商标相同的商标，情节严重的，处三年以下有期徒刑，并处或者单处罚金；情节特别严重的，处三年以上十年以下有期徒刑，并处罚金。

第二百一十四条 销售明知是假冒注册商标的商品，违法所得数额较大或者有其他严重情节的，处三年以下有期徒刑，并处或者单处罚金；违法所得数额巨大或者有其他特别严重情节的，处三年以上十年以下有期徒刑，并处罚金。

第二百二十条　单位犯本节第二百一十三条至第二百一十九条之一规定之罪的，对单位判处罚金，并对其直接负责的主管人员和其他直接责任人员，依照本节各该条的规定处罚。

《知识产权刑事适用意见》

六、关于刑法第二百一十三条规定的“与其注册商标相同的商标”的认定问题

具有下列情形之一，可以认定为“与其注册商标相同的商标”：

（一）改变注册商标的字体、字母大小写或者文字横竖排列，与注册商标之间仅有细微差别的；

（二）改变注册商标的文字、字母、数字等之间的间距，不影响体现注册商标显著特征的；

（三）改变注册商标颜色的；

（四）其他与注册商标在视觉上基本无差别、足以对公众产生误导的商标。

十五、关于为他人实施侵犯知识产权犯罪提供原材料、机械设备等行为的定性问题

明知他人实施侵犯知识产权犯罪，而为其提供生产、制造侵权产品的主要原材料、辅助材料、半成品、包装材料、机械设备、标签标识、生产技术、配方等帮助，或者提供互联网接入、服务器托管、网络存储空间、通讯传输通道、代收费、费用结算等服务的，以侵犯知识产权犯罪的共犯论处。

《知识产权刑事司法解释》

第八条　刑法第二百一十三条规定的“相同的商标”，是指与被假冒的注册商标完全相同，或者与被假冒的注册商标在视觉上基本无差别、足以对公众产生误导的商标。

刑法第二百一十三条规定的“使用”，是指将注册商标或者假冒的注册商标用于商品、商品包装或者容器以及产品说明书、商品交易文书，或者将注册商标或者假冒的注册商标用于广告宣传、展览以及其他商业活动等行为。

第十三条　实施刑法第二百一十三条规定的假冒注册商标犯罪，又销售该

假冒注册商标的商品，构成犯罪的，应当依照刑法第二百一十三条的规定，以假冒注册商标罪定罪处罚。

实施刑法第二百一十三条规定的假冒注册商标犯罪，又销售明知是他人的假冒注册商标的商品，构成犯罪的，应当实行数罪并罚。

《知识产权刑事司法解释（二）》

第三条 侵犯知识产权犯罪，符合刑法规定的缓刑条件的，依法适用缓刑。有下列情形之一的，一般不适用缓刑：

（一）因侵犯知识产权被刑事处罚或者行政处罚后，再次侵犯知识产权构成犯罪的；

（二）不具有悔罪表现的；

（三）拒不交出违法所得的；

（四）其他不宜适用缓刑的情形。

第四条 对于侵犯知识产权犯罪的，人民法院应当综合考虑犯罪的违法所得、非法经营数额、给权利人造成的损失、社会危害性等情节，依法判处罚金。罚金数额一般在违法所得的一倍以上五倍以下，或者按照非法经营数额的50%以上一倍以下确定。

假冒注册商标刑事案件裁判规则第 10 条：

将同一商标的低端产品加工改装为高端产品出售，若该产品基本结构、关键部件、主要性能、功能、用途已发生实质性变化的，视为再生新产品，符合《刑法》第 213 条及相关司法解释规定的数额较大的情形，可构成假冒注册商标罪

【规则描述】 在涉电子产品的案件中，行为人将同一商标的低端产品加工改装为高端产品出售极为常见。对这一行为定性的关键在于对涉案产品加工改装的行为是否已使该产品性能发生实质性变化，转化为再生产品；如属此情形，行为人再使用同一商标进行包装的，可构成假冒注册商标罪。在司法实践中，对产品的加工分为“重新包装”和“加工改造”两类，对前一种形式，根据商标权用尽原则，其侵犯的不是商标权的保护法益；本条规则所列行为是指第二种情形，即在将同一商标的低端产品加工、改造成为高端产品，使得该产品发生质变，成为再生产品的情况下，行为人如使用该商品商标，情节严重的，可构成假冒注册商标罪。

一、类案检索大数据报告

时间：2022 年 7 月 1 日之前，案例来源：Alpha 案例库，案件数量：180 件，数据采集时间：2022 年 7 月 1 日。本次检索共获取认定假冒注册商标罪中“电子产品加工改装行为”2022 年 7 月 1 日之前 180 篇裁判文书。整体情况如图 10–1 所示，从案件年份分布可以看到当前条件下案例数量的变化趋势。

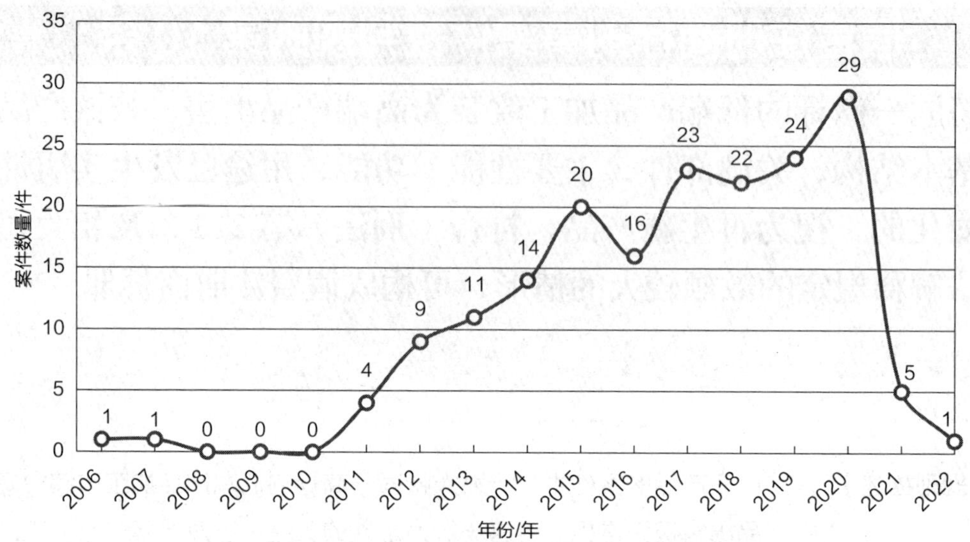

图 10–1　案件年份分布情况

如图 10–2 所示，从地域分布来看，当前假冒注册商标案例主要集中在广东省、上海市、江苏省，分别占比 52.78%、13.33%、5%。其中广东省的案件量最多，达到 95 件。

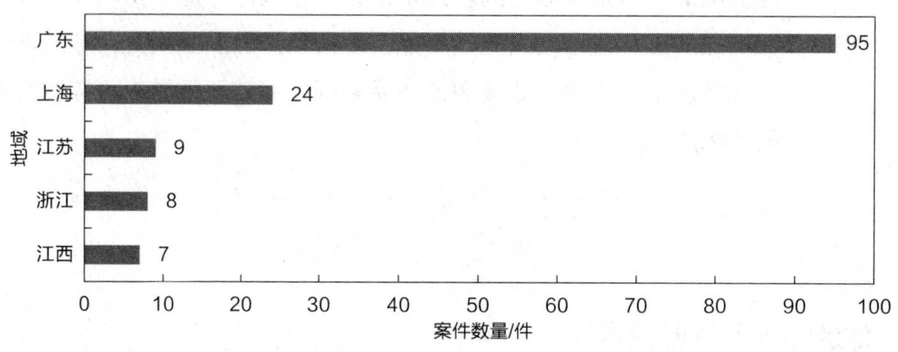

图 10–2　案件地域分布情况

如图 10–3 所示，从案件程序分类统计可以看到假冒注册商标罪当前的审理程序分布状况，其中一审案件有 139 件，二审案件有 39 件，再审案件有 2 件。一审上诉率约为 28.06%

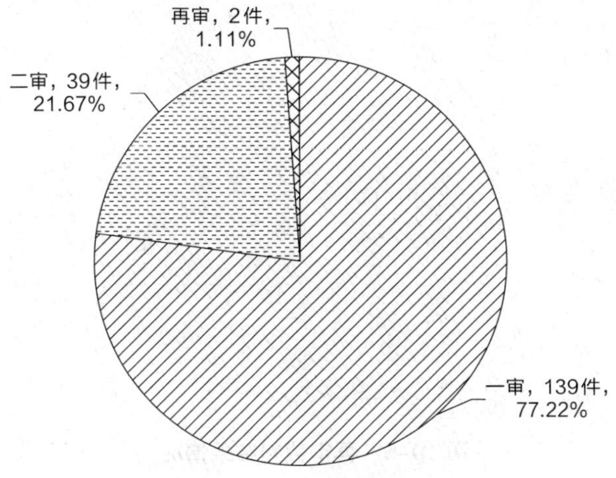

图 10-3　案件程序分类情况

如图 10-4 所示，通过对二审裁判结果的可视化分析可以看到，当前条件下维持原判的有 29 件，占比为 74.36%；改判的有 10 件，占比为 25.64%。

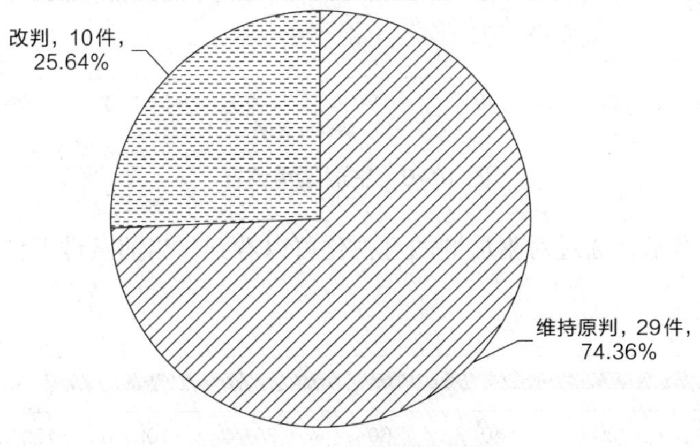

图 10-4　二审裁判结果情况

如图 10-5 所示，通过对再审裁判结果的可视化分析可以看到，当前条件下改判的有 2 件，占比为 100%。

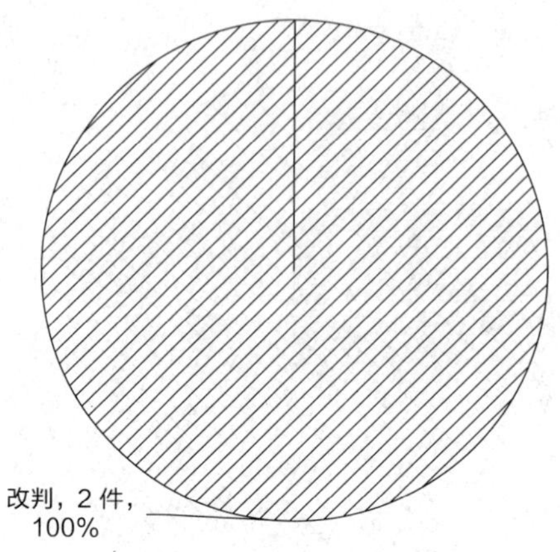

图 10-5　再审裁判结果情况

如图 10-6 所示，通过对主刑的可视化可以看到，当前条件下包含有期徒刑的案件有 119 件，包含拘役的案件有 2 件。其中包含缓刑的案件有 67 件。

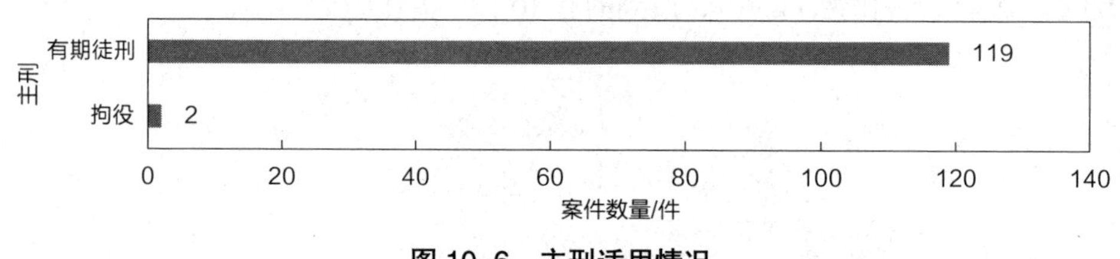

图 10-6　主刑适用情况

如图 10-7 所示，通过对附加刑的可视化可以看到，当前条件下包含罚金的案件有 119 件。

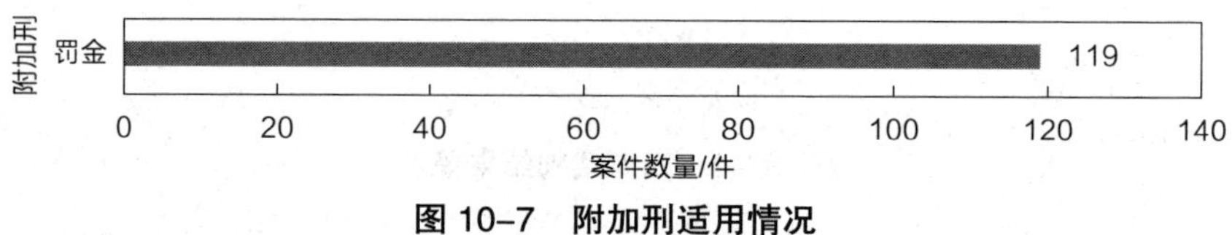

图 10-7　附加刑适用情况

二、可供参考的例案

例案一：陆某、曾某某等假冒注册商标案

【法院】

上海市浦东新区人民法院

【案号】

（2013）浦刑（知）初字第9号

【诉讼主体】

公诉机关：上海市浦东新区人民检察院

被告人：陆某

被告人：曾某某

被告人：王某某

被告人：付某某

【基本案情】

2008年11月20日，被告人曾某某以其妻子白某某的名义注册成立九道公司，公司类型有限责任公司（国内合资），经营范围为计算机、数码产品等产品的销售，营业期限为2008年11月20日至2018年11月19日。该公司成立后，被告人曾某某通过以白某某名义注册的淘宝网网店对外销售联想牌笔记本电脑。

2012年年初，被告人陆某与其外甥被告人曾某某经合谋，决定购入“水货”联想笔记本电脑改装成“行货”后，通过曾某某开设的上述网店对外销售。2012年4月至7月，被告人陆某出资从他人处购买“水货”lenovo牌ThinkPad笔记本电脑，伙同被告人王某某在广东省深圳市租赁的住处，擅自对上述笔记本电脑进行改装，包括更换电脑的零部件序列号标贴、更换电源线插头、将操作系统改成简体中文。

2012年10月，对购买的“水货”lenovo牌ThinkPad笔记本电脑的改装，除上述改动外，还更换内存、硬盘等配件，并使用购买的伪造的印有lenovo商标的保修单、说明书、物质拆分表、贴纸、外包装盒等进行包装后，送至被告人陆某的暂住处上海市浦东新区永泰路595弄×号×室，再由被告人曾某某通过其开设的淘宝网店对外进行销售。2012年4月25日至7月16日，被告人曾某某通过该网店销售联想ThinkPad X220系列（不包括X220i）、联想ThinkPad T420系列笔记本电脑共58笔260台，金额为1709470元。

IBM公司与联想公司共用一套对外保密的PEW系统，该系统属于ThinkPad电脑库存查询系统，存有联想ThinkPad电脑产品的生产日期、保修日期、各零部件（如硬盘、内存、电池、光驱等）的条码序列号等产品信息。被告人付某某系商业集成公司质量检测员，因该公司系IBM公司在中国的全资子公司，故付某某有进入PEW系统的权限。在被告人付某某与商业集成公司签订的员工劳动合同中明确，付某某应遵守公司规章制度，遵守《员工手册》及《有关知识产权和保密信息的协

议》，应尽合理的义务保护各电子系统中的IBM信息，不向公司及其关联公司之外的任何人透露公司及其关联公司的保密信息或资料。自2011年7月起，被告人付某某未经许可，通过PEW系统获取了联想公司正版ThinkPad笔记本电脑的零部件序列号等产品信息资料，以每套产品信息资料30元的价格出售给被告人陆某、王某某和曾某某。经查，截至案发时，被告人付某某使用其本人交通银行账户收取被告人陆某等人汇款共计16笔66120元。

2012年10月12日，被告人陆某、曾某某、王某某被公安机关抓获。公安机关在被告人陆某、王某某暂住处及物流站等地查扣到已改装但尚未销售的lenovo牌ThinkPad笔记本电脑36台（X2302306–33C型30台、T4302344–A19型5台、T430s 2352–2SC型1台）、打印机、扫描仪、外包装箱、保修单、说明书、物质拆分表、贴纸等物品。同时从被告人陆某处扣押到现金10万元。

2012年10月20日，公安机关至被告人付某某的暂住处，但付某某不在，其妻子陈某某带领民警至付某某当晚的住处并按门铃让付某某下楼，付某某遂下楼配合警察调查。后公安机关从被告人付某某暂住处扣押到交通银行太平洋银行卡1张及联想笔记本电脑1台。

案发后，经联想公司鉴别，上述扣押的36台联想ThinkPad笔记本电脑皆为联想公司原厂产品，但遭到不法篡改。经联想公司鉴别及国家电子计算机质量监督检验中心检验，上述笔记本电脑的包装箱、保修卡、电源线、硬盘、无线网卡、内存、操作系统及全部部件标贴均非原装电脑产品或原装部件，机器在出厂后被擅自更改了原装机器配置，且不应在大陆销售。

“lenovo”商标经我国工商行政管理总局商标局核准注册，注册号为第3462586号，注册人联想公司，核定使用的商品为第9类：计算机、笔记本电脑等商品，注册有效期自2004年7月14日至2014年7月13日止。该商标被联想公司用于ThinkPad系列笔记本电脑。

【案件争点】

各行为人对笔记本电脑的改装行为是否构成假冒注册商标罪，其非法经营数额应如何认定，以及各行为人之间是否构成共同犯罪。

【裁判要旨】

法院认为，被告人陆某、曾某某、王某某、付某某未经“lenovo”注册商标所有权人许可，在同一种商品上使用与其注册商标相同的商标，情节严重，其行为均已构成假冒注册商标罪。公诉机关指控的罪名成立，应予支持。被告人陆某、曾某某、王某某、付某某系共同犯罪，被告人陆某、曾某某、王某某在共同犯罪中起主要作用，系主犯。本案犯罪行为由被告人陆某和曾某某起意并实施，被告人王某某根据被告人陆某的要求改装电脑，并拿取固定工资，其地位及作用略小于被告人陆某、曾某某，量刑时对被告人王某某酌情从轻处罚。其辩护人提出王某某相对于被告人陆某、曾某某而言作用较小的意见，法院予以采纳。被告人付某某在共同犯罪中起次要作用，系从犯，依法从轻处罚。被告人付某某在其妻子带民警对其实施抓捕时无拒捕行为，并如实供述犯罪事实，量刑时参照法律对自首的有关规定对其酌情从轻处罚。被告人陆某、曾某某、王某某、付某某自愿认罪，如实供述自己罪行，均依法从轻处罚。被告人陆某的辩护人提出陆某系初犯，到案后如实供述犯罪事实，具有悔罪表现，建议对陆某从轻处罚的意见，法院予以采纳。

对于改装电脑是否构成假冒注册商标的认定要求使电脑特性发生实质性的改变。因公安机关在案发后并未扣押到被告人已销售的笔记本电脑，故无法对此作相关鉴定，不能确定 259 台电脑的改装情况。根据被告人陆某、王某某的供述，从 2012 年 4 月 25 日至 7 月 16 日，在购入“水货”笔记本电脑后，其仅实施了更换电脑零部件的序列号标贴、更换电源线插头、将操作系统改成简体中文的行为，上述更换行为并未使电脑特性发生实质性的改变，且上述行为中并未涉及使用“lenovo”商标，故不能认定为假冒注册商标的行为。而扣押的 36 台笔记本电脑，其型号不同于上述 259 台 ThinkPad X220 或 T420 系列笔记本电脑。经鉴定，36 台电脑均被更换了硬盘及内存等主要配件，从而使电脑的质量、性能等发生了实质性的变化，与原产品有了本质的区别，已不再是联想公司的产品，不能再使用“lenovo”商标。同时被告人还使用了假冒“lenovo”注册商标的纸质外包装箱、产品保修卡、电脑机器说明书、产品物质拆分表、电脑背面贴纸、电脑外箱贴纸等。根据相关司法解释规定，假冒注册商标罪中对相同的商标的“使用”，包含将注册商标用于商品包装以及产品说明书、商品交易文书等行为。故从行为特征看，现有证据仅能认定被告人对扣押的 36 台笔记本电脑实施了假冒“lenovo”商标的行为，而无法认定被告人对已销售的 259 台笔记本电脑也实施了假冒“lenovo”商标的行为。因被扣押的 36 台电脑经联想公司鉴别确系该公司生产，被告人陆某供述已销售的“水货”电脑与上述 36 台电脑均由同一个人供货，且已售的 259 台电脑因未被扣押而无法作具体鉴定，因此不能排除已售的 259 台电脑亦由联想公司生产的可能性，故也不能认定被告人购买了假冒注册商标的商品予以销售。故公诉机关指控的 259 台联想 ThinkPad 笔记本电脑的销售金额 1703013 元不应计入本案被告人假冒注册商标罪的犯罪数额，公诉机关指控的该节事实，法院不予确认。被告人陆某、王某某及两被告人的辩护人认为已售的259台笔记本电脑的改装不能认定为假冒注册商标的行为的意见，法院予以采纳。

序列号在改装电脑的过程中，具有重要作用。付某某有权限获取PEW系统资料信息，联想公司的产品资料是保密的，只有公司内部有权限的人才可以查询。根据工作需要，其有权看到联想产品信息，但其工作职责不需要查询ThinkPad产品资料，也没有权限拿到上述电脑序列号。其工作的商业集成公司亦证实付某某作为质量技术员有进入PEW系统的权限，但其日常工作职责与从PEW系统获取产品序列号无关，因此付某某系采用不正当手段获取了ThinkPad笔记本电脑产品的序列号等资料。法院认为，被告人陆某、王某某等人与被告人付某某电话或短信息联系购买联想ThinkPad笔记本电脑序列号信息资料的行为本身就是一种直接的意思联络。作为计算机行业的多年从业者，被告人付某某知道ThinkPad笔记本电脑序列号信息资料系不得外泄的联想公司的保密资料，也知道该资料的具体用途。其主观上应当明知“王某”拿到上述信息后，可以通过粘贴以及刷机的方法将“水货”电脑改装成“行货”电脑。故其在主观明知的前提下，为了牟利，仍向陆某等人大量出售联想ThinkPad笔记本电脑的序列号信息资料。正是由于其提供了序列号信息，被告人陆某等人才能够将联想“水货”ThinkPad笔记本电脑改装成“行货”产品，故其行为与被告人陆某、曾某某、王某某构成了假冒注册商标罪的共同犯罪。

例案二：北京盈兆业方科技有限公司等销售假冒注册商标的商品案

【法院】

北京市海淀区人民法院

【案号】

（2015）海刑初字第1771号

【诉讼主体】

公诉机关：北京市海淀区人民检察院

被告单位：北京盈兆业方科技有限公司

被告人：宗某

被告人：吴海某

被告人：杨某

【基本案情】

2014年10月间，被告单位北京盈兆业方科技有限公司（以下简称盈兆业方公司）的法定代表人被告人宗某雇用销售人员被告人吴海某等人，未经某系统（中国）网络技术有限公司授权许可，将由低端型号升级而成的高端型号交换机55台出售给被告人杨某，销售金额为人民币148850元。经查明，上述交换机均系假冒注册商标的商品。

2014年10月14日，被告人宗某、吴海某被公安机关抓获。公安机关当场从被告单位盈兆业方公司库房内查获多种型号交换机共计112台。经查明，上述交换机均系假冒注册商标的商品。经鉴定，货值金额人民币580482.43元。

2014年10月间，被告人杨某将从被告单位盈兆业方公司购进的上述交换机及4台24口光板卡以人民币共计239100元的价格出售，一并售出无线控制器等设备。经查明，上述设备均系假冒注册商标的商品。

2014年10月14日，被告人杨某被公安机关抓获，公安机关当场查获两种型号交换机9台。经查明，上述交换机均系假冒注册商标的商品。

【案件争点】

1. 将同一商标的低端产品加工改装为高端产品出售的行为，是否可以纳入侵犯注册商标犯罪处理。

2. 销售假冒注册商标的商品犯罪中既遂和未遂形态并存时如何量刑。

【裁判要旨】

法院认为，被告单位盈兆业方公司及其直接负责的主管人员被告人宗某和直接责任人员被告人吴海某销售明知是假冒注册商标的商品，销售金额巨大；被告人杨某销售明知是假冒注册商标的商品，销售金额较大，其行为均已构成销售假冒注册商标的商品罪，应予惩处。北京市海淀区人民检察院指控被告单位盈兆业方公司，被告人宗某、吴海某、杨某犯有销售假冒注册商标的商品罪的事实清楚，证据确实充分，指控罪名成立，但指控的部分犯罪数额有误，予以更正。

鉴于被告单位盈兆业方公司、其直接负责的主管人员及其他直接负责人员被告人宗某、吴海某已经着手实施犯罪，由于其意志以外的原因而未得逞，系犯罪未遂；同时，考虑到本案涉案的侵权产品均已起获，未造成其他社会危害，且被告单位盈兆业方公司、被告人宗某、吴海某、杨某到案后均能如实供认自己的基本罪行，认罪、悔罪态度较好，法院对被告单位盈兆业方公司、被告人宗某、吴海某、杨某依法从轻处罚。辩护人的部分相关辩护意见，法院酌予采纳。

例案三：孔某甲假冒注册商标案

【法院】

广东省深圳市中级人民法院

【案号】

（2016）粤 03 刑终 1308 号

【诉讼主体】

原公诉机关：广东省深圳市龙岗区人民检察院

上诉人（原审被告人）：孔某甲

【基本案情】

2014 年 4 月，被告人孔某甲、林某在未获得注册商标权利人授权的情况下，租用深圳市坪山新区坪山街道办事处六联社区安得三巷 2 号出租屋及坪山办事处东城国际花园 7 栋 a 单元 11c 房分别作为生产加工、办公及居住场地，自行采购或由客户提供低端型号“思科”交换机，雇请胡某、张某、刘某、吴某、李某、孔某乙（均已判刑）六人，用改、加装硬件进行升级的方式，加工生产假冒“思科”牌高端型号交换机，再直接出售牟利或交由客户出售赚取改装加工费用。2014 年 11 月 5 日，深圳市公安局坪山分局民警根据举报，在坪山新区坪山办事处六联社区安得三巷 2 号出租屋内抓获胡某、张某、刘某、吴某、李某、孔某乙六人，现场缴获已经生产好的各种型号假冒“思科”交换机 41 台、生产工具、生产材料及出库单，同时，民警还在东城国际花园 7 栋 a 单元 11c 房查获对账单、制作假冒商标作案工具、已制作的假冒“思科”商标。

2015 年 9 月 13 日，被告人孔某甲前往深圳市公安局坪山派出所自首，归案后其对公安机关现场查获的销售对账单内容供认不讳。被告人孔某甲非法经营数额为已销售的假冒“思科”交换机价值及现场查获的 41 台假冒“思科”交换机价值，经统计为人民币 1938375 元。

【案件争点】

将同一商标的低端思科交换机加工改装为高端思科交换机的行为是否构成假冒注册商标以及本案中非法经营数额的如何计算。

【裁判要旨】

一审法院审理认为，被告人孔某甲无视国家法律，未经注册商标所有人许可，结伙在同一种商品上使用与其注册商标相同的商标，情节特别严重，其行为已构成假冒注册商标罪。公诉机关指控的罪名成立。被告人孔某甲假冒注册商标的行为，有证人证言、被告人供述、对账单及现场查获的假冒思科交换机、假冒思科商标等证据予以证实，足以认定。被告人孔某甲关于公司有销售正品思科交换机的辩解与其庭前稳定供述及查明事实不符，法院不予采信。对辩护人的相关辩护意见不予采纳。被告人孔某甲的辩护人提出公诉机关没有充分证据证明对账单中所列的交换机属假冒注册商标的产品的辩护意见，法院认为，根据现场查获的销售对账单反映的内容、证人林某、胡某等人的证言及被告人孔某甲的供述，足以证实自2014年3、4月份公司搬迁至上述制假窝点以来，被告人孔某甲假冒注册商标的制假行为，结合现场查获的销售对账单时间为2014年7月至9月，故原审法院认定销售对账单中记载的思科交换机型号均为被告人孔某甲组织生产并出售给客户的假冒高端思科交换机。对被告人孔某甲的辩护人提出的上述辩护意见不予采纳。关于被告人孔某甲的非法经营数额，公安机关在被告人孔某甲住处查获的销售对账单中显示供应商余某的单据所记载的商品型号等内容与其他销售对账单不同，结合本案查明的事实及被告人陈述、证人证言，原审法院认为该张单据金额不应计入被告人孔某甲非法经营数额。对辩护人的相关辩护意见予以采纳。综上，法院认为被告人孔某甲的非法经营数额，有可采信证据证实存在已销售侵权产品价值的，已销售部分按照实际销售的价格计算，已销售侵权产品价值包括销售假冒思科交换机后所得和应得的全部违法收入；现场查获的未销售的侵权产品的价值，按照已经查清的侵权产品的实际销售平均价格计算。

二审法院审理认为，首先，行为人在未获商标权人授权的情况下组织员工，自行采购或由客户提供低端“思科”交换机，用改、加装硬件进行升级的方式加工生产假冒“思科”高端交换机，再在加工好的交换机上贴假思科商标。故原审法院认定上诉人孔某甲的行为构成假冒注册商标罪正确，法院予以确认。其次，根据《知识产权刑事司法解释》的规定，“非法经营数额”是指行为人在实施侵犯知识产权行为过程中，制造、存储、运输、销售侵权产品的价值。已销售的侵权产品的价值，按照实际销售的价格计算。制造、储存、运输和未销售的侵权产品的价值，按照标价或者已经查清的侵权产品的实际销售平均价格计算。侵权产品没有标价或者无法查清其实际销售价格的，按照被侵权产品的市场中间价格计算。根据侦查机关在现场查获的对账单、证人证言及上诉人在侦查阶段的稳定供述，可以确认2014年7月至9月对账单中记载有思科交换机型号的对应金额数据为上诉人孔某甲组织生产假冒思科交换机的销售记录。现场查获的未销售的侵权产品的价值，按照已经查清的侵权产品的实际销售平均价格计算。原审法院据此查明本案非法经营数额为已销售的假冒“思科”交换机价值及现场查获的41台假冒“思科”交换机价值，合法有据，法院予以确认。二审期间，并未出现新的影响定罪量刑因素，原审法院处理正确，维持原判。

三、裁判规则提要

（一）将同一商标的低端产品改装成高端产品出售的行为，是否可以纳入侵犯注册商标犯罪处理

对于改装行为的定性问题，是这类案件裁判的关键。行为人改装行为的通常做法是将原产品进行不同程度的加工，使原产品的性能发生变化，主要有两种方式：第一种是“重新包装”，即对低端产品通过检测、清洁、上色、更换商标和外包装等方式改变其外观，然后流入市场。第二种是“加工改造”，即通过对低端产品进行拆分、更换、重组零配件等方式改变性能，实质上属于独立于原产品的再生产品。

针对第一种“重新包装”方式：根据“商标权利用尽原则”，包括商标所有人和被许可人在内的商标权主体以合法的方式销售或转让，主体对该特定商品上的商标权用尽，无权禁止他人在市场上再次销售或直接使用。因此“重新包装”的方式并非对商标权利本身的侵害，构成生产、销售伪劣产品罪的，应当以生产、销售伪劣产品罪定罪处罚。

针对第二种“加工改造”方式：在司法实践中，普遍认为“加工改造”式翻新属于反向假冒行为，构成假冒注册商标罪。例案二中，对于被告单位出售的交换机，是由24接口的低端型号交换机加工改装成48接口的高端型号交换机，升级后的交换机使用性能已经发生实质性变化，是独立于原产品的再生产品。同时，需注意的是，即使在改造前的原产品是正版产品，也不影响被告单位销售的是假冒注册商标的侵权产品，即不影响对于其侵犯商标权的犯罪事实认定。

综上，法院在审查过程中，经过加工改装的“升级”的电子产品，如果产品基本结构、关键部件、主要性能已发生实质性变化的，应视为再生产品，使用同一商标包装的，可以视为假冒注册商标的侵权商品。对于同一商标的低端产品改装成高端产品出售的行为，同样可以作为侵犯注册商标权的犯罪处理。

例案二及例案三均是涉及将同一商标的低端产品加工改装为高端产品出售的刑

事知识产权案件。在例案三中，行为人自行采购或由客户提供低端型号“思科”交换机，用改、加装硬件进行升级的方式，加工生产假冒“思科”牌高端型号交换机，再直接出售牟利或交由客户出售赚取改装加工费用；在例案二中，被告公司未经商标权利人的授权许可，将由低端型号升级而成的高端型号交换机出售给被告人杨某，杨某再出售牟利。在这两起案件中，经加工改装的“升级”产品，因其产品基本结构、关键部件、主要性能已发生实质性变化，应视为再生产品，使用“升级”产品的同一商标包装并出售的，视为假冒注册商标的侵权商品，行为人均构成假冒注册商标罪。

（二）改装产品实质性改变的认定问题

根据前文可知，对于改装产品是否构成假冒注册商标的关键在于认定产品的基本结构、关键部件、主要性能、功能、用途已经发生实质性变化。在认定的实质性变化的过程中，应当以基本结构、关键部件以及主要性能、功能、用途这三个方面作为参数。

比如在例案一中，对于改装电脑的认定过程，较好地运用了这一规则。在涉案电脑中，有 36 台电脑的型号不用于 ThinkPad X220 或者 T420 系列，经鉴定，36 台电脑均被更换了硬盘及内存等主要配件，从而使电脑的质量、性能发生了实质性的变化，与原产品有了本质的区别，已经不再是联想公司的产品，属于独立的再生产品，不能再使用“Lenovo”商标，但是被告人使用了“Lenovo”的注册商标的纸质外包装箱、产品保修卡、电脑机器说明书、产品物质拆分表、电脑背面贴纸、电脑外箱贴纸等。根据相关司法解释规定，假冒注册商标罪中的“使用”包含将注册商标用于商品包装以及产品说明书、商品交易文书等行为。相对而言，涉案的另外 259 台笔记本电脑因未被扣押而无法做具体鉴定，无法确认其改装情况，故无法形成完整的证据链证实 259 台笔记本电脑的改装达到“实质性变化”的标准。因此，不能将其认定为被告人假冒注册商标的商品，也就不能计入被告人假冒注册商标的犯罪数额。

四、辅助信息

《刑法》

第二百一十三条　未经注册商标所有人许可，在同一种商品、服务上使用与其注册商标相同的商标，情节严重的，处三年以下有期徒刑，并处或者单处罚金；情节特别严重的，处三年以上十年以下有期徒刑，并处罚金。

第二百一十四条 销售明知是假冒注册商标的商品，违法所得数额较大或者有其他严重情节的，处三年以下有期徒刑，并处或者单处罚金；违法所得数额巨大或者有其他特别严重情节的，处三年以上十年以下有期徒刑，并处罚金。

《商标法》

第四十三条 商标注册人可以通过签订商标使用许可合同，许可他人使用其注册商标。许可人应当监督被许可人使用其注册商标的商品质量。被许可人应当保证使用该注册商标的商品质量。

经许可使用他人注册商标的，必须在使用该注册商标的商品上标明被许可人的名称和商品产地。

许可他人使用其注册商标的，许可人应当将其商标使用许可报商标局备案，由商标局公告。商标使用许可未经备案不得对抗善意第三人。

第四十八条 本法所称商标的使用，是指将商标用于商品、商品包装或者容器以及商品交易文书上，或者将商标用于广告宣传、展览以及其他商业活动中，用于识别商品来源的行为。

第五十二条 将未注册商标冒充注册商标使用的，或者使用未注册商标违反本法第十条规定的，由地方工商行政管理部门予以制止，限期改正，并可以予以通报，违法经营额五万元以上的，可以处违法经营额百分之二十以下的罚款，没有违法经营额或者违法经营额不足五万元的，可以处一万元以下的罚款。

第五十七条 有下列行为之一的，均属侵犯注册商标专用权：

（一）未经商标注册人的许可，在同一种商品上使用与其注册商标相同的商标的；

（二）未经商标注册人的许可，在同一种商品上使用与其注册商标近似的商标，或者在类似商品上使用与其注册商标相同或者近似的商标，容易导致混淆的；

（三）销售侵犯注册商标专用权的商品的；

（四）伪造、擅自制造他人注册商标标识或者销售伪造、擅自制造的注册商标标识的；

（五）未经商标注册人同意，更换其注册商标并将该更换商标的商品又投入市场的；

（六）故意为侵犯他人商标专用权行为提供便利条件，帮助他人实施侵犯商标专用权行为的；

（七）给他人的注册商标专用权造成其他损害的。

第六十一条　对侵犯注册商标专用权的行为，工商行政管理部门有权依法查处；涉嫌犯罪的，应当及时移送司法机关依法处理。

《知识产权刑事司法解释》

第八条　刑法第二百一十三条规定的“相同的商标”，是指与被假冒的注册商标完全相同，或者与被假冒的注册商标在视觉上基本无差别、足以对公众产生误导的商标。

刑法第二百一十三条规定的“使用”，是指将注册商标或者假冒的注册商标用于商品、商品包装或者容器以及产品说明书、商品交易文书，或者将注册商标或者假冒的注册商标用于广告宣传、展览以及其他商业活动等行为。

《知识产权刑事司法解释（二）》

第四条　对于侵犯知识产权犯罪的，人民法院应当综合考虑犯罪的违法所得、非法经营数额、给权利人造成的损失、社会危害性等情节，依法判处罚金。罚金数额一般在违法所得的一倍以上五倍以下，或者按照非法经营数额的50%以上一倍以下确定。

《知识产权刑事司法解释（三）》

第十条　对于侵犯知识产权犯罪的，应当综合考虑犯罪违法所得数额、非法经营数额、给权利人造成的损失数额、侵权假冒物品数量及社会危害性等情节，依法判处罚金。

罚金数额一般在违法所得数额的一倍以上五倍以下确定。违法所得数额无法查清的，罚金数额一般按照非法经营数额的百分之五十以上一倍以下确定。违法所得数额和非法经营数额均无法查清，判处三年以下有期徒刑、拘役、管制或者单处罚金的，一般在三万元以上一百万元以下确定罚金数额；判处三年以上有期徒刑的，一般在十五万元以上五百万元以下确定罚金数额。

《商标侵权判断标准》

第三条　判断是否构成商标侵权，一般需要判断涉嫌侵权行为是否构成商标法意义上的商标的使用。

商标的使用，是指将商标用于商品、商品包装、容器、服务场所以及交易文书上，或者将商标用于广告宣传、展览以及其他商业活动中，用以识别商品或者服务来源的行为。

第七条 判断是否为商标的使用应当综合考虑使用人的主观意图、使用方式、宣传方式、行业惯例、消费者认知等因素。

第八条 未经商标注册人许可的情形包括未获得许可或者超出许可的商品或者服务的类别、期限、数量等。

第十七条 判断商标是否相同或者近似，应当在权利人的注册商标与涉嫌侵权商标之间进行比对。

假冒注册商标刑事案件裁判规则第 11 条：

“实际销售价格”是认定非法经营数额的最直观因素，对其判定可根据已查获的销售记录、报价单、销售单价、数量、发货单、销售商的供述和证人证言等能够证明商品单价、数量和总金额的证据综合认定

【规则描述】 商标是无形资产，假冒注册商标罪的构成与否及刑罚的具体适用，非法经营数额是其最为重要的量化标准之一。认定假冒注册商标罪中的非法经营数额有四个计算标准：实际销售价格，标价，实际销售的平均价格，市场中间价格。四个标准之间按照顺序依次认定，前者优于后者。对已销售的侵权产品案件中的非法经营数额认定，按照实际销售的价格计算。认定实际销售价格，根据能够证明商品单价、数量和总金额的证据综合认定，实际销售价格的计算无需扣除成本。

一、类案检索大数据报告

时间：2022 年 7 月 1 日之前，案例来源：Alpha 案例库，案件数量：10022 件，数据采集时间：2022 年 7 月 1 日。本次检索共获取认定假冒注册商标罪中“实际销售价格”2022 年 7 月 1 日之前 10022 篇裁判文书。整体情况如图 11-1 所示，从案件年份分布可以看到当前条件下案例数量的变化趋势。

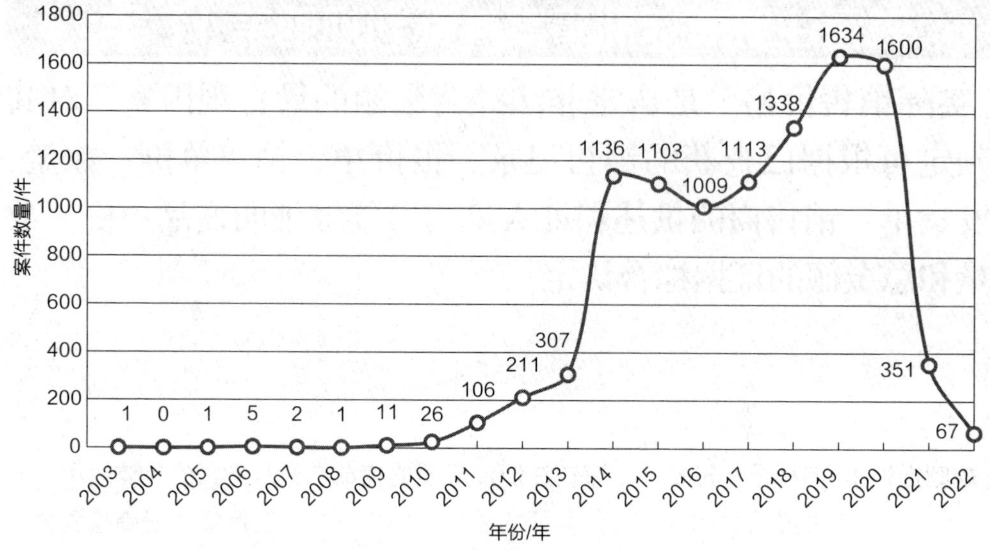

图 11–1　案件年份分布情况

如图 11–2 所示，从地域分布来看，当前假冒注册商标案例主要集中在广东省、江苏省、福建省，分别占比 28.67%、10.91%、10.83%。其中广东省的案件量最多，达到 2873 件。

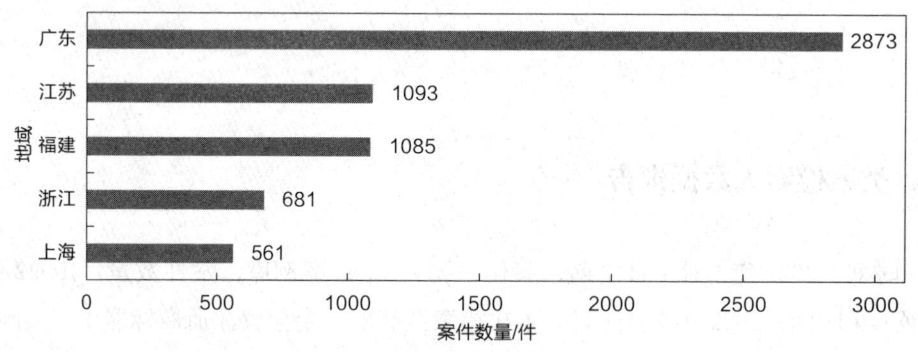

图 11–2　案件地域分布情况

如图 11–3 所示，从案件程序分类统计可以看到假冒注册商标罪当前的审理程序分布状况，其中一审案件有 8396 件，二审案件有 1546 件，再审案件有 41 件，执行案件有 16 件。一审上诉率约为 18.41%。

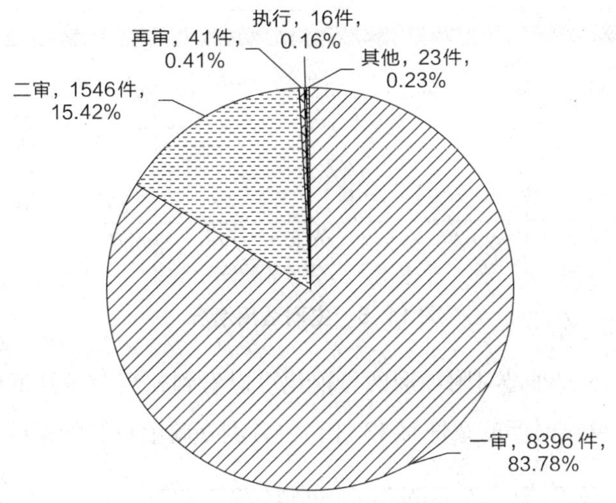

图 11–3　案件程序分类情况

如图 11–4 所示，通过对二审裁判结果的可视化分析可以看到，当前条件下维持原判的有 1142 件，占比为 73.87%；改判的有 324 件，占比为 20.96%；其他的有 55 件，占比为 3.56%。

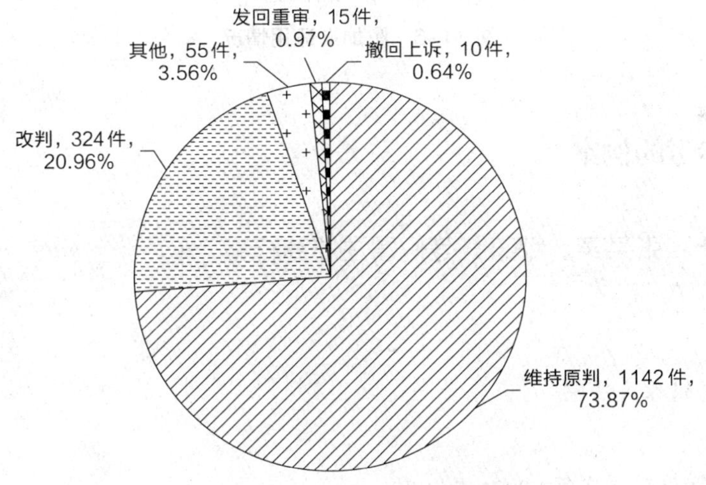

图 11–4　二审裁判结果情况

如图 11–5 所示，通过对主刑的可视化可以看到，当前条件下包含有期徒刑的案件有 8130 件，包含拘役的案件有 416 件，包含无期徒刑的案件有 1 件。其中包含缓刑的案件有 4958 件，免予刑事处罚的案件有 39 件。

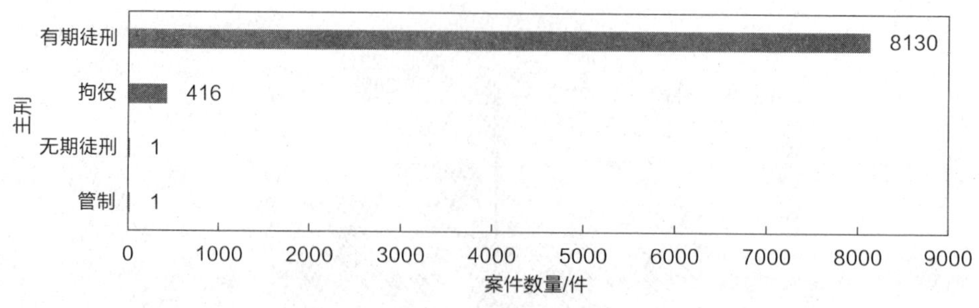

图 11-5　主刑适用情况

如图 11-6 所示，通过对附加刑的可视化可以看到，当前条件下包含罚金的案件有 8337 件，包含没收财产的案件有 13 件，包含剥夺政治权利的案件有 5 件。

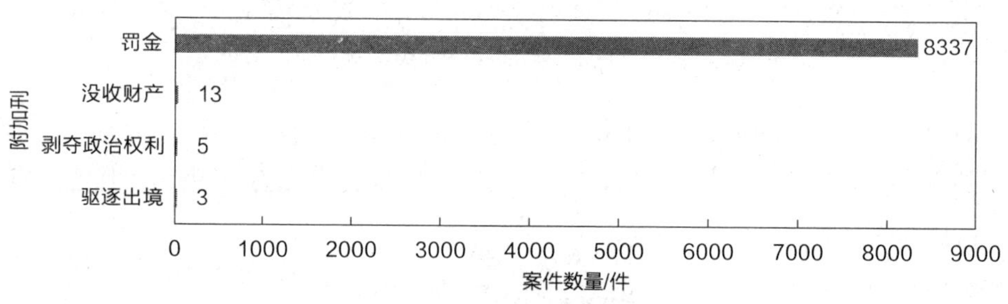

图 11-6　附加刑适用情况

二、可供参考的例案

例案一：张某某、邹某某等假冒注册商标案

【法院】

湖北省高级人民法院

【案号】

（2015）鄂知刑终字第 00001 号

【诉讼主体】

原公诉机关：湖北省襄阳市人民检察院

上诉人（原审被告人）：张某某

上诉人（原审被告人）：邹某某

上诉人（原审被告人）：王某某

【基本案情】

2012年以来，被告人张某某为了制造假冒的调味品销售牟利，与被告人王某某电话联系，从王某某处购买未经授权非法制造的南德调味料包装袋1.万套、莲花味精包装袋25000套，并向王某某汇款5250元。后被告人张某某、邹某某先购买一般品牌的味精、鸡精，进行包装后冒充名牌产品“太太乐”鸡精、“莲花”味精产品进行销售，后又自己配方，用食盐、味精、香料等制造调味品，冒充名牌产品“南德”调味料进行销售，销售额达115565元。

2013年8月14日，老河口市公安局对张某某、邹某某二人租住地方及租用的仓库进行了搜查，发现了大量的制假设备、原料以及假冒的“南德”调味品、“太太乐”鸡精、“莲花”味精包装、商标标识。经鉴定，从张某某、邹某某处查获的“南德”调味料、“太太乐”鸡精、“莲花”味精包装、商标标识均系未经授权的伪造产品。

另查明：河南省南街村（集团）有限公司于1998年9月28日受让取得第1141227号“南街村及图”商标，该商标核定使用商品为第30类，即方便面、调味品等，现该商标在核准的法定有效期限内。2004年11月12日，该商标被国家工商行政管理总局认定为驰名商标。雀巢产品有限公司系第1506180号“太太乐”商标的商标注册人，该商标核定使用商品为第30类，即佐料、味精、调味品等，上海太太乐食品有限公司经雀巢产品有限公司授权许可使用上述商标。该商标尚在核准的法定有效期限内，亦被认定为驰名商标。河南莲花味精股份有限公司于2000年12月28日受让取得第919410号“莲花”商标，该商标核定使用商品为第30类，即咖啡调味品、味精等，现该商标在核准的有效期限内，且为驰名商标。被告人张某某、邹某某所使用的“南德”调味料、“太太乐”鸡精以及“莲花”味精外包装袋上均印制有与上述商标相同的商标标识。

【案件争点】

行为人擅自制造他人注册商标标识并销售明知是假冒他人注册商标的商品的，如何认定犯罪数额。

【裁判要旨】

一审法院经审理认为，被告人张某某、邹某某均已构成假冒注册商标罪，被告人王某某已构成销售非法制造的注册商标标识罪。

一审宣判后，被告人张某某、邹某某等不服，提出上诉。张某某认为原审认定部分事实不清，证据不足，原审法院依据张某某的供述和刘某某的证言认定的销售额不准确，应以出货笔记本的记载为准。张某某的辩护人认为原审认定部分事实不清，证据不足，应扣减一部分非法经营额。

二审法院经审理认为，关于上诉人张某某、邹某某销售给刘某某和李某某的假冒产品数量及金额认定的问题。经查，指证上诉人张某某、邹某某向刘某某和李某某销售假冒产品的数量和金额的证据确实、充分，其理由如下：首先，公安机关扣押的张某某、邹某某的出货笔记本的记账时间为2013年2月至8月，该账本所记载的销售数量显然不是其销售假冒产品的完整记录，不能作为认定全部销售数量的定案依据；其次，公安机关取得证人刘某某和证人李某某证言的程序合法，经一审庭审举证、质证，可以作为证据使用；再次，证人刘某某和证人李某某作为涉案假冒产品的购买者和销售者，在其作证对己不利的情形下，仍然准确陈述了购买涉案假冒产品的数量，其证言的真实可信度高；最后，上诉人张某某供述的销售给刘某某和李某某的假冒产品数量及金额，分别与刘某某和李某某的证言能够相互印证。据此可以认定，原审判决认定张某某、邹某某向刘某某销售假冒的“莲花”味精664箱（单价65元）、销售额为43160元以及张某某、邹某某向李某某销售假冒的“莲花”味精123箱（单价65元）、“南德”调味料351箱（单价50元）、销售额为25545元的事实清楚，证据确实、充分。上诉人张某某及其辩护人关于张某某、邹某某销售给刘某某和李某某的假冒产品应予扣减的上诉理由和辩护意见不能成立，法院不予采纳。

例案二：保定泰森光伏科技有限公司、江苏洁阳光电科技有限公司等假冒注册商标案

【法院】

江苏省无锡市中级人民法院

【案号】

（2019）苏02刑终541号

【诉讼主体】

原公诉机关：江苏省无锡市新吴区人民检察院

上诉单位（原审被告单位）：保定泰森光伏科技有限公司

上诉人（原审被告人）：王某

上诉人（原审被告人）：张在某

原审被告单位：江苏洁阳光电科技有限公司

原审被告人：张某

【基本案情】

英利公司系第 6173660 号“英利 YINGLI”、第 6173894 号“YINGLISOLAR”注册商标专用权人，核定使用商品为第 9 类：光学品、单晶硅、多晶硅、集成电路、光电管、太阳能电池、光电电器控制器等。

2017 年 5 月至 11 月，时任保定泰森光伏科技有限公司（以下简称泰森公司）法定代表人的原审被告人王某为单位谋取利益，未经英利公司许可，以单位名义与江苏洁阳光电科技有限公司（以下简称洁阳公司）签订购销合同，委托洁阳公司生产假冒“英利 YINGLI”“YINGLI SOLAR”注册商标的太阳能光伏组件，由泰森公司提供部分原材料及假冒注册商标铭牌、包装箱，并安排泰森公司员工原审被告人张某负责生产对接、指导贴标及对账结算等事宜。期间，时任洁阳公司法定代表人的原审被告人张在某，在明知泰森公司无英利公司授权的情况下，为单位谋取利益，仍组织公司员工陈某、胡某、刘某等人为泰森公司生产太阳能光伏组件 31452 块，并依约定在上述商品上使用“英利 YINGLI”“YINGLI SOLAR”商标铭牌及包装，非法经营数额共计人民币 2030 余万元，泰森公司违法所得人民币 280 余万元，洁阳公司违法所得人民币 50 余万元。

2017 年 11 月 10 日，公安机关在洁阳公司查获上述部分太阳能光伏组件 326 块及“英利”商标铭牌 5099 片。

【案件争点】

非法经营数额的认定依据及非法经营数额是否包括生产成本。

【裁判要旨】

一审法院经审理认为，被告单位泰森公司、洁阳公司未经注册商标所有人英利公司许可，共同在同一种商品上使用与其注册商标相同的商标，情节特别严重，构成假冒注册商标罪，且系单位犯罪、共同犯罪。关于被告单位泰森公司的辩护人刘柏成提出的证据不足以证明非法经营数额 2030 余万元的辩护意见，原审法院认为，经庭审质证的被告单位泰森公司、洁阳公司之间的款项交易记录、发货清单、物流清单、对账明细及交易明细可以相互印证太阳能光伏组件发货的数量及交易金额，且公诉机关已就未贴标产品在非法经营数额中予以扣除，可以认定非法经营数额 2030 余万元，故对该辩护意见原审法院不予采纳。关于被告单位泰森公司的辩护人刘某成、被告人王某的辩护人王某焱、被告人张在某的辩护人戴某兵提出的非法经营数额应当扣除成本、被告单位泰森公司销售给英利公司子公司、分公司货值的辩护意见以及提供的相应交易凭证，原审法院认为，非法经营数额是指行为人在实施侵犯知识产权行为过程中，制造、储存、运输、销售侵权产品的价值，其生产成本包含在销售价值中应当计算在非法经营数额内，至于销售给英利公司的关联公司假冒注册商标的商品并不代表英利公司对假冒注册商标犯罪事实的认可，不应当予以扣除，故对该辩护意见原审法院不予采纳。

宣判后，被告人泰森公司以“非法经营数额未经审计，证据之间无法相互印证，原审法院依据洁阳公司对账单认定非法经营数额属于依据不足”，被告人王某以“泰森公司并未确认对账单，并不足以证明非法经营数额达到2030万元；非法经营数额中未扣除400多万元成本以及销售给英利公司关联公司的1000多万元货物；法院计算的非法经营数额纳入了其并未获取的收益”，被告人张在某以“一审判决认定非法经营数额为2030万元属于事实不清、证据不足。认定2030万元数额的证据仅有泰森公司和洁阳公司的对账明细和物流清单等书证，而泰森公司销售给客户的侵权产品未能查获，也无法作出涉案侵权产品金额的审计报告，此外泰森公司提供给洁阳公司的配件金额约400万元，应当在非法经营数额中予以扣除”等为由提起上诉。

二审法院经审理认为，上诉单位泰森公司及原审被告洁阳公司未经注册商标所有人英利公司许可，共同在同一种商品上使用与其注册商标相同的商标，情节特别严重，均构成假冒注册商标罪。关于泰森公司及其辩护人、王某及其辩护人、张在某及其辩护人对本案非法经营数额所提出上诉理由和辩护意见，法院认为，根据《知识产权刑事司法解释》第12条第1款的规定，“非法经营数额”是指行为人在实施侵犯知识产权行为过程中，制造、储存、运输、销售侵权产品的价值。已销售的侵权产品的价值，按照实际销售的价格计算。制造、储存、运输和未销售的侵权产品的价值，按照标价或者已经查清的侵权产品的实际销售平均价格计算。侵权产品没有标价或者无法查清其实际销售价格的，按照被侵权产品的市场中间价格计算。非法经营数额的计算无需扣除成本。本案中，原审法院认定非法经营数额系根据经庭审质证的泰森公司、洁阳公司之间的款项交易记录、发货清单、物流清单、对账明细及交易明细等证据，而非仅依据洁阳公司对账单。上述证据经多方确认、相互印证，可以证明泰森公司、洁阳公司就涉案假冒太阳能光伏组件发货的数量及交易金额。泰森公司有关洁阳公司存在自行生产、销售涉案假冒产品的主张，与事实不符。现有证据可以认定泰森公司、洁阳公司制造涉案假冒太阳能光伏组件的非法经营数额，在扣除未贴标产品价值后仍达到2030余万元。故对泰森公司及其辩护人、王某及其辩护人、张在某及其辩护人的上述辩解、辩护意见不予采纳。本案中，英利公司并未授权泰森公司、洁阳公司在其所生产的涉案太阳能光伏组件产品上使用“英利”商标，事后亦未给予追认，而泰森公司、洁阳公司所制造的涉案产品总价值达到2030万元，属于情节特别严重，符合假冒注册商标罪的认定标准。

例案三：杨某甲、章某某等假冒注册商标案

【法院】

吉林省吉林市中级人民法院

【案号】

（2013）吉中刑终字第90号

【诉讼主体】

抗诉机关（原公诉机关）：吉林省吉林市昌邑区人民检察院

原审被告人：杨某甲

原审被告人：章某某

原审被告人：高某某

原审被告人：董某某

原审被告人：祝某某

【基本案情】

原审被告人杨某甲、章某某、高某某伙同曹海红（在逃）于2011年5月至9月间，经预谋商定投资份额及分工后，租用位于吉林省长春市一间堡镇的一平房，雇用被告人董某某、祝某某等相关人员，利用水处理机、吹瓶机、灌装机、塑包机和喷码机等设备，采取配料兑水制成饮料并打入二氧化碳的手段，生产假冒百事公司注册的“百事可乐”“美年达”“雪碧”商标品牌胶瓶饮料对外进行销售。先后将假冒的“百事可乐”“美年达”“雪碧”牌饮料销售到长春市及吉林市等地，杨某甲销售2069件饮料，每件32元，非法销售金额计人民币66208元。

2011年10月13日，公安机关在对该厂房及杨某甲的仓库依法搜查时，当场查获假冒“百事可乐”“美年达”“雪碧”牌饮料成品共计973箱，其中600毫升饮料568箱，2升饮料405箱，按其销售的平均价格计算，尚未出售的假冒饮料成品合计价值人民币2万余元。

【案件争点】

仅以查获的被告人书证账本中的记录及部分被告人的供述，是否可以推定被告人的非法经营数额。

【裁判要旨】

一审法院经审理认为，被告人杨某甲、章某某、高某某违反商标管理法规，未经注册商标所有人许可，擅自在同一种商品上使用与他人注册商标相同的商标，侵犯他人注册商标专用权，情节严重，其行为均已构成假冒注册商标罪。关于公诉机关指控被告人销售的8117箱饮料，非法经营额是340914元的问题，是通过取得董某某的记账本，在记账本上写有累计形成的运费8117元，卖一件饮料产生的运费是1元，公诉机关以此推算被告人共销售饮料8117箱，非法经营额是340914元。而该8117元在记账本上记载是24次记录累计组成，其中最多一次是1000余元，其他还有20元、25元、60元、75元、87元的小数额，对此公诉机关在庭审中认为这些小数额也许是向附近的小超市运送假冒饮料，亦为推定。原审法院认为，对各被告人关于非法经营数额的认定不仅要证据充分，且证据必须具有唯一性和排他性，而不应以推理认定。根据高某某当庭供述，8117元运费中还有包含厂里运设备、买原材料及运鸡蛋的运费，杨某甲、章某某对此推算被告人共销售饮料8117箱，非法经营额是340914元亦始终提出异议，认为与事实不符。因此公诉机关指控被告人销售的8117箱饮料，非法经营额是340914元证据不足。

根据记账本2011年8月13日记载，杨某甲销售2069件饮料，每件32元，非法销售金额计人民币66208元。对上述非法销售金额，杨某甲、章某某、高某某供认。对于在杨某甲处还有销售款28868元，应否包含在非法销售金额人民币66208元之内问题。因在记账本中未写明非法销售金额人民币66208元内不包含在杨某甲处的28868元，且杨某甲、章某某、高某某对此表示非法销售金额计人民币66208元中包含在杨某甲处的28868元。通过其他被告人的供述及证人证言，虽不能准确说明生产假冒饮料的数量，但能够证明生产销售假冒饮料的箱数在2000～3000箱左右。所以，在本案无法精准确定非法经营数额，且证据不充分情况下，应本着有罪从轻、疑罪从无的原则，认定杨某甲、章某某、高某某非法经营假冒饮料的数额是91674元（其中包括杨某甲销售2069件假冒饮料，每件32元，非法销售金额计人民币66208元及公安机关扣押的尚未出售的假冒饮料600毫升568箱×32元=18176元，2升405箱×18元=7290元）。

吉林市昌邑区人民检察院的抗诉意见认为，原判认定杨某甲、章某某、高某某非法销售金额为人民币91674元的事实错误，导致适用法律错误，量刑畸轻。现有证据可以认定该饮料厂生产8117件假饮料制品，实际销售金额为每件42元，据此，被告人的非法销售金额应为340914元，应依照《刑法》第213条情节特别严重之规定定罪量刑。

吉林市人民检察院出庭意见认为：支持吉林市昌邑区人民检察院意见，但对其所提出的实际销售金额为每件42元，非法销售金额应为人民币340914元，认定不当，应认定为每件32元，非法销售金额共计259744元（8117件 ×32元）。

原审被告人杨某甲、章某某、高某某均称该饮料厂约生产假饮料3000余件。原审被告人章某某的辩护人认为，抗诉机关认定被告人销售了8117件假冒饮料，该项主张除有记账本予以证实以外，其他证据仅有证人证言，而根据朱某甲等相关证人证言能够认定的销售量最多也就是1200余件，故一审法院本着有罪从轻、疑罪从无的原则定罪量刑是正确的。

二审法院经审理认为，原审被告人杨某甲、章某某、高某某违反商标管理法规，未经注册商标所有人许可，擅自在同一种商品上使用与他人注册商标相同的商标，侵犯他人注册商标专用权，情节严重，其行为均已构成假冒注册商标罪。关于抗诉机关依据书证账本及高某某、董某某的供述认定被告人共销售了8117件假饮料的观点，经查，这一数字除在记账本中有所体现，就只有部分被告人供述，现该部分被告人供述也已发生变化，两者之间无法做到相互印证，且与其他被告人的供述及购买者所证实的数量也不相吻合，故认定被告人销售8117件假饮料这一事实的证据不充分，检察机关的该项抗诉观点不能成立，法院不予支持。

三、裁判规则提要

（一）非法经营数额与违法所得数额

我国《刑法》第213条并未直接规定数额是假冒注册商标罪的构成要件，而是将“情节严重”作为该罪的入刑标准，2004年《知识产权刑事司法解释》第1条就“情节严重”标准作了进一步明确，将数额规定为情节严重与否的判断标准，即非法经营数额和违法所得数额。且二者的数额标准处于并列关系，即只要其中任何一个犯罪数额达到规定的标准，即构成假冒注册商标罪。

非法经营数额是行为人在假冒注册商标罪中所涉及的侵权产品的总数额，既包括已出售假冒商品的价值，也包括未出售假冒商品的价值。其中，已出售假冒商品的价值按实际销售的价格计算，实际销售价格的认定应根据能够证明商品单价、数量和总金额的证据综合认定。在例案一中，法院即是根据被告人的出货笔记本所记载的时间、销售数量，再结合被告人的供述、证人证言、销售价格等证据，认定被告人的犯罪数额。

关于违法数额的认定，最高人民法院的相关司法解释及批复将违法所得解释为“获利数额”，如《非法出版物刑事案件应用问题解释》中规定：本解释所称“违法所得数额”是指获利数额。

非法经营数额、违法所得数额均为假冒注册商标罪定罪量刑的重要标准，从《知识产权刑事司法解释》规定来看，非法经营数额入刑起点相对高，且在已销售的情形下等同于销售收入，故违法所得数额应在此基础上做减法，即销售收入扣除直接用于经营活动的合理支出。二者在假冒注册商标罪中是并列关系，当既有非法经营数额又有违法所得数额时，应当以较高法定刑对应的数额作为入罪标准，如果非法经营数额、违法所得数额对应同一法定刑的，应当以体现出更大的社会危害性、可能判处较高刑罚的数额作为入罪标准。

（二）实际销售价格计算标准的举证规制

刑事诉讼证据举证规则应遵从“疑点利益归于被告”，公诉机关有证明实际交易价格存在的举证责任，当不能提供证据的，由公诉人承担不利后果，即推定另一方享有该争议利益。如在例案三中，一审法院认为“在本案无法精准确定非法经营数额，且证据不充分情况下，应本着有罪从轻、疑罪从无的原则，应认定杨某甲、章某某、高某某非法经营假冒饮料的数额是91674元”，公诉机关为此提出抗诉，认为原判认定杨某甲等非法销售金额91674元的事实错误，二审法院审理认为“关于抗诉机关依据书证账本及高某某、董某某的供述认定被告人共销售了8117件假饮料的观点，经查，这一数字除在记账本中有所体现，就只有部分被告人供述，现该部分被告人供述也已发生变化，两者之间无法做到相互印证，且与其他被告人的供述及购买者所证实的数量也不相吻合，故认定被告人销售8117件假饮料这一事实的证据不充分，检察机关的该项抗诉观点不能成立，法院不予支持。”

但也应看到，在假冒注册商标犯罪案件中，有些证据只有被告人掌握，即使公诉机关穷尽所有侦查手段也难以取得。在此情况下，应先由公诉机关尽力查清已销售商品的实际销售价格，如确有取证困难的，可在告知被告人无实际销售价格其将承担更为不利的法律后果的前提下，由被告人考虑是否承担证明标价或实际销售价格的举证责任。如被告人愿意承担并提供了证据，司法机关应严格核实该证据的真实性以便是否采纳；若被告人不愿承担，公诉方可依据司法解释的规定，对已销售的假冒商品以被侵权产品的市场中间价格计算。

（三）假冒注册商标产品实际销售价格的计算依据

为查明假冒产品的实际销售价格，首先应查明已销售假冒注册商标产品的交易记录、发货清单、物流清单、账本、发票、合同等书证，以书证认定实际销售价格。如没有相关书证，且符合下列情形的，按被告人供述的实际销售价格计算非法经营数额：一是证人证言，如曾经购买过假冒注册商标产品的买家所述的价格与被告人供认的销售价格基本一致；二是其他被告人的供述，如案件中不只是存在一名被告人的，在相互之间不可能串供的情况下，各被告人供认的销售价格基本一致；三是在只有一名被告人，无法通过供述基本一致来确认实际销售价的情况下，结合出售地点、出售时间、其他类似赃物的销售价格、成本等综合客观因素能够验证犯罪嫌疑人供述的准备销售的价格。如在例案二中，二审法院审理认为"本案中，原审法院认定非法经营数额系根据经庭审质证的泰森公司、洁阳公司之间的款项交易记录、发货清单、物流清单、对账明细及交易明细等证据，而非仅依据洁阳公司对账单。上述证据经多方确认、相互印证，可以证明泰森公司、洁阳公司就涉案假冒太阳能光伏组件发货的数量及交易金额。泰森公司有关洁阳公司存在自行生产、销售涉案假冒产品的主张，与事实不符。现有证据可以认定泰森公司、洁阳公司制造涉案假冒太阳能光伏组件的非法经营数额。"

四、辅助信息

《刑法》

第二百一十三条　未经注册商标所有人许可，在同一种商品、服务上使用与其注册商标相同的商标，情节严重的，处三年以下有期徒刑，并处或者单处罚金；情节特别严重的，处三年以上十年以下有期徒刑，并处罚金。

《商标法》

第六十条 有本法第五十七条所列侵犯注册商标专用权行为之一，引起纠纷的，由当事人协商解决；不愿协商或者协商不成的，商标注册人或者利害关系人可以向人民法院起诉，也可以请求工商行政管理部门处理。

工商行政管理部门处理时，认定侵权行为成立的，责令立即停止侵权行为，没收、销毁侵权商品和主要用于制造侵权商品、伪造注册商标标识的工具，违法经营额五万元以上的，可以处违法经营额五倍以下的罚款，没有违法经营额或者违法经营额不足五万元的，可以处二十五万元以下的罚款。对五年内实施两次以上商标侵权行为或者有其他严重情节的，应当从重处罚。销售不知道是侵犯注册商标专用权的商品，能证明该商品是自己合法取得并说明提供者的，由工商行政管理部门责令停止销售。

对侵犯商标专用权的赔偿数额的争议，当事人可以请求进行处理的工商行政管理部门调解，也可以依照《中华人民共和国民事诉讼法》向人民法院起诉。经工商行政管理部门调解，当事人未达成协议或者调解书生效后不履行的，当事人可以依照《中华人民共和国民事诉讼法》向人民法院起诉。

《刑事诉讼法》

第五十一条 公诉案件中被告人有罪的举证责任由人民检察院承担，自诉案件中被告人有罪的举证责任由自诉人承担。

第五十二条 审判人员、检察人员、侦查人员必须依照法定程序，收集能够证实犯罪嫌疑人、被告人有罪或者无罪、犯罪情节轻重的各种证据。严禁刑讯逼供和以威胁、引诱、欺骗以及其他非法方法收集证据，不得强迫任何人证实自己有罪。必须保证一切与案件有关或者了解案情的公民，有客观地充分地提供证据的条件，除特殊情况外，可以吸收他们协助调查。

《商标法实施条例》

第七十八条 计算商标法第六十条规定的违法经营额，可以考虑下列因素：

（一）侵权商品的销售价格；

（二）未销售侵权商品的标价；

（三）已查清侵权商品实际销售的平均价格；

（四）被侵权商品的市场中间价格；

（五）侵权人因侵权所产生的营业收入；

（六）其他能够合理计算侵权商品价值的因素。

《知识产权刑事适用意见》

十四、关于多次实施侵犯知识产权行为累计计算数额问题

依照最高人民法院、最高人民检察院《关于办理侵犯知识产权刑事案件具体应用法律若干问题的解释》第十二条第二款的规定，多次实施侵犯知识产权行为，未经行政处理或者刑事处罚的，非法经营数额、违法所得数额或者销售金额累计计算。

二年内多次实施侵犯知识产权违法行为，未经行政处理，累计数额构成犯罪的，应当依法定罪处罚。实施侵犯知识产权犯罪行为的追诉期限，适用刑法的有关规定，不受前述二年的限制。

《知识产权刑事司法解释》

第一条　未经注册商标所有人许可，在同一种商品上使用与其注册商标相同的商标，具有下列情形之一的，属于刑法第二百一十三条规定的“情节严重”，应当以假冒注册商标罪判处三年以下有期徒刑或者拘役，并处或者单处罚金：

（一）非法经营数额在五万元以上或者违法所得数额在三万元以上的；

（二）假冒两种以上注册商标，非法经营数额在三万元以上或者违法所得数额在二万元以上的；

（三）其他情节严重的情形。

具有下列情形之一的，属于刑法第二百一十三条规定的“情节特别严重”，应当以假冒注册商标罪判处三年以上七年以下有期徒刑，并处罚金：

（一）非法经营数额在二十五万元以上或者违法所得数额在十五万元以上的；

（二）假冒两种以上注册商标，非法经营数额在十五万元以上或者违法所得数额在十万元以上的；

（三）其他情节特别严重的情形。

第十二条　本解释所称“非法经营数额”，是指行为人在实施侵犯知识产权行为过程中，制造、储存、运输、销售侵权产品的价值。已销售的侵权产品的

价值，按照实际销售的价格计算。制造、储存、运输和未销售的侵权产品的价值，按照标价或者已经查清的侵权产品的实际销售平均价格计算。侵权产品没有标价或者无法查清其实际销售价格的，按照被侵权产品的市场中间价格计算。

多次实施侵犯知识产权行为，未经行政处理或者刑事处罚的，非法经营数额、违法所得数额或者销售金额累计计算。

本解释第三条所规定的“件”，是指标有完整商标图样的一份标识。

《非法出版物刑事案件应用问题解释》

第十七条 本解释所称“经营数额”，是指以非法出版物的定价数额乘以行为人经营的非法出版物数量所得的数额。

本解释所称“违法所得数额”，是指获利数额。

非法出版物没有定价或者以境外货币定价的，其单价数额应当按照行为人实际出售的价格认定。

《行政处罚案件违法所得认定办法》

第二条 工商行政管理机关认定违法所得的基本原则是：以当事人违法生产、销售商品或者提供服务所获得的全部收入扣除当事人直接用于经营活动的适当的合理支出，为违法所得。

本办法有特殊规定的除外。

第三条 违法生产商品的违法所得按违法生产商品的全部销售收入扣除生产商品的原材料购进价款计算。

第四条 违法销售商品的违法所得按违法销售商品的销售收入扣除所售商品的购进价款计算。

第五条 违法提供服务的违法所得按违法提供服务的全部收入扣除该项服务中所使用商品的购进价款计算。

第六条 违反法律、法规的规定，为违法行为提供便利条件的违法所得按当事人的全部收入计算。

第七条 违法承揽的案件，承揽人提供材料的，按照本办法第三条计算违法所得；定做人提供材料的，违法所得按本办法第五条计算。

第八条 在传销违法活动中，拉人头、骗取入门费式传销的违法所得按当事人的全部收入计算。团队计酬式传销的违法所得，销售自产商品的，按违法销售商品的收入扣除生产商品的原材料购进价款计算；销售非自产商品的，按违法销售商品的收入扣除所售商品的购进价款计算。

第九条　在违法所得认定时，对当事人在工商行政管理机关作出行政处罚前依据法律、法规和省级以上人民政府的规定已经支出的税费，应予扣除。

《知识产权侵权惩治意见》

十四、通过网络销售实施侵犯知识产权犯罪的非法经营数额、违法所得数额，应当综合考虑网络销售电子数据、银行账户往来记录、送货单、物流公司电脑系统记录、证人证言、被告人供述等证据认定。

假冒注册商标刑事案件裁判规则第 12 条：

假冒注册商标罪的单位犯罪认定，单位决策机构决定，或经单位主要负责人、分管负责人事先同意、指使或明知而不制止实施假冒注册商标犯罪行为，且违法犯罪所得全部或主要部分归属单位的，构成假冒注册商标罪的单位犯罪

【规则描述】 构成单位犯罪必须满足犯罪意志的整体性和非法利益归属的团体性两个特征，即单位决策机构（人）决定实施犯罪和违法所得归单位所有。为单位谋取利益是假冒注册商标罪单位犯罪最根本的特征，犯罪所得归单位所有是为单位谋利的表征，假冒注册商标犯罪行为是否体现了单位意志是区分单位犯罪和自然人犯罪的关键。凡是由单位意思决定，或经单位主要负责人、分管负责人事先同意、指使或明知而不制止实施假冒注册商标犯罪行为，且犯罪所得款项全部或者主要部分用于单位的，以单位犯罪论处；凡是盗用单位名义实施犯罪，犯罪所得由实施犯罪的个人私分的，不以单位犯罪论处，而是依照个人犯罪的规定定罪处罚；此外，单位消亡的，亦不以单位犯罪论处，但单位分立、合并的，分立、合并前的单位构成该罪。

一、类案检索大数据报告

时间：2022 年 7 月 1 日之前，案例来源：Alpha 案例库，案件数量：806 件，数据采集时间：2022 年 7 月 1 日。本次检索共获取认定假冒注册商标罪中“单位犯罪”2022 年 7 月 1 日之前 806 篇裁判文书。整体情况如图 12-1 所示，从案件年份分布可以看到当前条件下案例数量的变化趋势。

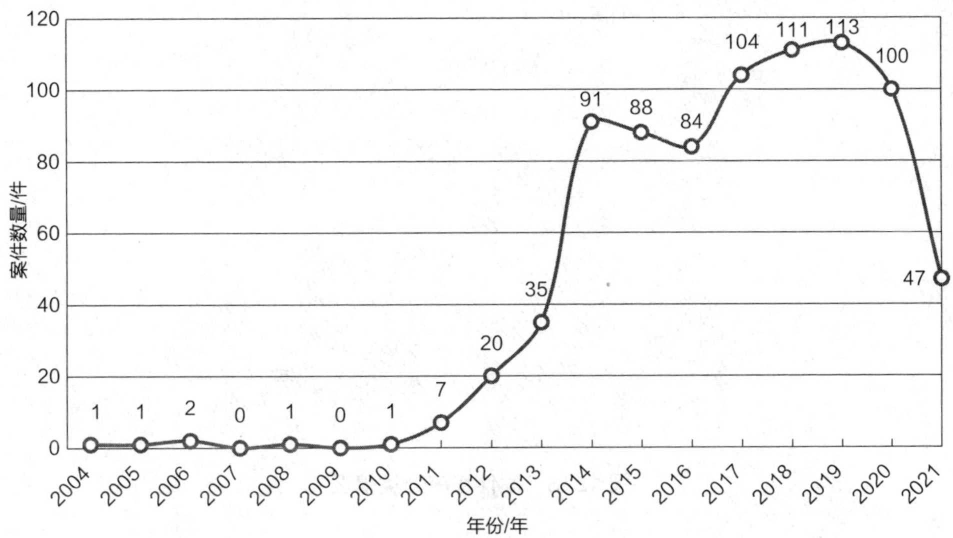

图 12–1　案件年份分布情况

如图 12–2 所示，从地域分布来看，当前假冒注册商标案例主要集中在广东省、江苏省、福建省，分别占比 27.05%、14.02%、11.29%。其中广东省的案件量最多，达到 218 件。

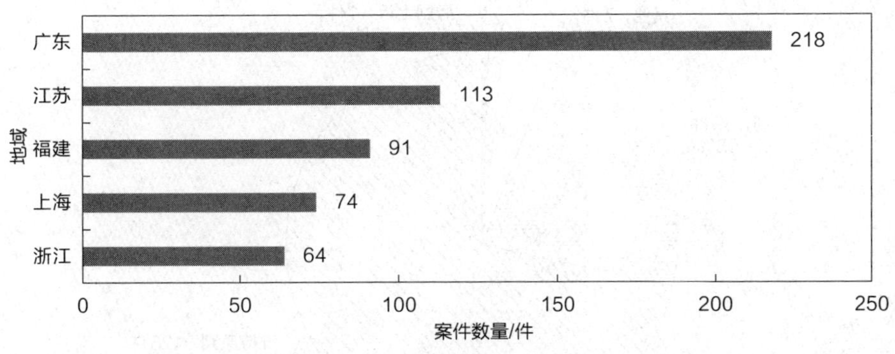

图 12–2　案件地域分布情况

如图 12–3 所示，从案件程序分类统计可以看到假冒注册商标罪当前的审理程序分布状况，其中一审案件有 625 件，二审案件有 172 件，再审案件有 9 件。一审上诉率约为 27.52%。

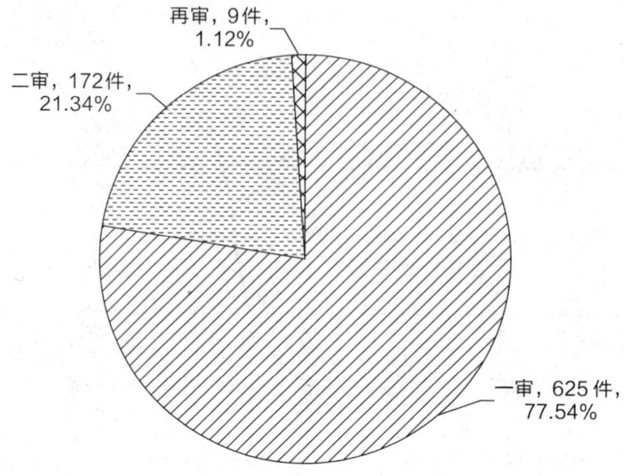

图 12-3　案件程序分类情况

如图 12-4 所示，通过对二审裁判结果的可视化分析可以看到，当前条件下维持原判的有 123 件，占比为 71.51%；改判的有 39 件，占比为 22.68%；其他的有 7 件，占比为 4.07%。

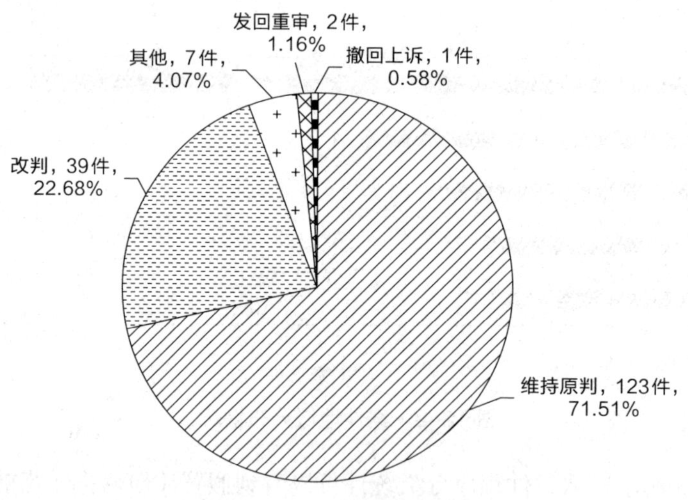

图 12-4　二审裁判结果情况

如图 12-5 所示，通过对再审裁判结果的可视化分析可以看到，当前条件下其他的有 4 件，占比为 44.45%；改判的有 2 件，占比为 22.22%；维持原判的有 2 件，占比为 22.22%。

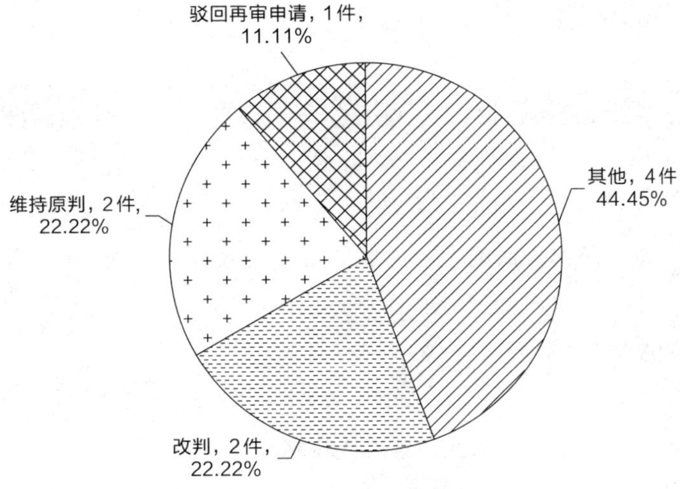

图 12-5　再审裁判结果情况

如图 12-6 所示，通过对主刑的可视化可以看到，当前条件下包含有期徒刑的案件有 582 件，包含拘役的案件有 37 件，包含无期徒刑的案件有 1 件。其中包含缓刑的案件有 422 件，免予刑事处罚的案件有 9 件。

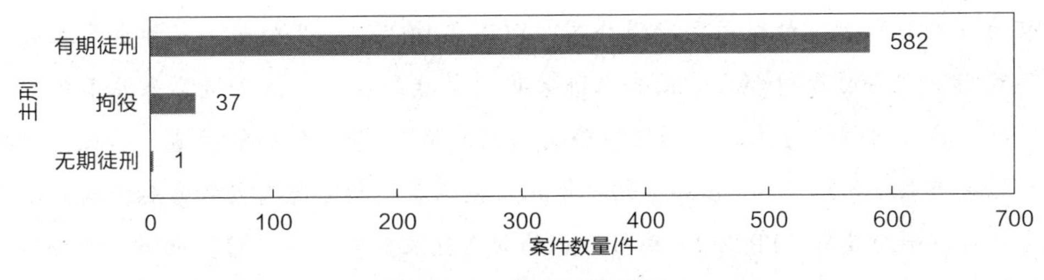

图 12-6　主刑适用情况

如图 12-7 所示，通过对附加刑的可视化可以看到，当前条件下包含罚金的案件有 598 件，包含剥夺政治权利的案件有 2 件，包含没收财产的案件有 2 件。

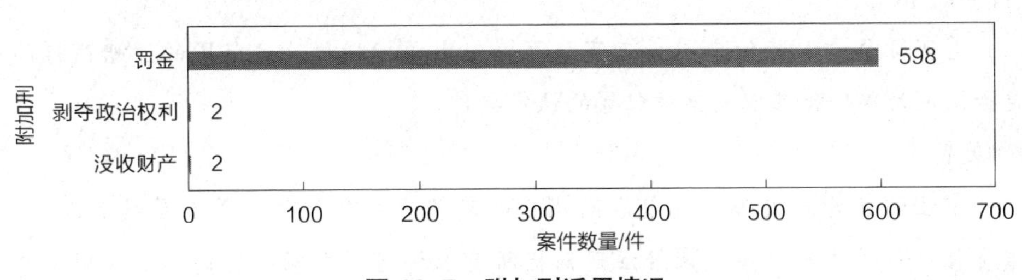

图 12-7　附加刑适用情况

二、可供参考的例案

例案一：玺乐丽儿进出口（苏州）有限公司、牟某等假冒注册商标案

【法院】

江苏省苏州市中级人民法院

【案号】

（2017）苏05刑终74号

【诉讼主体】

原公诉机关：江苏省苏州工业园区人民检察院

上诉单位（原审被告单位）：玺乐丽儿进出口（苏州）有限公司

原审被告人：牟某

原审被告人：陈某

【基本案情】

2011年底至2012年9月，被告单位玺乐丽儿进出口（苏州）有限公司（名称变更前为苏州美素丽儿母婴用品有限公司，以下简称玺乐丽儿公司）实际负责人被告人牟某指使该公司资材部主管被告人陈某将大量非经合法渠道购进、来源不明的奶粉接收至其公司位于苏州工业园区唯亭街道问潮路29号等处的经营地，后又指使被告人陈某将上述奶粉及Sunar品牌奶粉等在上述经营地拆除原有包装盒后重新装入其公司擅自印刷的具有“FRISO”商标标识的奶粉包装盒并予以销售。期间，被告单位共计印刷具有“FRISO”商标标识的婴幼儿1–3段的奶粉包装盒共计708885个。

另查明，“FRISO”商标已经国家工商管理总局商标局签发商标注册证，注册人为菲仕兰产品有限公司，核定使用商品为婴儿奶粉。

【案件争点】

公司实际负责人指使公司员工实施假冒超出商标授权地域范围的注册商标的行为是否认定为单位犯罪以及单位犯罪的认定要件。

【裁判要旨】

一审法院认为，被告单位玺乐丽儿公司及其直接负责的主管人员被告人牟某、直接责任人员被告人陈某，未经注册商标所有人许可，在同一种商品上使用与其注册商标相同的商标，情节特别严重，其行为均已构成假冒注册商标罪。

一审宣判后，被告单位玺乐丽儿公司提起上诉，认为该公司并非假冒注册商标

罪的主体，不构成单位犯罪，请求二审改判上诉单位无罪，不承担刑事责任。

二审法院认为，玺乐丽儿公司不享有“FRISO”商标权，“FRISO”商标权利人也未许可玺乐丽儿公司在中国使用该商标，商标注册证、商标查询结果、证人证言证实“FRISO”商标注册人为菲仕兰产品有限公司，该注册商标在合法有效期限内，菲仕兰食品贸易上海有限公司是唯一获得权利人许可，可以在中国使用该商标的公司，“FRISO”商标在大陆没有授权给其他公司，而授权玺乐丽儿公司销售奶粉的瑞士玺尔集团仅具有在比利时、荷兰和卢森堡三国的“FRISO”商标权，菲仕兰食品贸易上海有限公司认为玺乐丽儿公司销售的奶粉侵犯了其公司“FRISO”奶粉在中国的商标权。“FRISO”系核定使用商品为婴儿奶粉的注册商标，玺乐丽儿公司在自己销售的婴儿奶粉包装上使用“FRISO”，应认定其在同一种商品上使用了与上述注册商标相同的商标。玺乐丽儿公司在瑞士玺乐集团公司停止向其提供进口的FRISO品牌婴幼儿奶粉后，明知“FRISO”商标已由权利人在中国注册为婴儿奶粉商标，仍将大量非经合法渠道购进、来源不明的奶粉及Sunar品牌奶粉拆除原有包装盒后重新装入其公司擅自委托印刷的具“FRISO”商标标识的奶粉包装盒并在大陆销售，玺乐丽儿公司及其主管人员牟某具有假冒他人注册商标的犯罪故意。本案系单位犯罪，认定构成单位犯罪应具备犯罪行为是以单位名义实施和违法所得归单位所有两个要件，本案中，玺乐丽儿公司的实际负责人牟某指使该公司资材部主管陈某实施假冒他人注册商标的行为，为单位谋取非法利益，构成单位犯罪，应对单位罚处罚金，对直接负责的主管人员和其他责任人员判处刑罚。

例案二：上海展强实业有限公司、江益某假冒注册商标案

【法院】

安徽省黄山市中级人民法院

【案号】

（2019）皖10刑终74号

【诉讼主体】

原公诉机关：安徽省黄山市屯溪区人民检察院

上诉单位（原审被告单位）：上海展强实业有限公司

上诉人（原审被告人）：江益某

原审被告人：汤华某

【基本案情】

2017年，中国建筑第四工程局有限公司采购中心与上海华办船舶物质贸易有限公司（以下简称上海华办公司）签订钢材购销框架合同及指定供应项目专用协议，由上海华办公司向黄山恒大悦府项目（一标段）主体及配套建设工程供应钢材。2018年1月，上海华办公司与被告单位上海展强实业有限公司（以下简称上海展强公司）签订协议，指定由上海展强公司负责黄山恒大悦府项目（一标段）主体及配套建设工程的钢材供应。

黄山恒大悦府项目（一标段）项目部要求供应方于2018年1月5日配送一批钢材进场。上海展强公司主管负责人被告人江益某通过上海马台实业有限公司向安徽省贵航特钢有限公司购买了一批由贵航特钢公司生产的“桂鑫”牌钢材，该批钢材总重174.09吨（87件），依合同约定，上海展强公司支付上海马台实业有限公司货款人民币695135.1元。之后，被告人江益某指使上海展强公司聘用人员被告人汤华某购买了70个假冒的“莱钢”牌商标吊牌及相关的质保书，并邮寄至黄山、池州，再通过联系运输司机去快递店领取，并让运输司机将该批“桂鑫”牌钢材原先的“桂鑫”牌商标吊牌和质保书调换成假冒的“莱钢”牌商标吊牌和质保书，冒用“莱钢”牌注册商标，将该批钢材出售给上海华办公司。由运输司机分别于2018年1月8日、11日将涉案的174.09吨（87件）冒用“莱钢”牌注册商标的钢材运送至指定地点黄山恒大悦府项目工地，该项目工地材料接收员袁某接收该批假冒钢材进场。依据上海华办公司和上海展强公司签订的《指定供应项目专用协议》的约定，该批冒用“莱钢”牌注册商标的钢材的销售价格为人民币798200元。

【案件争点】

公司的股东和直接负责的主管人员指使公司员工调换通过非法途径购买的假冒商标吊牌的行为是否认定为单位犯罪。

【裁判要旨】

一审法院认为，根据我国《刑法》规定，构成假冒注册商标罪应具备以下条件：（1）行为人使用他人注册商标未经注册商标人许可。根据《商标法》的规定，商标注册人可以通过签订商标使用许可合同的方式，许可他人使用其注册商标。如果行为人已得到注册商标所有人的许可，而只是未按法定程序办理有关手续，不能认为构成犯罪。（2）构成本条规定的犯罪，行为人要在客观上实施在同一种商品上使用与他人注册商标相同的商标的行为。如果行为人在同一种商品上使用与他人注册商标近似的商标，或者在类似商品上使用与他人注册商标相同的商标，或者在类似商品上使用与他人注册商标近似的商标，均属商标侵权行为，不构成本罪。本案被告人江益某作为被告单位上海展强公司的股东和直接负责的主管人员，其在公司与上海华办签订供货合同后，指使上海展强公司聘用人员被告人汤华某通过非法途径购买了70个假冒的“莱钢”牌商标吊牌及相关的质保书，并邮寄至黄山、池州，再通过联系运输司机去快递店领取，并让运输司机将该批“桂鑫”牌钢材原先的“桂鑫”牌商标吊牌和质保书调换成假冒的“莱钢”牌商标吊牌和质保书，将假冒的吊牌悬挂于“桂鑫”牌钢材上冒用“莱钢”牌注册商标，从而达到营利或者谋取非法利益的，行为符合假冒注册商标罪的构成要件，构成假冒注册商标罪。至于上海华办公司与中国建筑第四工程有限公司采购中心签订的《指定供应项目采购协议》以及上海展强公司与上海华办公司签订的合同中是否约定案涉黄山恒大悦府项目（标段）使用的螺纹钢必须是山东钢铁股份有限公司“莱钢”牌钢筋，并不影响本案的定性。本案属于单位犯罪，依据《刑法》相关规定，追究其单位直接负责的主管人员和其他直接责任人员的刑事责任。被告人江益某、汤华某在被告单位假冒注册商标期间，作为直接负责的主管人员和其他直接责任人，应依法对单位犯罪承担相应的刑事责任。

二审法院认为，上诉单位上海展强公司及上诉人江益某提出的上诉理由，因原审法院在据以查清了事实的基础上就其原审提出的辩解和相关辩护意见亦即二审提出的上诉理由已作出符合事实的客观评判，且该评判符合法律规定，法院不再予以赘述。因此，上诉单位和上诉人的上诉理由均不能成立，法院依法不予采纳。上诉单位（原审被告单位）上海展强公司未经注册商标所有人许可，在同一种商品上使用了其注册商标相同的商品，情节特别严重，构成假冒注册商标罪，应依法予以惩处；上诉人（原审被告人）江益某及原审被告人汤华某在上诉单位假冒注册商标的行为期间，作为直接负责的主管人员和其他直接责任人，依法应对单位犯罪承担相应的刑事责任。

例案三：上海华尔润滑油有限公司等假冒注册商标案

【法院】

浙江省舟山市中级人民法院

【案号】

（2012）浙舟刑终字第110号

【诉讼主体】

原公诉机关：浙江省岱山县人民检察院

上诉人（原审被告单位）：上海华尔润滑油有限公司

原审被告人：孙某

【基本案情】

2003年6月19日，被告人孙某在上海市浦东新区江东路601号注册成立上海华尔润滑油有限公司（以下简称华尔公司），经营润滑油销售等业务。孙某为公司法定代表人，负责公司的采购和销售等经营业务。2008年，孙某经岱山润滑油经营户王某甲联系，被告单位华尔公司开始向王某甲出售滑而滋牌润滑油，双方之间没有买卖合同，不开具增值税发票。2011年2月至7月，王某甲联系孙某向华尔公司购买长城牌润滑油和滑而滋牌润滑油。华尔公司未经长城牌润滑油商标所有人中国石油化工股份有限公司润滑油分公司的许可，先后三次由孙某授意职工将华尔公司生产的润滑油灌注入从他人处购得的假冒长城牌润滑油包装桶中，销售给王某甲。交易款项共计人民币331800元，其中假冒长城牌润滑油的经营数额为217600元，另外向王某甲退货款8400元。上述交易款均由王某甲指示韩某汇入孙某个人工商银行账户。期间孙某在华尔公司账户中存入285000元，剩余的货款转入单位小金库。

【案件争点】

法定代表人对外开展业务时的单位犯罪认定标准以及销售假冒注册商标商品的违法所得款项全部或者主要部分归于单位的认定依据。

【裁判要旨】

一审法院经审理认为，被告单位华尔公司未经注册商标所有人许可，在同一种商品上使用与其注册商标相同的商标，情节严重，其行为已构成假冒注册商标罪；被告人孙某作为华尔公司法定代表人和直接责任人员，其行为亦均构成假冒注册商标罪。

一审宣判后，被告单位华尔公司提起上诉，认为原判认定华尔公司构成单位犯罪在证据采信上存在矛盾；部分证据系证明孙某职务侵占，不能证明华尔公司构成单位犯罪；没有证据证明犯罪中存在单位集体意志，犯罪所得未进入华尔公司账户而是被孙某个人占有，本案系孙某个人犯罪。

二审法院经审理认为，华尔公司并未取得长城牌注册商标的授权，而其销售给王某甲并被扣押的490桶各型号长城牌润滑油均系假冒产品，假冒部分包括公司名称、公司地址、注册商标、包装装潢等，本案立案基础并不存在瑕疵。依据中国工商银行现金存款凭证、华尔公司提交的工商银行存款对账单、孙某银行账户存款汇总表、孙某的工商银行账户明细单等证据能够证实，在每次韩某汇货款至孙某工商银行账户以及孙某从该账户取现后的较短时间内，分别产生了以“韩”“华尔公司”等名义存入华尔公司账户的四笔存款，上述证据亦能够与孙某的供述、华尔公司现金日记账、银行存款日记账等证据相印证。一审法院依据现有证据认定该四笔现金存款系孙某将韩某支付的部分货款转入华尔公司账户，并无不妥。华尔公司是具有法人资格的私营有限责任公司，符合单位犯罪的主体要件。本案发生在孙某任该公司法定代表人期间，其依分工有权对外开展业务。其经岱山润滑油经营户王某甲联系，以华尔公司的名义销售润滑油，并由员工在正常生产时间依照公司的流程进行假冒长城牌润滑油的生产、灌注、运输并开具相应的出库、送货单据，销售假冒长城牌润滑油所得部分进入了公司账户，部分在公司小金库中得以体现。公诉机关指控和一审法院认定本案系单位犯罪正确。

三、裁判规则提要

（一）单位犯罪的认定及处罚

2001年《金融犯罪案件会议纪要》第一次以文件的形式明确了单位犯罪的概念，即以单位名义实施犯罪，违法所得归单位所有的，是单位犯罪。如在例案一中，法院审理认为：“本案系单位犯罪，认定构成单位犯罪应具备犯罪行为是以单位名义实施和违法所得归单位所有两个要件，本案中，玺乐丽儿公司的实际负责人牟某指使该公司资材部主管陈某实施假冒他人注册商标的行为，为单位谋取非法利益，构成单位犯罪，应对单位罚处罚金，对直接负责的主管人员和其他责任人员判处刑罚。”

关于单位犯罪的刑事责任，我国《刑法》第30条规定：“公司、企业、事业单位、机关、团体实施的危害社会的行为，法律规定为单位犯罪的，应当负刑事责任。”《刑法第三十条解释》规定：“公司、企业、事业单位、机关、团体等单位实施刑法规定的危害社会的行为，刑法分则和其他法律未规定追究单位的刑事责任的，对组织、策划、实施该危害社会行为的人依法追究刑事责任。”结合刑法及全国人大常委会的法律解释规定，公司、企业、事业单位、机关、团体等单位实施刑法规定的危害社会的行为，刑法分则和其他法律规定追究单位刑事责任的，应当依照刑法等的规定，依法追究单位的刑事责任，未规定追究单位刑事责任的，对组织、策划、实施该危害社会行为的人依法追究有关人员的刑事责任。这就解决了司法实践中长期存在的刑法分则条文没有明确规定单位承担刑事责任时，单位是否构成犯罪的问题。

我国《刑法》在“侵犯知识产权犯罪”一节明确规定，单位犯假冒注册商标罪的，对单位判处罚金，并对其直接负责的主管人员和其他直接责任人员依法定罪处罚。假冒注册商标犯罪单位犯罪采“双罚制”原则，这就要求办案机关在办理案件时，首先应当查明是该案否属于单位犯罪，对符合单位犯罪条件的，应当依法追究涉案单位及相关责任人的刑事责任。2007 年《知识产权刑事司法解释（二）》第 6 条详细规定了假冒注册商标犯罪单位犯罪的定罪量刑标准，即按照相应个人犯罪的定罪量刑标准定罪处罚。

（二）单位的范围认定

根据《刑法》第 30 条的规定，单位犯罪主体包括公司、企业、事业单位、机关和团体五类。事业单位、机关和团体虽具备构成假冒注册商标犯罪单位犯罪主体的法律依据，但实践中极少见到相关案例，公司、企业才是假冒注册商标犯罪单位犯罪主体的普遍样态。

根据 1999 年《单位犯罪司法解释》的规定，《刑法》第 30 条规定的公司、企业，既包括国有、集体所有的公司、企业，也包括依法设立的合资经营、合作经营企业和具有法人资格的独资、私营等公司、企业，个人合伙企业不能成为单位犯罪的主体。

司法实践中，公司、企业因分立、合并等原因而进行资产重组或依法被注销、破产，是公司、企业经营过程中的正常现象，在此情况下，是否影响对单位犯罪的定罪处罚，是司法实务界面临的实际问题。对此，2002 年《犯罪单位被撤销、注销、吊销执照或宣告破产的追诉问题批复》中明确规定对该单位不再追诉。《走私刑事案件法律适用问题意见》的规定则更加全面，即单位犯罪后，发生分立、合并或者其他资产重组等情况的，只要承受该单位权利义务的单位存在，即应当追究单位刑事责任，但若原单位（名称）发生更改的，则仍以原单位（名称）作为被告单位，而且无论承受该单位权利义务的单位是否存在，均应追究原单位直接负责的主管人员和其他直接责任人员的刑事责任。2012 年《刑事诉讼法适用司法解释》吸纳了上述解释精神，并分别在第 286 条、第 287 条规定“审判期间，被告单位被撤销、注销、吊销营业执照或者宣告破产的，对单位犯罪直接负责的主管人员和其他直接责任人员应当继续审理。”“被告单位合并、分立的，应当将原单位列为被告单位，并注明合并、分立情况。对被告单位所判处的罚金以其在新单位的财产及收益为限。”由此可见，实践中处理假冒注册商标单位犯罪案件，在单位消亡的情况下，不再追究单位刑事责任；但在单位发生分立、合并或资产重组等情形下，犯罪单位仅是被其他单位取代而并非消亡，故其虽已被新单位取代，仍应以原单位作为被告单位追究刑事责任，承受权利义务的新单位不能认定为单位犯罪主体，且财产刑执行及于的范围亦应以受让的原单位的财产和收益为限，不可涉及新单位的财产。

（三）单位犯罪的认定要件

根据上述定义，构成单位犯罪必须满足犯罪意志的整体性和非法利益归属的团体性两个特征。假冒注册商标犯罪行为是否体现了单位意志是区分单位犯罪和自然人犯罪的关键，凡是由单位意思决定，以单位名义实施，犯罪所得款项全部或者主要部分用于单位的，以单位犯罪论处；凡是盗用单位名义实施犯罪，犯罪所得由实施犯罪的个人私分的，不以单位犯罪论处，而是依照自然人犯罪的规定定罪处罚。

1. 以单位名义实施犯罪

在假冒注册商标犯罪案件中，“以单位名义实施犯罪”是指犯罪行为由单位的决策机构按照单位的决策程序而决定实施，只有体现单位意志的犯罪行为，才可能被认定为单位犯罪，单位决策可为明示，如指使他人实施犯罪行为、公开讲明实施犯罪情况，也可为默示或暗示，如对实施犯罪行为不予阻止。

司法实践中，单位意志的表达主要体现为以下三种形式：一是由股东会、董事会等有权作出单位行为的决策机构决定实施，即经集体研究决定实施，这是单位意志的典型表达方式。

二是由单位的法定代表人或其他负责人决定实施，这是实践中常见的单位意志表达方式。如在例案二中，法院审理认为“被告人江益某作为被告单位上海展强公司的股东和直接负责的主管人员，其在公司与上海华办公司签订供货合同后，指使上海展强公司聘用人员被告人汤华某通过非法途径购买了70个假冒的‘莱钢’牌商标吊牌及相关的质保书，再通过联系运输司机去快递店领取，并让运输司机将该批‘桂鑫’牌钢材原先的‘桂鑫’牌商标吊牌和质保书调换成假冒的‘莱钢’牌商标吊牌和质保书，将假冒的吊牌悬挂于‘桂鑫’牌钢材上冒用‘莱钢’牌注册商标。”

三是由单位授权的人员决定实施，适用此种情形时应注意的是，授权必须来源于单位，即有权授权或授权时虽无权但经事后追认的，被授权者实施的犯罪行为才具有单位意志属性，属于单位行为。

2. 违法所得归单位所有

假冒注册商标犯罪单位犯罪中的“违法所得归单位所有”，是指犯罪行为所产生的非法收益归单位所有。该要件体现了非法利益归属的团体性特征，是单位犯罪的原始动机，也是判断犯罪行为是否确为单位行为的实质判断标准。实践中，如果犯罪所得归个人所有，即使以单位名义实施，也应依照自然人犯罪的规定定罪处罚。

司法实践中，在判定犯罪所得的去向时应注意以下问题：一是在违法所得去向查不清楚时，只要没有证据证明犯罪所得归个人所有，且经查证犯罪确系以单位名义实施，即应根据“有利于被告人”的原则，认定为单位犯罪。

二是对违法所得去向兼有的情形，即违法所得部分归单位所有、部分归个人所有，一般可以“份额多寡辅以所得绝对数额大小法”区别对待。具体而言，即以所分非法所得的比例进行界定，并以非法所得绝大部分归属方身份认定犯罪性质，但如果实施犯罪的违法所得额非常大，虽然个人占有额占小部分，但绝对数额也非常大，即可分别认定，既承担自然人实施犯罪部分的刑事责任，同时亦以单位负责人或其他直接责任人员承担单位犯罪部分的刑事责任。如在例案三中，法院审理认为：“依据中国工商银行现金存款凭证、华尔公司提交的工商银行存款对账单、孙某银行账户存款汇总表、孙某的工商银行账户明细单等证据能够证实，在每次韩某汇货款至孙某工商银行账户以及孙某从该账户取现后的较短时间内，分别产生了以‘韩’‘华尔公司’等名义存入华尔公司账户的四笔存款，上述证据亦能够与孙某的供述、华尔公司现金日记账、银行存款日记账等证据相印证。一审法院依据现有证据认定该四笔现金存款系孙某将韩某支付的部分货款转入华尔公司账户，并无不妥。华尔公司是具有法人资格的私营有限责任公司，符合单位犯罪的主体要件。……销售假冒长城牌润滑油所得部分进入了公司账户，部分在公司小金库中得以体现。公诉机关指控和一审法院认定本案系单位犯罪正确。”

四、辅助信息

《刑法》

第三十条 公司、企业、事业单位、机关、团体实施的危害社会的行为，法律规定为单位犯罪的，应当负刑事责任。

第三十一条 单位犯罪的，对单位判处罚金，并对其直接负责的主管人员和其他直接责任人员判处刑罚。本法分则和其他法律另有规定的，依照规定。

第二百二十条 单位犯本节第二百一十三条至第二百一十九条之一规定之罪的，对单位判处罚金，并对其直接负责的主管人员和其他直接责任人员，依照本节各该条的规定处罚。

《刑法第三十条解释》

公司、企业、事业单位、机关、团体等单位实施刑法规定的危害社会的行为，刑法分则和其他法律未规定追究单位的刑事责任的，对组织、策划、实施该危害社会行为的人依法追究刑事责任。

《知识产权刑事司法解释》

第十五条 单位实施刑法第二百一十三条至第二百一十九条规定的行为，按照本解释规定的相应个人犯罪的定罪量刑标准的三倍定罪量刑。

《知识产权刑事司法解释（二）》

第六条 单位实施刑法第二百一十三条至第二百一十九条规定的行为，按照《最高人民法院、最高人民检察院关于办理侵犯知识产权刑事案件具体应用法律若干问题的解释》和本解释规定的相应个人犯罪的定罪量刑标准定罪处罚。

第七条 以前发布的司法解释与本解释不一致的，以本解释为准。

《单位犯罪司法解释》

第一条 刑法第三十条规定的公司、企业、事业单位，既包括国有、集体所有的公司、企业、事业单位，也包括依法设立的合资经营、合作经营企业和具有法人资格的独资、私营等公司、企业、事业单位。

第二条 个人为进行违法犯罪活动而设立的公司、企业、事业单位实施犯罪的，或者公司、企业、事业单位设立后，以实施犯罪为主要活动的，不以单位犯罪论处。

第三条 盗用单位名义实施犯罪，违法所得由实施犯罪的个人私分的，依照刑法有关自然人犯罪的规定定罪处罚。

《刑事诉讼法适用司法解释》

第三百四十四条 审判期间，被告单位被吊销营业执照、宣告破产但尚未完成清算、注销登记的，应当继续审理；被告单位被撤销、注销的，对单位犯罪直接负责的主管人员和其他直接责任人员应当继续审理。

第三百四十五条 审判期间，被告单位合并、分立的，应当将原单位列为被告单位，并注明合并、分立情况。对被告单位所判处的罚金以其在新单位的财产及收益为限。

《非法集资刑事案件办理意见》

二、关于单位犯罪的认定问题

单位实施非法集资犯罪活动，全部或者大部分违法所得归单位所有的，应当认定为单位犯罪。

个人为进行非法集资犯罪活动而设立的单位实施犯罪的，或者单位设立后，以实施非法集资犯罪活动为主要活动的，不以单位犯罪论处，对单位中组织、策划、实施非法集资犯罪活动的人员应当以自然人犯罪依法追究刑事责任。

判断单位是否以实施非法集资犯罪活动为主要活动，应当根据单位实施非法集资的次数、频度、持续时间、资金规模、资金流向、投入人力物力情况、单位进行正当经营的状况以及犯罪活动的影响、后果等因素综合考虑认定。

《走私刑事案件法律适用问题意见》

十九、关于单位走私犯罪后发生分立、合并或者其他资产重组情形以及单位被依法注销、宣告破产等情况下，如何追究刑事责任的问题。

单位走私犯罪后，单位发生分立、合并或者其他资产重组等情况的，只要承受该单位权利义务的单位存在，应当追究单位走私犯罪的刑事责任。走私单位发生分立、合并或者其他资产重组后，原单位名称发生更改的，仍以原单位（名称）作为被告单位。承受原单位权利义务的单位法定代表人或者负责人为诉讼代表人。

单位走私犯罪后，发生分立、合并或者其他资产重组情形，以及被依法注销、宣告破产等情况的，无论承受该单位权利义务的单位是否存在，均应追究原单位直接负责的主管人员和其他直接责任人员的刑事责任。

人民法院对原走私单位判处罚金的，应当将承受原单位权利义务的单位作为被执行人。罚金超出新单位所承受的财产的，可在执行中予以减除。

《金融犯罪案件会议纪要》

（一）关于单位犯罪问题

根据刑法和《最高人民法院关于审理单位犯罪案件具体应用法律有关问题的解释》的规定，以单位名义实施犯罪，违法所得归单位所有的，是单位犯罪。

1. 单位的分支机构或者内设机构、部门实施犯罪行为的处理。以单位的分支机构或者内设机构、部门的名义实施犯罪，违法所得亦归分支机构或者内设机构、部门所有的，应认定为单位犯罪。不能因为单位的分支机构或者内设机构、部门没有可供执行罚金的财产，就不将其认定为单位犯罪，而按照个人犯罪处理。

2. 单位犯罪直接负责的主管人员和其他直接责任人员的认定：直接负责的主管人员，是在单位实施的犯罪中起决定、批准、授意、纵容、指挥等作用的人员，一般是单位的主管负责人，包括法定代表人。其他直接责任人员，是在单位犯罪中具体实施犯罪并起较大作用的人员，既可以是单位的经营管理人员，也可以是单位的职工，包括聘任、雇佣的人员。应当注意的是，在单位犯罪中，对于受单位领导指派或奉命而参与实施了一定犯罪行为的人员，一般不宜作为直接责任人员追究刑事责任。对单位犯罪中的直接负责的主管人员和其他直接责任人员，应根据其在单位犯罪中的地位、作用和犯罪情节，分别处以相应的刑罚，主管人员与直接责任人员，在个案中，不是当然的主、从犯关系，有的案件，主管人员与直接责任人员在实施犯罪行为的主从关系不明显的，可不分主、从犯。但具体案件可以分清主、从犯，且不分清主、从犯，在同一法定刑档次、幅度内量刑无法做到罪刑相适应的，应当分清主、从犯，依法处罚。

3. 对未作为单位犯罪起诉的单位犯罪案件的处理。对于应当认定为单位犯罪的案件，检察机关只作为自然人犯罪案件起诉的，人民法院应及时与检察机关协商，建议检察机关对犯罪单位补充起诉。如检察机关不补充起诉的，人民法院仍应依法审理，对被起诉的自然人根据指控的犯罪事实、证据及庭审查明的事实，依法按单位犯罪中的直接负责的主管人员或者其他直接责任人员追究刑事责任，并应引用刑罚分则关于单位犯罪追究直接负责的主管人员和其他直接责任人员刑事责任的有关条款。

4. 单位共同犯罪的处理。两个以上单位以共同故意实施的犯罪，应根据各单位在共同犯罪中的地位、作用大小，确定犯罪单位的主、从犯。

《互联网金融犯罪会议纪要》

三、依法认定单位犯罪及其责任人员

21.涉互联网金融犯罪所涉罪名中，刑法规定应当追究单位刑事责任的，对同时具备以下情形且具有独立法人资格的单位，可以以单位犯罪追究：

（1）犯罪活动经单位决策实施；

（2）单位的员工主要按照单位的决策实施具体犯罪活动；

（3）违法所得归单位所有，经单位决策使用，收益亦归单位所有。但是，单位设立后专门从事违法犯罪活动的，应当以自然人犯罪追究刑事责任。

22.对参与涉互联网金融犯罪，但不具有独立法人资格的分支机构，是否追究其刑事责任，可以区分两种情形处理：

（1）全部或部分违法所得归分支机构所有并支配，分支机构作为单位犯罪主体追究刑事责任；

（2）违法所得完全归分支机构上级单位所有并支配的，不能对分支机构作为单位犯罪主体追究刑事责任，而是应当对分支机构的上级单位（符合单位犯罪主体资格）追究刑事责任。

23.分支机构认定为单位犯罪主体的，该分支机构相关涉案人员应当作为该分支机构的"直接负责的主管人员"或者"其他直接责任人员"追究刑事责任。仅将分支机构的上级单位认定为单位犯罪主体的，该分支机构相关涉案人员可以作为该上级单位的"其他直接责任人员"追究刑事责任。

24.对符合追诉条件的分支机构（包括具有独立法人资格的和不具有独立法人资格）及其所属单位，公安机关均没有作为犯罪嫌疑单位移送审查起诉，仅将其所属单位的上级单位作为犯罪嫌疑单位移送审查起诉的，对相关分支机构涉案人员可以区分以下情形处理：

（1）有证据证明被立案的上级单位（比如总公司）在业务、财务、人事等方面对下属单位及其分支机构进行实际控制，下属单位及其分支机构涉案人员可以作为被移送审查起诉的上级单位的"其他直接责任人员"追究刑事责任。在证明实际控制关系时，应当收集、运用公司决策、管理、考核等相关文件，OA 系统等电子数据，资金往来记录等证据。对不同地区同一单位的分支机构涉案人员起诉时，证明实际控制关系的证据体系、证明标准应基本一致。

（2）据现有证据无法证明被立案的上级单位与下属单位及其分支机构之间

存在实际控制关系的，对符合单位犯罪构成要件的下属单位或分支机构应当补充起诉，下属单位及其分支机构已不具备补充起诉条件的，可以将下属单位及其分支机构的涉案犯罪嫌疑人直接起诉。

《犯罪单位被撤销、注销、吊销执照或宣告破产的追诉问题批复》

涉嫌犯罪的单位被撤销、注销、吊销营业执照或者宣告破产的，应当根据刑法关于单位犯罪的相关规定，对实施犯罪行为的该单位直接负责的主管人员和其他直接责任人员追究刑事责任，对该单位不再追诉。

《单位犯罪案件主、从犯认定批复》

在审理单位故意犯罪案件时，对其直接负责的主管人员和其他直接责任人员，可不区分主犯、从犯，按照其在单位犯罪中所起的作用判处刑罚。

假冒注册商标刑事案件裁判规则第13条：

行为人设立公司、企业或子公司、分公司但未进行工商注册登记，或虽进行工商注册登记但以个人名义、使用个人账号实施假冒注册商标犯罪活动，违法犯罪所得主要归个人所有的，可认定为自然人犯罪，不以单位犯罪论处

【规则描述】 区分单位犯罪和自然人犯罪的关键在于假冒注册商标犯罪行为所体现的是单位的意志，还是作为单位成员的自然人个人意志。凡是由单位意思决定，以单位名义实施，违法所得款项全部或者主要部分用于单位的，以单位犯罪论处，但相关法律或司法解释另有规定的除外。行为人成立公司或设立分公司、子公司后，以实施假冒注册商标为主要业务的，为个人犯罪，不以单位犯罪论处。对个人资产与单位资产混同、财务制度不规范，没有合法经营业务，违法所得主要由个人任意支配、处分的，或者是由个人实际控制的单位、个人以单位名义实施假冒注册商标犯罪行为，即使假冒注册商标犯罪行为以单位名义实施，仍以自然人犯罪论处。

一、类案检索大数据报告

时间：2022年7月1日之前，案例来源：Alpha案例库，案件数量：84件，数据采集时间：2022年7月1日。本次检索共获取认定假冒注册商标罪中“自然人犯罪、不以单位犯罪论处”2022年7月1日之前84篇裁判文书。整体情况如图13-1所示，从案件年份分布可以看到当前条件下案例数量的变化趋势。

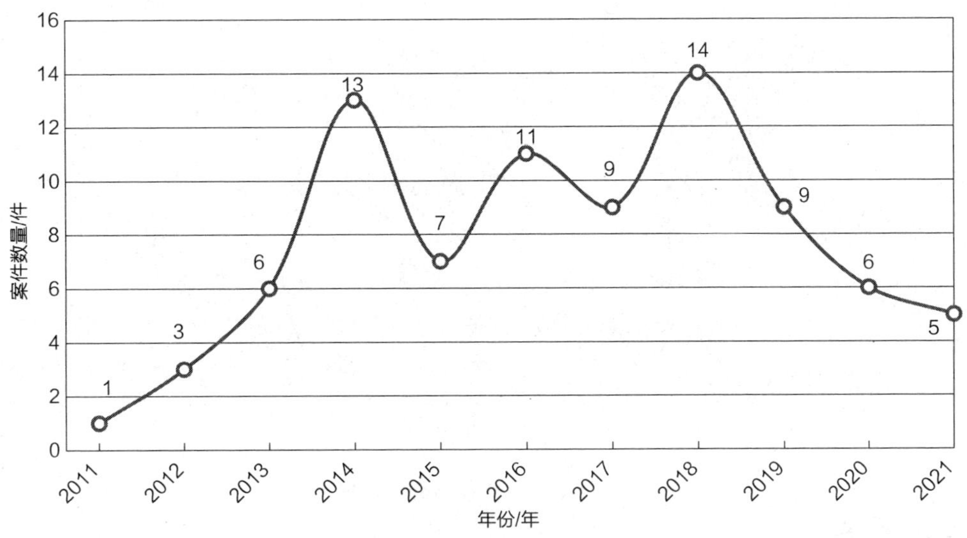

图 13-1　案件年份分布情况

如图 13-2 所示，从地域分布来看，当前假冒注册商标案例主要集中在广东省、河南省、安徽省，分别占比 33.33%、9.52%、7.14%。其中广东省的案件量最多，达到 28 件。

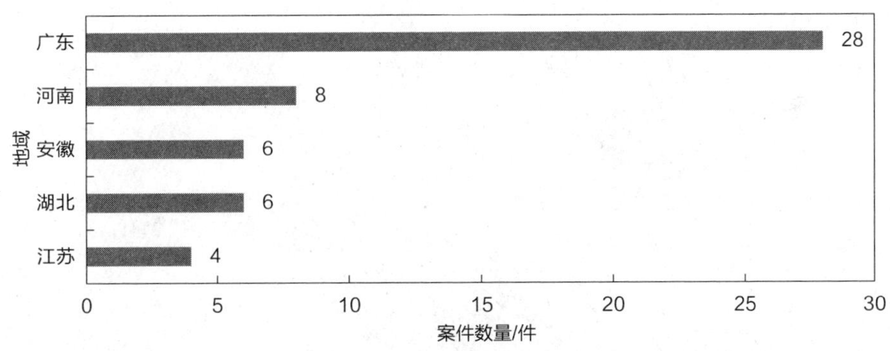

图 13-2　案件地域分布情况

如图 13-3 所示，从案件程序分类统计可以看到假冒注册商标罪当前的审理程序分布状况，其中一审案件有 50 件，二审案件有 32 件，再审案件有 2 件。

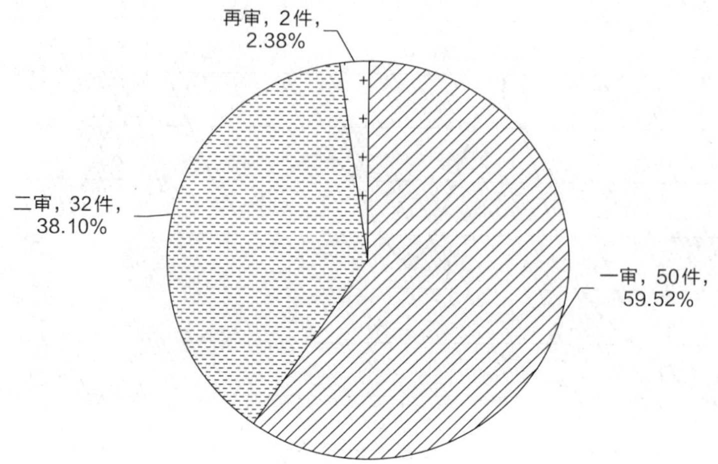

图 13–3　案件程序分类情况

如图 13–4 所示，通过对二审裁判结果的可视化分析可以看到，当前条件下维持原判的有 21 件，占比为 65.62%；改判的有 8 件，占比为 25%；其他的有 3 件，占比为 9.38%。

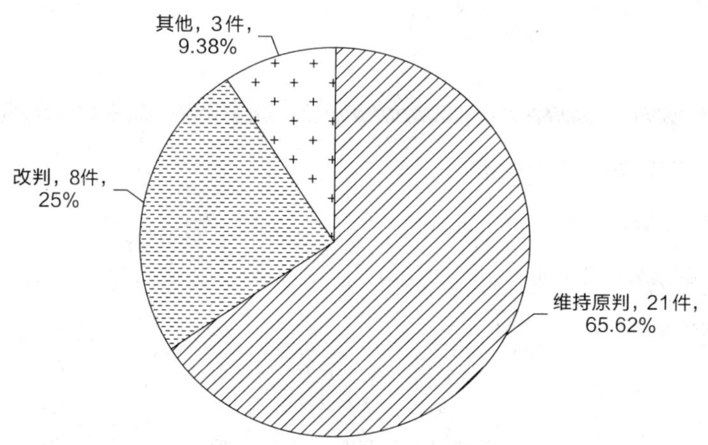

图 13–4　二审裁判结果情况

如图 13–5 所示，通过对主刑的可视化可以看到，当前条件下包含有期徒刑的案件有 52 件，包含拘役的案件有 5 件。其中包含缓刑的案件有 34 件。

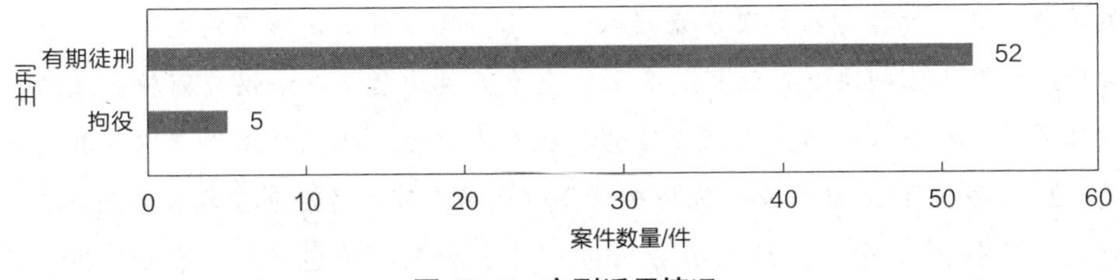

图 13-5 主刑适用情况

如图 13-6 所示，通过对附加刑的可视化可以看到，当前条件下包含罚金的案件有 52 件。

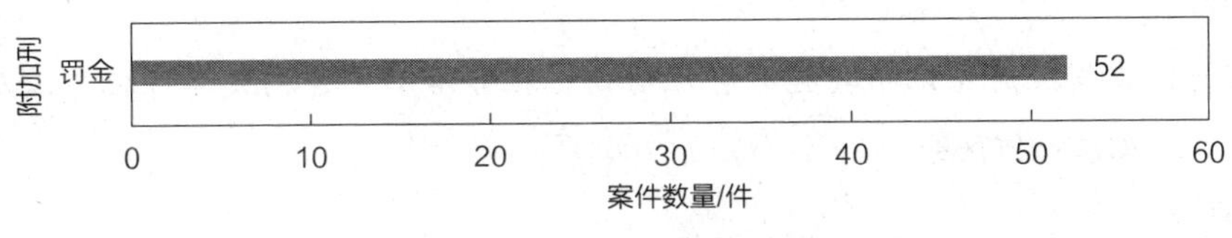

图 13-6 附加刑适用情况

二、可供参考的例案

例案一：陈启某假冒注册商标案

【法院】

广东省深圳市中级人民法院

【案号】

（2016）粤 03 刑终 1394 号

【诉讼主体】

原公诉机关：广东省深圳市宝安区人民检察院

上诉人（原审被告人）：陈启某

【基本案情】

毕慈电器有限公司获注册的“BEATS”是第 7922036 号注册商标，有效期限为 2011 年 11 月 21 日至 2021 年 11 月 20 日；其获注册的“BEATSBYDR.DRE”是第 7922032 号注册商标，有效期限为 2011 年 9 月 28 日至 2021 年 9 月 27 日。上述注册商标的核定使用商品均为第 9 类，包括扬声器音箱等。

宏发电子有限公司位于深圳市宝安区西乡固戍南昌第一工业区 F 栋，被告人陈启某是公司的实际控制人，犯罪嫌疑人林某（另案处理）是该厂的主管，负责全面的管理，许某（已判决）是该厂的仓管，负责开具出货单，给供应商转账及给员工发放工资等。被告人陈启某未经上述商标权利人许可，组织员工生产假冒其商标的音箱。2015年5月26日，公安机关在该公司现场查获假冒魔声音箱S系列2430个，橄榄型小音箱2250个，小药丸小音箱4750个，以及大量包装盒、标贴。2015年8月6日，公安机关抓获被告人陈启某。经鉴定，上述2430个假冒S系列魔声音箱、2250个橄榄型小音箱因被侵权产品型号不详，无法出具价格鉴定结论，而4750个被侵权的小药丸小音箱总价值为人民币7020500元。

【案件争点】

未进行工商注册登记而实施假冒注册商标犯罪活动是否构成单位犯罪以及单位犯罪与个人犯罪如何区分。

【裁判要旨】

一审法院认为，被告人陈启某无视国家法律，未经注册商标所有人许可，在同一种商品上使用与其注册商标相同的商标，情节特别严重，其行为已构成假冒注册商标罪。

一审宣判后，被告人陈启某提起上诉，认为本案构成单位犯罪，不是个人犯罪。涉案公司开始生产的产品没有任何标识，后应客户要求才打上标识。公司经营其他中性产品。公司收入非上诉人一人支配。

二审法院认为，上诉人陈启某未经注册商标权人许可，在同一种商品上使用与其注册商标相同的商标，属情节特别严重，其行为已构成假冒注册商标罪。关于本案是否构成单位犯罪的问题，上诉人经营的宏发电子有限公司并未进行工商注册登记，现有证据无法认定其构成单位犯罪，故对该项意见，法院不予采纳。本案上诉人明知未取得商标权人授权许可而实施假冒他人注册商标犯罪，非法经营数额达人民币7020500元，情节特别严重，原审法院根据上诉人陈启某的犯罪事实及量刑情节依法定罪量刑并无不当。

例案二：庄厚某、陈良某、黄某等假冒注册商标案

【法院】

广东省深圳市中级人民法院

【案号】

（2015）深中法知刑终字第142号

【诉讼主体】

原公诉机关：广东省深圳市龙岗区人民检察院

上诉人（原审被告人）：庄厚某

上诉人（原审被告人）：陈良某

原审被告人：周某

原审被告人：黄某

原审被告人：陈某甲

原审被告人：袁某

原审被告人：林某甲

原审被告人：叶某

【基本案情】

美心食品有限公司是第999786号注册商标“美心”的注册人，该商标核定使用的商品类别为第30类，包括月饼、点心等；深圳安琪食品有限公司是第6518484号注册商标“安琪”的注册人，该商标核定使用的商品类别为第30类，包括月饼、糕点等；荣华饼家有限公司是第1753573号、1510083号注册商标“荣华富贵”“WINGWAH”的注册人，核定使用商品类别均为第30类，包括月饼、糕点等。上述注册商标均在有效期内。

2014年6月，被告人庄厚某、陈良某伙同庄清河（另案处理）等人未经注册商标权利人许可，生产制作假冒“美心”“荣华”“安琪”月饼进行销售牟利。其中，被告人陈良某出资300万元人民币并参与部分生产工作，被告人庄厚某不实际出资，但全面负责组织生产工作，其组织工人分别在广东省深圳市龙岗区横岗街道大康社区陈屋路10号、广东省惠州市惠阳区秋长一厂房内生产上述三种假冒品牌的月饼，其中，深圳市龙岗区横岗街道制假加工点日常事务由被告人黄某负责，惠州市惠阳区秋长镇制假加工点的日常事务由洪丽某（已判刑）负责。

被告人庄厚某先找到在东莞市凤岗镇经营“华之星”图案设计公司的被告人周某、陈某甲，由周某、陈某甲设计制作假冒“美心”月饼包装铁盒的图案。随后，被告人庄厚某找被告人袁某制作带有假冒“安琪”商标字样的月饼外包装纸盒、纸袋以及被告人林某甲制作带有假冒“美心”商标字样的月饼外包装纸盒。另外，庄厚某又通过被告人叶某介绍，联系东莞弘泰制罐厂制作加工假冒“荣华”商标字样的月饼外包装铁盒。

2014年8月13日，公安机关对上述制假场所进行清查，在深圳市龙岗区横岗街道大康社区陈屋路10号厂房内，查获假冒的“美心”双黄白莲蓉月饼5800盒（每盒四块），散装“美心”“荣华”“安琪”月饼及“美心”“荣华”月饼铁盒一批，经认定，上述物品价值人民币1281800元；在龙岗区横岗街道安良社区安平街19号仓库内，查获假冒“美心”双黄白莲蓉月饼54400盒（每盒4块），经认定，上述物品价值人民币12022400元；在惠州市惠阳区秋长镇的生产点和仓库共三个地点内，查获假冒的“美心”“荣华”“安琪”月饼及半成品一批，经认定，上述物品价值人民币6431357.12元。此外，侦查机关还在司机夏某乙驾驶的车辆后备箱查获假冒“安琪”双黄白莲蓉月饼2400盒（共120箱，每箱20盒，每盒4块），经认定，上述物品价值人民币345600元。

【案件争点】

公司负责人不以单位名义、使用个人账户从事假冒注册商标犯罪活动是否构成单位犯罪。

【裁判要旨】

一审法院认为，被告人庄厚某、陈良某、黄某等人无视国家法律，未经注册商标所有人许可，结伙在同一种商品上使用与其注册商标相同的商标，情节特别严重，其行为均已构成假冒注册商标罪。公诉机关指控的罪名成立。被告人庄厚某的辩护人认为本案中深圳市顺隆食品有限公司应承担法律责任的意见，因本案中被告人庄厚某系使用个人的账户从事犯罪行为，并未以公司名义进行，辩护人的该点辩护意见与事实及法律不符，法院不予采纳。

一审宣判后，被告人庄厚某、陈良某提起上诉。上诉人庄厚某认为一审判决遗漏了犯罪主体，其经营的深圳市顺隆食品有限公司应当负刑事责任，庄厚某作为该单位直接负责的主管人员承担刑事责任；一审判决第九项予以没收处理的部分设备就是该公司采购的设备。上诉人陈良某认为，陈良某作为普通投资者，投资一家有正规营业执照的饼类企业，又不参与任何实际生产管理，对生产管理者的实际做法不参与、不过问，只是普通的商事投资行为，不构成假冒注册商标罪。

二审法院认为，关于本案是否构成单位犯罪的问题。首先，侵犯知识产权犯罪，单位犯罪和个人犯罪定罪量刑标准统一。《刑法》第220条规定：“单位犯本节第二百一十三条至第二百一十九条规定之罪的，对单位判处罚金，并对其直接负责的主管人员和其他直接责任人员，依照本节各该条的规定处罚。”《知识产权刑事司法解释（二）》第6条也明确规定，对于单位实施侵犯知识产权犯罪行为，按照相应个人犯罪的定罪量刑标准定罪处罚。

其次，本案不构成单位犯罪。理由如下：一是上诉人庄厚某供述称，“这次假冒月饼联系供应商都是以我个人名义出面的，付款也是从我个人的账户中转出的”；二是同案犯陈某甲、袁某、林某甲、叶某均供述称，是庄厚某通过其个人账户转账付款的；三是上诉人庄厚某供述称，“我平时的办公地点是在龙岗区平吉大道建升大厦A座701室，与陈良某等四个股东开会商讨时是在龙岗区大康社区新龙路1号3楼”，商量假冒月饼相关事宜的地点不在单位；四是没有书证证实是通过单位转账付款的。综上，本案使用个人账户从事犯罪活动，并未以单位名义进行，并不是单位意志支配下所实施的犯罪行为，故上诉人及其辩护人关于“单位犯罪”的上诉，以及辩护的意见，法院均不予以采纳。

例案三：晋江胜记食品有限公司、王某甲等假冒注册商标案

【法院】

福建省泉州市中级人民法院

【案号】

（2014）泉刑终字第246号

【诉讼主体】

原公诉机关：福建省晋江市人民检察院

上诉人（原审被告单位）：晋江胜记食品有限公司

原审被告单位：福建省福川食品贸易有限公司

原审被告人：王某甲

原审被告人：王某乙

原审被告人：王某丙

原审被告人：王某戊

原审被告人：曾某某

原审被告人：陈某甲

原审被告人：郑某甲

【基本案情】

郑某甲于2008年4月23日在仙游县枫亭镇成立并经营个体工商户福川食品厂，后于2011年8月17日成立福建省福川食品贸易有限公司（以下简称福川公司），经营范围为批发预包装食品、日用品批发。晋江胜记食品有限公司（以下简称胜记公

司）于2009年4月9日成立，法定代表人为王某甲，公司类型为有限责任公司，经营范围为销售冷冻食品，并由王某丁负责经营。

2011年7月至9月，郑某甲雇用郑某乙在供货者不具备相关许可证、不能提供齐全的检疫合格证明文件的情况下，向郑某丁等散户大量收购从市场上购买来的猪肥膘并雇用工人将收购来的猪肥膘进行清洗、分割、晾干、包装、冷藏后，在产品没有经过检验的情况下进行销售，其中，分别于2011年5月28日、8月10日、8月11日、8月22日共销售给胜记公司59.925吨，销售金额共计863172.5元。

2011年5月间，王某丁未经注册商标权利人南京雨润食品有限公司许可，指使原审被告人王某乙仿制“雨润”牌猪肥膘包装袋，后原审被告人王某乙将“雨润”牌猪肥膘包装袋样品拿到晋江市罗山街道樟井社区姚某某的加工厂内，仿制了1000余个“雨润”牌猪肥膘包装袋。2011年6月至8月间，王某丁又指使原审被告人王某乙、曾某某分别在福建省南安市石井镇“闽台农”冻库、晋江市罗山街道“海星”冷库，雇用工人将郑某甲供货的部分猪肥膘（产品没有附合格证明文件）用上述仿制的包装袋翻包成“雨润”牌产品。同年8月间，王某丁、原审被告人王某丙以胜记公司的名义共销售假冒“雨润”牌猪肥膘36.575吨，销售金额共计597192.5元上诉人王某甲作为上诉人胜记公司的股东及法定代表人，明知上述情况，未能制止而予以纵容。原审被告人陈某甲作为胜记公司的会计，负责统计账目、开单出货及调配货物（假冒产品）。上诉人胜记公司及上述各上诉人、原审被告人的涉案金额为597192.5元。

【案件争点】

单位犯罪主体如何认定以及单位犯罪定罪量刑的标准如何计算。

【裁判要旨】

一审法院经审理认为，被告单位胜记公司行为已构成假冒注册商标罪，且属情节特别严重；被告人王某甲作为该单位直接负责的主管人员，被告人王某乙、曾某某、王某丙、陈某甲作为该单位的直接责任人员，其行为亦均已构成假冒注册商标罪，且属情节特别严重。被告单位福川公司成立于2011年8月17日，而被告人郑某甲以该公司的名义所实施的本案行为在该公司成立之前业已实施完毕，故公诉机关指控被告单位福川公司应承担本案刑事责任，缺乏依据，不能成立。

二审法院经审理认为，对于辩护人提出的有关胜记公司的非法经营数额尚未达到构成单位犯罪的情节特别严重的意见，法院认为，虽然2004年施行的《知识产权刑事司法解释》第15条规定：“单位实施刑法第二百一十三条至第二百一十九条规定的行为，按照本解释规定的相应个人犯罪的定罪量刑标准的三倍定罪量刑。”但是2007年起施行的《知识产权刑事司法解释（二）》第6条规定，单位实施《刑法》第213条至第219条规定的行为，按照《知识产权刑事司法解释》和本解释规定的相应个人犯罪的定罪量刑标准定罪处罚，第7条规定：“以前发布的司法解释与本解释不一致的，以本解释为准。”上述规定表明，《知识产权刑事司法解释（二）》颁布之后，单位实施假冒注册商标犯罪行为和相应个人犯罪的定罪量刑标准是完全统一的。据此，对辩护人的该节辩护意见不予采纳。上诉人胜记公司假冒他人注册商标，非法经营数额达597192.5元，其行为已构成假冒注册商标罪，属情节特别严重。原审被告单位福川公司成立于2011年8月17日，而郑某甲以该公司的名义所实施的本案行为在该公司成立之前业已实施完毕，故原判认定被告单位福川公司无罪适当。

三、裁判规则提要

（一）单位犯罪与个人犯罪的区分

假冒注册商标罪主体包括自然人和单位，凡是具有工商营业执照的个体工商户和没有营业执照的个人以及企业、事业单位及其直接负责的主管人员和其他直接责任人员，都可以成为本罪的主体。本罪的自然人主体是指年满16周岁，具有刑事责任能力的人。行为人为进行假冒注册商标犯罪活动而设立公司、企业，或借助分公司、子公司等实施犯罪的，或公司、企业设立后，以实施假冒注册商标犯罪为主要业务的，为个人犯罪。

区分假冒注册商标犯罪主体是单位还是自然人，首先应当查明涉案的公司、企业是否客观存在。司法实践中，认定是否属于单位犯罪意义上的公司、企业，应从两个方面进行审查：一是形式审查，即从公司、企业的成立形式和组织结构进行审查，审查涉案公司、企业是否合法成立并真实存在。凡是经过有权机关或组织依法定程序审批、登记注册的，首先在形式上具备了刑法意义上的单位属性。如在例案一中，被告人陈启某经营的宏发电子有限公司并未进行工商注册登记，认定宏发电子有限公司构成单位犯罪不具有基本的形式要件，故法院认定本案不构成单位犯罪并无不妥。又如在例案三中，福川公司成立于2011年8月17日，被告人郑某甲以该公司的名义所实施的犯罪行为在该公司成立之前业已实施完毕，郑某甲所实施的犯罪行为为其个人行为，福川公司不宜认定为单位犯罪，因此，法院作出认定福川公司无罪的判决适当。

二是实质审查，即在具备单位形式要件的基础上，对经营活动、行为人与单位关系等事项进行的审查，进而将个人为进行违法犯罪活动而设立公司、企业实施假冒注册商标犯罪的，或公司、企业成立后以实施假冒注册商标犯罪为主要活动的，以及盗用单位名义实施违法犯罪且违法所得归个人所有等一些名为单位犯罪、实为自然人犯罪的情形排除在外。如在例案二中，在假冒"美心""荣华""安琪"等月饼注册商标的犯罪活动中，庄厚某虽为深圳市顺隆食品有限公司的直接负责的主管人员，但该犯罪行为均由庄厚某出面联系供应商、以个人账户转账付款，且商量假冒注册商标相关事宜的地点也不在单位进行，也没有证据证明该犯罪行为由单位转账付款，法院以此认为本案使用个人账户从事犯罪活动、未以单位名义进行，并不是单位意志支配下所实施的犯罪行为，进而认定本案不属于单位犯罪。

实践中还需特别注意以下几种常见情形：一是个人资产与公司、企业等单位资产混同，财务制度不规范的，即使假冒注册商标犯罪行为是以单位名义实施的，一般也视为自然人犯罪；二是以实施假冒注册商标犯罪活动为主要或全部业务而成立公司、企业的，无论假冒注册商标犯罪行为以何种名义实施，都按自然人犯罪论处；三是对于个人实际控制的单位，或者个人以单位名义实施假冒注册商标犯罪行为且没有合法经营业务、违法所得主要由个人任意支配和处分的，以个人犯罪论处。

（二）特殊形态的犯罪主体认定

1. 一人公司的犯罪主体性质

我国《公司法》第57条第2款规定了一人有限责任公司，即只有一个自然人股东或一个法人股东的有限责任公司。对于一人有限公司是否能成为单位犯罪主体，观点并不统一。一种观点认为，一人公司具备单位犯罪主体适格，因为一人公司具备法律规定的独立法人资格，具有独立的行为意志，可以实施独立的公司行为。另外，承认一人公司单位主体适格符合罪刑法定原则，一概将一人公司作为自然人犯罪处理，会与《公司法》承认一人公司独立法人地位相矛盾，造成法律之间的适用冲突。另一种观点则认为，一人公司不具备单位犯罪主体适格，其理由是，相比于其他组织，一人公司在意志与财产上都欠缺独立性。[①] 对于这一争议问题，尚无相应

---

① 李军、刘艳芳：《新公司法背景下一人公司刑法主体地位研究》，载《长江大学学报（社科版）》2016年第2期。

的司法解释对其进行合理的解释。

比较而言，肯定论者基于规范立场，认为一人公司因公司法的规定而具备法人格，法律责任因此而独立于个人，自然应认定为单位；否定论则立足于实质判断立场，认为一人公司无论是单位意志还是利益归属，归根结底都体现为股东个人，并不具有单位应有的独立性。但也应注意，刑、民审判的司法裁判标准在客观上存在较大差异，刑事审判更加注重形式审查之下的实质判断，基于公司法规定而认为刑、民应持一体认定标准的观点并不当然成立。此外，虽然2007年《知识产权刑事司法解释（二）》将单位犯罪与个人犯罪定罪量刑的标准予以统一，但客观上对单位犯罪中的公司负责人、直接责任人的量刑会轻于个人犯罪，因此实践中如将实施假冒注册商标犯罪的一人公司作为单位犯罪处罚，会导致以此规避法律重处现象的出现。因此，司法实践中对一人公司实施的假冒注册商标犯罪，一般应否定其单位犯罪主体资格而作为自然人犯罪予以定罪处罚。

2. 基层群众自治组织的犯罪主体性质

基层群众自治组织如村民委员会、居民委员会、业主大会等，直接组织人员实施假冒注册商标犯罪，或为假冒注册商标犯罪提供资金、生产经营场所等便利条件的，是认定为单位犯罪还是个人犯罪？

2007年《村民委员会单位犯罪批复》中认为，单位犯罪主体包括公司、企业、事业单位、机关、团体，村民委员会是村民自我管理、自我教育、自我服务的基层群众性自治组织，不属于《刑法》第30条列举的范围，因此，对以村民委员会名义实施犯罪的，不应以单位犯罪论，可以依法追究直接负责的主管人员和其他直接责任人员的刑事责任。根据公安部的上述批复，对以村民委员会名义实施假冒注册商标犯罪的，不以单位犯罪论处，直接追究直接负责的主管人员和其他直接责任人员的刑事责任。

对其他类型的没有牟利性质的基层群众自治组织，也不宜以单位犯罪论处，理由如下：一是此类组织的建立一般具有非功利性、非牟利性，这与以牟利为中心的公司、企业具有实质不同；二是这些组织是居民自发组成、为其自己服务的，假冒商标注册犯罪行为所产生的危害后果由其成员自己承担责任能更好地体现责任自负。

（三）单位犯罪的量刑标准

我国刑法对单位犯罪和个人犯罪的定罪量刑标准并未加以区分，考虑到单位犯罪和个人犯罪在组织形式、行为规模、参与人员、处罚方式等方面的不同，2004年

《知识产权刑事司法解释》对包括假冒注册商标犯罪在内的知识产权单位犯罪和个人犯罪规定了不同的定罪量刑标准，即单位犯罪按照个人犯罪定罪量刑标准的三倍定罪量刑。2007 年《知识产权刑事司法解释（二）》统一了单位犯罪和个人犯罪定罪量刑标准，即单位犯罪按照个人犯罪的定罪量刑标准定罪处罚。

司法实践中，单位犯罪主体多以 2004 年《知识产权刑事司法解释》作为抗辩理由，如在例案三中，胜记公司认为假冒注册商标罪单位犯罪"情节特别严重"的定罪量刑标准为相应个人犯罪定罪量刑标准的三倍，其在本案非法经营金额为 597192.5 元，未达到个人犯罪定罪量刑标准（非法经营数额在 25 万元以上）的三倍，胜记公司不构成假冒注册商标罪。对此，二审法院认为，根据 2007 年《知识产权刑事司法解释（二）》第 6 条、第 7 条的规定，单位实施假冒注册商标犯罪行为和相应个人犯罪的定罪量刑标准是完全统一的，本案非法经营金额达 597192.5 元，胜记公司假冒他人注册商标的行为已构成假冒注册商标罪，属情节特别严重。

该问题涉及溯及力问题，实践中适用新旧司法解释禁止溯及既往。根据《刑事司法解释时间效力规定》的规定，自 2007 年 4 月 5 日起，即应遵循 2004 年《知识产权刑事司法解释》及 2007 年《知识产权刑事司法解释（二）》规定的个人量刑标准，确定犯罪单位定罪量刑标准；对于办理跨越 2007 年解释的单位犯罪案件，应在认定有无继续、连续状态的基础之上，按照相关司法解释的规定，坚持从旧兼从轻的原则，对无继续、连续状态的犯罪，因适用行为时量刑标准对行为人有利，仍应适用行为时量刑标准；有继续、连续状态的跨越 2007 年解释的假冒注册商标犯罪，鉴于罪名、构成要件、情节及法定刑等均无变化，仅是量刑标准发生变化，因此仍应适用个人犯罪量刑标准进行量刑，但鉴于量刑标准发生对行为人不利的影响，在对单位量刑时可充分考虑该因素，酌情予以从轻处理。

四、辅助信息

《刑法》

第十七条 已满十六周岁的人犯罪，应当负刑事责任。

已满十四周岁不满十六周岁的人，犯故意杀人、故意伤害致人重伤或者死亡、强奸、抢劫、贩卖毒品、放火、爆炸、投放危险物质罪的，应当负刑事责任。

已满十二周岁不满十四周岁的人，犯故意杀人、故意伤害罪，致人死亡或者以特别残忍手段致人重伤造成严重残疾，情节恶劣，经最高人民检察院核准追诉的，应当负刑事责任。

对依照前三款规定追究刑事责任的不满十八周岁的人，应当从轻或者减轻处罚。

因不满十六周岁不予刑事处罚的，责令其父母或者其他监护人加以管教；在必要的时候，依法进行专门矫治教育。

第三十条　公司、企业、事业单位、机关、团体实施的危害社会的行为，法律规定为单位犯罪的，应当负刑事责任。

《公司法》

第六条　设立公司，应当依法向公司登记机关申请设立登记。符合本法规定的设立条件的，由公司登记机关分别登记为有限责任公司或者股份有限公司；不符合本法规定的设立条件的，不得登记为有限责任公司或者股份有限公司。

法律、行政法规规定设立公司必须报经批准的，应当在公司登记前依法办理批准手续。

第六十三条　一人有限责任公司的股东不能证明公司财产独立于股东自己的财产的，应当对公司债务承担连带责任。

第二百一十五条　违反本法规定，构成犯罪的，依法追究刑事责任。

《知识产权刑事司法解释（二）》

第六条　单位实施刑法第二百一十三条至第二百一十九条规定的行为，按照《最高人民法院、最高人民检察院关于办理侵犯知识产权刑事案件具体应用法律若干问题的解释》和本解释规定的相应个人犯罪的定罪量刑标准定罪处罚。

《刑法第十二条适用问题解释》

第三条　一九九七年十月一日以后审理一九九七年九月三十日以前发生的刑事案件，如果刑法规定的定罪处刑标准、法定刑与修订前刑法相同的，应当适用修订前的刑法。

《单位犯罪司法解释》

第一条　刑法第三十条规定的“公司、企业、事业单位”，既包括国有、集体所有的公司、企业、事业单位，也包括依法设立的合资经营、合作经营企业和具有法人资格的独资、私营等公司、企业、事业单位。

第二条 个人为进行违法犯罪活动而设立的公司、企业、事业单位实施犯罪的，或者公司、企业、事业单位设立后，以实施犯罪为主要活动的，不以单位犯罪论处。

第三条 盗用单位名义实施犯罪，违法所得由实施犯罪的个人私分的，依照刑法有关自然人犯罪的规定定罪处罚。

《非法集资刑事案件办理意见》

二、关于单位犯罪的认定问题

单位实施非法集资犯罪活动，全部或者大部分违法所得归单位所有的，应当认定为单位犯罪。

个人为进行非法集资犯罪活动而设立的单位实施犯罪的，或者单位设立后，以实施非法集资犯罪活动为主要活动的，不以单位犯罪论处，对单位中组织、策划、实施非法集资犯罪活动的人员应当以自然人犯罪依法追究刑事责任。

《刑事司法解释时间效力规定》

一、司法解释是最高人民法院对审判工作中具体应用法律问题和最高人民检察院对检察工作中具体应用法律问题所作的具有法律效力的解释，自发布或者规定之日起施行，效力适用于法律的施行期间。

二、对于司法解释实施前发生的行为，行为时没有相关司法解释，司法解释施行后尚未处理或者正在处理的案件，依照司法解释的规定办理。

三、对于新的司法解释实施前发生的行为，行为时已有相关司法解释，依照行为时的司法解释办理，但适用新的司法解释对犯罪嫌疑人、被告人有利的，适用新的司法解释。

四、对于在司法解释施行前已办结的案件，按照当时的法律和司法解释，认定事实和适用法律没有错误的，不再变动。

《金融犯罪案件会议纪要》

（一）关于单位犯罪问题

根据刑法和《最高人民法院关于审理单位犯罪案件具体应用法律有关问题的解释》的规定，以单位名义实施犯罪，违法所得归单位所有的，是单位犯罪。

1.单位的分支机构或者内设机构、部门实施犯罪行为的处理。以单位的分支机构或者内设机构、部门的名义实施犯罪，违法所得亦归分支机构或者内设机构、部门所有的，应认定为单位犯罪。不能因为单位的分支机构或者内设机构、部门没有可供执行罚金的财产，就不将其认定为单位犯罪，而按照个人犯罪处理。

《继续犯罪、连续犯罪及其他同种数罪适用刑法问题批复》

对于开始于1997年9月30日以前，继续或者连续到1997年10月1日以后的行为，以及在1997年10月1日前后分别实施的同种类数罪，如果原刑法和修订刑法都认为是犯罪并且应当追诉，按照下列原则决定如何适用法律：

一、对于开始于1997年9月30日以前，继续到1997年10月1日以后终了的继续犯罪，应当适用修订刑法一并进行追诉。

二、对于开始于1997年9月30日以前，连续到1997年10月1日以后的连续犯罪，或者在1997年10月1日前后分别实施同种类数罪，其中罪名、构成要件、情节以及法定刑均没有变化的，应当适用修订刑法，一并进行追诉；罪名、构成要件、情节以及法定刑已经变化的，也应当适用修订刑法，一并进行追诉，但是修订刑法比原刑法所规定的构成要件和情节较为严格，或者法定刑较重的，在提起公诉时应当提出酌情从轻处理意见。

《上海法检刑事法律适用问题解答》

一、关于单位犯罪的认定问题

1.单位故意犯罪的认定标准如何掌握

答：认定单位故意犯罪，首先应当查明单位是否属实。具体可从两个方面进行审查：一是从单位的成立形式和组织结构看，经过有权机关或组织（如工商局、上级主管部门等）审批、登记注册的社会经济组织、实体等，可以认定为单位。但是，有些有限责任公司、股份有限公司在形式上虽然经过工商部门审批登记注册，如果确有证据证实其实际为特定一人出资、一人从事经营管理活动，主要利益归属于该特定个人的，应当根据查证属实的情况，以刑法上的个人论。至于有限责任公司和股份有限公司中各股东的出资比例大小，以及是否具有亲属关系（具有财产共有关系的家庭成员除外），一般来说并不影响对单位的认定。二是从单位的实际活动性质看，如果单位主要从事违法犯罪活动，或者成立单位的目的就是为了从事违法犯罪活动的，应当否定其正当的单位人格，对其实施的危害行为以个人违法犯罪行为论。

在查明单位属实的基础上，要认定单位故意犯罪，应当主要把握两个构成特征：一是犯罪意志的整体性，即单位故意犯罪是经单位集体研究决定或由负责人决定的。如果单位中的一般工作人员擅自为本单位谋取非法利益，事后未得到领导认可或默许的，应认定其危害行为系出于个人意志，可以个人犯罪论处。二是非法利益归属的团体性，即单位的故意犯罪在客观上表现为本单位谋取非法利益的行为，或者违法所得实际归属于单位或其中的部分股东单位。只有同时具备以上两个特征的行为，才能认定为单位故意犯罪。

如果单位中的个人假借单位的名义实施犯罪，为个人谋取非法利益的，或者虽经单位集体研究决定实施犯罪，但违法所得实际由个人共同分取的，因这两种情形都不具有利益归属的团体性特征，对此仍应以个人犯罪论处。

对于单位集体决定实施犯罪，个人共同分取违法所得的案件，尤其应当注意贯彻惩办少数、教育多数的刑事政策，将共同犯罪活动的组织、领导、指挥者和起主要作用的实行犯纳入治罪范围。

2.单位分支机构等能否成为单位犯罪的主体

答：以单位的分支机构或者内设机构、部门的名义实施犯罪，违法所得亦归分支机构或者内设机构、部门所有的，应认定为单位犯罪。不能因为单位的分支机构或者内设机构、部门没有可供执行罚金的财产，就不将其认定为单位犯罪，而按照个人犯罪处理。在具体处理上，应当注意两点：（1）对于受单位领导指派或奉命参与实施了一般犯罪行为（非起主要、关键作用的犯罪行为）的人员，可以不作为直接责任人员追究刑事责任。（2）在对直接负责的主管人员和直接责任人员裁量刑罚时，应当尽量根据各自在单位犯罪中实际所起作用的大小，分清主次罪责，以便罚当其罪。

3.几种特殊对象能否成立单位犯罪的主体

答：个人承包企业能否成为刑法上的单位，应以发包单位（必须符合刑法上单位的标准）在被承包企业中有无资产投入为标准，分两种情况分别认定：（1）发包单位有资产投入的，因被承包企业是发包单位自主选择经营方式的结果，是发包单位资产所有权与经营权相分离的表现，并不因为发包而改变其资产属性和单位的性质，对于该种个人承包企业所实施的犯罪行为，应以单位犯罪论处。（2）发包单位没有资产投入的，其实际表现是发包单位仅仅提供营业执照，届时按约收取固定的承包费。在该种情形下，因被承包企业的经营资本实际由承包者个人投入，且独立自主经营，主要收益归属于承包者个人所有。对于该种个人承包企业所实施的犯罪行为，可以个人犯罪论处。

“名为集体、实为个人”的单位能否认定为刑法上的单位？该种名实不符的单位一般包括两种情形：一种是本应注册登记为个人独资企业或者个体工商户，却挂靠国有、集体企业或其他单位从事生产、经营活动的单位；另一种是原为国家或集体所有的企业或其他单位，经改制后，已为个人实际买断经营，但仍然沿用原国有、集体单位的名称，并向其上级主管单位缴纳固定的管理费用的单位。因以上两种单位均实际由个人投资，利益也主要归属于个人，对其实施的犯罪行为，应以个人犯罪论处。

境外（含外国）公司、企业或组织能否认定为刑法上的单位，关键在于有无确实的证据证明其存在的真实性和合法性。如果有证据证明系境外合法存在的公司、企业或组织实施有关犯罪行为的，应对其直接负责的主管人员或直接责任人员追究单位犯罪的刑事责任。如果经侦查所获得的或境外公司、企业、组织提供的证据、材料，无法证明行为人系以单位身份实施犯罪行为的，或者无法证明境外公司、企业或组织具有合法存在的主体资格的，对行为人所实施的严重危害行为应以个人犯罪论处。

《村民委员会单位犯罪批复》

根据《刑法》第三十条的规定，单位犯罪主体包括公司、企业、事业单位、机关、团体。按照《村民委员会组织法》第二条的规定，村民委员会是村民自我管理、自我教育、自我服务的基层群众性自治组织，不属于《刑法》第三十条列举的范围。因此，对以村民委员会名义实施犯罪的，不应以单位犯罪论，可以依法追究直接负责的主管人员和其他直接责任人员的刑事责任。

假冒注册商标刑事案件裁判规则第 14 条：

假冒注册商标罪的主观方面为故意，行为人的犯罪动机不影响本罪的成立。故意的认定应结合具体案件情况综合认定

【规则描述】 假冒注册商标罪的主观方面表现为故意，即行为人认识到其使用的商标与他人已注册商标相同，明知自己的假冒商标行为未经注册商标所有人许可，仍故意在同一种商品上使用与他人注册商标相同的商标，行为人的犯罪动机不影响假冒注册商标罪的成立。司法实践中，行为人的主观心理状态可结合行为人与权利人的行业相关度、地域远近及注册商标的知名度等因素综合判定，具有下列情形的可直接认定为故意：行为人多次或重复假冒注册商标的；假冒多种注册商标的；权利人曾经通知、警告或起诉行为人侵犯涉案商标的；行为人曾经与权利人就涉案商标具有业务合作或曾经寻求购买，仍然擅自实施假冒他人注册商标的。

一、类案检索大数据报告

时间：2022 年 7 月 1 日之前，案例来源：Alpha 案例库，案件数量：5359 件，数据采集时间：2022 年 7 月 1 日。本次检索共获取认定假冒注册商标罪中“故意”2022 年 7 月 1 日之前 5359 篇裁判文书。整体情况如图 14–1 所示，从案件年份分布可以看到当前条件下案例数量的变化趋势。

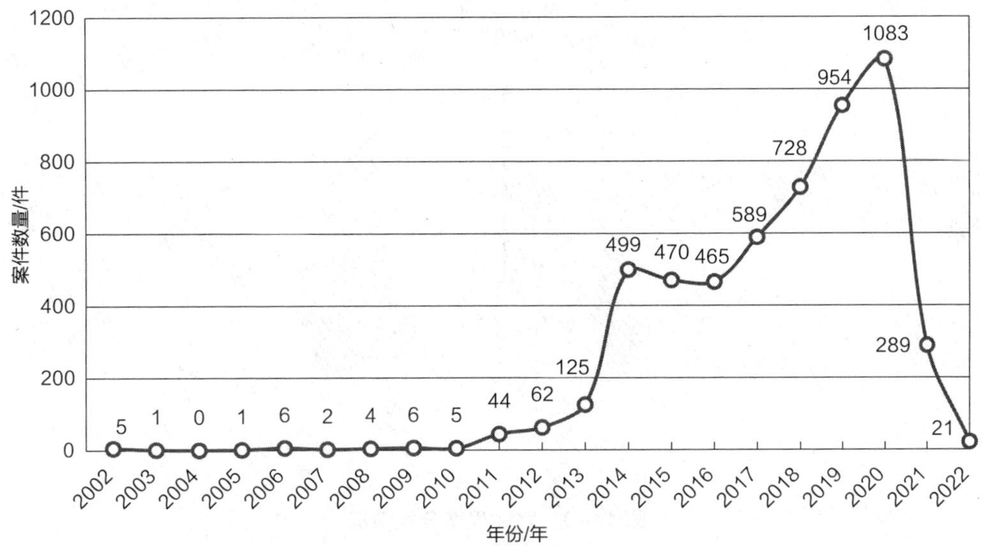

图 14–1　案件年份分布情况

如图 14–2 所示，从地域分布来看，当前假冒注册商标案例主要集中在广东省、福建省、江苏省，分别占比 23.96%、12.89%、12.02%。其中广东省的案件量最多，达到 1284 件。

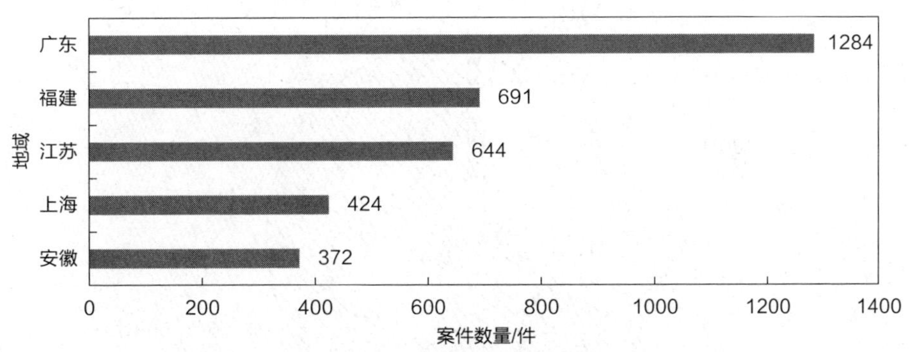

图 14–2　案件地域分布情况

如图 14–3 所示，从案件程序分类统计可以看到假冒注册商标罪当前的审理程序分布状况，其中一审案件有 4556 件，二审案件有 734 件，再审案件有 32 件，执行案件有 32 件。一审上诉率约为 16.11%。

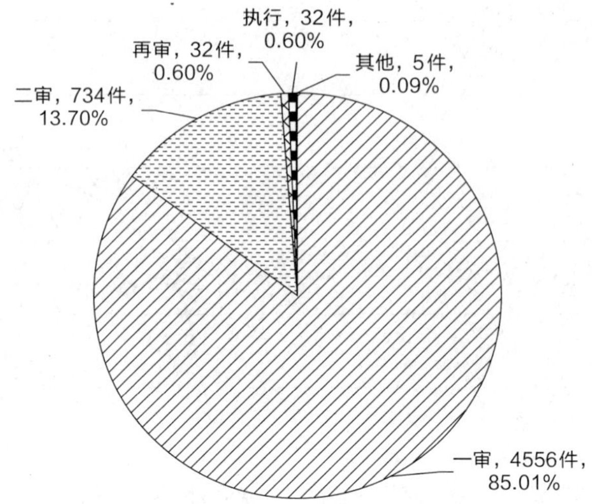

图 14–3 案件程序分类情况

如图 14–4 所示，通过对二审裁判结果的可视化分析可以看到，当前条件下维持原判的有 509 件，占比为 69.35%；改判的有 186 件，占比为 25.34%；其他的有 21 件，占比为 2.86%。

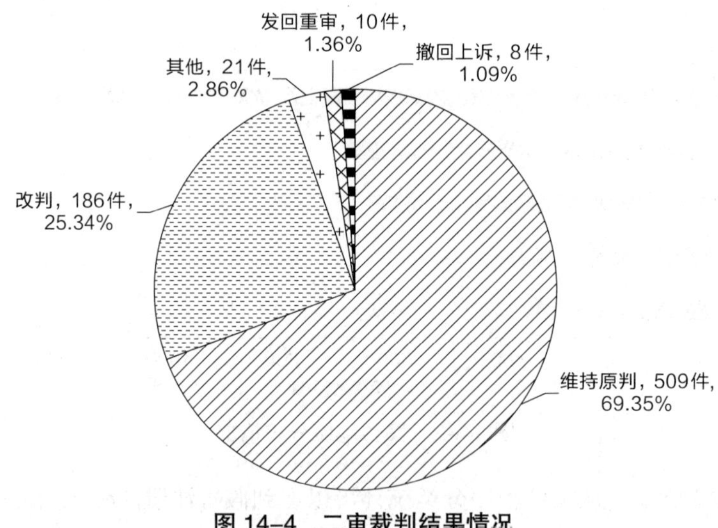

图 14–4 二审裁判结果情况

如图 14–5 所示，通过对再审裁判结果的可视化分析可以看到，当前条件下其他的有 18 件，占比为 56.25%；改判的有 7 件，占比为 21.88%；维持原判的有 4 件，占比为 12.50%。

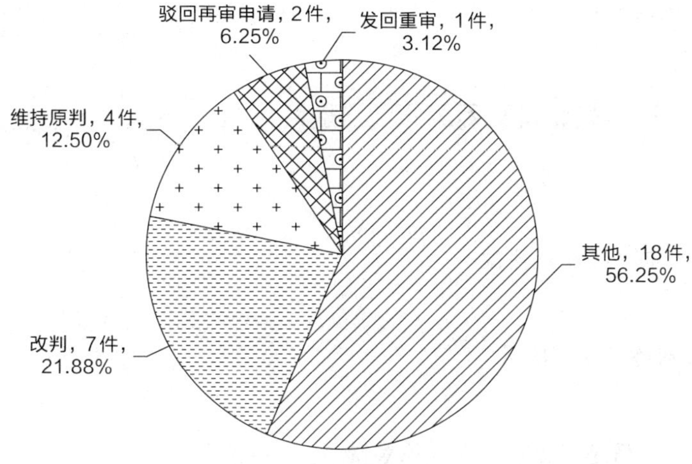

图 14–5　再审裁判结果情况

如图 14–6 所示，通过对主刑的可视化可以看到，当前条件下包含有期徒刑的案件有 4157 件，包含拘役的案件有 243 件，包含无期徒刑的案件有 10 件。其中包含缓刑的案件有 2400 件，免予刑事处罚的案件有 36 件。

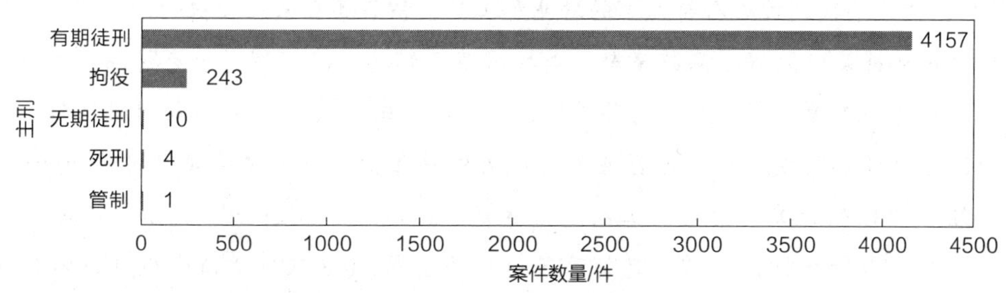

图 14–6　主刑适用情况

如图 14–7 所示，通过对附加刑的可视化可以看到，当前条件下包含罚金的案件有 4171 件，包含剥夺政治权利的案件有 29 件，包含没收财产的案件有 12 件。

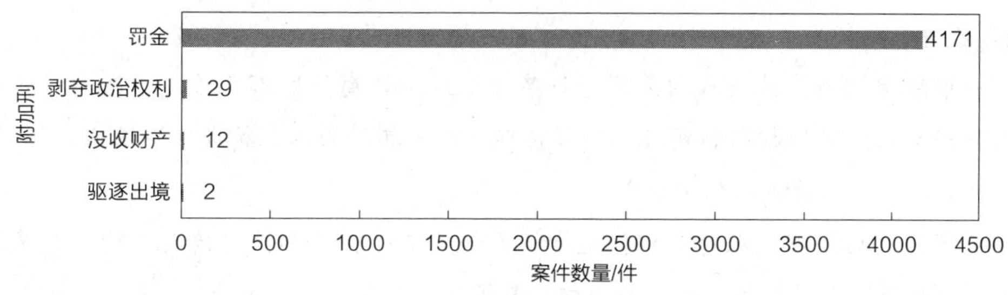

图 14–7　附加刑适用情况

二、可供参考的例案

例案一：柯某某、符某甲等假冒注册商标案

【法院】

福建省泉州市中级人民法院

【案号】

（2014）泉刑终字第648号

【诉讼主体】

原公诉机关：福建省晋江市人民检察院

上诉人（原审被告人）：符某甲

原审被告人：柯某某

【基本案情】

2013年4月底，一名菲律宾人找到被告人柯某某让其生产“耐克”童鞋。同年5月初，柯某某找到被告人符某甲的鞋业加工厂，柯某某在未经授权的情况下，提供制鞋材料让符某甲做假冒品牌童鞋，委托符某甲帮其生产假冒“耐克”注册商标的童鞋，并对加工费作了约定。柯某某汇款23000元给符某甲购买制鞋材料及付工人工资，并通过QQ发送订单给符某甲。符某甲遂在晋江市陈埭镇岸兜村群兴路103号其经营的鞋业加工厂内组织工人进行生产。2013年5月28日，该加工厂被公安机关查获，当场扣押假冒“耐克”注册商标的童鞋5108双，货值金额共计人民币1317864元。

【案件争点】

行为人受委托为他人加工假冒注册商标产品并收取加工费的主观心理状态如何认定。

【裁判要旨】

一审法院认为，被告人柯某某、符某甲未经注册商标所有人许可，在同一种商品上使用与注册商标相同的商标，情节特别严重，其行为均已构成假冒注册商标罪。在共同犯罪中，二被告人作用相当。

一审宣判后，被告人符某甲提起上诉，认为其是在不知情的情况下为柯某某加工假冒“耐克”童鞋，原材料均是由柯某某提供，其只收取加工费。

二审法院认为，原审判决认定原审被告人柯某某自2013年5月初开始在未经授

权的情况下由其支付加工费并提供制鞋材料委托上诉人符某甲生产假冒“耐克”注册商标的童鞋。经鉴定，该批货值共计1317864元，且所扣押的童鞋均为不合格产品的事实清楚，证据确实、充分。关于上诉人符某甲诉称其是在不知情的情况下为柯某某加工假冒“耐克”童鞋，原材料均由柯某某提供，其只收取加工费，应认定其为从犯的上诉意见。经查，上诉人符某甲在侦查阶段对其在明知柯某某委托其加工的“耐克”童鞋没有经过注册商标所有人许可为谋利仍受托予以加工的事实供认不讳，该供述与原审被告人柯某某的供述能相互印证，足以认定其明知系假冒注册商标产品仍受托加工的事实。上诉人符某甲、原审被告人柯某某未经注册商标所有人许可，在同一种商品上使用与注册商标相同的商标，情节特别严重，其行为已构成假冒注册商标罪。在共同犯罪中，原审被告人柯某某提供订单及原材料供上诉人符某甲加工，上诉人符某甲明知柯某某委托其生产的系假冒注册商标商品，仍受托组织生产，二人互相配合，共同实施侵权行为。

例案二：揭才某假冒注册商标案

【法院】

广东省深圳市中级人民法院

【案号】

（2018）粤03刑终2985号

【诉讼主体】

原公诉机关：广东省深圳市龙岗区人民检察院

上诉人（原审被告人）：揭才某

【基本案情】

苹果公司（Apple Inc.）是第6281379号注册商标、第5621463号注册商标的注册人，核定使用商品类别为第9类，包括移动电话机等，注册有效期限分别为自2010年4月28日至2020年4月27日止、自2010年4月14日至2020年4月13日止。

被告人揭才某以牟取非法利益为目的，在未经权利人许可的情况下，组织工人在深圳市龙岗区坂田和磡村五巷10号702房组装、翻新苹果手机。2017年11月1日，深圳市公安局沙湾派出所民警接报后在上述制假窝点查获已翻新苹果手机104部［iPhone 5S（32G）4部、iPhone 6（64G）80部、iPhone 6Plus（64G）6部、iPhone 6S（64G）12部、iPhone 6Splus（64G）2部］，此外还有苹果手机显示屏28个、电池

10个、后壳30个和旧苹果手机7部、被告人自用手机1部、作案工具一批，随后又在龙岗区万科第五园清云斋E座202房抓获被告人揭才某。经查验，查获的104部已翻新手机背部上方均有案涉标识，其中22部在背部下方还有突出标识，经权利人认定均为假冒产品。

【案件争点】

行为人未经商标权利人许可，组织相关人员生产并销售与案涉商标核定使用的商品相同的商品，且在该商品上使用与多个注册商标完全相同的标识时的主观心理状态认定。

【裁判要旨】

一审法院认为，被告人揭才某无视国家法律，未经注册商标所有人许可，在同一种商品上使用与其注册商标相同的商标，情节特别严重，其行为已构成假冒注册商标罪。公诉机关指控的罪名成立。

二审法院认为，上诉人揭才某无视国家法律，未经案涉商标权利人苹果公司（Apple Inc.）的许可，组织相关人员生产并由其销售与案涉商标核定使用的商品相同的商品，且在商品上使用与案涉两个注册商标完全相同的标识，主观上具有擅自使用案涉注册商标的故意，情节特别严重，其行为已经触犯我国《刑法》第213条规定的假冒注册商标罪，依法应予惩处。原审法院对上诉人的犯罪行为定性准确，法院予以维持。

例案三：胡芷某、常景某等假冒注册商标案

【法院】

广东省深圳市中级人民法院

【案号】

（2017）粤03刑终1498号

【诉讼主体】

原公诉机关：广东省深圳市宝安区人民检察院

上诉人（原审被告人）：常景某

原审被告人：胡芷某

原审被告人：江建某

【基本案情】

2015 年 3 月 16 日，公安机关接到举报后，在位于深圳市宝安区福永街道天瑞工业园 A5 栋 9 楼的深圳景昊科技有限公司查获假冒“先科”牌数码音箱共 6135 台及出货单据，并现场抓获被告人常景某、胡芷某、江建某及吴某（另案处理）。被告人常景某、胡芷某为深圳景昊科技有限公司股东，其在没有取得“先科”商标的所有人深圳市深投文化投资有限公司的授权下，从 2014 年 4 月开始大量采购原材料及印刷带有“先科”商标的标识，并纠集公司的江建某及仓管员吴某生产假冒的“先科”牌数码音箱并在全国各地进行销售。从查获的单据证实被告人向张某 1、张某 2、于某 1 等三人共销售假冒“先科”商标的商品 536769 元。

被告人常景某向公安机关提供的《授权证书》显示：深圳市先科数码电器有限公司授权深圳景昊科技有限公司，销售“先科、SAST”牌视频机、插卡箱、蓝牙音箱产品全国经销商资格。有效期：截至 2015 年 9 月 18 日。被告人常景某向公安机关提供的《委托授权书》显示：深圳市先科数码电器有限公司兹委托并授权深圳景昊科技有限公司为我公司采购、加工生产“先科、SAST”牌视频机、插卡箱、蓝牙音箱产品，并定作相应的包装材料（包装材料应经我司确认后方可定制）。具体型号及数量以我公司生产订单为准。深圳景昊科技有限公司对产品做好售后服务，因产品质量、售后服务问题造成的消费者人身财产损害，伤害商标声誉等损失承担全部责任。本委托有效期至 2015 年 9 月 18 日止。

【案件争点】

超出委托授权范围的假冒注册商标行为是否构成假冒注册商标罪，销售该假冒注册商标的商品如何定罪，以及行为人的主观心理状态如何认定。

【裁判要旨】

一审法院认为，被告人常景某、胡芷某、江建某未经注册商标所有人许可，在同一种商品上使用与其注册商标相同的商标，情节特别严重，其行为均已构成假冒注册商标罪。关于被告人常景某、胡芷某指出有授权书且支付了使用费，无犯罪故意的辩解，经查，被告人常景某提供的授权书显示，他们已经超出并违背授权内容，擅自生产并销售标有“先科”牌的数码音箱，且情节特别严重，已构成犯罪。因此被告人常景某、胡芷某的相关辩解法院不予认可。

一审宣判后，被告人常景某提起上诉称，其有案外人先科数码有限公司的授权书，才使用“先科”商标，本案系商标使用纠纷，属于民事案件，不构成假冒注册商标罪。

二审法院经审理认为，上诉人常景某、原审被告人胡芷某、原审被告人江建某未经注册商标所有人许可，在同一种商品上使用与其注册商标相同的商标，非法经营金额数额达人民币537039元，情节特别严重，其行为均已构成假冒注册商标罪。关于上诉人常景某上诉称其有案外人出具的《委托授权书》，不构成假冒注册商标罪的上诉意见。经查，上诉人常景某及原审被告人胡芷某在公安机关讯问中，都供述其生产、销售假冒的“先科”牌数码音箱没有“先科”商标权人的授权，型号与正品不同，价格比正品要低；上诉人的犯罪行为与案外人出具的《委托授权书》的授权内容不符，上诉人常景某所称其受到案外人的欺骗，有授权，不构成假冒注册商标罪的上诉意见，与查明事实不符，法院不予采纳。

三、裁判规则提要

假冒注册商标罪的主观方面为故意，即行为人明知自己的行为是假冒注册商标，同时知道由于自己的假冒注册商标行为会导致侵犯他人注册商标专用权的危害结果的发生，并且希望这种结果发生。过失不构成本罪。

（一）本罪是否由间接故意构成

我国《刑法》第14条规定：“明知自己的行为会发生危害社会的结果，并且希望或者放任这种结果发生，因而构成犯罪的，是故意犯罪。”根据该规定，故意包括了直接故意和间接故意两种。直接故意，是明知自己的行为会发生危害社会的结果，并且希望这种结果发生；间接故意是明知自己的行为会发生危害社会的结果，并且放任这种结果发生。如在例案二中，上诉人揭才某未经案涉商标权利人苹果公司的许可，在商品上使用与案涉两个注册商标完全相同的标识，主观上明显具有擅自使用案涉注册商标的故意。

关于本罪的罪过问题，存在如下观点：一是否定说，即本罪只能由直接故意构成；二是肯定说，即本罪既可以由直接故意构成，也可以由间接故意构成，因为现实中存在行为人仅认识到所假冒的商标可能是他人的，但并不积极地检查，而是听之任之、漠然对待的情况；三是折中说，即在论及假冒注册商标罪的主观罪过时仅认定为故意，不予区分直接故意或间接故意。

假冒注册商标罪的主观罪过只能是直接故意，而不包括间接故意。根据我国《刑法》第213条的规定，假冒注册商标罪是行为犯，即只要行为人知道自己使用商标的行为未经商标权利人许可而在同种商品上使用该商标，就构成本罪。行为人对他人的注册商标及相应商品的知名度有明确的认识和了解，行为人对未经注册商标权利人许可而擅自使用他人商标的情况显然是明知的，并且其在使用时能够认识到该危害结果必然发生，肯定行为人对最终危害结果的表现为"放任心态"是不客观的，因为明知假冒注册商标行为会侵犯他人商标权而仍然实施，行为人的主观心理状态只能是希望的内容。行为人对所使用的注册商标是否系他人的已注册商标有不确定了解，不积极查证而是放任不管虽客观存在，但这是对使用对象的可能性认识态度，本罪是行为犯，强调的是对使用本身的主观状态，对使用对象的可能性认识态度不等于对使用本身的态度。

对基于委托而生产他人注册商标商品的生产者，其负有审查委托人是否已经权利人授权许可的义务，如果其未尽必要的审查义务，在其认为可能是未经许可的情形下仍然生产，因为未经许可生产行为的侵权结果是必然发生而非可能；反之，生产者如已尽到必要的审查义务，但因委托人的欺骗而生产的，生产者对该危害结果的主观心态并非放任，因为必要的审查行为已然阻却其对于可能产生的危害结果放任的意志。因此，受托人对于最终产生的危害结果的态度只能是希望而非放任。

（二）故意的认定

对于如何认定假冒注册商标罪中的故意，要从认识因素和意志因素两个方面来分析。故意的认识因素是指行为人是认识到危害结果的发生，即"明知自己的行为会发生危害社会的结果"。具体而言，一是明知假冒行为的内容，要求行为人对假冒注册商标的事实是知晓的，如在例案一中，符某甲认为其是在不知情的情况下加工假冒"耐克"童鞋，但结合符某甲在侦查阶段的供述以及柯某某的供述，足以认定其明知系假冒注册商标产品仍受托加工的事实。二是明知自己的假冒行为会发生某种危害结果，此处的明知包括明知危害结果的必然发生与可能发生，

意志因素是希望危害结果的发生。希望指行为人积极追求结果的发生。希望有程度上的差异，如强烈的希望与不很强烈的希望；发生结果是行为人所实施行为直接追求的结局。如例案一中的符某甲在收到加工款和制鞋材料后，在其经营的鞋业加工厂内组织工人进行生产；例案二中的揭才某组织人员生产并由其销售与案涉商

标核定使用的商品类别相同的商品；例案三中的常景某、胡芷某超出授权范围，生产、销售假冒的“先科”牌数码音箱，且以低于正品的价格销售。上述行为人均是以积极作为的方式追求结果的发生，故依法构成假冒注册商标罪。

（三）认定故意的参考因素

司法实践中，判定行为人是否具有犯罪故意，可参考以下因素：一是行为人与注册商标权利人之间的特定关系，如之前存在合作关系或存在股东、法定代表人和业务上的关联关系。例案三中的深圳景昊科技有限公司与商标权利人即存在民事合同关系。二是行为人的认知能力，如行为人的从业时间、经营规模。三是案涉品牌及商标的知名度，如例案二中苹果公司即为知名品牌。四是商标权利人曾向行为人主张权利，如行为人曾因假冒注册商标被起诉或被处以行政处罚。

详言之，行为人若与商标权利人之间具有以下特定关系，一般可以认定行为人具有犯罪故意：（1）行为人是商标权利人的代理人或曾有过劳动关系；（2）行为人与商标权利人的营业地址邻近；（3）行为人与商标权利人之间曾就达成代理、代表关系进行过磋商，但未形成代理、代表关系；行为人与商标权利人之间曾就达成合同、业务往来关系进行过磋商，但未形成合同、业务往来关系。

行为人具有以下情形的，可认定为故意：（1）在法院裁判文书作出后或受到行政处罚后，重复或变相重复实施相同假冒注册商标行为的；（2）权利人以书信、传真、电子邮件等方式发送侵权通知，行为人未及时采取应对措施而继续实施相同假冒注册商标行为的；（3）假冒或仿冒多个商标的；（4）行为人或其利害关系人对商标权利人的商标宣告无效但被驳回后，实施假冒注册商标权行为的。

行为人的认知能力考虑因素包括：（1）行为人所处行业的知识产权保护水平；（2）行为人的生产经营规模、从业时间；（3）行为人是否就商标侵权问题咨询过专业人士，以及专业人士出具专业性意见的情况。

（四）本罪是否要求行为人具有特定的犯罪目的

关于本罪是否要求具有特定的犯罪目的，仍存争议：一种观点是假冒注册商标罪中以营利为目的，行为人假冒他人注册商标是为了获得高额非法利润，如果行为人没有营利的目的，不构成本罪；另一种观点是假冒注册商标罪不是目的犯，行为人的动机和目的如何，不影响犯罪的成立。从《刑法》第213条的规定看，本罪的法条并没有明文规定犯罪目的，且根据条文对本罪构成要件的表述来看，成立本罪不必然要求牟利目的。

司法实践中，假冒注册商标罪中行为人的目的是多种多样的。如行为人为牟取非法利益，在自己的商品上使用知名商标以高价销售；为诋毁竞争对手信誉，在劣质商品上使用竞争对手的商标，以假充真，达到损害对方商誉的目的；为倾销伪劣产品，在积压商品上贴上畅销商标以顺利出售。不可否认，从司法实践来看，行为人假冒他人注册商标一般是以营利为目的或者以牟取非法利益为目的，但这并不意味着成立本罪必须要求行为人具备一定的犯罪目的，而要求行为人具有特定的犯罪目的会缩小本罪的范围。

（五）本罪与其他相关犯罪的区分与适用

1. 本罪与销售假冒注册商标的商品罪的区分与适用

我国《刑法》第 214 条规定了销售假冒注册商标的商品罪，即销售明知是假冒注册商标的商品，销售金额数额较大的。该罪与本罪的区别在于：一是犯罪对象不同，本罪的犯罪对象是他人的注册商标，而销售假冒注册商标商品罪的犯罪对象是假冒注册商标的商品；二是犯罪客观行为不同，本罪在客观方面表现为在同一种商品上使用与他人注册商标相同的商标的行为，该行为既可以发生在生产领域，又可以发生在流通领域，而销售假冒注册商标商品罪的客观方面表现为实施非法销售活动，一般只发生在流通领域。

实践中，行为人为实现其非法利益，往往会在制造假冒注册商标的商品的同时，销售该假冒注册商标的商品，在此情况下，假冒注册商标的行为吸收了销售该假冒注册商标的商品的行为，对此，《知识产权刑事司法解释》第 13 条明确规定，实施假冒注册商标犯罪，又销售该假冒注册商标的商品，构成犯罪的，应当以假冒注册商标罪定罪处罚；实施假冒注册商标犯罪，又销售明知是他人的假冒注册商标的商品，构成犯罪的，应当实行数罪并罚。《知识产权刑事司法解释》第 13 条之所以规定上述两种情形，其原因在于行为人实施的上述两种行为是针对不同的商品，两种行为分别独立构成了两种不同的罪名，所以应数罪并罚。如在例案三中，行为人在实施假冒注册商标犯罪行为后向张某 1、张某 2、于某 1 等三人共销售假冒“先科”商标的商品 536769 元，行为人的假冒注册商标犯罪行为吸收了后续的销售行为，故法院仅以假冒注册商标罪追究刑事责任。

2. 本罪与非法制造、销售非法制造的注册商标标识罪的区分与适用

我国《刑法》第215条规定了非法制造、销售非法制造的注册商标标识罪，即伪造、擅自制造他人注册商标标识或者销售伪造、擅自制造的注册商标标识，情节严重的。该罪与本罪的区别在于：一是犯罪对象不同，本罪的犯罪对象是他人已经注册的商标，而非法制造、销售非法制造的注册商标标识罪的犯罪对象是非法制造的商品商标标识；二是客观表现不同，本罪在客观上表现为未经注册商标所有人许可，在同一种商品上使用与其注册商标相同的商标的行为，至于商标标识是否由行为人自己制造不影响犯罪成立，而非法制造、销售非法制造的注册商标标识罪在客观上表现为行为人实施了伪造、擅自制造的注册商标标识的行为，至于行为人是否将伪造的商标标识用于与注册商标相同的商品上，不影响本罪的成立。实践中，如果假冒注册商标的行为人本人伪造、擅自制造他人注册商标标识，并使用在自己的商品上，则该伪造、擅自制造注册商标标识的行为即为假冒注册商标犯罪行为的方法行为，二行为之间成立牵连关系，应以假冒注册商标罪处罚；如果行为人除了自己使用非法制造的注册商标标识外，还向其他人提供其非法制造的注册商标标识的，则分别构成假冒注册商标罪与非法制造、销售非法制造的注册商标标识罪，应数罪并罚。

四、辅助信息

《刑法》

第十四条 明知自己的行为会发生危害社会的结果，并且希望或者放任这种结果发生，因而构成犯罪的，是故意犯罪。

故意犯罪，应当负刑事责任。

第二十五条 共同犯罪是指二人以上共同故意犯罪。

二人以上共同过失犯罪，不以共同犯罪论处；应当负刑事责任的，按照他们所犯的罪分别处罚。

第二百一十三条 未经注册商标所有人许可，在同一种商品、服务上使用与其注册商标相同的商标，情节严重的，处三年以下有期徒刑，并处或者单处罚金；情节特别严重的，处三年以上十年以下有期徒刑，并处罚金。

第二百一十四条 销售明知是假冒注册商标的商品，违法所得数额较大或

者有其他严重情节的，处三年以下有期徒刑，并处或者单处罚金；违法所得数额巨大或者有其他特别严重情节的，处三年以上十年以下有期徒刑，并处罚金。

第二百一十五条 伪造、擅自制造他人注册商标标识或者销售伪造、擅自制造的注册商标标识，情节严重的，处三年以下有期徒刑，并处或者单处罚金；情节特别严重的，处三年以上十年以下有期徒刑，并处罚金。

《知识产权刑事司法解释》

第二条 销售明知是假冒注册商标的商品，销售金额在五万元以上的，属于刑法第二百一十四条规定的“数额较大”，应当以销售假冒注册商标的商品罪判处三年以下有期徒刑或者拘役，并处或者单处罚金。

销售金额在二十五万元以上的，属于刑法第二百一十四条规定的“数额巨大”，应当以销售假冒注册商标的商品罪判处三年以上七年以下有期徒刑，并处罚金。

第三条 伪造、擅自制造他人注册商标标识或者销售伪造、擅自制造的注册商标标识，具有下列情形之一的，属于刑法第二百一十五条规定的“情节严重”，应当以非法制造、销售非法制造的注册商标标识罪判处三年以下有期徒刑、拘役或者管制，并处或者单处罚金：

（一）伪造、擅自制造或者销售伪造、擅自制造的注册商标标识数量在二万件以上，或者非法经营数额在五万元以上，或者违法所得数额在三万元以上的；

（二）伪造、擅自制造或者销售伪造、擅自制造两种以上注册商标标识数量在一万件以上，或者非法经营数额在三万元以上，或者违法所得数额在二万元以上的；

（三）其他情节严重的情形。

具有下列情形之一的，属于刑法第二百一十五条规定的“情节特别严重”，应当以非法制造、销售非法制造的注册商标标识罪判处三年以上七年以下有期徒刑，并处罚金：

（一）伪造、擅自制造或者销售伪造、擅自制造的注册商标标识数量在十万件以上，或者非法经营数额在二十五万元以上，或者违法所得数额在十五万元以上的；

（二）伪造、擅自制造或者销售伪造、擅自制造两种以上注册商标标识数量在五万件以上，或者非法经营数额在十五万元以上，或者违法所得数额在十万元以上的；

（三）其他情节特别严重的情形。

第十三条 实施刑法第二百一十三条规定的假冒注册商标犯罪，又销售该假冒注册商标的商品，构成犯罪的，应当依照刑法第二百一十三条的规定，以假冒注册商标罪定罪处罚。

实施刑法第二百一十三条规定的假冒注册商标犯罪，又销售明知是他人的假冒注册商标的商品，构成犯罪的，应当实行数罪并罚。

第十六条 明知他人实施侵犯知识产权犯罪，而为其提供贷款、资金、账号、发票、证明、许可证件，或者提供生产、经营场所或者运输、储存、代理进出口等便利条件、帮助的，以侵犯知识产权犯罪的共犯论处。

《洗钱案件刑事司法解释》

第一条 刑法第一百九十一条、第三百一十二条规定的“明知”，应当结合被告人的认知能力，接触他人犯罪所得及其收益的情况，犯罪所得及其收益的种类、数额，犯罪所得及其收益的转换、转移方式以及被告人的供述等主、客观因素进行认定。

具有下列情形之一的，可以认定被告人明知系犯罪所得及其收益，但有证据证明确实不知道的除外：

（一）知道他人从事犯罪活动，协助转换或者转移财物的；

（二）没有正当理由，通过非法途径协助转换或者转移财物的；

（三）没有正当理由，以明显低于市场的价格收购财物的；

（四）没有正当理由，协助转换或者转移财物，收取明显高于市场的“手续费”的；

（五）没有正当理由，协助他人将巨额现金散存于多个银行账户或者在不同银行账户之间频繁划转的；

（六）协助近亲属或者其他关系密切的人转换或者转移与其职业或者财产状况明显不符的财物的；

（七）其他可以认定行为人明知的情形。

被告人将刑法第一百九十一条规定的某一上游犯罪的犯罪所得及其收益误认为刑法第一百九十一条规定的上游犯罪范围内的其他犯罪所得及其收益的，

不影响刑法第一百九十一条规定的“明知”的认定。

《侵害信息网络传播权民事案件适用法律问题规定》

第十三条　网络服务提供者接到权利人以书信、传真、电子邮件等方式提交的通知及构成侵权的初步证据，未及时根据初步证据和服务类型采取必要措施的，人民法院应当认定其明知相关侵害信息网络传播权行为。

假冒注册商标刑事案件裁判规则第 15 条：

明知他人实施假冒注册商标犯罪行为而为其提供人力、资金帮助，或提供生产、制造侵权产品的主要原材料、辅助材料、半成品、生产技术、配方等帮助，或提供生产、销售、制造、储存场所的，以假冒注册商标罪共犯论处

【规则描述】 为他人假冒注册商标提供帮助的行为人，应当区分情况认定其构成假冒注册商标罪的共同犯罪或者是构成非法制造、销售非法制造的注册商标标识罪。行为人为他人假冒注册商标提供生产、制造侵权产品的主要原材料、辅助材料、半成品、生产技术、配方等帮助，或者是为其提供不包含注册商标的包装材料、标签标识，或者是提供场地，应以假冒注册商标罪的共犯论处；行为人为他人假冒注册商标提供的包装材料上印制有注册商标，或其提供的标签标识本身就是注册商标，要根据案件具体情况分析，如果提供者仅提供标识，其获利依据是提供标识的数量等，并未参与到后期假冒等环节，可以非法制造、销售非法制造的注册商标标识罪定罪处罚；如果提供者与假冒注册商标行为人形成假冒他人注册商标的共同犯意，其只是根据分工负责非法制造或提供非法制造的标识，非法获利系根据假冒注册商标商品的数量等，则可以假冒注册商标罪定罪处罚。

一、类案检索大数据报告

时间：2022 年 7 月 1 日之前，案例来源：Alpha 案例库，案件数量：999 件，数据采集时间：2022 年 7 月 1 日。本次检索共获取认定假冒注册商标罪中“共犯”2022 年 7 月 1 日之前 999 篇裁判文书。整体情况如图 15-1 所示，从案件年份分布可以看

到当前条件下案例数量的变化趋势。

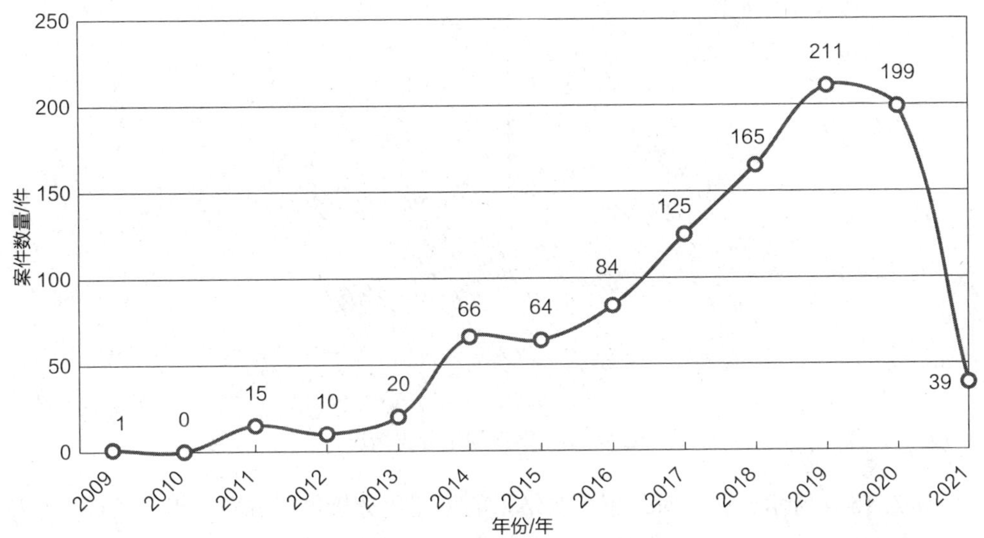

图 15–1　案件年份分布情况

如图 15–2 所示，从地域分布来看，当前假冒注册商标案例主要集中在广东省、福建省、江苏省，分别占比 32.53%、19.22%、6.61%。其中广东省的案件量最多，达到 325 件。

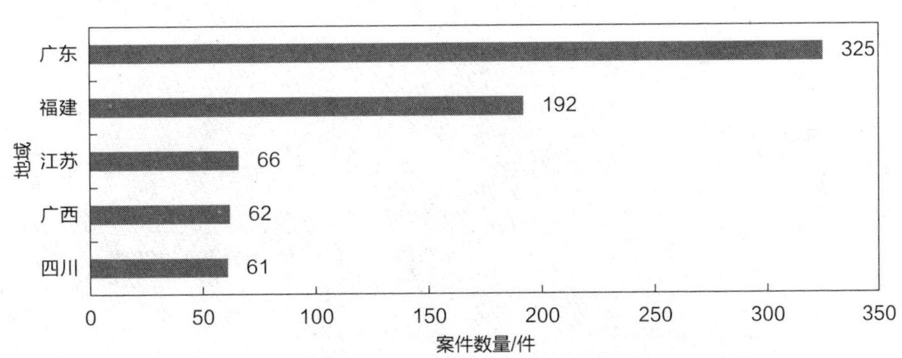

图 15–2　案件地域分布情况

如图 15–3 所示，从案件程序分类统计可以看到假冒注册商标罪当前的审理程序分布状况，其中一审案件有 819 件，二审案件有 172 件，再审案件有 5 件，执行案件有 1 件。一审上诉率约为 21%。

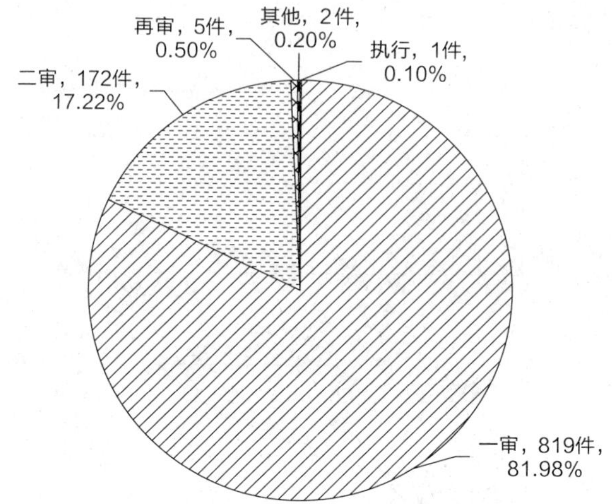

图 15-3　案件程序分类情况

如图 15-4 所示，通过对二审裁判结果的可视化分析可以看到，当前条件下维持原判的有 108 件，占比为 62.79%；改判的有 57 件，占比为 33.14%；其他的有 6 件，占比为 3.49%。

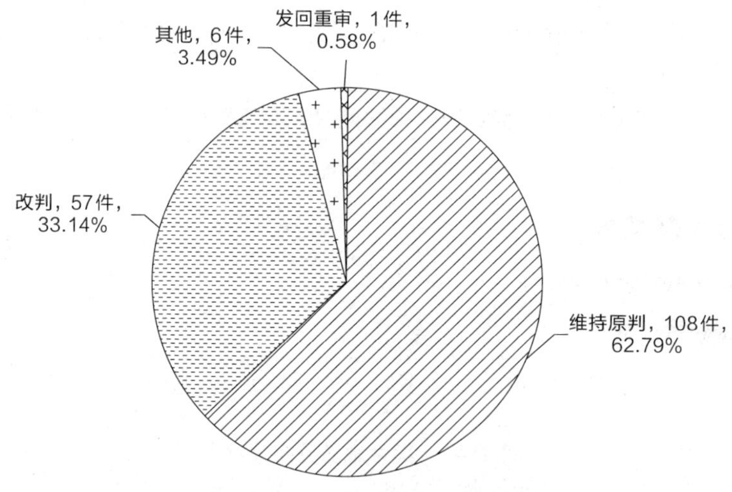

图 15-4　二审裁判结果情况

如图 15-5 所示，通过对再审裁判结果的可视化分析可以看到，当前条件下其他的有 3 件，占比为 60%；改判的有 1 件，占比为 20%；维持原判的有 1 件，占比为 20%。

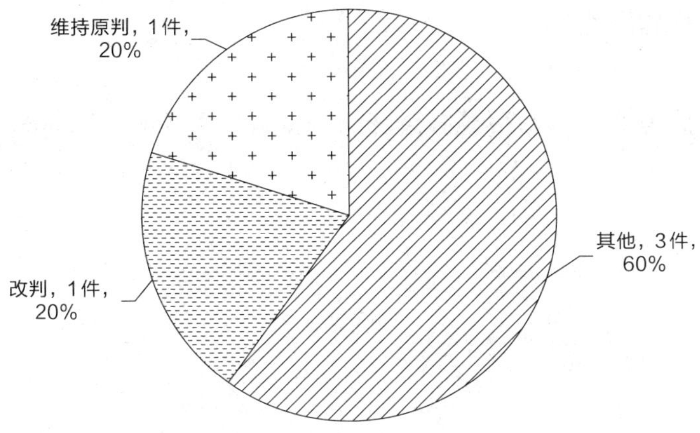

图 15-5　再审裁判结果情况

如图 15-6 所示，通过对主刑的可视化可以看到，当前条件下包含有期徒刑的案件有 848 件，包含拘役的案件有 41 件，包含无期徒刑的案件有 1 件。其中包含缓刑的案件有 379 件，免予刑事处罚的案件有 6 件。

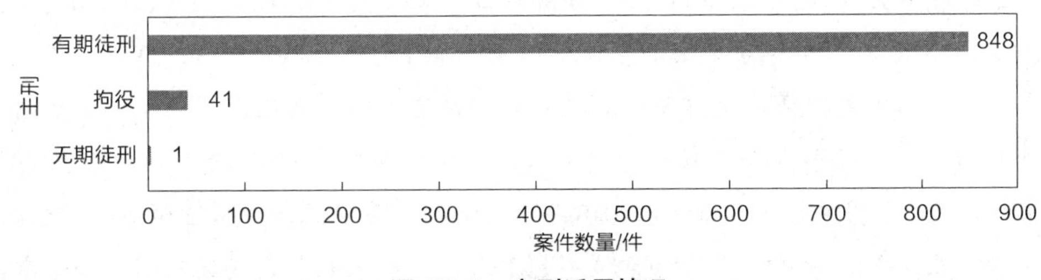

图 15-6　主刑适用情况

如图 15-7 所示，通过对附加刑的可视化可以看到，当前条件下包含罚金的案件有 846 件，包含剥夺政治权利的案件有 2 件，包含没收财产的案件有 2 件。

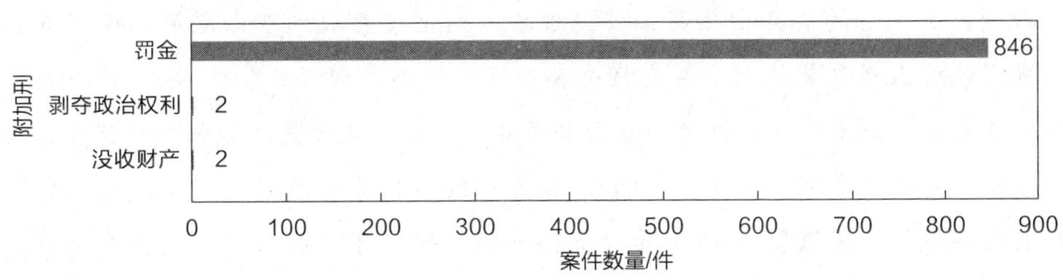

图 15-7　附加刑适用情况

二、可供参考的例案

例案一：崔月某、刘宝某假冒注册商标案

【法院】

陕西省榆林市中级人民法院

【案号】

（2019）陕08刑终495号

【诉讼主体】

原公诉机关：陕西省榆阳区人民检察院

上诉人（原审被告人）：崔月某

原审被告人：刘宝某

【基本案情】

2018年6月8日，被告人崔月某与杨某乙（取保候审）、柳某某（批捕在逃）至贵州省仁怀市×××镇李某某酒厂协议购买基酒12000斤共计2736000元。随后被告人崔月某与张某甲商谈假冒茅台酒包装材料事宜，二人商议由崔月某提供基酒和制作的场地，张某甲提供包装和制作工人，共制作假冒2013年飞天茅台酒2000箱共12000瓶，费用共计110万元。2018年7月2日杨某甲银行卡转给李某某1368000元支付酒款，给张某甲转账80万元支付包装费用，剩余钱款由杨某乙用其和母亲名下的车辆折抵。2018年7月初，基酒和包装材料先后运到榆林市榆阳区麻黄梁镇双山煤矿厂区，由柳某某安排被告人刘宝某存放到煤矿的网片库房内。同年7月16日开始，张某甲组织贵州籍付某某、敖某某等8人在该网片库房内制作假冒2013年飞天茅台酒，加工好的成品由柳某某安排被告人刘宝某存放到双山煤矿的小库房内保管。期间被告人崔月某从刘宝某处领走5箱假冒贵州茅台酒。2018年7月19日，公安机关从被告人刘宝某处扣押贵州茅台酒成品762箱，从袁某某处扣押贵州茅台酒成品150箱，光瓶茅台酒558瓶、基酒50桶等。经贵州茅台酒股份有限公司鉴定，公安机关查获的912箱假冒2013年度飞天茅台酒，侵犯了其公司注册商标专用权，该912箱飞天茅台酒及相关包装不是其公司生产。经榆林市物价局价格认定分局认定，贵州茅台飞天牌53度500毫升每瓶的价格为1499元。以上，被告人崔月某假冒贵州茅台酒917箱5502瓶，价格共计8247498元。

【案件争点】

行为人因职务原因，为他人实施假冒注册商标犯罪提供储存场所等便利条件，是否构成假冒注册商标罪。

【裁判要旨】

一审法院经审理认为，被告人崔月某未经注册商标所有人许可，在同一种商品上使用与其注册商标相同的商标，情节严重，其行为侵犯了国家对商标的管理制度和他人的注册商标的专用权，被告人刘宝某明知他人实施侵犯知识产权犯罪而提供帮助，其行为触犯了《刑法》第213条之规定，构成假冒注册商标罪，依法应予惩处。被告人崔月某在假冒注册商标的过程中，积极联系假冒注册商标的材料，并在制造同一种商品上使用了已注册商标相同的商标，策划、安排、雇用假冒注册的商标人员制造假冒注册商标的商品，系主犯；被告人刘宝某在为被告人崔月某实行犯罪创造方便条件，帮助实行犯罪，系从犯，考虑被告人刘宝任和被告人崔月某在陕西日升矿业工程有限公司榆林分公司受雇用以及被告人刘宝某职责就是库房管理员，必须听取雇用人以及公司管理人员安排的地位，其只负责开库房门，并听从被告人崔月某的安排将假冒注册商标的商品保管至另一库房，参与程度不深，没有决定权，对被告人崔月某实施的犯罪行为造成的危害结果中所起作用较小，且具有悔罪表现，没有再犯罪的危险，宣告缓刑对所居住社区没有重大不良影响，故法院依法对被告人刘宝某从轻处罚，并适用缓刑。被告人刘宝某的辩护人王娟建议对被告人刘宝某从轻或减轻处罚，并适用缓刑的观点，符合法律规定，一审予以采纳。一审宣判后，被告人崔月某及其辩护人提出上诉。

二审法院经审理认为，上诉人崔月某未经注册商标所有人许可，在同一种商品上使用与其注册商标相同的商标，情节特别严重，其行为已构成假冒注册商标罪，依法应予惩处。原审被告人刘宝某明知崔月某实施假冒注册商标的行为而予以帮助，其行为亦构成假冒注册商标罪，依法亦应予以惩处。上诉人崔月某与刘宝某共同犯罪中，上诉人崔月某负责购买基酒、提供制作场地，并出资购买包装材料，雇用制作工人，系主犯；原审被告人刘宝某在共同犯罪中作用较小、地位较轻，系从犯，依法应从轻、减轻处罚。上诉人崔月某侵犯他人知识产权，假冒注册商标，情节特别严重，但其组织制造的茅台酒在生产过程中被公安机关查获，且尚有部分酒未加工完成，假冒注册商标的酒亦未流入市场造成社会危害，依法可对崔月某酌情从轻处罚。

例案二：陈某甲、周某甲假冒注册商标案

【法院】

广东省广州市中级人民法院

【案号】

（2017）粤01刑终1326号

【诉讼主体】

原公诉机关：广东省广州市白云区人民检察院

上诉人（原审被告人）：陈某甲

原审被告人：周某甲

【基本案情】

2016年3月起，被告人周某甲在其租住的、位于广州白云区景泰街平安中街十四巷×号某出租屋内，加工、生产假冒“JOHNNIEWALKER”“Hennessy”等注册商标的洋酒，并雇请被告人陈某甲为其运输制假原材料、假冒上述注册商标的成品酒等物。同年4月29日，周某甲、陈某甲二人被民警抓获，并被缴获其二人生产、搬运的假冒上述注册商标的洋酒三批及制假机器、原材料一批。经鉴定，被缴获的假冒上述注册商标的洋酒共价值人民币189238元。

【案件争点】

明知他人实施假冒注册商标犯罪，而为其提供运输服务的，以假冒注册商标罪的共犯论处。

【裁判要旨】

一审法院经审理认为，被告人周某甲、陈某甲无视国家法律，结伙未经注册商标所有人许可，在同一种商品上使用与其注册商标相同的商标，情节特别严重，其行为已构成假冒注册商标罪。周某甲在共同犯罪中起主要作用，系主犯。陈某甲在共同犯罪中起次要作用，是从犯，应减轻处罚。

宣判后，上诉人陈某甲及其辩护人提出如下上诉及辩护意见：（1）虽然陈某甲曾帮周某甲运输过空酒瓶和液体类物资，但并非同一批次，陈某甲亦从未想到周某甲将液体分装到空酒瓶内，不排除周某甲受生产厂家委托分装灌装，不能推断上诉人必然知道周某甲假冒他人注册商标并销售；（2）陈某甲确实从周某甲处往外运输过红酒，但红酒是用纸箱外包装，陈某甲不可能知道周某甲购买液体分装后假冒注册商标而销售；（3）原判以陈某甲理应判断出周某甲在从事制造假酒的行为，而制

造假酒应构成制造销售假冒伪劣商品罪，原判对上诉人定罪属于强加之罪；（4）上诉人虽有运输行为，但对周某甲假冒注册商标的行为并非明知，既没有明确分工，更没有参与，原审认定事实不清，证据不足，请求二审依法宣告上诉人无罪。

二审法院经审理认为，原判决认定上诉人陈某甲、原审被告人周某甲共同假冒注册商标的事实清楚，证据确实、充分，法院予以确认。

关于上诉人陈某甲及其辩护人所提的上诉及辩护意见，经查，原审被告人周某甲的供述证实，其没有取得“JOHNNIEWALKER”“Hennessy”注册商标的洋酒品牌持有公司的授权，也没有生产许可证，其明知自己加工前述品牌的洋酒是违法的，且曾多次让陈某甲帮其运送前述品牌的空酒瓶以及其购买的苏某 VSOP 洋酒、洛奇威士奇洋酒等到其加工假酒的地方，并让陈某甲帮忙运输加工好的成品假酒到物流公司；而上诉人陈某甲曾供认，其应周某甲的要求，多次将放在纸箱里的空酒瓶和一些用袋子装着的液体运到周某甲的租住地，并帮周某甲将整箱的酒拉到物流公司或者其他面包车上，每次收取 50 元的报酬，其开始不知道，但后来知道周某甲应该是自己生产后再销售假酒的，因为帮他收的是空酒瓶和散装液体，而发货又是洋酒箱装着的成品；此外，现场勘验笔录及现场照片、扣押物品清单等书证材料证实，涉案的出租屋内堆放大量印有 Hennessy 注册商标标识的洋酒空瓶、洋酒成品、洋酒黑色纸箱以及酒液、封口机等制假机器一批，并缴获前述物品。上述证据相互印证，共同证实陈某甲帮助周某甲将周某甲购买生产加工假酒的空瓶、酒液运往出租屋，并将周某甲生产加工好的假冒注册商标的假酒从出租屋运至货运站的事实。虽然上诉人陈某甲与原审被告人周某甲并没有就加工假冒注册商标的洋酒一事进行过合谋，但陈某甲应周某甲的要求，多次分别将空酒瓶、酒液运至周某甲所租住的窄小的出租屋内，再帮周某甲从出租屋运送整箱外包装印有英文字母的瓶装酒到货运站，陈某甲作为一名成年人，应当判断出周某甲在从事的是制造假酒的行为，其仍对周某甲假冒注册商标犯罪提供帮助，其行为构成假冒注册商标罪的共犯，原判认定事实清楚，证据确实充分，定性准确。原审判决考虑到陈某甲在共同犯罪中所起的作用，依法认定陈某甲是起次要作用的从犯，对其予以减轻处罚，量刑适当，法院予以维持。

例案三：陈某某、武某甲等假冒注册商标案

【法院】

湖北省襄阳市中级人民法院

【案号】

（2014）鄂襄阳中刑终字第00094号

【诉讼主体】

抗诉机关：湖北省襄阳市襄州区人民检察院

原审被告人：陈某某

原审被告人：武某甲

原审被告人：武某乙

原审被告人：毛某某

【基本案情】

2008年8月，原审被告人武某乙与邓泽某、赵鸿某、武某四人共同出资140万元注册成立襄阳市斯维奇食品有限责任公司（以下简称斯维奇公司），并担任公司法定代表人，注册了"海之莹"和"斯维奇"两种商标，主要生产果粒橙、雪露、莹碧、非常可口、姜汁可乐、非常酷等饮料。2012年2月，原审被告人陈某某租赁该公司的生产车间、设备等全部生产资料从事饮料生产，约定每年交给该公司租金52万元。为了非法牟利，陈某某从在河南省郑州市制造假商标的老乡方某（另案处理）处购买假冒饮料商标标识和瓶盖，利用斯维奇公司碳酸饮料生产线和果蔬饮料生产线生产饮料，并假冒百事可乐、非常可乐、可口可乐、雪碧、营养快线、农夫山泉、汇源果汁等注册商标对外销售。期间，原审被告人武某甲从他人处购买假冒饮料商标标识和瓶盖，利用斯维奇公司租给陈某某的碳酸饮料生产线生产饮料，并假冒百事可乐、可口可乐、雪碧等商标对外销售，武某甲按生产数量向陈某某上交一定的费用。原审被告人毛某某、陈某某、武某甲及武某甲的妻子黄某（另案处理）等人负责产品销售。

自2012年2月至案发，陈某某生产各种类型和规格的假冒注册商标的饮料共计103524件，按其销售价计算，货值1362857元。武某甲生产假冒注册商标的饮料共计210533件，按其销售价计算，货值达2983074元。毛某某明知是假冒注册商标的饮料而销售8721件，销售额达130308元。武某乙作为斯维奇公司的法人代表，将公司厂房、设备租给陈某某使用后，得知陈某某使用公司生产设备生产假冒注册商标

的饮料而不制止，并收取陈某某租金495000元，扣减该期间的机器修理支出72000元和厂地租金支出129750元，斯维奇公司违法所得293250元。

【案件争点】

明知他人实施假冒注册商标犯罪，而为其提供厂房、设备的，以假冒注册商标罪的共犯论处。

【裁判要旨】

一审法院经审理认为，被告人陈某某、武某甲、毛某某等人生产、销售的雪碧、可口可乐、百事可乐、汇源鲜橙多产品质量合格、营养快线产品质量不合格，但均是假冒注册商标产品。案发后，从斯维奇公司收缴各种假冒注册商标标识及假冒饮料2900余件，货值12万余元。武某乙作为斯维奇公司的法人代表，将公司厂房、设备租给陈某某使用后，得知陈某某使用公司生产设备生产各类假冒注册商标饮料而不制止。原审判决认定：一、被告人陈某某犯假冒注册商标罪，判处有期徒刑三年，缓刑五年，并处罚金人民币300万元；二、被告人武某甲犯假冒注册商标罪，判处有期徒刑三年，缓刑四年，并处罚金人民币200万元；三、被告人武某乙犯假冒注册商标罪，判处罚金人民币60万元；四、被告人毛某某犯假冒注册商标罪，判处罚金人民币10万元；五、公安机关扣押的四被告人用于生产假冒注册商标的饮料的3套生产设备予以没收，上缴国库。

宣判后，襄阳市襄州区人民检察院抗诉称，原判对被告人陈某某、武某甲量刑畸轻、适用缓刑不当；武某乙参与假冒注册商标犯罪属自然人犯罪，原判认定斯维奇公司单位犯罪不当，并对武某乙单处罚金判决畸轻，未追缴武某乙违法所得错误。

二审法院经审理认为，原审被告人陈某某、武某甲、武某乙、毛某某未经注册商标所有人许可，在同一种商品上使用与其注册商标相同的商标，陈某某非法经营数额4345931元，武某甲非法经营数额2983074元，斯维奇公司违法所得数额293250元，武某乙作为斯维奇公司的主管人员，依法应承担刑事责任，毛某某销售本公司假冒他人注册商标的商品130308元，其作为斯维奇公司的直接责任人员，亦应依法承担刑事责任，四原审被告人的行为均已构成假冒注册商标罪。原审被告人武某乙庭审中认罪，在共同犯罪中起次要作用，系从犯，依法应从轻处罚。抗诉机关还提出，武某乙参与假冒注册商标犯罪属自然人犯罪，原判认定斯维奇公司单位犯罪不当，并对武某乙单处罚金判决畸轻。经查，根据原审被告人陈某某、武某乙的供述、租赁期间斯维奇公司支出设备维修费和土地承租费的收据等证据，能够证实斯维奇公司在经营期间为追求非法利益而实施了危害社会的行为，且收取的租金亦用于设备维修、土地承租等，原判认定属斯维奇公司单位犯罪，且对公司的主管人员武某乙追究刑事责任并无不当。原判考虑武某乙在共同犯罪中系从犯的法定从轻处罚情节，结合犯罪所得对其判处罚金人民币60万元量刑适当。该抗诉理由不能成立，不予支持。

三、裁判规则提要

（一）明知型“以共犯论处”规定的适用

“明知”是对主观要素的表述，是行为人在主观上对自己所实施的行为的性质和后果的认识。2004年《知识产权刑事司法解释》第16条的规定，明知他人实施侵犯知识产权犯罪，而为其提供便利条件、帮助的，以侵犯知识产权犯罪的共犯论处。如何准确把握假冒注册商标罪的共犯范围，“明知”的认定无疑是关键。

1.“明知”的认定标准

关于“明知”的认定标准，《知识产权刑事司法解释》没有明确规定。从文理解释角度来看，“明知”体现出行为人的主观认识具有单向合意性，即行为人单方具有共同犯罪的主观故意。“明知”应按照一般的社会生活常识来确认，不要求行为人主观层面所认识到的与犯罪构成相符的事实与实际当中的客观事实达到百分之百相符，也不要求行为人对行为的认识和实际所发生的事实达到抽象一致，而是行为人主观上所认识的犯罪行为与实际实施的犯罪行为应可以被归结于同一犯罪构成要件的内容即可。

司法实践可结合以下几方面准确把握：一是行为人的职业背景，如行为人从事涉案行为的时间长短、认识水平，行为人是否参与转移、销毁物证或提供虚假证明、虚假情况等；二是涉案商品因素，假冒注册商标的商品是否是行为人自己贴附、更改、调换，案涉商品的进货渠道是否正常、手续是否完整、是否有正规发票或收据、是否有相应的质量保证书、说明书，行为人是否在非正常的时间、非正常的地点以非正常的价格销售等；三是涉案商标因素，行为人所假冒的注册商标是否具有知名度，或宣传力度是否较大且已经广为人们知晓；四是其他因素，如行为人是否知晓他人实施的假冒注册商标行为曾受过处罚或被警告。

“明知”的内容仅限于行为人对其行为的危害性质以及危害结果有明知即可，至于他人实施犯罪的事实，如具体是何种犯罪、犯罪时间与地点、犯罪对象等，并不作为行为人需要明知的内容。如在例案二中，法院审理认为“虽然上诉人陈某甲与原审被告人周某甲并没有就加工假冒注册商标的洋酒一事进行过合谋，但陈某甲应周某甲的要求，多次分别将空酒瓶、酒液运至周某甲所租住的窄小的出租屋内，再帮周某甲从出租屋运送整箱外包装印有英文字母的瓶装酒到货运站，陈某甲作为一名成年人，应当判断出周某甲在从事的是制造假酒的行为，其仍对周某甲假冒注册商标犯罪提供帮助，其行为构成假冒注册商标罪的共犯”。

2. 明知型“以共犯论处”的行为表现

假冒注册商标罪中这种明知型“以共犯论处”的客观方面表现为犯罪行为提供各种帮助、便利条件，如为假冒注册商标犯罪提供账号、资金、发票、证明，或者帮助寻找销售渠道、联系运输，或者提供生产、保管、仓储、设备、经营场所，或者提供生产技术、原料、辅料等。在例案一中，法院认定“上诉人崔月某负责购买基酒、提供制作场地，并出资购买包装材料，雇用制作工人，系主犯”。此外，此类共犯中，行为人不仅在客观的行为方面对假冒注册商标犯罪提供类型不同的各种帮助行为，而且该行为对最终的犯罪结果起到了助力、推动作用。

应注意的是：一是假冒注册商标罪中的明知型“以共犯论处”规定的提供帮助的形式仅限于物理上的帮助，不包括心理上的帮助，且是实际、客观的物理上的帮助；二是该物理上的帮助行为的时间点是在犯罪实施过程中。

（二）假冒注册商标罪共犯行为的判定

司法实践中，假冒注册商标行为覆盖原材料、商标标识、包装的供给与购买，联系购买客户确定生产计划、寻找销售渠道，雇工从事假冒商标生产活动，以及产品运输（近者直接运输至客户、远者利用快递公司发货）、货款收回等环节。此过程涉及的人员结构极为复杂，既有幕后实际操控者，又有打工者；在人员分工上，既有相对骨干人员，如现场管理人员，又有边缘服务人员，如运输人员、做饭打扫卫生人员、看门人员；在人员来源上，既有临时招募人员，又有基于亲缘、地缘关系的相对固定人员；在人员职业上，既有脱于工商行政管理之外的黑作坊主，也有持有正规执照正常经营的生产者。面对此类庞大的涉案人群、复杂紧密的分工，如何区分假冒注册商标犯罪活动的实行者和帮助者，区分可罚的帮助行为以及不可罚的中立帮助行为，是理论和司法实践都亟待厘清的难题。

根据行为人具体实施的行为内容不同，可将上述人员分为实行行为的生产者和非实行行为的帮助者。前者指在老板的组织下，直接参与实施假冒注册商标行为的生产者，对此类人员予以刑罚较为常见。而非实行行为的帮助者，指在假冒注册商标共同犯罪中起辅助作用的人，他们基于帮助的故意，以自己的行为加功于犯罪，实施了与实行行为密切相关的帮助行为，客观上促进了犯罪结果的发生。

一是出租、运输行为的共犯认定。出租、运输行为是社会生产活动中常见的业务行为，具有对象不特定、日常交易和反复实施的业务中立性特点，无论此类提供帮助者其在提供帮助行为时或提供帮助行为中发现其服务对象从事假冒注册商标行为，这些帮助者究竟在多大程度上应对自己提供的便利和服务负审慎义务，毕竟其所提供的服务并非违禁服务。通常来说，出租、运输服务等日常业务行为本身并没有制造不被法允许的危险、没有侵犯法益的危险，不应作为帮助犯处罚，此种行为侵害法益的危险性只有达到一定程度才应科以刑罚。如在例案三中，斯维奇公司即为持有正规执照正常经营的生产者，法院并未仅仅因为其为假冒注册商标犯罪提供设备、生产场所而对其科以刑罚，而是“根据原审被告人陈某某、武某乙的供述、租赁期间斯维奇公司支出设备维修费和土地承租费的收据等证据，能够证实斯维奇公司在经营期间为追求非法利益而实施了危害社会的行为，且收取的租金亦用于设备维修、土地承租等方面，原判认定属斯维奇公司单位犯罪并无不当”。

二是生活照顾等日常行为的共犯认定。侵犯假冒注册商标犯罪案件中从事做饭、看门、打扫卫生工作的参与者为犯罪者供给服务的行为，客观上对犯罪活动起到了促进作用，其主观上也明知他人从事了假冒注册商标行为。但是这些参与者本身并不追求非法目的，也无追求犯罪后果的行为，单纯的边缘性、生活性的日常协助行为客观上虽对正犯的行为起到了促进作用，但仅限于满足正犯的基本生活需要，并未制造不被法律允许的危险，不宜评价为帮助犯的帮助行为。但这些人员在从事日常协助行为的同时，又直接或间接地参与实施犯罪活动，如帮助联络、放哨，或为他人隐匿提供便利，则不受此限。从宽严相济刑事政策考虑，不应把假冒注册商标犯罪中帮助者的生活照顾行为纳入刑事诉讼程序。对以上帮助者，应根据案件情况区分处理，对于其中情节显著轻微的，可根据我国《刑法》第13条“情节显著轻微危害不大的，不认为是犯罪”的但书规定，对其作不构成犯罪处理。

四、辅助信息

《刑法》

第十三条 一切危害国家主权、领土完整和安全，分裂国家、颠覆人民民主专政的政权和推翻社会主义制度，破坏社会秩序和经济秩序，侵犯国有财产或者劳动群众集体所有的财产，侵犯公民私人所有的财产，侵犯公民的人身权利、民主权利和其他权利，以及其他危害社会的行为，依照法律应当受刑罚处罚的，都是犯罪，但是情节显著轻微危害不大的，不认为是犯罪。

第十四条　明知自己的行为会发生危害社会的结果，并且希望或者放任这种结果发生，因而构成犯罪的，是故意犯罪。

故意犯罪，应当负刑事责任。

第二十五条　共同犯罪是指二人以上共同故意犯罪。

二人以上共同过失犯罪，不以共同犯罪论处；应当负刑事责任的，按照他们所犯的罪分别处罚。

第二十七条　在共同犯罪中起次要或者辅助作用的，是从犯。

对于从犯，应当从轻、减轻处罚或者免除处罚。

《刑事诉讼法》

第十六条　有下列情形之一的，不追究刑事责任，已经追究的，应当撤销案件，或者不起诉，或者终止审理，或者宣告无罪：

（一）情节显著轻微、危害不大，不认为是犯罪的；

（二）犯罪已过追诉时效期限的；

（三）经特赦令免除刑罚的；

（四）依照刑法告诉才处理的犯罪，没有告诉或者撤回告诉的；

（五）犯罪嫌疑人、被告人死亡的；

（六）其他法律规定免予追究刑事责任的。

《知识产权刑事司法解释》

第十六条　明知他人实施侵犯知识产权犯罪，而为其提供贷款、资金、账号、发票、证明、许可证件，或者提供生产、经营场所或者运输、储存、代理进出口等便利条件、帮助的，以侵犯知识产权犯罪的共犯论处。

《知识产权刑事适用意见》

十五、关于为他人实施侵犯知识产权犯罪提供原材料、机械设备等行为的定性问题

明知他人实施侵犯知识产权犯罪，而为其提供生产、制造侵权产品的主要

原材料、辅助材料、半成品、包装材料、机械设备、标签标识、生产技术、配方等帮助，或者提供互联网接入、服务器托管、网络存储空间、通讯传输通道、代收费、费用结算等服务的，以侵犯知识产权犯罪的共犯论处。

假冒注册商标刑事案件裁判规则第 16 条：

受委托为他人实施假冒注册商标犯罪提供加工服务，或受雇为实施假冒注册商标犯罪提供日常监管帮助的，按假冒注册商标罪从犯处理

【规则描述】 加工包装者明知行为人委托其加工、包装的产品为假冒注册商标产品，其虽未直接从事生产、销售，也没有约定或实际上从侵权产品的销售中获取利润分成，仅是对侵权产品进行加工包装，从中收取加工包装费用的，可认定为共同假冒注册商标行为，由于加工包装者在共同犯罪中起次要作用，可以认定为从犯。协助他人看管、监督工人实施假冒注册商标犯罪活动，可认定为从犯。

一、类案检索大数据报告

时间：2022 年 7 月 1 日之前，案例来源：Alpha 案例库，案件数量：7903 件，数据采集时间：2022 年 7 月 1 日。本次检索共获取认定假冒注册商标罪中“提供加工服务、受雇提供帮助”2022 年 7 月 1 日之前 7903 篇裁判文书。整体情况如图 16-1 所示，从案件年份分布可以看到当前条件下案例数量的变化趋势。

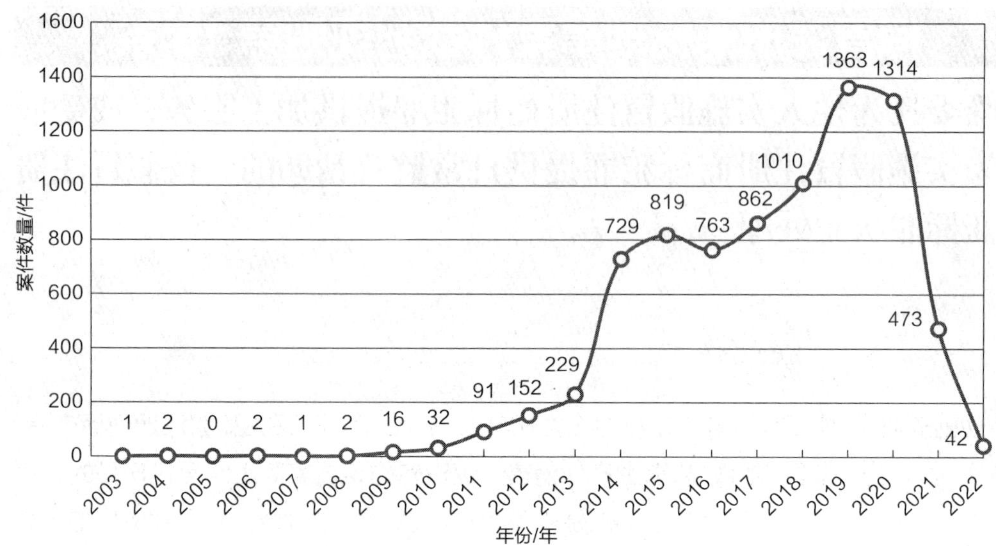

图 16–1　案件年份分布情况

如图 16–2 所示，从地域分布来看，当前假冒注册商标案例主要集中在广东省、江苏省、福建省，分别占比 36.51%、7.16%、7.01%。其中广东省的案件量最多，达到 2885 件。

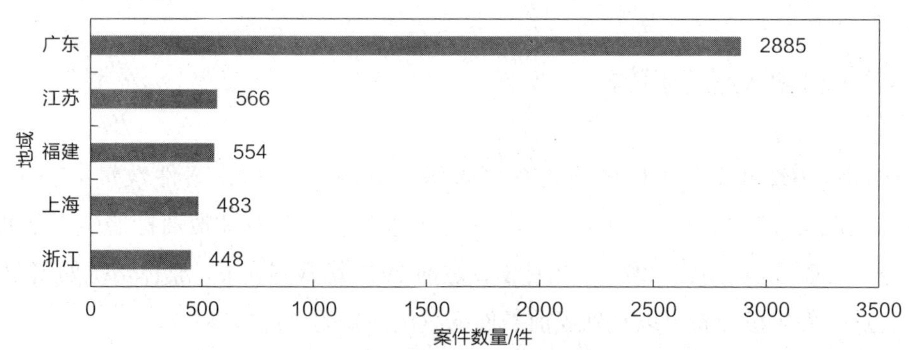

图 16–2　案件地域分布情况

如图 16–3 所示，从案件程序分类统计可以看到假冒注册商标罪当前的审理程序分布状况，其中一审案件有 6535 件，二审案件有 1323 件，再审案件有 29 件，执行案件有 11 件。一审上诉率约为 20.24%。

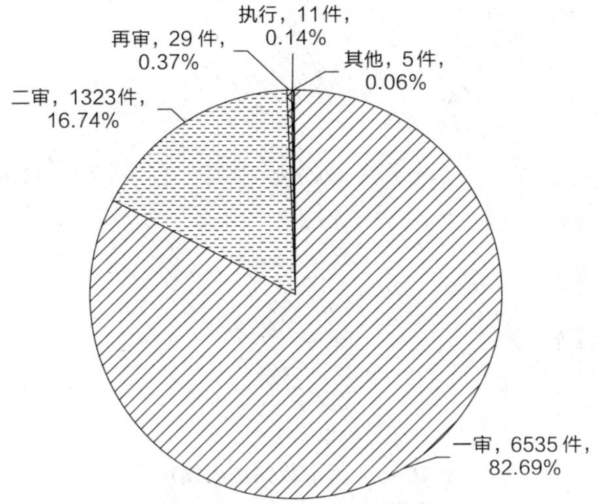

图 16–3　案件程序分类情况

如图 16–4 所示，通过对二审裁判结果的可视化分析可以看到，当前条件下维持原判的有 995 件，占比为 75.21%；改判的有 264 件，占比为 19.95%；其他的有 44 件，占比为 3.33%。

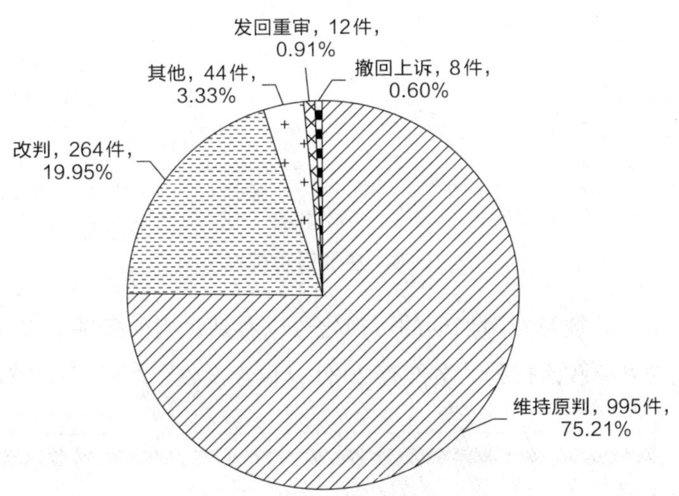

图 16–4　二审裁判结果情况

如图 16–5 所示，通过对再审裁判结果的可视化分析可以看到，当前条件下其他的有 13 件，占比为 44.83%；改判的有 13 件，占比为 44.83%；维持原判的有 3 件，占比为 10.34%。

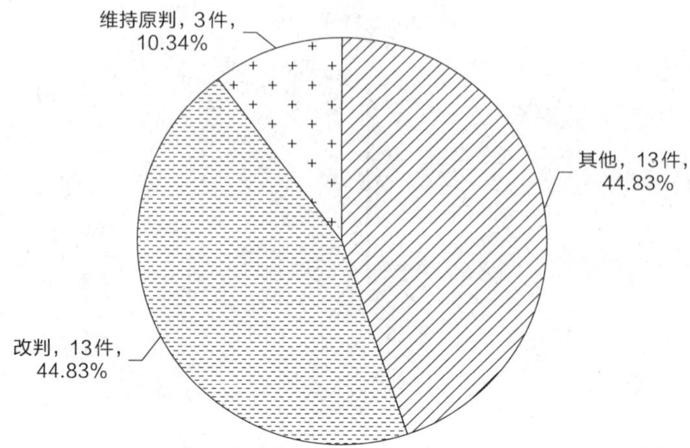

图 16-5　再审裁判结果情况

如图 16-6 所示，通过对主刑的可视化可以看到，当前条件下包含有期徒刑的案件有 6527 件，包含拘役的案件有 429 件，包含无期徒刑的案件有 8 件。其中包含缓刑的案件有 3748 件，免予刑事处罚的案件有 54 件。

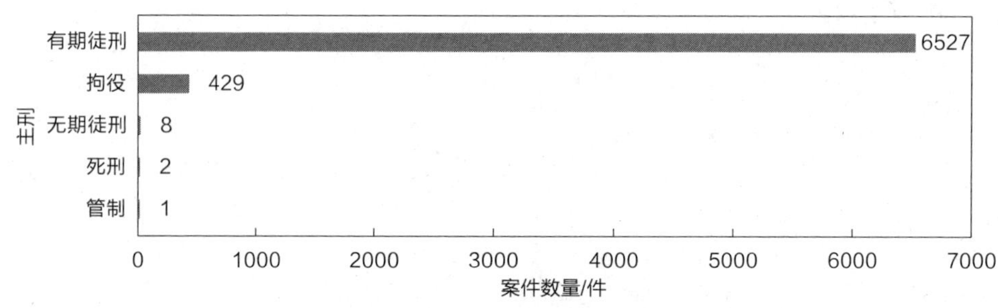

图 16-6　主刑适用情况

如图 16-7 所示，通过对附加刑的可视化可以看到，当前条件下包含罚金的案件有 6588 件，包含剥夺政治权利的案件有 20 件，包含没收财产的案件有 12 件。

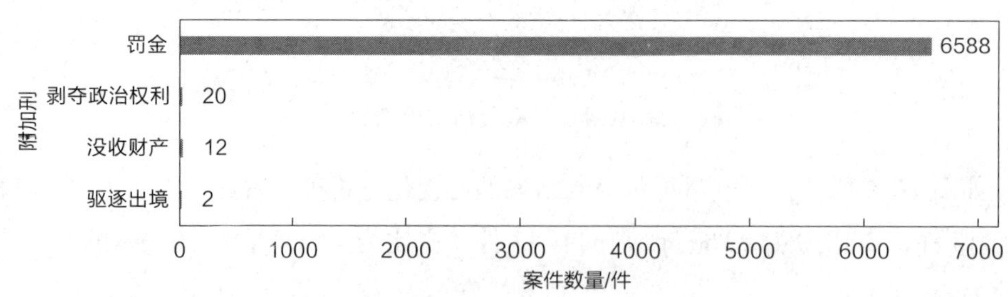

图 16-7　附加刑适用情况

二、可供参考的例案

例案一：钟某某、王某某假冒注册商标案

【法院】

江西省瑞金市人民法院

【案号】

（2017）赣 0781 刑初 197 号

【诉讼主体】

公诉机关：江西省瑞金市人民检察院

被告人：钟某某

被告人：王某某

【基本案情】

2013 年底，被告人钟某某在瑞金市竹岗村租用民房开办了瑞金市象湖镇健健服装加工厂，其自任法人代表，主要业务为来料加工。2016 年 6、7 月，钟某某经人介绍与被告人王某某在石狮市服装城认识，期间钟某某提出希望王某某能有服装加工业务交给自己做，双方确定了合作意见。2017 年 5 月，王某某委托钟某某为其所在工厂加工假冒阿迪达斯和耐克运动服装，把加工图样通过微信传给钟某某，并制作了两份外发加工 4896 套服装的合同在微信中经双方认可。后王某某通过众发物流公司把已经剪裁好的 4000 余套半成品布料、辅料、拉链、商标、吊牌随同 12 种款式的制单图片及裁剪记录单托运给钟某某，由钟某某组织工人进行缝制加工、包装。

2017 年 7 月 21 日，瑞金市公安局民警在健健服装加工厂瑞金市象湖镇总厂和沙子岗分厂当场查扣假冒阿迪达斯成品上衣共计 3171 件、成品裤子共计 4253 条；假冒耐克成品上衣 210 件、成品裤子共计 2320 条及原料半成品若干。经上海恒方知识产权咨询有限公司鉴定：钟某某加工的上述标有阿迪达斯的产品不是阿迪达斯公司生产的产品，是假冒阿迪达斯公司注册商标的产品；其假冒阿迪达斯成品上衣价值为 1041039.3 元、成品裤子价值为 1187862.9 元，合计 2228902.2 元。经耐克体育（中国）有限公司鉴定，钟某某加工的上述标有耐克商标的产品系假冒耐克创新有限合伙公司注册商标的产品，其假冒耐克成品上衣价值为 88074 元、成品裤子价值为 597168 元（均按被侵权产品或近似产品最低批发价计算），合计 685242 元。以上假冒阿迪达斯和耐克商标非法经营数额共计 2914144.2 元。

【案件争点】

钟某某给王某某加工的时候是否明知其加工的为假冒注册商标的商品，其有无假冒他人注册商标牟利的意思表示；钟某被带回公安机关调查后，如实供述了犯罪事实，是否可以认定为自动投案，具有自首情节。

【裁判要旨】

法院经审理认为，被告人钟某某、王某某，未经阿迪达斯体育（中国）有限公司及耐克创新有限合伙公司许可，在同一种商品上使用与两公司注册商标相同的商标，情节严重，二被告人的行为构成假冒注册商标罪。被告人钟某某的辩护人、被告人王某某的辩护人分别提出，被告人钟某某、被告人王某某属于从犯，公诉人表示同意该意见。因被告人钟某某是受委托加工假冒注册商标的商品，被告人王某某是受雇于埃及人“米某”，在犯罪中起次要的作用，属于从犯，应对两被告人从轻处罚。被告人钟某某如实供述犯罪事实，可对其从轻处罚，其辩护人提出的钟某某属于自首的意见，因钟某某是在生产假冒商标的商品现场被抓获，不属于自首；被告人王某某自动投案，如实供述犯罪事实，具有自首情节，可对其从轻处罚。

例案二：上海仪脉自控科技有限公司、上海惠章光电技术有限公司等假冒注册商标案

【法院】

江苏省扬州市中级人民法院

【案号】

（2018）苏10刑终356号

【诉讼主体】

原公诉机关：江苏省高邮市人民检察院

上诉单位（原审被告单位）：上海惠章光电技术有限公司

上诉人（原审被告人）：费进某

上诉人（原审被告人）：张玮某

原审被告单位：上海仪脉自控科技有限公司

原审被告人：王万某

原审被告人：周松某

原审被告人：朱某

原审被告人：吴某

【基本案情】

2012年1月至2016年8月，被告单位上海仪脉自控科技有限公司（以下简称上海仪脉公司）法定代表人王万某为谋取非法利益，未经“BRAN+LUEBBE”“SPX”注册商标权利人许可，私自从被告单位上海惠章光电技术有限公司（以下简称上海惠章公司）等单位定制印有“Bran+Luebbe”“SPX”商标标识的德国布朗卢比品牌在线水质分析仪外壳以及面板、泵头等配件，安排被告人周松某、朱某在上海市松江区连富路918号虹隆大厦西楼等地负责组装、检测、调试，后安排担任上海仪脉公司销售副总的被告人张玮某、销售助理吴某等人将190余台假冒“BRAN+LUEBBE”“SPX”注册商标的仪器，销售给南京中碧科技有限公司、北京尚洋东方科技有限公司、聚光科技（杭州）股份有限公司、江苏南水科技有限公司、台州市环科环保设备运营维护有限公司等，非法经营数额合计人民币1500余万元。其中，被告人张玮某作为销售副总分管公司销售，并按销售总额提取销售提成，被告人周松某、朱某作为生产负责人负责仪器组装、检测、调试，被告人吴某作为销售助理，负责销售合同等相关资料的准备、与买方沟通等工作。2016年3月至2016年8月，被告单位上海惠章公司法定代表人费进某为谋取非法利益，明知被告单位上海仪脉公司委托其生产的带有“BRAN+LUEBBE”“SPX”注册商标的仪器外壳系用于组装假冒“BRAN+LUEBBE”“SPX”注册商标的布朗卢比品牌仪器，仍为其生产90余个仪器外壳，以单价900余元的价格销售给上海仪脉公司，参与非法经营数额合计人民币600余万元。

【案件争点】

行为人对委托加工的机柜外壳上的字母标识是注册商标是否明知，是否有共同犯罪的故意，如果有共同犯罪的故意，其在共同犯罪中的作用和地位如何。

【裁判要旨】

一审法院经审理认为，被告单位上海仪脉公司、上海惠章公司未经注册商标所有人许可，在同一种商品上使用与其注册商标相同的商标，情节特别严重；被告人王万某、费进某身为被告单位直接负责的主管人员、被告人张玮某、周松某、朱某、吴某身为被告单位其他直接责任人员，未经注册商标所有人许可，在同一种商品上使用与其注册商标相同的商标，情节特别严重，其行为均已构成假冒注册商标罪，且属共同犯罪，依法应予惩处。被告单位上海仪脉公司、被告人王万某在共同犯罪中起主要作用，应当按照其所参与的全部犯罪处罚；被告单位上海惠章公司、被告人张玮某、周松某、朱某、吴某、费进某在共同犯罪中起次要辅助作用，系从犯，依法应当减轻处罚；被告单位上海惠章公司、被告人周松某、朱某、吴某、费进某犯罪后自首，依法可以从轻处罚。

二审法院认为，关于上诉单位上海惠章公司、上诉人费进某及其辩护人提出的对加工的机柜外壳上的字母标识是注册商标不明知，缺乏共同犯罪的故意，故一审认定上海惠章公司非法经营数额无事实与法律依据的上诉理由及辩护意见。经查，在产品外部印制字母组合，以一般消费者的常识判断应当知晓该字母组合即为商标，且上海惠章公司作为上海仪脉公司涉案水质分析仪机柜的唯一供货商，在明知机柜用途的前提下仍长期为上海仪脉公司供货，尤其当朱某告知系假冒注册商标后仍继续生产，其行为构成假冒注册商标罪。上海惠章公司、费进某与上海仪脉公司在共同实施假冒他人注册商标的犯罪活动中仅是分工不同，应当认定为共同犯罪，且应对犯罪总额承担相应责任，故对该上诉理由及辩护意见，法院不予采纳。

例案三：周某锐等假冒注册商标案

【法院】

广东省深圳市中级人民法院

【案号】

（2016）粤03刑终1219号

【诉讼主体】

原公诉机关：广东省深圳市福田区人民检察院

上诉人（原审被告人）：张如某

原审被告人：周某锐

【基本案情】

2015年3月至2015年7月3日，被告人张如某在未经苹果公司许可的情况下，从市场通过拍卖等方式收购旧苹果iPhone手机以及购买带有苹果公司注册商标的假冒苹果iPhone手机后盖、触摸屏、包装盒等零配件，雇用工人在租用的本市福田区华富村西区×栋×单元605房、×栋×单元506房，对旧苹果iPhone手机更换后盖、触摸屏等零部件，维修、翻新、包装后对外销售，从中牟利。被告人周某锐受雇于被告人张如某，协助张如某租赁翻新场所、购买假冒苹果手机零配件、看管及监督工人翻新工作，并参与生产加工。

2015年7月3日，深圳市公安局福田分局民警接群众举报后，在本市福田区华富村西区×栋×单元506房内抓获被告人张如某，并现场查获疑似假冒苹果5C型手机29部、苹果4S型手机15部、苹果4型手机11部；后在本市福田区华富村西区×栋×单元605房内抓获被告人周某锐，并现场查获疑似假冒苹果5S型手机150部、苹果5C型手机16部、苹果5型手机10部、苹果4S型手机71部、苹果4型手机14部和疑似假冒苹果5S型手机后盖4个、苹果5S型手机屏幕4个、苹果5C型手机后盖4个、苹果4S型边框4个、苹果4S型屏幕4个等手机配件以及夹子等翻新工具一批。

【案件争点】

行为人周某锐租赁场地，雇用工人从事侵权产品的加工，其在共同犯罪中的地位和作用如何界定。

【裁判要旨】

一审法院认为，被告人张如某、周某锐无视国家法律，未经注册商标所有人许可，结伙在同一种商品上使用与上述两种注册商标相同的商标，情节特别严重，其二人的行为均已构成假冒注册商标罪，应依法予以惩罚。根据《知识产权刑事司法解释》第8条规定，《刑法》第213条关于假冒注册商标的“使用”，是指将注册商标或者假冒的注册商标用于商品、商品包装或者容器以及产品说明书、商品交易文书，或者将注册商标或者假冒的注册商标用于广告宣传、展览以及其他商业活动等行为。被告人张如某、周某锐换壳翻新苹果手机后销售牟利的行为属于未经注册商标所有人许可的假冒注册商标行为，本案应定性为假冒注册商标，而非销售假冒注册商标的商品，且被查获的侵权产品已经制作完成并附着假冒注册商标标识，应认定为犯罪既遂。

本案中，虽然证人张某某、史某某均指认被告人张如某、周某锐系翻新手机的老板，但表示不清楚二人的具体分工；被告人张如某、周某锐当庭均辩称周某锐系张如某雇用的员工，仅领取固定工资，没有投资，没有分红，二被告人的供述能够相互印证；而被告人周某锐协助张如某看管及监督工人翻新工作，亦有可能使工人误认其系老板。故现有证据不足以证实被告人周某锐系翻新手机的老板，应根据疑点利益归于被告人原则，认定被告人周某锐系雇用员工。在共同犯罪中，被告人张如某起主要作用，系主犯；被告人周某锐起次要作用，系从犯，应当减轻处罚。

二审法院认为，原审被告人周某锐的辩护人认为周某锐受雇于张如某，没有牟利的辩护意见。周某锐在侦查机关供述称其负责帮助张如某在加工点监督工人工作，参与加工翻新苹果手机，并签订租房合同等，周某锐在共同犯罪中协助张如某从事犯罪行为，系从犯。周某锐辩护人的辩护意见不能成立，法院不予采信。

三、裁判规则提要

（一）共同犯罪中的罪名认定

我国刑法对于为他人假冒注册商标提供帮助的行为人，区分情况认定其构成假冒注册商标罪的共同犯罪，或者是独立构成非法制造、销售非法制造的注册商标标识罪。行为人为他人假冒注册商标提供生产、制造侵权产品的主要原材料、辅助材料、半成品、生产技术、配方等帮助，或者为其提供不包含注册商标的包装材料、标签标识，或者提供场地，应以假冒注册商标罪的从犯论处；行为人为他人假冒注册商标提供的包装材料上印制有注册商标，或其提供的标签标识本身就是注册商标，要根据案件具体情况分析：如果提供者仅提供标识，其获利依据是提供标识的数量等，并未参与到后期假冒等环节，可以非法制造、销售非法制造的注册商标标识罪定罪处罚；如果提供者与假冒注册商标行为人已经形成假冒他人注册商标的共同犯意，其只是根据分工负责非法制造标识，非法获利系根据假冒注册商标商品的数量等，则可以假冒注册商标罪定罪处罚。在例案二中，被告单位上海惠章公司法定代表人费进某为谋取非法利益，在明知接受委托加工的产品为假冒注册商标的商品的情况下，仍然接受委托，属于典型的帮助假冒注册商标的行为，属于共同犯罪，应认定为假冒注册商标罪。在例案一中，钟某某接受王某某的委托，组织工人和场地实施制造假冒注册商标的商品的犯罪活动，从而获取加工费，本质上还是从属于王某的假冒注册商标行为，应以假冒注册商标罪追究其二人的刑事责任。

（二）共同犯罪中的地位和作用认定

关于假冒注册商标罪中共同犯罪的地位和作用认定，根据《知识产权刑事司法解释》第 16 条的规定，明知他人实施侵犯知识产权犯罪，而为其提供贷款、资金、账号、发票、证明、许可证件，或者提供生产、经营场所或者运输、储存、代理进出口等便利条件、帮助的，以侵犯知识产权犯罪的共犯论处。判断加工者在假冒注册商标犯罪共同犯罪中的地位和作用，需要考虑以下几个方面：一是行为人在共同犯罪活动中的地位，是否具有组织、管理性，或是否具有可替代性；二是实际参与犯罪的程度，参与时间长短；三是在犯意形成、延续中的作用，对犯罪结果所起的作用大小。司法实践中不会因被告人是雇员，就当然将其认定为从犯，而予以从轻处罚。通常从犯应具有三个特点：

一是犯意形成的被动性。虽然其具有共同犯罪的故意，但是，这种故意的形成是在他人提出犯罪决意之后，表示赞同或默认，是接受他人的犯罪提议，把他人的犯罪意图转化为自己的犯罪意图，因而在共同犯意形成的过程中，总是表现出某种被动性。

二是行为的被支配性。虽然其行为是共同犯罪行为的一部分，甚至是不可缺少的一部分，但在共同犯罪的实施过程中，其往往是根据他人的指挥、暗示以及活动来确定自己的行为，一般不提出并坚持自己的犯罪设想，系跟随他人进行犯罪活动，处于被支配的地位。

三是其行为造成的危害结果较小。虽然其行为是共同犯罪结果发生的原因之一，但其在共同犯罪结果的原因力中是次要的，一般行为强度小、犯罪手段不熟练，属于低效率犯罪行为或无效犯罪行为，是在共同犯罪中造成较小危害结果的犯罪行为。

在例案三中，被告人张如某在未经苹果公司许可的情况下，从市场通过拍卖等方式收购旧苹果 iPhone 手机以及购买带有苹果公司注册商标的假冒苹果 iPhone 手机后盖、触摸屏、包装盒等零配件，对旧苹果 iPhone 手机更换后盖、触摸屏等零部件，维修、翻新、包装后对外销售，从中牟利。被告人周某锐受雇于被告人张如某，协助张如某租赁翻新场所、购买假冒苹果手机零配件、看管及监督工人翻新工作，并参与生产加工。周某的行为虽具有共同犯罪的故意，但其犯罪故意系把被告人张如某的犯罪意图转化为自己的犯罪意图，在共同犯罪的实施过程中受被告人张如某的直接指挥，其犯意形成具有被动性，犯罪行为具有被支配性且在共同犯罪结果的原因力中是次要的，因此认定其为从犯并无不当。

（三）加工者主观上需明知为假冒注册商标的产品

假冒注册商标罪主观方面为故意，即行为人明知其是假冒仍有意实施；行为人虽未尽到合理审查的义务，但其确实不知受委托生产的产品为假冒注册商标的商品，不构成本罪。通常，侵犯注册商标权人会雇用大量员工为其加工、生产侵权产品，对被雇用人员实施的侵犯注册商标权行为的认定，应当根据其主观上是否“明知”。司法实践中对主观明知的认定存在两种方式，即直接认定和通过间接证据认定。

一方面，行为人的供述往往是直接认定的重要根据，辩护人可从各被告人之间是否存在利害关系、有无作出虚假陈述、有无明显反复、反常供述等角度对相关说法进行质证。另一方面，关于间接证据的认定，具体可从以下三个方面判断：一是假冒注册商标商品的批发、零售价格以及该注册商标的品牌知名度；二是行为人对该种商品的认知程度；三是假冒注册商标商品的进货渠道、买卖以及交接的时间、地点与方式。需要注意的是，应重点审查被告人的辩解，如其辩解有相应的证据印证，则不宜认定主观上“明知”。

具体在司法实践中，对于下列两种情况，可以认定为行为人存在着“明知”：一是行为人亲眼见到或亲耳听到是他人注册商标仍提供加工服务的；二是行为人事先虽然不知道，但在加工过程中知道，或者通过其他途径知道是他人的注册商标，却仍予假冒的。如在例案一中，被告人钟某某在瑞金市象湖镇竹岗村租用民房开办了瑞金市象湖镇健健服装加工厂，进行来料加工，与王某某合作服装加工业务，由王某某通过众发物流随同辅料、拉链、商标、吊牌及制单图片发给钟某某，钟某某在明知加工样式（制单图片）系假冒的品牌的情况下，仍组织工人进行缝制加工、包装，在认识因素上，钟某某对假冒的事实和结果具有明确的认识；在意志因素上，钟某某以组织工人进行缝制加工、包装等积极作为的方式追求结果的发生，因此，其在主观上系直接故意，依法成立假冒注册商标罪。

四、辅助信息

《刑法》

第十四条 明知自己的行为会发生危害社会的结果，并且希望或者放任这种结果发生，因而构成犯罪的，是故意犯罪。

故意犯罪，应当负刑事责任。

第二十五条 共同犯罪是指二人以上共同故意犯罪。

二人以上共同过失犯罪，不以共同犯罪论处；应当负刑事责任的，按照他们所犯的罪分别处罚。

第二十六条 组织、领导犯罪集团进行犯罪活动的或者在共同犯罪中起主要作用的，是主犯。

三人以上为共同实施犯罪而组成的较为固定的犯罪组织，是犯罪集团。

对组织、领导犯罪集团的首要分子，按照集团所犯的全部罪行处罚。

对于第三款规定以外的主犯，应当按照其所参与的或者组织、指挥的全部犯罪处罚。

第二十七条　在共同犯罪中起次要或者辅助作用的，是从犯。

对于从犯，应当从轻、减轻处罚或者免除处罚。

第五十二条　判处罚金，应当根据犯罪情节决定罚金数额。

第二百一十三条　未经注册商标所有人许可，在同一种商品、服务上使用与其注册商标相同的商标，情节严重的，处三年以下有期徒刑，并处或者单处罚金；情节特别严重的，处三年以上十年以下有期徒刑，并处罚金。

《知识产权刑事适用意见》

十五、关于为他人实施侵犯知识产权犯罪提供原材料、机械设备等行为的定性问题

明知他人实施侵犯知识产权犯罪，而为其提供生产、制造侵权产品的主要原材料、辅助材料、半成品、包装材料、机械设备、标签标识、生产技术、配方等帮助，或者提供互联网接入、服务器托管、网络存储空间、通讯传输通道、代收费、费用结算等服务的，以侵犯知识产权犯罪的共犯论处。

《知识产权刑事司法解释》

第八条　刑法第二百一十三条规定的“相同的商标”，是指与被假冒的注册商标完全相同，或者与被假冒的注册商标在视觉上基本无差别、足以对公众产生误导的商标。

刑法第二百一十三条规定的“使用”，是指将注册商标或者假冒的注册商标用于商品、商品包装或者容器以及产品说明书、商品交易文书，或者将注册商标或者假冒的注册商标用于广告宣传、展览以及其他商业活动等行为。

第十二条　本解释所称“非法经营数额”，是指行为人在实施侵犯知识产权行为过程中，制造、储存、运输、销售侵权产品的价值。已销售的侵权产品的价值，按照实际销售的价格计算。制造、储存、运输和未销售的侵权产品的价值，按照标价或者已经查清的侵权产品的实际销售平均价格计算。侵权产品没有标价或者无法查清其实际销售价格的，按照被侵权产品的市场中间价格计算。

多次实施侵犯知识产权行为，未经行政处理或者刑事处罚的，非法经营数额、违法所得数额或者销售金额累计计算。

本解释第三条所规定的“件”，是指标有完整商标图样的一份标识。

第十六条 明知他人实施侵犯知识产权犯罪，而为其提供贷款、资金、账号、发票、证明、许可证件，或者提供生产、经营场所或者运输、储存、代理进出口等便利条件、帮助的，以侵犯知识产权犯罪的共犯论处。

《洗钱案件刑事司法解释》

第一条 刑法第一百九十一条、第三百一十二条规定的“明知”，应当结合被告人的认知能力，接触他人犯罪所得及其收益的情况，犯罪所得及其收益的种类、数额，犯罪所得及其收益的转换、转移方式以及被告人的供述等主、客观因素进行认定。

具有下列情形之一的，可以认定被告人明知系犯罪所得及其收益，但有证据证明确实不知道的除外：

（一）知道他人从事犯罪活动，协助转换或者转移财物的；

（二）没有正当理由，通过非法途径协助转换或者转移财物的；

（三）没有正当理由，以明显低于市场的价格收购财物的；

（四）没有正当理由，协助转换或者转移财物，收取明显高于市场的“手续费”的；

（五）没有正当理由，协助他人将巨额现金散存于多个银行账户或者在不同银行账户之间频繁划转的；

（六）协助近亲属或者其他关系密切的人转换或者转移与其职业或者财产状况明显不符的财物的；

（七）其他可以认定行为人明知的情形。

被告人将刑法第一百九十一条规定的某一上游犯罪的犯罪所得及其收益误认为刑法第一百九十一条规定的上游犯罪范围内的其他犯罪所得及其收益的，不影响刑法第一百九十一条规定的“明知”的认定。

假冒注册商标刑事案件裁判规则第 17 条：

行为人使用注册商标有一定民事权利基础的，可认定其主观上无假冒他人注册商标的故意，不宜认定为假冒注册商标罪

【规则描述】 假冒注册商标罪在主观方面是故意，即明知未经注册商标所有人的同意，而在同一种商品上使用与他人注册商标相同的商标。但如行为人使用注册商标具备一定的民事权利基础，如合同约定（包括口头），且证据又不足以证明行为人有假冒他人注册商标主观故意的，不构成假冒注册商标罪。应当注意的是，如果超出商标授权范围，或注册商标所有人口头同意后，双方又签订了以上报批准等形式作为生效要件的书面合同，而实际又未经批准的，不宜一律认定行为人的使用行为不构成犯罪。

一、类案检索大数据报告

时间：2022 年 7 月 1 日之前，案例来源：Alpha 案例库，案件数量：805 件，数据采集时间：2022 年 7 月 1 日。本次检索共获取认定假冒注册商标罪中“民事权利基础、不构成犯罪”2022 年 7 月 1 日之前 805 篇裁判文书。整体情况如图 17-1 所示，从案件年份分布可以看到当前条件下案例数量的变化趋势。

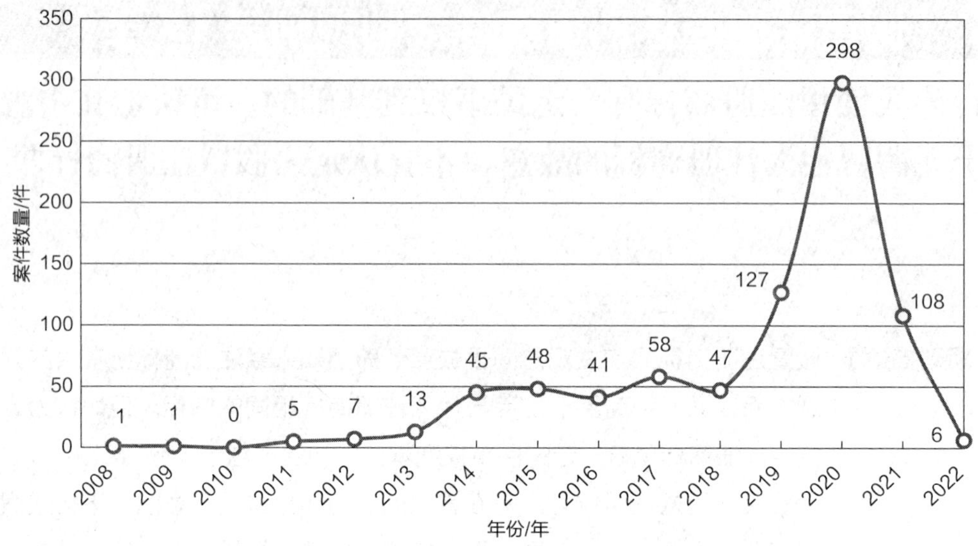

图 17–1　案件年份分布情况

如图 17–2 所示，从地域分布来看，当前假冒注册商标案例主要集中在广东省、福建省、上海市，分别占比 19.50%、13.42%、12.42%。其中广东省的案件量最多，达到 157 件。

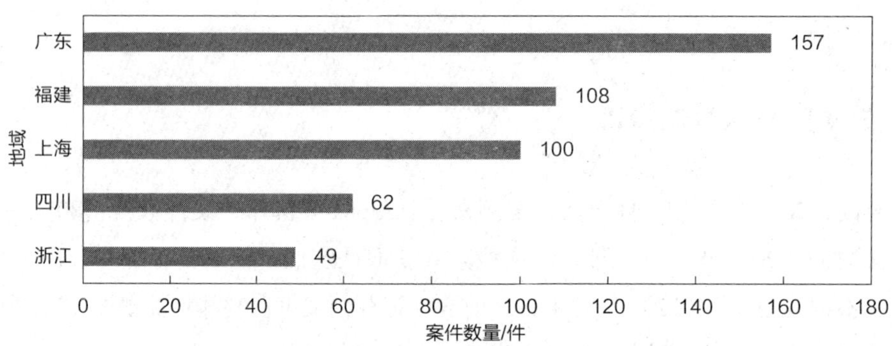

图 17–2　案件地域分布情况

如图 17–3 所示，从案件程序分类统计可以看到假冒注册商标罪当前的审理程序分布状况，其中一审案件有 658 件，二审案件有 131 件，再审案件有 11 件，执行案件有 2 件。一审上诉率约为 19.91%。

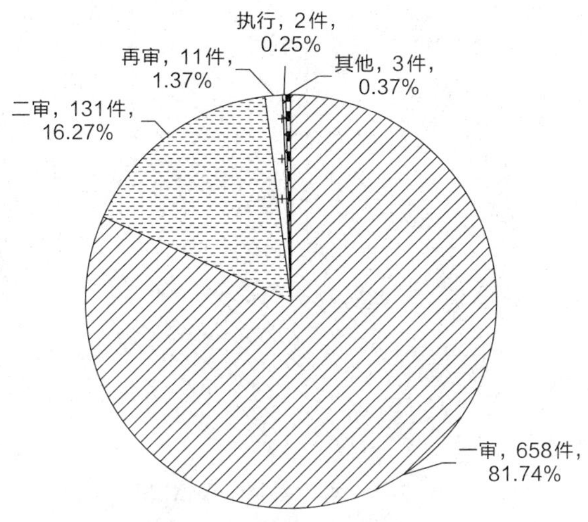

图 17–3　案件程序分类情况

如图 17–4 所示，通过对二审裁判结果的可视化分析可以看到，当前条件下维持原判的有 89 件，占比为 67.94%；改判的有 32 件，占比为 24.43%；其他的有 8 件，占比为 6.11%。

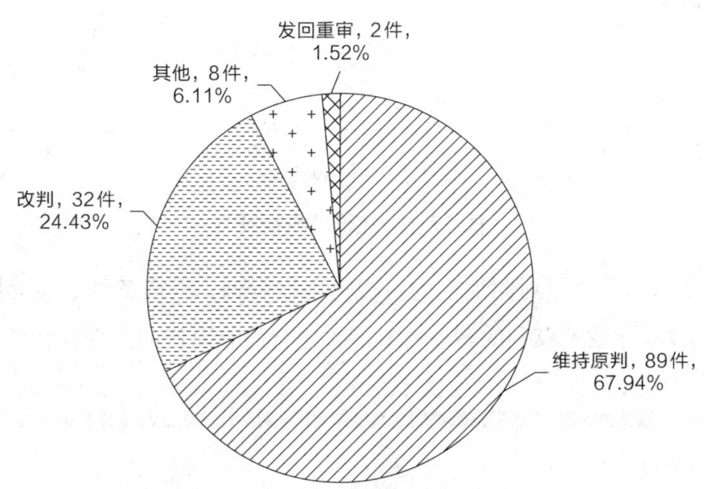

图 17–4　二审裁判结果情况

如图 17–5 所示，通过对再审裁判结果的可视化分析可以看到，当前条件下其他的有 6 件，占比为 54.55%；改判的有 4 件，占比为 36.36%；维持原判的有 1 件，占比为 9.09%。

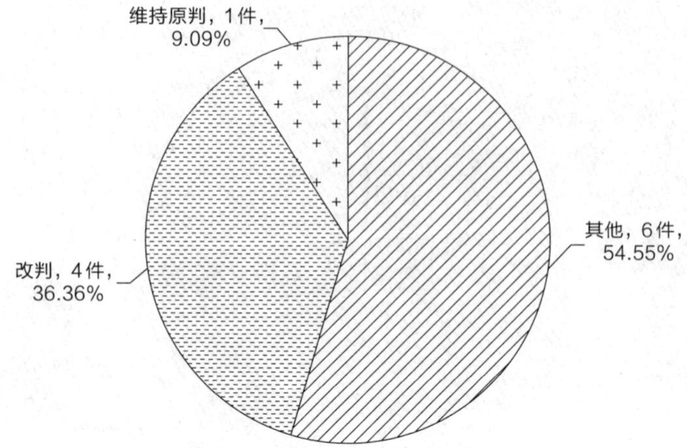

图 17-5　再审裁判结果情况

如图 17-6 所示，通过对主刑的可视化可以看到，当前条件下包含有期徒刑的案件有 624 件，包含拘役的案件有 35 件，包含无期徒刑的案件有 2 件。

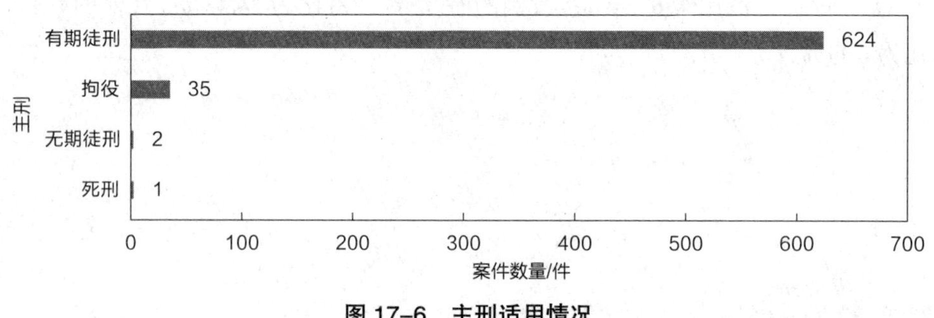

图 17-6　主刑适用情况

如图 17-7 所示，通过对附加刑的可视化可以看到，当前条件下包含罚金的案件有 627 件，包含剥夺政治权利的案件有 6 件，包含没收财产的案件有 2 件。

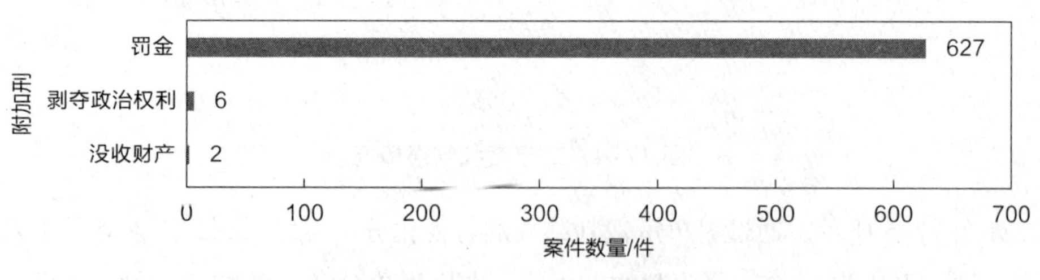

图 17-7　附加刑适用情况

二、可供参考的例案

例案一：夏某军、喻某根等假冒注册商标案

【法院】

湖南省益阳市资阳区人民法院

【案号】

（2015）资刑初字第4号

【诉讼主体】

原公诉机关：湖南省益阳市资阳区人民检察院

被告单位：某酒业酿造有限公司

被告人：夏某军

被告人：喻某根

【基本案情】

2010年3月31日，注册商标“宗贵宴宾”所有人四川省泸州国宾酒厂通过书面协议的形式在湖南省内以独占许可的方式授权某酒业酿造有限公司在2010年3月至2015年3月期间使用注册商标“宗贵宴宾”，许可使用的范围为第33类商品种类，并按照四川省泸州国宾酒厂指定的商品品种使用，四川省泸州国宾酒厂有权对许可使用的商品品种进行调整。某酒业酿造有限公司每年支付2万元商标许可使用费并需购销10吨以上基础酒，如若不购买或不够10吨基础酒，四川省泸州国宾酒厂可单方终止协议。四川省泸州国宾酒厂与某酒业酿造有限公司口头约定注册商标许可使用的商品品种为国宾老窖1818和国宾老窖典藏30年两个系列。

2012年3月，某酒业有限公司与某酒业酿造有限公司达成代理销售国宾系列酒的合作意向。某酒业有限公司法人代表被告人夏某军自行设计了国宾老窖珍品十二年、国宾老窖珍品十五年、国宾珍藏1949、国宾鸿运珍品国种国宾系列酒的名称及包装（均使用了“宗贵宴宾”商标），要求被告人喻某根提供相应产品，被告人喻某根表示同意。

2012年4月，四川省泸州国宾酒厂未出具书面材料按协议规定单方面终止了商标许可使用协议。该案2014年4月案发，经查明，某酒业酿造有限公司、某酒业有限公司生产销售的国宾老窖珍品十二年、国宾老窖鸿运珍品、国宾1949、国宾老窖珍品十五年所使用的“宗贵宴宾”商标标识和四川省泸州国宾酒厂的注册商标“宗

贵宴宾”商标标识相同。

【案件争点】

行为人得到商标所有权人许可使用，其后许可使用期结束，在无法证明其具体生产时间时，其生产行为如何认定，是否构成假冒注册商标。

【裁判要旨】

法院经审理认为，针对被告人夏某军、喻某根及被告人喻某根的辩护人提出的辩解及辩护意见，经审查，鉴定证明是公安机关抓获被告人喻某根，在其受审期间向四川省泸州国宾酒厂调取的证据，其证明被告人喻某根在2012年4月以前是经得该厂同意生产公诉机关起诉指控的国宾系列四种酒的，而本案中公诉机关所提供的所有证据无法形成证据锁链，故对被告人夏某军、喻某根及被告人喻某根的辩护人提出的辩解及辩护意见予以采纳。根据存疑有利于被告的原则，法院认为，被告单位某酒业有限公司、被告人夏某军、喻某根的行为均不构成假冒注册商标罪，公诉机关指控其犯假冒注册商标罪的罪名不成立。

例案二：深圳市中龙旗科技有限公司、祝某军假冒注册商标案

【法院】

四川省屏山县人民法院

【案号】

（2019）川1529刑初30号

【诉讼主体】

公诉机关：四川省屏山县人民检察院。

被告单位：深圳市中龙旗科技有限公司

被告人：祝某军

【基本案情】

2015年5月28日，被告人祝某军成立深圳市中龙旗科技有限公司（以下简称中龙旗公司）并担任公司总经理，系公司实际经营者。因业务需要，同年8月20日，中龙旗公司与青岛坤显电子有限公司共同出资成立坤龙公司，祝某军任坤龙公司法定代表人。2015年8月31日，坤龙公司与苏州海尔公司签订包销定制协议，约定坤龙公司负责销售海尔显示设备产品，协议有效期自2015年8月13日起至2016年12月31日止。合作过程中，因坤龙公司一般纳税人资质手续未完成，坤龙公司实际并

未对外开展业务。2017 年 5 月 12 日，坤龙公司被核准注销。在此期间，中龙旗公司在被告人祝某军的决定下篡改伪造深圳海尔公司制造商授权书、售后服务函等投标资质文件帮助竞标公司成功中标，后组织生产一体机并在未经深圳海尔公司、惠科公司任何授权的情况下擅自使用两家公司的注册商标进行商标贴牌或在商品交易文书中使用继而将假冒产品予以实际销售，非法经营数额达 3125380 元。

【案件争点】

行为人与商标权人签订的定制包销协议，能否作为行为人生产制造该商标商品的权利来源，以及本案的非法经营额的计算。

【裁判要旨】

法院认为，对于辩护人以与销售商之间存在《定制包销协议》，苏州海尔公司接受中龙旗公司 22 万余元汇款以及召回 107 台一体机的行为试图证明被告单位未构成侵权的辩护意见，法院认为，苏州海尔公司与坤龙公司之间签订的《定制包销协议》属于上下级经销商之间的关系，该《定制包销协议》仅体现为坤龙公司在推广销售方面具有使用海尔商标的权利，并未规定坤龙公司能够制造海尔产品，且坤龙公司具有独立法人资质，坤龙公司尚无权生产制造海尔产品，作为坤龙公司股东之一的中龙旗公司更不能因《定制包销协议》在未经海尔制造商深圳海尔公司授权的情况下就擅自生产、销售海尔产品，故对该辩解、辩护意见不予采纳。

关于辩护人所提销售给屏山县教体局以及昆池中学的惠科品牌商品金额不应计入非法经营额，并以此认为此两笔犯罪事实不能成立，或是即使认定销售给屏山县教体局的犯罪事实成立，但非法经营数额应予扣减 79500 元的辩护意见，法院认为，被告单位及被告人祝某军销售给屏山县教体局的犯罪事实已完成既遂。根据《知识产权刑事司法解释》第 12 条的规定，侵权产品已销售的，行为人的非法经营数额应当按照实际销售的价格计算。本案中，假冒的海尔、惠科交互式一体机已经销售，就应以销售金额认定，而不是行为人实施某一环节的金额认定。对于辩护人提出要扣减 79500 元，事实上当初合同签订销售价格为 1488000 元，被告人祝某军供述 79500 元系陈某的提成，只是这笔提成系英翰公司给付，因此才会实际获得货款 1408500 元，然陈某证实自己是按一定比例在中龙旗公司获得提成，但鉴于证人罗某 1 证言证实 79500 元的货款未支付原因系双方长期合作关系而予以免除，加之有在案书证补充协议（合同）予以证实，本着对被告人有利的原则，对辩护人所提销售给英翰公司的经营数额应予扣减 79500 元的辩护意见予以采纳；对辩护人所提销售给昆池中学的犯罪事实不能成立的意见与庭审查明事实相符，法院予以采纳；对其余所提关于非法经营数额的辩护意见不予采纳。

例案三：孙某假冒注册商标案

【法院】

江苏省高级人民法院

【案号】

（2014）苏知刑终字第00010号

【诉讼主体】

原公诉机关：江苏省淮安市人民检察院

上诉人（原审被告人）：孙某

【基本案情】

2002年10月，徐某甲与宝庆公司签订了一份《品牌使用协议》，该协议规定："宝庆公司授权徐某甲在淮安市范围内独家使用'宝庆银楼'品牌，徐某甲可以将宝庆银楼品牌使用于由其投资设立的或参与投资设立的企业的企业名称中，可以在其经营活动中合法使用'宝庆银楼'作为企业名称的缩写或简称。"

2007年8月9日，双方签订的《补充协议》规定："宝庆公司同意并授权徐某甲在江苏淮安市范围内使用'宝庆'及'宝庆银楼'注册商标和字号设立'宝庆银楼'加盟店。徐某甲只能以加盟店形式对外经营，不以任何其他方式对外经营。徐某甲争取在市场需求的情况下增开两家加盟店，报宝庆公司批准。徐某甲按宝庆公司要求，视市场销售情况，按照'宝庆银楼商品配送标准'，统一到宝庆公司配货。徐某甲必须执行宝庆公司有关加盟店试行办法，缴纳相关费用。该协议是对2002年10月签订的《品牌使用协议》的补充，如有不一致的，原则上以补充协议为准。"

被告人孙某与徐某甲于2011年12月28日签订《协议书》，徐某甲作为"宝庆银楼"品牌在淮安地区销售的唯一代理人，授权孙某在淮安市楚州区"淮安商场"珠宝专柜销售使用"宝庆银楼"品牌，并约定孙某应当向徐某甲缴纳品牌使用费。后孙某按照该协议的约定向徐某甲缴纳了品牌使用费并在淮安设立珠宝专柜。

从2012年1月17日起，被告人孙某先后从南京福麟珠宝有限公司、深圳粤豪珠宝有限公司、深圳玉器批发市场等处先后购进无品牌的黄金、钻石、彩金及银玉器饰品，并在当地委托他人在所购饰品上打出"寶慶""千足金"等字样的钢印，又从南京市艾奇工艺首饰包装公司订购了带有"宝庆银楼"及二龙戏珠图案的注册商标的包装盒、包装袋、吊牌等物品。后被告人孙某在安徽芜湖家中将从南京、深圳等地购进的黄金等饰品分类、称重，用电脑将产品重量、品名等信息打印到从南京订购的吊牌上，再将吊牌挂到相关饰品上，包装好后运至淮安商场同心珠宝柜台进行销售。

2012年1月17日至2013年3月19日，被告人孙某在没有取得宝庆公司授权许可的情况下，累计生产假冒宝庆公司“寶慶”“寶慶银楼”、宝庆二龙戏珠图案注册商标的饰品共计价值人民币10485058.94元。其中，已生产并销售假冒上述注册商标的钻石饰品共计价值人民币935533元，假冒上述注册商标的银玉饰品共计价值人民币817813元；已生产但尚未销售的假冒上述注册商标的黄金饰品（1516件，重12065.25克）共计价值人民币4801969.5元，假冒上述注册商标的钻石饰品（482件）共计价值人民币1610699.4元，假冒上述注册商标的彩金饰品（325件）共计价值人民币346203.04元，假冒上述注册商标的银玉饰品（3883件）共计价值人民币1972841元。

【案件争点】

行为人在明知没有商标权人授权其使用注册商标的情况下，如果其使用商标的行为有合同基础，那么行为人的主观方面是否构成刑法意义上的主观故意。

【裁判要旨】

一审法院认为，被告人孙某存在假冒注册商标的犯罪故意。徐某甲与宝庆公司签订的两份品牌使用协议并非等同于注册商标专用权转让合同，徐某甲并不能视同于宝庆公司注册商标的所有权人，其即使取得了淮安市范围内的独占许可人身份，对于宝庆公司拥有所有权的注册商标，在其与宝庆公司对此并无特别明确约定的情况下，其亦无权不经宝庆公司许可，擅自再许可加盟商使用。孙某在明知宝庆公司没有授权其使用本案所涉注册商标的情况下，仍擅自制造、使用宝庆公司注册商标标识并用于其所销售的货物及包装，应当认定其具有假冒注册商标罪的主观故意。一审判决宣判后，原审被告人孙某不服，提出上诉。

二审法院认为，孙某使用宝庆公司的商标具备一定的合同基础，且现有证据尚不足以证明孙某在主观上具备假冒他人注册商标的主观故意。（1）关于孙某使用商标的合同基础。经查，徐某甲与宝庆公司在2002年、2007年签订过《品牌使用协议》及《补充协议》，约定宝庆公司授权徐某甲在淮安市范围内独家使用“宝庆银楼”品牌和设立加盟店，徐某甲可以将“宝庆银楼”品牌使用于由其投资设立的或参与投资设立的企业的企业名称中，可以在其经营活动中合法使用“宝庆银楼”作为企业名称的缩写或简称。孙某与徐某甲于2011年签订了《协议书》，徐某甲作为“宝庆银楼”品牌在淮安地区销售的唯一代理人，授权孙某在淮安市楚州区“淮安商场”珠宝专柜销售使用“宝庆银楼”品牌，并约定孙某应当向徐某甲缴纳品牌使用费。后孙某按照该协议的约定向徐某甲缴纳了品牌使用费并在淮安设立珠宝专柜，故可以认定孙某使用宝庆公司的商标具备相应合同基础，其主观上希望通过加盟行为获得使用宝庆品牌的相应资格。（2）关于孙某的主观故意。经查，在本案中，孙某主观上一直希望成为宝庆公司的加盟商，由于徐某甲是淮安地区宝庆品牌的独占被许可人，即宝庆公司自身也不能在淮安地区经营宝庆品牌，故孙某才与徐某甲签订了使用“宝庆银楼”品牌的授权协议。从协议履行的客观情况上看，孙某向徐某甲、吴某支付了品牌使用费，同时，孙某与徐某甲签订的《协议书》约定“孙某每月必须到南京宝庆银楼总部进黄金饰品，进货量不得少于一公斤”，除此之外，对于孙某并无其他义务约定，而孙某确已按约到宝庆公司总部购进一定数量的黄金饰品，履行了合同义务。从协议履行的主观表现上看，孙某也是持积极履行协议的态度，多次催促吴某至宝庆公司办理授权备案手续。因此，尽管孙某知道其与徐某甲的协议并未获得宝庆公司的授权，其也只能以徐某甲其他三个加盟店的名义去宝庆公司总部进货，即孙某应当知道其加盟店还未被宝庆公司批准，但由于吴某承诺替孙某办理授权手续且同意他经营，孙某本人也多次催促吴某至宝庆公司办理授权备案手续，故不能认定孙某明知其未获得宝庆公司的允许却仍然继续经营，不能认定其具有假冒涉案商标的主观故意。本案现有证据难以认定孙某已经达到刑法所要求的构成假冒注册商标罪所应达到的主观故意标准，认定孙某构成假冒注册商标罪的证据不足，故应当认定孙某无罪。

三、裁判规则提要

（一）假冒注册商标罪中的主观故意认定

我国刑法在假冒注册商标罪中对行为人的犯罪的主、客观要件都进行了规定。该罪客观上表现为行为人未经注册商标所有人的许可，在同一种商品、服务上使用与其注册商标相同的商标，情节严重的行为。该罪的主观要件则要求行为人必须达到刑法规定的主观故意标准，即行为人明知他人享有注册商标专用权，却出于假冒他人注册商标的目的，将他人的注册商标使用到与其相同的商品上，并积极追求或希望此种危害结果的发生。因此，构成假冒注册商标罪，不仅需要行为人实施的危害行为符合该罪的客观要件，也要求行为人必须具有刑法所要求的主观故意。一般情况下，假冒他人注册商标罪的行为人都具有获利的目的，但本罪的成立并不要求行为人“以营利为目的”，有些假冒商标的行为也可能是为了损害他人注册商标的信誉等。不论是出于什么动机或目的，均不影响本罪的成立。如果行为人出于过失，则不构成本罪，可以按一般的商标侵权行为处理。

行为人如果得到注册商标所有人的同意即不构成犯罪，口头与书面同意均可。若无书面合同，未向商标局提出申请或备案，仅缺乏形式要件，而只要确有注册商标所有人许可同意，即使口头许可，在实质上已具备“经注册商标所有人许可”。但需注意，双方签订需经批准等形式作为生效要件的书面合同，如果仅有所有人口头同意，但实际上尚未经批准，则应当认为行为人尚未取得所有人许可，不宜一律认定为不构成犯罪，需要结合案件具体情况进行认定。

在例案三中，上诉人孙某使用宝庆公司的商标具备一定的合同基础，二审改判无罪适当。在例案一中，夏某军、喻某根在商标权人四川省泸州国宾酒厂的许可下实施生产活动，在无法证明生产日期不在许可期内时，本着存疑有利于被告的原则，不能认定其有假冒注册商标的主观故意，其行为不构成犯罪。

（二）假冒注册商标罪与销售假冒注册商标的商品罪中“明知”的认定及处理

在司法实践中，“明知”包括了“明确知道”和“应当知道”两层意思。对于“明确知道”比较容易取证，大多数被告人在讯问笔录中都会承认销售的商品是假冒的。但是对于被告人不承认自己明知的情形，要证明被告人“应当知道”就很难取证了。

《知识产权刑事司法解释》规定了销售假冒注册商标的商品罪中“明知”的具体认定情形，该条同时保留了兜底条款。在实务操作中，对于“明知”的理解仍然存在较大争议，对于其他知道或者应当知道的情形并未列举，审判实务中主要还是靠已查明的证据加上经验法则来加以判断。

审判实务中一般依据行为人的销售手段、销售价格、进货渠道、会计账目、历史经营行为，也会结合其他证人证言、行为人的供述以及行为人的认知水平、商品的真假质量差异、真假技术鉴定报告等多方面因素来综合判断行为人对销售假冒注册商标的商品行为是否“明知”。如在例案二中，苏州海尔公司与坤龙公司之间虽签订《定制包销协议》，但该协议并未约定坤龙公司能够制造海尔产品，坤龙公司无权生产制造海尔产品，作为坤龙公司股东之一的中龙旗公司在未经海尔制造商深圳海尔公司授权的情况下就擅自生产、销售海尔产品，具有假冒注册商标罪的主观故意，认定其构成假冒注册商标罪并无不当。需说明的是，主观故意认定一直存在争议，是司法实践中的难题，故本文在此处提出该问题，以供探讨。

四、辅助信息

《刑法》

第二百一十三条 未经注册商标所有人许可，在同一种商品、服务上使用与其注册商标相同的商标，情节严重的，处三年以下有期徒刑，并处或者单处罚金；情节特别严重的，处三年以上十年以下有期徒刑，并处罚金。

第二百一十四条 销售明知是假冒注册商标的商品，违法所得数额较大或者有其他严重情节的，处三年以下有期徒刑，并处或者单处罚金；违法所得数额巨大或者有其他特别严重情节的，处三年以上十年以下有期徒刑，并处罚金。

《商标法》

第四十二条 转让注册商标的，转让人和受让人应当签订转让协议，并共同向商标局提出申请。受让人应当保证使用该注册商标的商品质量。

转让注册商标的，商标注册人对其在同一种商品上注册的近似的商标，或者在类似商品上注册的相同或者近似的商标，应当一并转让。

对容易导致混淆或者有其他不良影响的转让，商标局不予核准，书面通知申请人并说明理由。

转让注册商标经核准后，予以公告。受让人自公告之日起享有商标专用权。

第四十三条 商标注册人可以通过签订商标使用许可合同，许可他人使用其注册商标。许可人应当监督被许可人使用其注册商标的商品质量。被许可人应当保证使用该注册商标的商品质量。

经许可使用他人注册商标的，必须在使用该注册商标的商品上标明被许可人的名称和商品产地。

许可他人使用其注册商标的，许可人应当将其商标使用许可报商标局备案，由商标局公告。商标使用许可未经备案不得对抗善意第三人。

第四十八条　本法所称商标的使用，是指将商标用于商品、商品包装或者容器以及商品交易文书上，或者将商标用于广告宣传、展览以及其他商业活动中，用于识别商品来源的行为。

第五十六条　注册商标的专用权，以核准注册的商标和核定使用的商品为限。

第五十九条　注册商标中含有的本商品的通用名称、图形、型号，或者直接表示商品的质量、主要原料、功能、用途、重量、数量及其他特点，或者含有的地名，注册商标专用权人无权禁止他人正当使用。

三维标志注册商标中含有的商品自身的性质产生的形状、为获得技术效果而需有的商品形状或者使商品具有实质性价值的形状，注册商标专用权人无权禁止他人正当使用。

商标注册人申请商标注册前，他人已经在同一种商品或者类似商品上先于商标注册人使用与注册商标相同或者近似并有一定影响的商标的，注册商标专用权人无权禁止该使用人在原使用范围内继续使用该商标，但可以要求其附加适当区别标识。

第六十七条　未经商标注册人许可，在同一种商品上使用与其注册商标相同的商标，构成犯罪的，除赔偿被侵权人的损失外，依法追究刑事责任。

伪造、擅自制造他人注册商标标识或者销售伪造、擅自制造的注册商标标识，构成犯罪的，除赔偿被侵权人的损失外，依法追究刑事责任。

销售明知是假冒注册商标的商品，构成犯罪的，除赔偿被侵权人的损失外，依法追究刑事责任。

《反不正当竞争法》

第十八条　经营者违反本法第六条规定实施混淆行为的，由监督检查部门责令停止违法行为，没收违法商品。违法经营额五万元以上的，可以并处违法经营额五倍以下的罚款；没有违法经营额或者违法经营额不足五万元的，可以并处二十五万元以下的罚款。情节严重的，吊销营业执照。

经营者登记的企业名称违反本法第六条规定的，应当及时办理名称变更登记；名称变更前，由原企业登记机关以统一社会信用代码代替其名称。

第三十一条　违反本法规定，构成犯罪的，依法追究刑事责任。

《商标法实施条例》

第六十九条 许可他人使用其注册商标的，许可人应当在许可合同有效期内向商标局备案并报送备案材料。备案材料应当说明注册商标使用许可人、被许可人、许可期限、许可使用的商品或者服务范围等事项。

《知识产权刑事司法解释》

第八条 刑法第二百一十三条规定的“相同的商标”，是指与被假冒的注册商标完全相同，或者与被假冒的注册商标在视觉上基本无差别、足以对公众产生误导的商标。

刑法第二百一十三条规定的“使用”，是指将注册商标或者假冒的注册商标用于商品、商品包装或者容器以及产品说明书、商品交易文书，或者将注册商标或者假冒的注册商标用于广告宣传、展览以及其他商业活动等行为。

第九条 刑法第二百一十四条规定的“销售金额”，是指销售假冒注册商标的商品后所得和应得的全部违法收入。

具有下列情形之一的，应当认定为属于刑法第二百一十四条规定的“明知”：

（一）知道自己销售的商品上的注册商标被涂改、调换或者覆盖的；

（二）因销售假冒注册商标的商品受到过行政处罚或者承担过民事责任、又销售同一种假冒注册商标的商品的；

（三）伪造、涂改商标注册人授权文件或者知道该文件被伪造、涂改的；

（四）其他知道或者应当知道是假冒注册商标的商品的情形。

第十六条 明知他人实施侵犯知识产权犯罪，而为其提供贷款、资金、账号、发票、证明、许可证件，或者提供生产、经营场所或者运输、储存、代理进出口等便利条件、帮助的，以侵犯知识产权犯罪的共犯论处。

《商标民事纠纷司法解释》

第三条 商标法第四十条规定的商标使用许可包括以下三类：

（一）独占使用许可，是指商标注册人在约定的期间、地域和以约定的方式，将该注册商标仅许可一个被许可人使用，商标注册人依约定不得使用该注册商标；

（二）排他使用许可，是指商标注册人在约定的期间、地域和以约定的方式式，将该注册商标仅许可一个被许可人使用，商标注册人依约定可以使用该注册商标但不得另行许可他人使用该注册商标；

（三）普通使用许可，是指商标注册人在约定的期间、地域和以约定的方式，许可他人使用其注册商标，并可自行使用该注册商标和许可他人使用其注册商标。

《商标确权行政案件规定》

第二十六条　商标权人自行使用、他人经许可使用以及其他不违背商标权人意志的使用，均可认定为商标法第四十九条第二款所称的使用。

实际使用的商标标志与核准注册的商标标志有细微差别，但未改变其显著特征的，可以视为注册商标的使用。

没有实际使用注册商标，仅有转让或者许可行为；或者仅是公布商标注册信息、声明享有注册商标专用权的，不认定为商标使用。

商标权人有真实使用商标的意图，并且有实际使用的必要准备，但因其他客观原因尚未实际使用注册商标的，人民法院可以认定其有正当理由。

假冒注册商标刑事案件裁判规则第 18 条：

行为人在其生产、销售的伪劣商品上擅自使用他人注册商标，是一个行为触犯了数个罪名，属于想象竞合，应从一重罪处罚

【规则描述】 伪劣商品的生产者、销售者为了顺利地将伪劣商品销售牟利，或者为了利用伪劣商品损害他人注册商标所承载的商业信誉，在其生产、销售的伪劣商品上擅自使用他人的注册商标，在上述行为过程中，假冒注册商标的行为实际上成为生产、销售伪劣商品行为的有机组成部分而没有独立评价的意义，二者系一个整体行为，应当按照想象竞合犯从一重罪处断原则定罪处罚，不数罪并罚。

一、类案检索大数据报告

时间：2022 年 7 月 1 日之前，案例来源：Alpha 案例库，案件数量：2866 件，数据采集时间：2022 年 7 月 1 日。本次检索共获取认定假冒注册商标罪中“生产、销售伪劣产品”2022 年 7 月 1 日之前 2866 篇裁判文书。整体情况如图 18-1 所示，从案件年份分布可以看到当前条件下案例数量的变化趋势。

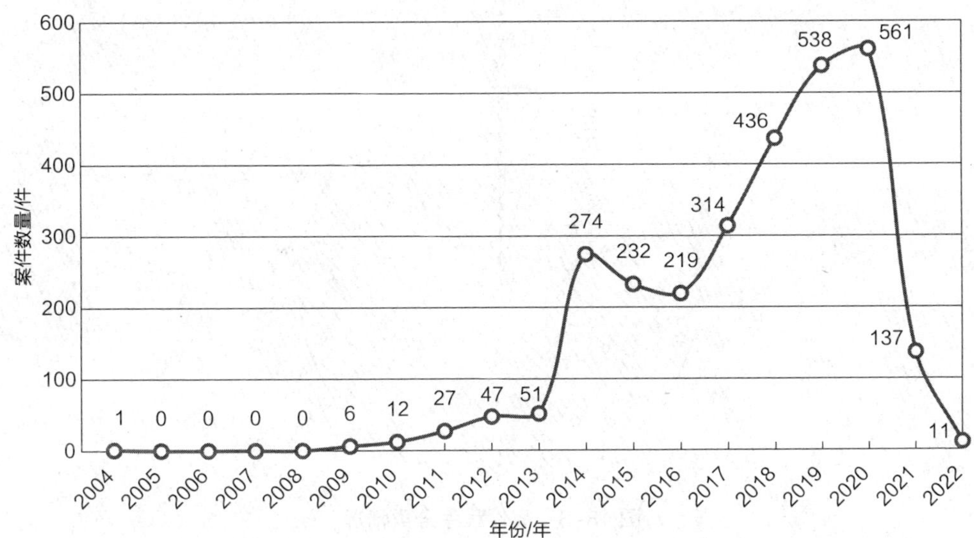

图 18–1　案件年份分布情况

如图 18–2 所示，从地域分布来看，当前假冒注册商标案例主要集中在广东省、福建省、江苏省，分别占比 17.90%、14.03%、11.86%。其中广东省的案件量最多，达到 513 件。

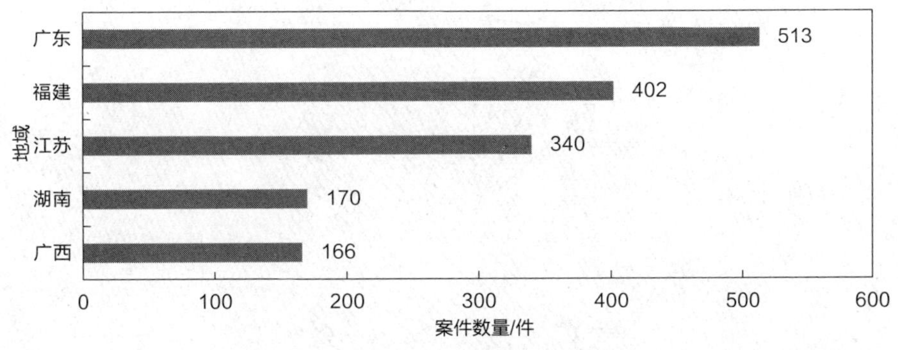

图 18–2　案件地域分布情况

如图 18–3 所示，从案件程序分类统计可以看到假冒注册商标罪当前的审理程序分布状况，其中一审案件有 2291 件，二审案件有 474 件，再审案件有 16 件，执行案件有 77 件。一审上诉率约为 20.69%。

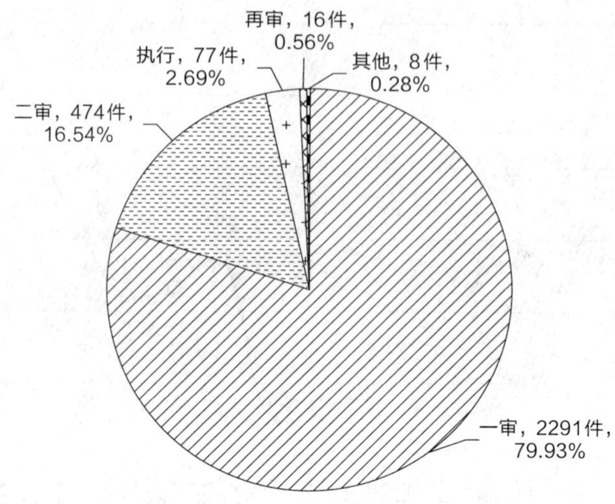

图 18-3　案件程序分类情况

如图 18-4 所示，通过对二审裁判结果的可视化分析可以看到，当前条件下维持原判的有 286 件，占比为 60.34%；改判的有 125 件，占比为 26.37%；撤回上诉的有 28 件，占比为 5.91%。

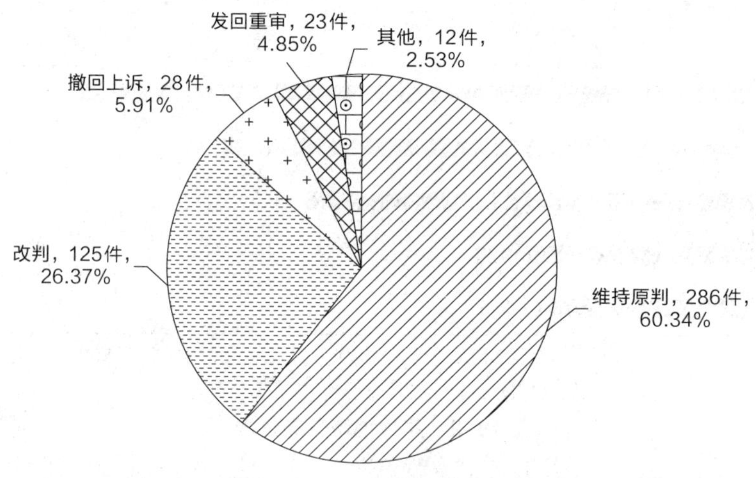

图 18-4　二审裁判结果情况

如图 18-5 所示，通过对再审裁判结果的可视化分析可以看到，当前条件下其他的有 6 件，占比为 37.50%；改判的有 5 件，占比为 31.25%；维持原判的有 3 件，占比为 18.75%。

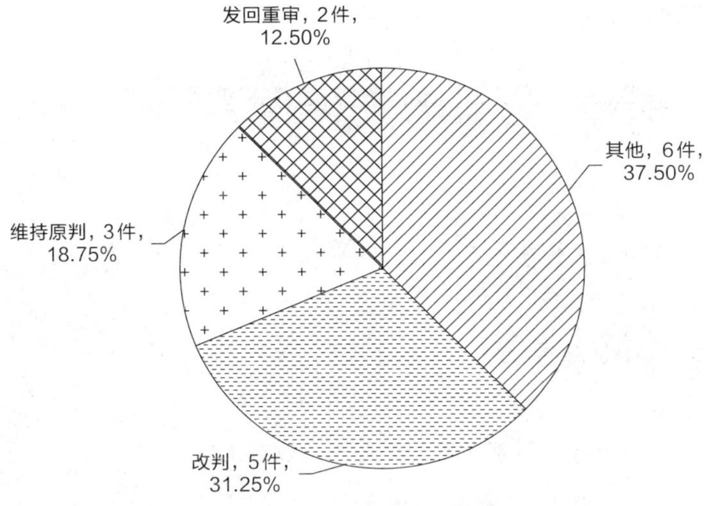

图 18–5　再审裁判结果情况

如图 18–6 所示，通过对主刑的可视化可以看到，当前条件下包含有期徒刑的案件有 2315 件，包含拘役的案件有 87 件，包含无期徒刑的案件有 1 件。其中包含缓刑的案件有 1145 件，免予刑事处罚的案件有 15 件。

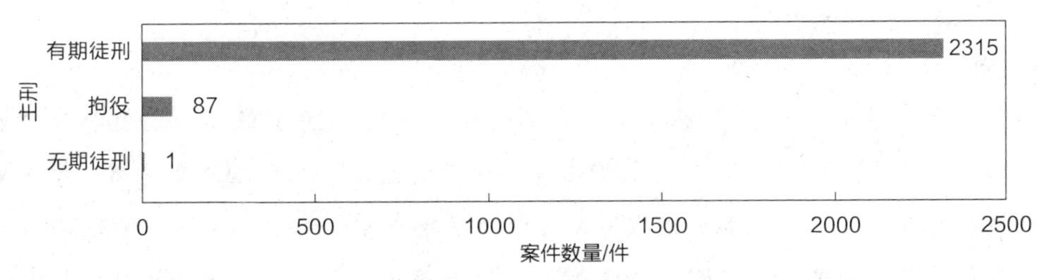

图 18–6　主刑适用情况

如图 18–7 所示，通过对附加刑的可视化可以看到，当前条件下包含罚金的案件有 2331 件，包含没收财产的案件有 14 件，包含剥夺政治权利的案件有 12 件。

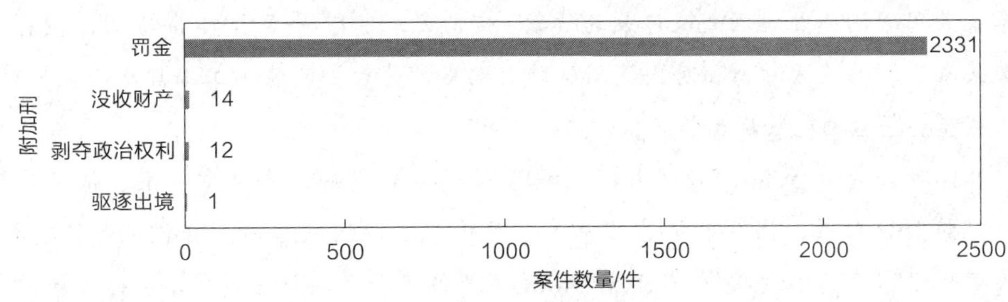

图 18–7　附加刑适用情况

二、可供参考的例案

例案一：章某某、李某某等假冒注册商标案

【法院】

湖南省岳阳市中级人民法院

【案号】

（2020）湘06刑终73号

【诉讼主体】

原公诉机关：湖南省岳阳市屈原管理区人民检察院

上诉人（原审被告人）：章某某

原审被告人：李某某

原审被告人张某某

原审被告人徐某某

原审被告人符某某

原审被告人程某某

【基本案情】

2016年3月至2018年3月期间，章某某从他人处购进用低档白酒制作的“湘窖”“五粮液”“茅台”“国窖1573”等假冒高档白酒后出售给各烟酒零售商。章某某通过被告人程某某代为收取上述假冒高档白酒货款55850元。2013年3月至2018年期间，张某某、李某某（二人系夫妻）在长沙市雨花区租用的仓库内，将低档白酒灌入高档酒瓶，制成假冒高档白酒后并出售。2014年至2018年期间，徐某某在长沙各大酒店收购“水井坊”“五粮液”“茅台”“国窖1573”等高档酒酒瓶和包装，经简单清洗后出售给假酒生产商，从中获取利润。被告人徐某某通过微信转账收取被告人章某某用于购买上述酒瓶及包装的货款73750元。2017年至2018年期间，被告人符某某在长沙雨花区的出租房内使用从网上购置的茅台酒包装加工工具及包装原料，加工成整套茅台酒包装后出售。

2016年下半年至2018年1月间，被告人程某某明知被告人章某某、张某某制作、销售假冒白酒，仍帮助被告人章某某及张某某运送假冒白酒并代收部分货款，其按照运送路途的远近收取50元至240元不等的运费，共计2万余元。为方便被告人程某某运送白酒，被告人章某某及张某某将存放假冒白酒仓库的钥匙直接交于被

告人程某某，需要送货时，由被告人章某某及张某某通过电话或者信息的方式告知被告人程某某运送白酒的种类、数量及运送地址后，被告人程某某便直接从仓库拿货并送至指定地点。

【案件争点】

行为人在其生产、销售的伪劣商品上擅自使用他人的注册商标的行为构成何罪。

【裁判要旨】

一审法院认为，章某某销售明知是假冒注册商标的商品，销售金额达1414250元，其行为触犯了销售假冒注册商标的商品罪、销售伪劣产品罪，属于想象竞合犯，应择一重罪论处，其行为已构成销售伪劣产品罪。被告人程某某明知被告人章某某销售假冒注册商标的商品、明知被告人李某某、张某某制作并销售假冒注册商标的商品，仍为其提供运输服务，与三人分别构成共同犯罪，其行为触犯了假冒注册商标罪、销售伪劣产品罪，属于想象竞合犯，应择一重罪论处，应当对被告人程某某以销售伪劣产品罪定罪处罚。宣判后，章某某以其“销售的是普通白酒换上名酒商标，冒充名酒出售，所用白酒并非劣质产品，侵犯的是他人商标权”等为由提起上诉。

二审法院审理认为，上诉人章某某销售以次充好的白酒，且明知所销售的白酒是假冒他人注册商标的商品，销售金额达90余万元，其行为已构成销售伪劣产品罪、销售假冒注册商标的商品罪，属想象竞合犯，应从一重罪论处，根据本案销售金额及两罪相应的量刑幅度，上诉人章某某的行为应当以销售伪劣产品罪定罪处罚。原审被告人程某某明知上诉人章某某销售假冒注册商标的商品、明知原审被告人李某某、张某某假冒他人注册商标并销售该假冒注册商标的商品，仍为其提供运输服务，与三人分别构成共同犯罪，其同一行为触犯了假冒注册商标罪、销售伪劣产品罪，应择一重罪论处，根据本案案情，应当对原审被告人程某某以销售伪劣产品罪定罪处罚。

例案二：张某、陈某某等假冒注册商标案

【法院】

广东省东莞市第三人民法院

【案号】

（2019）粤1973刑初2597号

【诉讼主体】

公诉机关：广东省东莞市第三市区人民检察院

被告人：张某

被告人：陈某某

被告人：蔡某某

被告人：胡某某

被告人：凌某某

【基本案情】

2018年10月至11月，被告人陈某某、蔡某某、张某先后进入东莞市某仓库，为老板“阿古”（另案处理）生产用于销售的假冒注册商标且伪劣卷烟。该仓库日常由陈某某负责接货、联系司机及买家发货，蔡某某、张某主要负责对烟草进行装卸、拆箱、打码、封箱，每人每月5000元底薪并按打码数量计算提成。

2019年2月27日10时许，被告人凌某某接受他人（另案处理）委托，驾驶车辆从广西壮族自治区防城港市运输一批假冒注册商标且伪劣卷烟（价值296500元）前来东莞市常平镇给被告人陈某某。2月28日5时许，双方按约定在常平镇汽车客运站交接车辆，陈某某载烟草的车辆开回瑞金科技产业园仓库准备卸货。当日5时45分，烟草专卖局及公安机关根据线索排查，在上述仓库内及仓库外车辆上查获大量卷烟，并当场抓获被告人陈某某、蔡某某、张某和胡某某。经统计，2019年2月16日至2月27日，该仓库共销售涉案卷烟达30631060元，其中2月24日之后至案发出库卷烟达9010680元。

【案件争点】

行为人为了能够将商品售出盈利，生产用于销售的假冒注册商标且伪劣的商品的行为如何定罪量刑。

【裁判要旨】

法院审理认为，被告人陈某某、蔡某某、张某、胡某某无视国法，生产、销售伪劣烟草，销售金额达200万元以上，其行为均已触犯《刑法》第140条之规定，犯罪事实清楚，证据确实充分，应当以生产、销售伪劣产品罪追究其刑事责任，依法应当判处十五年有期徒刑或者无期徒刑，并处罚金。公诉机关指控被告人犯生产、销售伪劣产品罪，证据确实、充分，指控的罪名成立。

被告人蔡某某的辩护人认为，被告人蔡某某的行为不应当定性为销售伪劣产品罪，退一步讲，即便构成犯罪，也应当是构成假冒注册商标罪。关于被告人陈某某、蔡某某、张某、胡某某的罪名，四被告人的行为同时构成生产、销售伪劣产品罪和假冒注册商标罪，本案涉案金额在200万元以上，按照生产、销售伪劣产品罪处罚更重，根据想象竞合犯的处理原则，应以此罪名定罪，被告人及辩护人关于罪名的异议，法院不予采纳。

例案三：任某某、杨某某、胡某、李某假冒注册商标案

【法院】

江苏省徐州市云龙区

【案号】

（2015）云刑初字第113号

【诉讼主体】

原公诉机关：江苏省徐州市云龙区人民检察院

被告人：任某某

被告人：杨某某

被告人：胡某

被告人：李某

【基本案情】

2009年至2014年6月，任某某为牟取非法利益在徐州市铜山区棠张镇等地设立制假窝点，购买回收的或假冒注册商标的酒瓶或包装材料，由杨某某、李某安排工人对酒瓶进行清洗后，灌装低档白酒贴上标签并且包装，冒充高等级、高档次白酒。任某某在徐州市云龙区民富园、泉山区凤鸣路等地开设多家某某烟酒店，在其妻子即胡某的协助下，对外销售假酒。其中，任某某统筹生产、销售假酒事宜；杨某某负责指导工人生产假酒，提供技术支持；胡某负责购买部分假酒原料、到各个店面收取营业款、协调店面假酒配送、售后；李某在后期提供制假场所，并组织、雇用工人生产假酒。

2014年3月8日至6月1日，四被告人生产并欲销售假冒的今世缘10年典藏白酒9000余瓶、国缘“对开”白酒100余瓶、国缘“四开”白酒200余瓶、双沟珍宝坊（君坊）白酒3200余瓶、洋河海之蓝白酒5100余瓶、洋河天之蓝白酒1400余瓶、洋河梦之蓝（M6）白酒100余瓶、五粮醇白酒500余瓶、五粮春白酒800余瓶。被告人任某某还从他人处购买假冒茅台、五粮液、剑南春白酒通过某某烟酒店对外

销售。

2014年6月5日、6月6日、6月10日，公安机关在被告人任某某等人经营的店面、仓库查获被告人制造或者购买的假冒今世缘10年典藏白酒3420瓶、国缘“对开”白酒106瓶、国缘“四开”白酒205瓶、双沟珍宝坊（君坊）白酒721瓶、洋河海之蓝白酒1257瓶、洋河天之蓝白酒424瓶、洋河梦之蓝（5A）白酒11瓶、洋河梦之蓝（M3）白酒48瓶、洋河梦之蓝（M6）白酒116瓶、五粮醇白酒956瓶、五粮春45度白酒300余瓶、五粮春50度白酒31瓶、剑南春52度白酒227瓶、五粮液（新品透明盒）52度白酒59瓶、贵州茅台酒飞天53度白酒31瓶。经徐州市云龙区价格认证中心鉴定，上述被查物品货值金额共计人民币100万余元，其中，剑南春52度白酒、五粮液（新品透明盒）52度白酒、贵州茅台酒飞天53度白酒货值金额共计人民币15万余元。

【案件争点】

行为人的犯罪行为是按生产、销售伪劣产品罪还是假冒注册商标罪定罪处罚更为适当。

【裁判要旨】

法院审理认为，被告人任某某、杨某某、胡某、李某以低等级、低档次产品冒充高等级、高档次产品，以低档酒冒充高档酒，其行为均已构成生产、销售伪劣产品罪。公诉机关指控四被告人犯生产、销售伪劣产品罪的事实清楚，证据确实、充分，指控罪名成立，适用法律正确，法院予以采纳。被告人任某某、胡某、李某及其辩护人提出，本案存在定性错误问题，经查，四被告人生产或被告人任某某购买的以低档酒冒充高档酒，并欲以销售，该行为符合生产、销售伪劣产品罪和假冒注册商标罪的犯罪构成要件，属于想象竞合犯罪，应当择一重处罚，而根据本案情节，定性生产、销售伪劣产品罪的法定刑较假冒注册商标罪为重，故应将四被告人的行为定性为生产、销售伪劣产品罪，对辩护人的此辩护意见不予采纳；被告人任某某、胡某及其各自辩护人提出，本案中的价格鉴定结论及适用标准存在问题，经查，侦查机关在被告人任某某所租的店面、仓库中查获大量假酒，本案认定的被查获酒类经各涉案酒厂鉴定均为假酒，并经徐州市云龙区价格认证中心鉴定，据此认定本案货值金额，故徐州市云龙区价格认证中心、各涉案酒厂为本案认定的假酒所出具的鉴定意见来源合法，内容客观，与本案具有关联性，能够证实本案事实，依法应作为定案依据，故对辩护人的此辩护意见不予采纳。

三、裁判规则提要

（一）生产、销售伪劣产品罪的认定

根据《刑法》的规定，生产、销售伪劣产品罪是指生产者、销售者在产品中掺杂、掺假、以假充真、以次充好或者以不合格产品冒充合格产品，销售金额在5万元以上的行为。本罪的主体为一般主体，即凡年满16周岁、具备刑事责任能力的自然人即可成为本罪的主体，单位也可以成为本罪的主体。本罪的主观方面表现为故意（包括直接故意和间接故意），即行为人明知自己的行为会违反国家产品质量监督秩序，侵害消费者的合法权益，却希望或者放任这种危害结果发生的心理状态。本罪侵害的客体为国家产品质量监管秩序以及消费者的合法权益。客观方面表现为生产、销售伪劣产品，并且销售金额在5万元以上的行为，还未销售的起点是15万元。此处的销售金额，是指生产者、销售者出售伪劣产品后所得和应得的全部违法收入。

生产、销售伪劣产品罪的行为表现为“在产品中掺杂、掺假”“以假充真”“以次充好”“以不合格产品冒充合格产品”。生产、销售伪劣产品罪中的“伪”产品主要指以假充真的产品，“劣”产品指的是掺杂、掺假的产品，以次充好的产品以及冒充合格产品的不合格产品。司法实践中，只要实施上述其中一种行为即可能构成生产、销售伪劣产品罪，同时实施多种行为的，也只以一罪论处。

（二）假冒注册商标罪与生产、销售伪劣产品罪的关系

假冒注册商标罪与生产、销售伪劣产品罪有以下几点区别：一是客体不同。假冒注册商标罪直接侵犯的是国家商标管理制度以及注册商标所有人的商标权，其中，侵犯商标专用权是主要方面；生产、销售伪劣产品罪所侵犯的客体是国家产品质量监管秩序以及消费者的合法权益。二是客观行为表现不同。假冒注册商标罪是行为人未经注册商标所有人的许可，在同一种商品、服务上使用相同商标；生产、销售伪劣产品罪则体现为行为人在产品中掺杂、掺假，以假充真、以次充好或者以不合格产品冒充合格产品。三是犯罪对象不同。假冒注册商标罪的犯罪对象是他人的注册商标，它可能是伪劣产品，也可能是合格产品。生产、销售伪劣产品罪的犯罪对象是伪劣产品，其产品是不合格的。而假冒注册商标罪不要求产品质量问题，即使质量优于原注册商标的商品，仍然符合假冒注册商标罪的构成要件。

（三）假冒注册商标罪与生产、销售伪劣产品罪竞合时的处理

假冒注册商标罪与生产、销售伪劣产品罪的相同之处在于二者都存在“名”“实”不符的情况，因此容易混淆了两个罪名的适用。《知识产权刑事适用意见》第16条规定了侵犯知识产权犯罪竞合的处理问题，即行为人实施侵犯知识产权犯罪，同时构成生产、销售伪劣商品犯罪的，依照侵犯知识产权犯罪与生产、销售伪劣商品犯罪中处罚较重的规定定罪处罚。假冒注册商标罪属于侵犯知识产权犯罪，因此，当行为人同时触犯上述二个罪名时，应当择一重罪处罚。

对以假冒注册商标方式生产、销售伪劣商品的行为性质存在不同的认识：（1）属于一个行为触犯数罪，构成想象竞合犯；（2）属于两个行为，应当数罪并罚；（3）属于目的与手段的牵连关系，基于罪刑均衡原则和刑法谦抑性，构成牵连犯；（4）假冒注册商标的犯罪与生产、销售伪劣商品的犯罪之间存在着交叉竞合关系，可能出现行为人在生产、销售伪劣商品的同时假冒了他人的注册商标，或假冒他人注册商标的商品同时是伪劣商品，同一行为被两个法条评价，应当构成法条竞合犯。

笔者认为，假冒注册商标与生产、销售伪劣产品并非两个完全独立的行为，行为本身是存在重合和交织，假冒注册商标的行为同时也是生产、销售伪劣产品行为的一部分，是为生产、销售伪劣产品准备工具、制造条件，而伪劣产品的生产客观上是假冒注册商标的基础，很难将其割裂为两个相互独立的行为。如在例案一中，一、二审法院均认为程某某的同一行为触犯了假冒注册商标罪、销售伪劣产品罪，属于想象竞合犯。对以假冒注册商标方式生产、销售伪劣商品的，假冒注册商标的行为不是行为人犯罪的手段行为或者方法行为，不存在两个独立行为，假冒注册商标的行为实际上成为生产伪劣商品行为的有机组成部分而不具有独立评价的意义。因此，生产伪劣商品行为与假冒注册商标行为属于“一个行为”，应按想象竞合犯的理论处理，择一重罪处罚，不应数罪并罚。如在例案二中，针对蔡某某辩护人的辩护意见，法院认为四被告人的行为同时构成生产、销售伪劣产品罪和假冒注册商标罪，本案涉案金额在200万元以上，按照生产、销售伪劣产品罪处罚更重，根据想象竞合犯的处理原则，应以此罪名定罪。在例案三中，法院认为被告人的行为符合生产、销售伪劣产品罪和假冒注册商标罪的犯罪构成要件，属于想象竞合犯罪，应当择一重处罚，而根据本案情节，定性生产、销售伪劣产品罪的法定刑较假冒注册商标罪为重，故应将四被告人的行为定性为生产、销售伪劣产品罪。

四、辅助信息

《刑法》

第一百四十条　生产者、销售者在产品中掺杂、掺假，以假充真，以次充好或者以不合格产品冒充合格产品，销售金额五万元以上不满二十万元的，处二年以下有期徒刑或者拘役，并处或者单处销售金额百分之五十以上二倍以下罚金；销售金额二十万元以上不满五十万元的，处二年以上七年以下有期徒刑，并处销售金额百分之五十以上二倍以下罚金；销售金额五十万元以上不满二百万元的，处七年以上有期徒刑，并处销售金额百分之五十以上二倍以下罚金；销售金额二百万元以上的，处十五年有期徒刑或者无期徒刑，并处销售金额百分之五十以上二倍以下罚金或者没收财产。

第二百一十三条　未经注册商标所有人许可，在同一种商品、服务上使用与其注册商标相同的商标，情节严重的，处三年以下有期徒刑，并处或者单处罚金；情节特别严重的，处三年以上十年以下有期徒刑，并处罚金。

《扣押、追缴、没收物品估价管理办法》

第二条　人民法院、人民检察院、公安机关各自管辖的刑事案件，对于价格不明或者价格难以确定的扣押、追缴、没收物品需要估价的，应当委托指定的估价机构估价。案件移送时，应当附有《扣押、追缴、没收物品估价鉴定结论书》。

第七条　各级人民法院、人民检察院、公安机关遇有本办法第二条所列情形时，应当委托同级价格部门设立的价格事务所进行估价。

第八条　委托机关在委托估价时，应当送交《扣押、追缴、没收物品估价委托书》。《扣押、追缴、没收物品估价委托书》应当包括以下内容：

（一）估价的理由和要求；

（二）扣押、追缴、没收物品的品名、牌号、规格、种类、数量、来源，以及购置、生产、使用时间；

（三）起获扣押、追缴、没收物品时其被使用、损坏程度的记录，重要的扣押、追缴、没收物品，应当附照片；

（四）起获扣押、追缴、没收物品的时间、地点；

（五）其他需要说明的情况。

委托机关送交的《扣押、追缴、没收物品估价委托书》必须加盖单位公章。

第九条 价格事务所接到人民法院、人民检察院、公安机关的《扣押、追缴、没收物品估价委托书》时，应当认真审核委托书的各项内容及要求，如委托书所提要求无法做到时，应当立即与委托机关协商。

《知识产权刑事适用意见》

五、关于刑法第二百一十三条规定的“同一种商品”的认定问题

名称相同的商品以及名称不同但指同一事物的商品，可以认定为“同一种商品”。“名称”是指国家工商行政管理总局商标局在商标注册工作中对商品使用的名称，通常即《商标注册用商品和服务国际分类》中规定的商品名称。“名称不同但指同一事物的商品”是指在功能、用途、主要原料、消费对象、销售渠道等方面相同或者基本相同，相关公众一般认为是同一种事物的商品。

认定“同一种商品”，应当在权利人注册商标核定使用的商品和行为人实际生产销售的商品之间进行比较。

十六、关于侵犯知识产权犯罪竞合的处理问题

行为人实施侵犯知识产权犯罪，同时构成生产、销售伪劣商品犯罪的，依照侵犯知识产权犯罪与生产、销售伪劣商品犯罪中处罚较重的规定定罪处罚。

《知识产权刑事司法解释》

第一条 未经注册商标所有人许可，在同一种商品上使用与其注册商标相同的商标，具有下列情形之一的，属于刑法第二百一十三条规定的“情节严重”，应当以假冒注册商标罪判处三年以下有期徒刑或者拘役，并处或者单处罚金：

（一）非法经营数额在五万元以上或者违法所得数额在三万元以上的；

（二）假冒两种以上注册商标，非法经营数额在三万元以上或者违法所得数额在二万元以上的；

（三）其他情节严重的情形。

具有下列情形之一的，属于刑法第二百一十三条规定的“情节特别严重”，应当以假冒注册商标罪判处三年以上七年以下有期徒刑，并处罚金：

（一）非法经营数额在二十五万元以上或者违法所得数额在十五万元以上的；

（二）假冒两种以上注册商标，非法经营数额在十五万元以上或者违法所得数额在十万元以上的；

（三）其他情节特别严重的情形。

第十二条　本解释所称“非法经营数额”，是指行为人在实施侵犯知识产权行为过程中，制造、储存、运输、销售侵权产品的价值。已销售的侵权产品的价值，按照实际销售的价格计算。制造、储存、运输和未销售的侵权产品的价值，按照标价或者已经查清的侵权产品的实际销售平均价格计算。侵权产品没有标价或者无法查清其实际销售价格的，按照被侵权产品的市场中间价格计算。

多次实施侵犯知识产权行为，未经行政处理或者刑事处罚的，非法经营数额、违法所得数额或者销售金额累计计算。

本解释第三条所规定的“件”，是指标有完整商标图样的一份标识。

第十三条　实施刑法第二百一十三条规定的假冒注册商标犯罪，又销售该假冒注册商标的商品，构成犯罪的，应当依照刑法第二百一十三条的规定，以假冒注册商标罪定罪处罚。

实施刑法第二百一十三条规定的假冒注册商标犯罪，又销售明知是他人的假冒注册商标的商品，构成犯罪的，应当实行数罪并罚。

《生产、销售伪劣产品刑事司法解释》

第一条　刑法第一百四十条规定的“在产品中掺杂、掺假”，是指在产品中掺入杂质或者异物，致使产品质量不符合国家法律、法规或者产品明示质量标准规定的质量要求，降低、失去应有使用性能的行为。

刑法第一百四十条规定的“以假充真”，是指以不具有某种使用性能的产品冒充具有该种使用性能的产品的行为。

刑法第一百四十条规定的“以次充好”，是指以低等级、低档次产品冒充高等级、高档次产品，或者以残次、废旧零配件组合、拼装后冒充正品或者新产品的行为。

刑法第一百四十条规定的“不合格产品”，是指不符合《中华人民共和国产品质量法》第二十六条第二款规定的质量要求的产品。

对本条规定的上述行为难以确定的，应当委托法律、行政法规规定的产品质量检验机构进行鉴定。

第二条　刑法第一百四十条、第一百四十九条规定的“销售金额”，是指生产者、销售者出售伪劣产品后所得和应得的全部违法收入。

伪劣产品尚未销售，货值金额达到刑法第一百四十条规定的销售金额三倍以上的，以生产、销售伪劣产品罪（未遂）定罪处罚。

货值金额以违法生产、销售的伪劣产品的标价计算；没有标价的，按照同类合格产品的市场中间价格计算。货值金额难以确定的，按照国家计划委员会、最高人民法院、最高人民检察院、公安部 1997 年 4 月 22 日联合发布的《扣押、追缴、没收物品估价管理办法》的规定，委托指定的估价机构确定。

多次实施生产、销售伪劣产品行为，未经处理的，伪劣产品的销售金额或者货值金额累计计算。

第九条 知道或者应当知道他人实施生产、销售伪劣商品犯罪，而为其提供贷款、资金、账号、发票、证明、许可证件，或者提供生产、经营场所或者运输、仓储、保管、邮寄等便利条件，或者提供制假生产技术的，以生产、销售伪劣商品犯罪的共犯论处。

第十条 实施生产、销售伪劣商品犯罪，同时构成侵犯知识产权、非法经营等其他犯罪的，依照处罚较重的规定定罪处罚。

《生产、销售伪劣商品刑事案件鉴定问题通知》

三、经鉴定确系伪劣商品，被告人的行为既构成生产、销售伪劣产品罪，又构成生产、销售假药罪或者生产、销售不符合卫生标准的食品罪，或者同时构成侵犯知识产权、非法经营等其他犯罪的，根据刑法第一百四十九条第二款和《解释》第十条的规定，应当依照处罚较重的规定定罪处罚。

假冒注册商标刑事案件裁判规则第 19 条：

假冒注册商标罪，在刑事附带民事诉讼案件的审理中，应分别体现刑事审判有利被告和民事审判平等保护的思维方式，按照刑事诉讼排除合理怀疑和民事诉讼优势证据的证明标准，确定罪刑相适应的刑事责任和依法酌定赔偿数额的民事责任

【规则描述】 刑事附带民事诉讼的前提是被害人遭受了物质方面的损失。假冒注册商标属于侵犯知识产权，知识产权作为一种无形财产权，属于民法意义上的无体物，知识产权因侵权遭受的财产损失理当属于物质损失，故知识产权案件符合刑事附带民事诉讼的成立条件。在审理刑事案件过程中一并解决民事赔偿问题，可以避免由刑事审判庭和民事审判庭分别审理刑事和民事问题可能出现的对同一事实作出相互矛盾的裁判的问题，有利于维护人民法院裁判结果的统一性。 在刑事诉讼中，被告人承担刑事责任应当依据罪刑相适应原则，即人民法院在对犯罪分子量刑时，应当根据其行为危害性的大小以及犯罪情节、犯罪人的人身危险性等影响刑事责任的因素来确定与之相适应的刑罚，做到罪行、罪责和刑罚三者相适应。而商标侵权案件中民事赔偿责任需综合考量侵权人获利、被侵权人的实际损失及可能的收益等因素，无法确定具体数额的，人民法院有权依法酌定赔偿数额。

一、类案检索大数据报告

时间：2022 年 7 月 1 日之前，案例来源：Alpha 案例库，案件数量：159 件，数据采集时间：2022 年 7 月 1 日。本次检索共获取认定假冒注册商标罪中“刑事附带民事诉讼”2022 年 7 月 1 日之前 159 篇裁判文书。整体情况如图 19-1 所示，从案件

年份分布可以看到当前条件下案例数量的变化趋势。

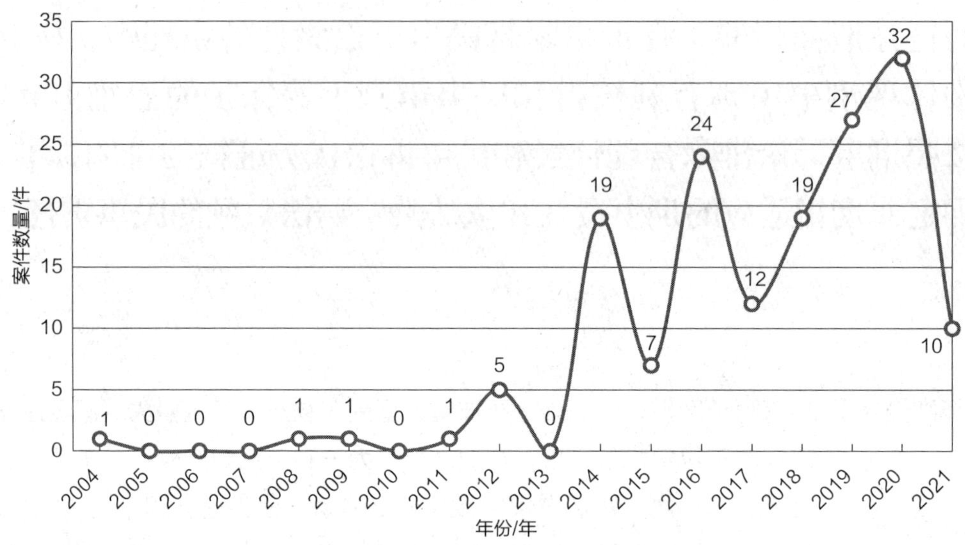

图 19-1　案件年份分布情况

如图 19-2 所示，从地域分布来看，当前假冒注册商标案例主要集中在河南省、安徽省、广东省，分别占比 13.84%、11.95%、10.69%。其中河南省的案件量最多，达到 22 件。

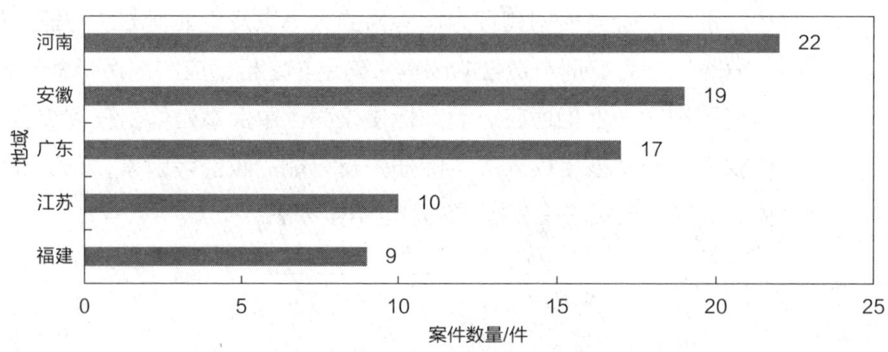

图 19-2　案件地域分布情况

如图 19-3 所示，从案件程序分类统计可以看到假冒注册商标罪当前的审理程序分布状况，其中一审案件有 96 件，二审案件有 50 件，再审案件有 2 件，执行案件有 11 件。

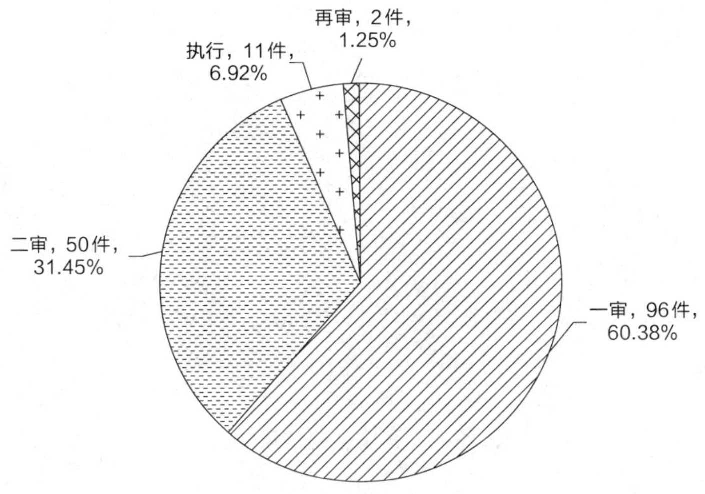

图 19–3　案件程序分类情况

如图 19–4 所示，通过对二审裁判结果的可视化分析可以看到，当前条件下维持原判的有 32 件，占比为 64%；改判的有 11 件，占比为 22%；其他的有 3 件，占比为 6%。

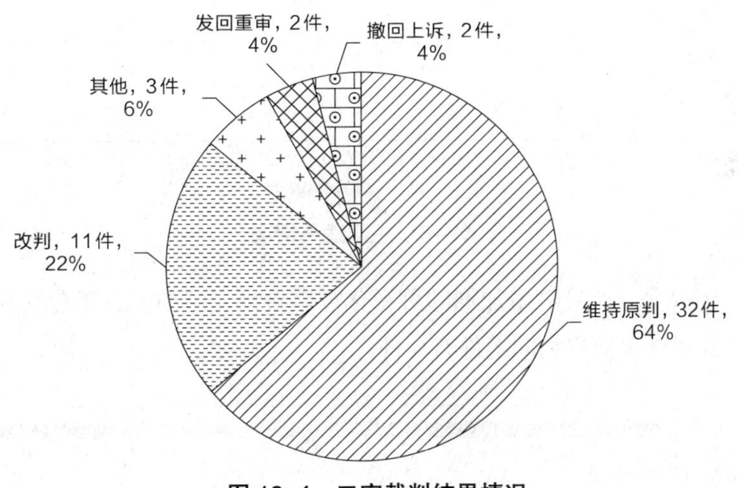

图 19–4　二审裁判结果情况

如图 19–5 所示，通过对再审裁判结果的可视化分析可以看到，当前条件下改判的有 1 件，占比为 50%；驳回再审申请的有 1 件，占比为 50%。

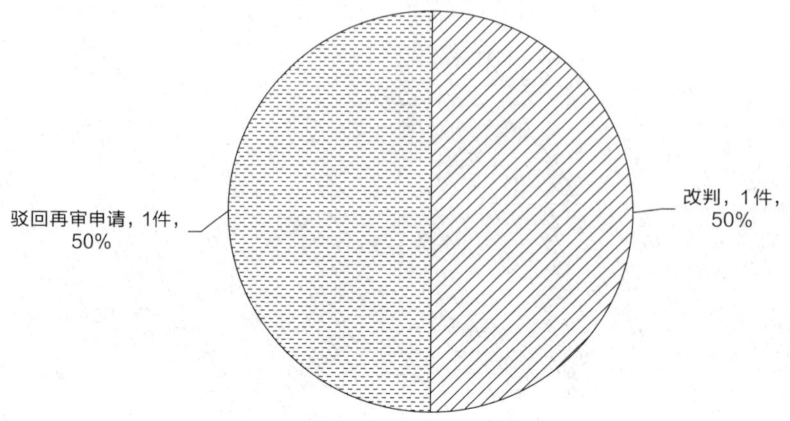

图 19-5　再审裁判结果情况

如图 19-6 所示，通过对主刑的可视化可以看到，当前条件下包含有期徒刑的案件有 57 件，包含死刑的案件有 3 件，包含拘役的案件有 2 件。其中包含缓刑的案件有 27 件，免予刑事处罚的案件有 1 件。

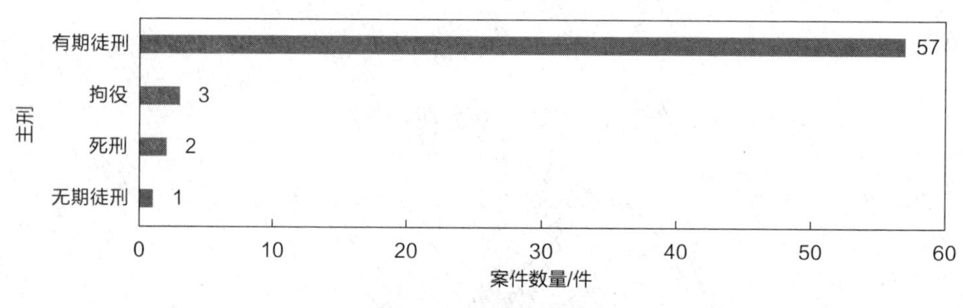

图 19-6　主刑适用情况

如图 19-7 所示，通过对附加刑的可视化可以看到，当前条件下包含罚金的案件有 47 件，包含剥夺政治权利的案件有 4 件。

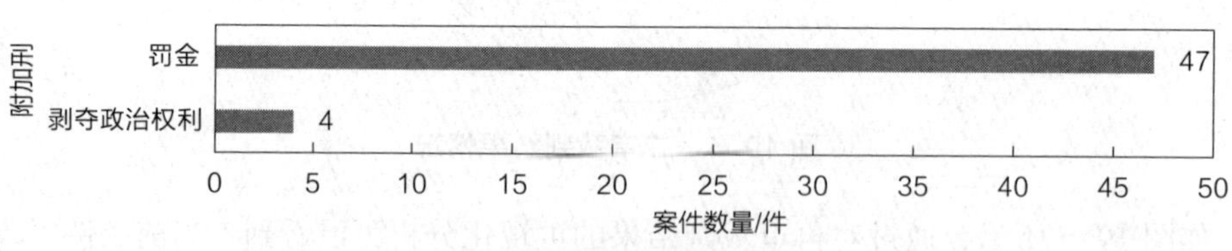

图 19-7　附加刑适用情况

二、可供参考的例案

例案一：杜某某 1、杜某某 2 等假冒注册商标案

【法院】

内蒙古自治区高级人民法院

【案号】

（2017）内刑终 28 号

【诉讼主体】

原公诉机关：内蒙古自治区通辽市人民检察院

上诉人（原审被告人）：杜某某 1

上诉人（原审被告人）：杜某某 2

【基本案情】

被告人杜某某 2 于 2014 年开始制造、销售假冒蒙古王、河套王、草原王、剑南春、洋河、汾酒等注册商标的白酒，至 2015 年 12 月 5 日，经查询银行交易明细及被告人供述，其收款达 445100 元；2015 年 12 月 5 日，杜某某 1、杜某某 3 为杜某某 2 送货途中被公安机关抓获，现场扣押假酒 5268 瓶，公诉机关以各品牌酒类厂家提供的价格依据确定涉案价值为 54 万余元。但根据杜某某 2 的供述及被告人王某某、吕某某、张某某等人的供述，杜某某 2 实际销售假酒的价格少于真品酒类厂家的指导价，综合各被告人供述，公安机关现场查扣的 5268 瓶假酒杜某某 2 实际销售价值应为 8 万余元。即使扣除存疑的吕某某醋款及张某某"杏花"酒价款，杜某某 2 非法经营数额也已超过 25 万元，且假冒两种以上注册商标。

【案件争点】

行为人通过假冒注册商标的行为，侵犯附带民事诉讼原告人经济利益，应当如何认定附带民事诉讼原告人的经济损失。

【裁判要旨】

一审法院经审理认为，被告人杜某某 2 为谋取非法利益，未经注册商标所有人许可，私设厂房，采取购买酒瓶、包装、散白酒、酒精等灌装假酒的手段，制造并销售假冒"蒙古王""剑南春""洋河""河套王""草原""汾酒"等注册商标的白酒。非法经营数额超过 25 万元，且假冒两种以上注册商标，其行为触犯了《刑法》第 213 条的规定，属情节特别严重，构成假冒注册商标罪；被告人杜某某 1、杜某某

3明知杜某某2制造并销售假冒注册商标的商品，并予以积极参与，帮助运送，并代收货款，亦构成假冒注册商标罪。关于附带民事赔偿问题。被告人杜某某1、杜某某2、杜某某3假冒“蒙古王”注册商标的行为与被告人王某某、范某某、吕某某、张某某销售假冒“蒙古王”注册商标的商品的行为，给附带民事诉讼原告人内蒙古蒙古王实业股份有限公司造成了经济损失，应予赔偿。我国《商标法》第67条规定，未经商标注册人许可，在同一种商品上使用与其注册商标相同的商标，构成犯罪的，除赔偿被侵权人的损失外，依法追究刑事责任。销售明知是假冒注册商标的商品，构成犯罪的，除赔偿被侵权人的损失外，依法追究刑事责任。因此，部分附带民事诉讼被告人及代理人提出的附带民事诉讼原告人无权主张民事赔偿的理由于法无据，不能成立。对于赔偿数额，因附带民事诉讼原告人的“蒙古王”注册商标系各被告人多类侵权产品之一，虽然在侵权产品中所占比重较大，但附带民事诉讼原告人不能举出充分有效证据证明具体经济损失，根据我国《商标法》第63条规定，权利人因被侵权所受到的实际损失、侵权人因侵权所获得的利益、注册商标许可使用费难以确定的，由人民法院根据侵权行为的情节判决给予300万元以下的赔偿。结合本案的具体情节，原审法院酌定由被告人杜某某2赔偿附带民事诉讼原告人内蒙古蒙古王实业股份有限公司的经济损失25万元，被告人杜某某1在5万元范围内对上述损失承担连带赔偿责任，被告人杜某某3在2万元范围内对上述损失承担连带赔偿责任，被告人王某某、范某某在9万元范围内对上述损失承担连带赔偿责任，被告人吕某某在2万元范围内对上述损失承担连带赔偿责任，被告人张某某在2万元范围内对上述损失承担连带赔偿责任。

二审法院经审理认为，原审判决认定事实清楚，适用法律正确，对杜某某1等七名被告人定罪准确，量刑适当。上诉人杜某某1、杜某某2的上诉理由均不能成立。鉴于二审期间所出现新的事实（原审附带民事诉讼原告人于二审期间申请撤回民事起诉，且二审法院已裁定准许其撤回起诉），法院对杜某某所提起的附带民事上诉部分不再审理，且对原审判决作出部分调整，撤销附带民事诉讼部分的判决。

例案二：熊某某1、熊某某2假冒注册商标刑事附带民事诉讼案

【法院】

湖北省高级人民法院

【案号】

（2011）鄂知刑终字第1号

【诉讼主体】

原公诉机关：湖北省宜昌市人民检察院

上诉人（原审被告人、刑事附带民事诉讼被告人）：熊某某1

上诉人（原审被告人、刑事附带民事诉讼被告人）：熊某某2

【基本案情】

自2007年起，被告人熊某某1先后在鄂州市七里界村、鄂州市鄂城区五里墩村租房，然后由其子熊某某2通过东莞市浩迪五金厂印制假冒“璜时得”注册商标的粘合剂外包装彩印圆罐，伙同熊某某2大肆生产、销售假冒磺时得公司享有注册商标专用权的“磺时得”粘合剂产品。其中，公安机关2010年11月26日在被告人熊某某1制假窝点扣押的假冒“磺时得”注册商标的粘合剂产品鉴定价值49140元；向河北石家庄、河南洛阳、山东济南等地销售的假冒“璜时得”注册商标的粘合剂产品价值240432元。具体犯罪事实有：（1）2010年11月26日，公安机关在被告人熊某某1的制假窝点及其住所、熊某某2的住所扣押假冒“磺时得”注册商标的粘合剂732组、固化剂348瓶。经宜昌市物价局价格认证中心鉴定，该批货物价值49140元。（2）2007年7月至2010年8月，被告人熊某某1以及熊某某2以“付云高”“刘公平”等名义向河南洛阳市西工区合乐物资供应站的高希云销售假冒“璜时得”注册商标的粘合剂产品共计44件，价值27720元。（3）2008年4月至2010年9月，被告人熊某某1以及熊某某2以“熊世兴”“刘公平”等名义向山东济南尚记化工商店的尚随新销售假冒“璜时得”注册商标的粘合剂产品共计162件，价值116640元。（4）2009年5月至2010年9月，被告人熊某某1以及熊某某2以“刘云喜”“刘公平”名义向山东济南天丰化工粘合剂公司的张玺强销售假冒“璜时得”注册商标的粘合剂产品共计46件，价值33120元。（5）2009年2月至2010年10月，被告人熊某某1以及熊某某2以“熊世兴”“刘公平”名义向河北石家庄中原橡塑有限公司（以下简称石家庄中原公司）销售假冒“璜时得”注册商标的粘合剂产品共计1166套（桶、组），价值62952元。

【案件争点】

行为人未经注册商标权利人许可，在同一种商品上使用与权利人注册商标相同的商标，在行为人销售假冒注册商标的产品储量及金额无法确定的情形下，应如何确定民事赔偿数额。

【裁判要旨】

一审法院认为，宜昌市人民检察院指控被告人熊某某1犯假冒注册商标罪的罪名成立，被告人熊某某1伙同熊某某2在实施假冒注册商标犯罪中的非法经营数额达289572元，情节特别严重，应当依法追究刑事责任。公诉机关指控被告人熊某某1犯假冒注册商标罪的部分事实证据不足，其中熊某某1、熊某某2向石家庄中原公司、山东济南尚某某和张某某、河南洛阳高某某销售的产品既包括假冒“璜时得”注册商标的粘合剂产品，也包括以“配件”“化工配件”名义销售的不能确定为假冒“璜时得”注册商标的粘合剂产品或者运输货物名称不明，故一审法院对被告人熊某某1的部分辩解意见予以采纳。被告人熊某某1、熊某某2共同实施假冒“璜时得”注册商标的粘合剂产品的违法犯罪行为，侵犯了璜时得公司的注册商标专用权，应当对璜时得公司的损失予以赔偿，一审法院酌情决定由熊某某1、熊某某2连带赔偿璜时得公司的经济损失30万元。

二审法院经审理认为，关于认定熊某某1向高某某、张某某、尚某某销售假冒“璜时得”注册商标的粘合剂的证据是否确实、充分的问题。经审查认为，物流公司提供的货运清单并未注明所运粘合剂的品牌为“璜时得”，三名买家证人的证言前后矛盾，根据有利被告的原则，二审法院对一审认定的熊某某1向以上三名买家销售假冒“璜时得”粘合剂的数量及价值，不予认定。

关于熊某某1向石家庄中原公司销售假冒“璜时得”注册商标的粘合剂的证据是否确实、充分的问题。经审查，指证熊某某1向石家庄中原公司销售假冒“璜时得”粘合剂的证据能够环环相扣，形成锁链。据此可以认定，熊某某1向石家庄中原公司销售价值65448元的假冒“璜时得”注册商标的粘合剂的证据确实、充分。

关于一审判决确定的赔偿数额是否合理的问题。本案中，上诉人熊某某1、熊某某2除二审认定的销售数量之外，还向全国多个省份销售过假冒“璜时得”注册商标的粘合剂产品，其销售数量和金额虽无法确定，但销售侵权产品的事实客观存在，上诉人熊某某1、熊某某2销售侵权产品的全部获利以及被上诉人璜时得公司因被侵权受到的全部损失均无法确定。本案认定扣押和销售的假冒产品的价值只是确定熊某某1刑事责任的依据，但不能成为民事赔偿的标准。一审酌情决定由熊某某1、熊某某2连带赔偿璜时得公司的经济损失30万元，符合法律规定，依法予以维持。

综上所述，二审法院认为，上诉人熊某某1未经“璜时得”注册商标所有权人璜时得公司许可，在同一种商品上使用与他人注册商标相同的商标，非法经营数额达114588元，其行为已构成假冒注册商标罪，属于情节严重，应当依法追究刑事责任。一审判决定罪准确，附带民事赔偿处理适当。审判程序合法，但量刑不当，应予纠正。

例案三：居某某假冒注册商标案

【法院】

云南省文山壮族苗族自治州中级人民法院

【案号】

（2015）文中刑终字第 65 号

【诉讼主体】

原公诉机关：云南省广南县人民检察院

上诉人（原审附带民事诉讼原告人）：云南正大种子有限公司

原审被告人：居某某

【基本案情】

2012 年 6 月，被告人居某某从云南正大种子有限公司辞职后，未经公司同意，仿制该公司获得注册商标的“正大 615”和“正大 619”杂交玉米种子包装袋 3 万个，后向正大公司代理制种的廖某某购买了一批“正大 615”和“正大 619”杂交玉米种。然后以每公斤 19 元的价格将“正大 615”和“正大 619”杂交玉米种子销售给广南代理商李某某 1 共计 7 吨，非法经营数额达 133000 元。李某某 1 的代理商李某某 2、李某某 3 在销售“正大 615”和“正大 619”玉米种过程中被查获系假冒正大公司注册商标的种子。后李某某 1 将销售剩余的种子全部退给居某某，居某某又将李某某 1 退回的和其未出售的种子以每公斤 15 元的价格卖给普洱市的夏某，夏某在处理玉米种的途中被西盟县农业局执法大队查获并予以扣押。被扣押的玉米种经清点，规格为 1 公斤 ×30 袋的“正大 615”玉米种子共计 894 袋，共计 26.82 吨；规格为 1 公斤 ×30 袋的“正大 619”玉米种子共计 146 袋，共计 4.38 吨。

【案件争点】

行为人侵犯附带民事诉讼原告人的注册商标专用权，应当根据何种标准判定其行为所需承担的民事责任。

【裁判要旨】

一审法院认为，被告人居某某未经“正大 619”“正大 615”注册商标持有人云南正大种子有限公司许可，在同一种商品上使用与他人注册商标相同的商标，非法经营数额达 133000 元，情节严重，其行为已构成假冒注册商标罪。居某某的违法行为侵犯了附带民事诉讼原告人云南正大种子有限公司的注册商标专用权，应对云南正大种子有限公司的损失予以酌情赔偿 13 万元人民币。鉴于被告人居某某在庭审中认罪态度较好，确有悔罪表现，可酌情从轻处罚。一审宣判后，原审附带民事诉讼原告人云南正大种子有限公司以“关于刑事部分，被告人量刑较轻；关于民事部分，一审认定的被上诉人非法经营数额仅为被上诉人的直接销售数量，没有考虑未销售的数量，属认定事实错误，判令的赔偿过低”为由提起上诉。

二审法院经审理认为，原审被告人居某某未经“正大 619”“正大 615”注册商标所有人云南正大种子有限公司许可，在同一种商品上使用与他人注册商标相同的商标，非法经营数额达 133000 元，情节严重，其行为已构成假冒注册商标罪，应依法惩处。原审被告人居某某实施假冒“正大 619”“正大 615”注册商标的犯罪行为，侵犯了附带民事诉讼原告人云南正大种子有限公司的注册商标专用权，应对云南正大种子有限公司的损失予以赔偿。关于云南正大种子有限公司及其委托代理人提出原判认定被上诉人的非法经营数额是 133000 元，仅为直接销售数量，没有考虑未销售的数量，属认定事实错误，判决赔偿过低的意见。经查，原判根据证人李某某 1、李某某 2、李某某 3、黄某某的证言、银行交易记录、现场照片、相关书证及原审被告人的供述等证据，认定原审被告人居某某假冒他人注册商标，非法经营数额为 133000 元，属认定事实清楚，证据确实、充分；对于原审被告人销售给夏某的“正大 615”玉米种子 26.82 吨和正大“619”玉米种子 4.38 吨，因证人夏某对销售价格未予证实，仅有居某某供述销售价每公斤为 15 元人民币，且无其他证据证实该批种子的非法经营数额，故原判根据现有证据仅对假冒销售事实作了认定，而对非法经营数额未予认定符合本案客观实际，并无不当。本案现有证据无法确定原审被告人居某某在侵权期间因侵权所获得的利益，或者被侵权人云南正大种子公司被侵权所受到的损失，原判根据《商标法》（2001 年修正）第 56 条关于“侵犯商标专用权的赔偿数额，为侵权人在侵权期间因侵权所获得的利益，或者被侵权人在被侵权期间所受到的损失，包括被侵权人为制止侵权行为所支付的合理开支。前款所称侵权人所受得利益，或者被侵权人因被侵权所受损失难以确定的，人民法院根据侵权行为的情节判决给予五十万元以下的赔偿”之规定，结合本案实际，酌情判决原审被告人居某某赔偿上诉人经济损失人民币 13 万元适当，故上诉人及其代理人提出的上述意见不能成立，二审法院不予采纳。

三、裁判规则提要

（一）假冒注册商标罪附带民事诉讼中，刑事责任与民事责任的承担原则不同

假冒注册商标犯罪刑事附带民事诉讼案件的审理，体现了国家在知识产权保护方面的刑事打击与民事赔偿的双重司法保护功能。根据我国《刑法》第 213 条及相关司法解释的规定，假冒注册商标犯罪是基于假冒注册商标行为的情节严重或者犯罪数额较大的危害行为，因此，对同一假冒注册商标行为，有可能只构成民事侵权，也有可能既构成民事侵权，又构成犯罪。

在此类案件的审理过程中，应分别体现刑事审判的有利被告和民事审判的平等保护，按照刑事诉讼排除合理怀疑和民事诉讼优势证据的证明标准，确定罪刑相适应的刑事责任和依法酌定赔偿数额的民事责任。在与犯罪数额有关的犯罪中，刑事判决书中会明确被告人的犯罪数额，例如非法经营数额、销售数额、违法所得数额等。在假冒注册商标罪中，被告人销售带有假冒注册商标的商品，刑事判决认定罪名成立，并根据查明的销售数额对被告人定罪量刑。后被害单位（注册商标权利人）提起民事诉讼，要求被告人赔偿其因侵权所遭受到的损失，民事责任的赔偿标准并非刑事判决的犯罪数额。相比于刑事犯罪，民事侵权的行为类型宽泛、认定标准低。

首先，刑事、民事的证据标准不同。犯罪数额是根据刑事诉讼法律规定认定的，证据标准非常严格，必须达到“事实清楚，证据确实充分”的程度。而民事赔偿责任由当事人举证，达到“高度盖然性”的证明标准即可。因此，在司法实践中犯罪数额往往低于被告人实际经营侵权产品的数额。

其次，犯罪数额和赔偿金额的计算方式不同。犯罪数额认定的方式相对单一，只简单考虑被告人犯罪的行为这一个因素，该犯罪行为所直接产生的销售数额、查扣在案的货值数额，就可以直接计算犯罪数额。然而，民事责任的数额，计算的方式不同，范围也宽泛很多。

具体而言，刑事案件主要解决的是假冒注册商标犯罪行为人的刑事责任问题，涉及的犯罪数额主要计算方式为“非法经营数额”或“违法所得”。其中，非法经营数额是指行为人在实施假冒注册商标犯罪行为中，制造、储存、运输、销售假冒注册商标产品的价值，已销售的侵权产品的价值，按照实际销售的价格计算；制造、储存、运输和未销售的假冒注册商标产品的价值，按照标价或者已经查清的侵权产品的实际销售平均价格计算；假冒注册商标产品没有标价或者无法查清其实际销售

价格的，按照被侵权产品的市场中间价格计算。违法所得数额则是假冒注册商标犯罪中获利的数额。对此，《刑事诉讼法适用司法解释》第192条规定，对附带民事诉讼作出判决，应当根据犯罪行为造成的物质损失，结合案件具体情况，确定被告人应当赔偿的数额。

民事案件中主要解决的是侵权人对被侵权人的赔偿问题，赔偿数额的计算方式为：侵权人应当按照权利人的实际损失给予赔偿；实际损失难以计算的，可以按照侵权人的违法所得给予赔偿。权利人的实际损失或者侵权人的违法所得不能确定的，由人民法院根据侵权行为的情节，酌情判决。如在例案二中，被告人熊某某1等人的行为构成假冒注册商标罪，其销售数量和金额虽无法确定，但销售侵权产品的事实客观存在，在无法确定权利人因侵权受到的全部损失或侵权人的全部获利时，二审法院认定熊某某1的非法经营数额，只能作为确定其刑事责任的依据，不能成为民事赔偿的标准，具体的民事赔偿数额应当由法院根据法律及权利人的主张酌情判定。

（二）假冒注册商标罪的刑事责任承担原则

《刑法》第213条规定了假冒注册商标罪。《商标法》第67条规定，未经商标注册人许可，在同一种商品上使用与其注册商标相同的商标，构成犯罪的，除赔偿被侵权人的损失外，依法追究刑事责任。行为人的假冒注册商标行为符合假冒注册商标罪的构成要件，被依法认定为假冒注册商标罪的行为后，依据罪刑法定的原则认定其罪名，并根据罪刑相适应的原则判决其承担其这一危害行为带来的刑事法律责任。罪刑相适应原则要求，人民法院在对犯罪分子量刑时，应当根据其行为危害性的大小以及犯罪情节、犯罪人的人身危险性等影响刑事责任的因素来确定与之相适应的刑罚，做到罪行、罪责和刑罚三者相适应。

（三）假冒注册商标罪附带民事诉讼中民事责任承担原则

假冒注册商标的案件，商标专用权的民事保护基于当事人的起诉，根据《商标法》第60条的规定，商标注册人或者利害关系人可以到人民法院起诉，追究侵权人停止侵权和赔偿损失的民事责任。假冒注册商标民事诉讼的主要目的是制止侵权，旨在解决权利人因侵权所遭受的经济损失及维权费用的经济赔偿问题。在假冒注册商标案件的刑事附带民事诉讼中，民事部分需要根据依法酌定赔偿数额的原则，确定被告人的民事赔偿责任，侵权人的赔偿数额一般为侵权人在侵权期间因侵权所获得的利益，或者被侵权人在被侵权期间因被侵权所受到的损失。确定民事赔偿数额时，需要考虑被侵权人遭受的实际损失、侵权人获得的非法利益、知识产权的许可使用费、被侵权人维权的合理开支、品牌的市场占有率、知名度、侵权产品的数量、侵权人的经营规模、侵权所造成的后果等各种因素，民事赔偿数额是在综合考虑这些因素基础上确定的。

但是在假冒注册商标类型的民事诉讼中，由于商标价值的无形性特点，绝大部分的商标侵权案件无法确定侵权人获得的利益，或者被侵权人受到的损失，故相关法律作出了人民法院依法酌定赔偿数额的规定。我国《商标法》第 63 条第 1 款、第 3 款明确规定："侵犯商标专用权的赔偿数额，按照权利人因被侵权所受到的实际损失确定；实际损失难以确定的，可以按照侵权人因侵权所获得的利益确定；权利人的损失或者侵权人获得的利益难以确定的，参照该商标许可使用费的倍数合理确定。""权利人因被侵权所受到的实际损失、侵权人因侵权所获得的利益、注册商标许可使用费难以确定的，由人民法院根据侵权行为的情节判决给予五百万元以下的赔偿。"由此可见，在假冒注册商标罪的刑事附带民事诉讼中，可以依据不同的法律责任承担原则分别确定被告人的刑事责任和民事赔偿责任。

（四）假冒注册商标罪附带民事诉讼中是否可提起精神损害赔偿

在此，需要明确的是，注册商标权利人如在刑事附带民事诉讼中提出精神损害赔偿的，人民法院应当不予受理。《刑事诉讼法适用司法解释》第 138 条第 2 款也明确规定，因受到犯罪侵犯，提起附带民事诉讼或者单独提起民事诉讼要求赔偿精神损失的，人民法院不予受理。

四、辅助信息

《刑法》

第五条　刑罚的轻重，应当与犯罪分子所犯罪行和承担的刑事责任相适应。

第三十六条　由于犯罪行为而使被害人遭受经济损失的，对犯罪分子除依法给予刑事处罚外，并应根据情况判处赔偿经济损失。

承担民事赔偿责任的犯罪分子，同时被判处罚金，其财产不足以全部支付的，或者被判处没收财产的，应当先承担对被害人的民事赔偿责任。

第二百一十三条 未经注册商标所有人许可，在同一种商品、服务上使用与其注册商标相同的商标，情节严重的，处三年以下有期徒刑，并处或者单处罚金；情节特别严重的，处三年以上十年以下有期徒刑，并处罚金。

《商标法》

第五十七条 有下列行为之一的，均属侵犯注册商标专用权：

（一）未经商标注册人的许可，在同一种商品上使用与其注册商标相同的商标的；

（二）未经商标注册人的许可，在同一种商品上使用与其注册商标近似的商标，或者在类似商品上使用与其注册商标相同或者近似的商标，容易导致混淆的；

（三）销售侵犯注册商标专用权的商品的；

（四）伪造、擅自制造他人注册商标标识或者销售伪造、擅自制造的注册商标标识的；

（五）未经商标注册人同意，更换其注册商标并将该更换商标的商品又投入市场的；

（六）故意为侵犯他人商标专用权行为提供便利条件，帮助他人实施侵犯商标专用权行为的；

（七）给他人的注册商标专用权造成其他损害的。

第六十条第一款 有本法第五十七条所列侵犯注册商标专用权行为之一，引起纠纷的，由当事人协商解决；不愿协商或者协商不成的，商标注册人或者利害关系人可以向人民法院起诉，也可以请求工商行政管理部门处理。

第六十三条 侵犯商标专用权的赔偿数额，按照权利人因被侵权所受到的实际损失确定；实际损失难以确定的，可以按照侵权人因侵权所获得的利益确定；权利人的损失或者侵权人获得的利益难以确定的，参照该商标许可使用费的倍数合理确定。对恶意侵犯商标专用权，情节严重的，可以在按照上述方法确定数额的一倍以上五倍以下确定赔偿数额。赔偿数额应当包括权利人为制止侵权行为所支付的合理开支。

人民法院为确定赔偿数额，在权利人已经尽力举证，而与侵权行为相关的账簿、资料主要由侵权人掌握的情况下，可以责令侵权人提供与侵权行为相关的账簿、资料；侵权人不提供或者提供虚假的账簿、资料的，人民法院可以参考权利人的主张和提供的证据判定赔偿数额。

权利人因被侵权所受到的实际损失、侵权人因侵权所获得的利益、注册商标许可使用费难以确定的，由人民法院根据侵权行为的情节判决给予五百万元以下的赔偿。

人民法院审理商标纠纷案件，应权利人请求，对属于假冒注册商标的商品，除特殊情况外，责令销毁；对主要用于制造假冒注册商标的商品的材料、工具，责令销毁，且不予补偿；或者在特殊情况下，责令禁止前述材料、工具进入商业渠道，且不予补偿。

假冒注册商标的商品不得在仅去除假冒注册商标后进入商业渠道。

第六十七条第一款 未经商标注册人许可，在同一种商品上使用与其注册商标相同的商标，构成犯罪的，除赔偿被侵权人的损失外，依法追究刑事责任。

《刑事诉讼法》

第一百零一条 被害人由于被告人的犯罪行为而遭受物质损失的，在刑事诉讼过程中，有权提起附带民事诉讼。被害人死亡或者丧失行为能力的，被害人的法定代理人、近亲属有权提起附带民事诉讼。

如果是国家财产、集体财产遭受损失的，人民检察院在提起公诉的时候，可以提起附带民事诉讼。

第一百零二条 人民法院在必要的时候，可以采取保全措施，查封、扣押或者冻结被告人的财产。附带民事诉讼原告人或者人民检察院可以申请人民法院采取保全措施。人民法院采取保全措施，适用民事诉讼法的有关规定。

第一百零三条 人民法院审理附带民事诉讼案件，可以进行调解，或者根据物质损失情况作出判决、裁定。

第一百零四条 附带民事诉讼应当同刑事案件一并审判，只有为了防止刑事案件审判的过分迟延，才可以在刑事案件审判后，由同一审判组织继续审理附带民事诉讼。

《刑事诉讼法适用司法解释》

第一百七十五条 被害人因人身权利受到犯罪侵犯或者财物被犯罪分子毁坏而遭受物质损失的，有权在刑事诉讼过程中提起附带民事诉讼；被害人死亡或者丧失行为能力的，其法定代理人、近亲属有权提起附带民事诉讼。

因受到犯罪侵犯，提起附带民事诉讼或者单独提起民事诉讼要求赔偿精神损失的，人民法院一般不予受理。

第一百七十六条 被告人非法占有、处置被害人财产的，应当依法予以追缴或者责令退赔。被害人提起附带民事诉讼的，人民法院不予受理。追缴、退赔的情况，可以作为量刑情节考虑。

第一百七十八条 人民法院受理刑事案件后，对符合刑事诉讼法第一百零一条和本解释第一百七十五条第一款规定的，可以告知被害人或者其法定代理人、近亲属有权提起附带民事诉讼。

有权提起附带民事诉讼的人放弃诉讼权利的，应当准许，并记录在案。

第一百七十九条 国家财产、集体财产遭受损失，受损失的单位未提起附带民事诉讼，人民检察院在提起公诉时提起附带民事诉讼的，人民法院应当受理。

人民检察院提起附带民事诉讼的，应当列为附带民事诉讼原告人。

被告人非法占有、处置国家财产、集体财产的，依照本解释第一百七十六条的规定处理。

第一百八十条 附带民事诉讼中依法负有赔偿责任的人包括：

（一）刑事被告人以及未被追究刑事责任的其他共同侵害人；

（二）刑事被告人的监护人；

（三）死刑罪犯的遗产继承人；

（四）共同犯罪案件中，案件审结前死亡的被告人的遗产继承人；

（五）对被害人的物质损失依法应当承担赔偿责任的其他单位和个人。

附带民事诉讼被告人的亲友自愿代为赔偿的，可以准许。

第一百八十一条 被害人或者其法定代理人、近亲属仅对部分共同侵害人提起附带民事诉讼的，人民法院应当告知其可以对其他共同侵害人，包括没有被追究刑事责任的共同侵害人，一并提起附带民事诉讼，但共同犯罪案件中同案犯在逃的除外。

被害人或者其法定代理人、近亲属放弃对其他共同侵害人的诉讼权利的，人民法院应当告知其相应法律后果，并在裁判文书中说明其放弃诉讼请求的情况。

第一百八十二条 附带民事诉讼的起诉条件是：

（一）起诉人符合法定条件；

（二）有明确的被告人；

（三）有请求赔偿的具体要求和事实、理由；

（四）属于人民法院受理附带民事诉讼的范围。

第一百八十三条　共同犯罪案件，同案犯在逃的，不应列为附带民事诉讼被告人。逃跑的同案犯到案后，被害人或者其法定代理人、近亲属可以对其提起附带民事诉讼，但已经从其他共同犯罪人处获得足额赔偿的除外。

第一百八十四条　附带民事诉讼应当在刑事案件立案后及时提起。

提起附带民事诉讼应当提交附带民事起诉状。

第一百八十五条　侦查、审查起诉期间，有权提起附带民事诉讼的人提出赔偿要求，经公安机关、人民检察院调解，当事人双方已经达成协议并全部履行，被害人或者其法定代理人、近亲属又提起附带民事诉讼的，人民法院不予受理，但有证据证明调解违反自愿、合法原则的除外。

第一百八十六条　被害人或者其法定代理人、近亲属提起附带民事诉讼的，人民法院应当在七日以内决定是否受理。符合刑事诉讼法第一百零一条以及本解释有关规定的，应当受理；不符合的，裁定不予受理。

第一百八十七条　人民法院受理附带民事诉讼后，应当在五日以内将附带民事起诉状副本送达附带民事诉讼被告人及其法定代理人，或者将口头起诉的内容及时通知附带民事诉讼被告人及其法定代理人，并制作笔录。

人民法院送达附带民事起诉状副本时，应当根据刑事案件的审理期限，确定被告人及其法定代理人的答辩准备时间。

第一百八十八条　附带民事诉讼当事人对自己提出的主张，有责任提供证据。

第一百八十九条　人民法院对可能因被告人的行为或者其他原因，使附带民事判决难以执行的案件，根据附带民事诉讼原告人的申请，可以裁定采取保全措施，查封、扣押或者冻结被告人的财产；附带民事诉讼原告人未提出申请的，必要时，人民法院也可以采取保全措施。

有权提起附带民事诉讼的人因情况紧急，不立即申请保全将会使其合法权益受到难以弥补的损害的，可以在提起附带民事诉讼前，向被保全财产所在地、被申请人居住地或者对案件有管辖权的人民法院申请采取保全措施。申请人在人民法院受理刑事案件后十五日以内未提起附带民事诉讼的，人民法院应当解除保全措施。

人民法院采取保全措施，适用民事诉讼法第一百条至第一百零五条的有关规定，但民事诉讼法第一百零一条第三款的规定除外。[①]

第一百九十条 人民法院审理附带民事诉讼案件，可以根据自愿、合法的原则进行调解。经调解达成协议的，应当制作调解书。调解书经双方当事人签收后即具有法律效力。

调解达成协议并即时履行完毕的，可以不制作调解书，但应当制作笔录，经双方当事人、审判人员、书记员签名后即发生法律效力。

第一百九十一条 调解未达成协议或者调解书签收前当事人反悔的，附带民事诉讼应当同刑事诉讼一并判决。

第一百九十二条 对附带民事诉讼作出判决，应当根据犯罪行为造成的物质损失，结合案件具体情况，确定被告人应当赔偿的数额。

犯罪行为造成被害人人身损害的，应当赔偿医疗费、护理费、交通费等为治疗和康复支付的合理费用，以及因误工减少的收入。造成被害人残疾的，还应当赔偿残疾生活辅助器具费等费用；造成被害人死亡的，还应当赔偿丧葬费等费用。

驾驶机动车致人伤亡或者造成公私财产重大损失，构成犯罪的，依照《中华人民共和国道路交通安全法》第七十六条的规定确定赔偿责任。

附带民事诉讼当事人就民事赔偿问题达成调解、和解协议的，赔偿范围、数额不受第二款、第三款规定的限制。

第一百九十三条 人民检察院提起附带民事诉讼的，人民法院经审理，认为附带民事诉讼被告人依法应当承担赔偿责任的，应当判令附带民事诉讼被告人直接向遭受损失的单位作出赔偿；遭受损失的单位已经终止，有权利义务继受人的，应当判令其向继受人作出赔偿；没有权利义务继受人的，应当判令其向人民检察院交付赔偿款，由人民检察院上缴国库。

第一百九十四条 审理刑事附带民事诉讼案件，人民法院应当结合被告人赔偿被害人物质损失的情况认定其悔罪表现，并在量刑时予以考虑。

第一百九十七条 人民法院认定公诉案件被告人的行为不构成犯罪，对已经提起的附带民事诉讼，经调解不能达成协议的，可以一并作出刑事附带民事判决，也可以告知附带民事原告人另行提起民事诉讼。

人民法院准许人民检察院撤回起诉的公诉案件，对已经提起的附带民事诉

---

① 《民事诉讼法》已于2021年12月24日修正，修正后本条中的“第一百条”调整为“第一百零三条”，“第一百零五条”调整为“第一百零八条”，“第一百零一条”调整为“第一百零四条”。

讼，可以进行调解；不宜调解或者经调解不能达成协议的，应当裁定驳回起诉，并告知附带民事诉讼原告人可以另行提起民事诉讼。

第一百九十八条 第一审期间未提起附带民事诉讼，在第二审期间提起的，第二审人民法院可以依法进行调解；调解不成的，告知当事人可以在刑事判决、裁定生效后另行提起民事诉讼。

第一百九十九条 人民法院审理附带民事诉讼案件，不收取诉讼费。

第二百条 被害人或者其法定代理人、近亲属在刑事诉讼过程中未提起附带民事诉讼，另行提起民事诉讼的，人民法院可以进行调解，或者根据本解释第一百九十二条第二款、第三款的规定作出判决。

第二百零一条 人民法院审理附带民事诉讼案件，除刑法、刑事诉讼法以及刑事司法解释已有规定的以外，适用民事法律的有关规定。

《精神损害赔偿案件适用法律问题解释》

第一条 因人身权益或者具有人身意义的特定物受到侵害，自然人或者其近亲属向人民法院提起诉讼请求精神损害赔偿的，人民法院应当依法予以受理。

第四条 法人或者非法人组织以名誉权、荣誉权、名称权遭受侵害为由，向人民法院起诉请求精神损害赔偿的，人民法院不予支持。

假冒注册商标刑事案件裁判规则第 20 条：

因侵犯知识产权被处以行政处罚或刑事处罚后，再次侵犯商标权构成假冒注册商标罪的，即使行为人与被假冒注册商标权利人达成了赔偿协议，一般也不再适用缓刑

【规则描述】 构成假冒注册商标罪的犯罪分子，若在此前曾经因侵犯知识产权被处以刑事处罚或者行政处罚，或者其拒不交出假冒注册商标所获取的违法所得，即使其符合我国《刑法》第 72 条规定的缓刑适用的一般条件，在此案中也不得适用缓刑。

一、类案检索大数据报告

时间：2022 年 7 月 1 日之前，案例来源：Alpha 案例库，案件数量：329 件，数据采集时间：2022 年 7 月 1 日。本次检索共获取认定假冒注册商标罪中“不适用缓刑”2022 年 7 月 1 日之前 329 篇裁判文书。整体情况如图 20-1 所示，从案件年份分布可以看到当前条件下案例数量的变化趋势。

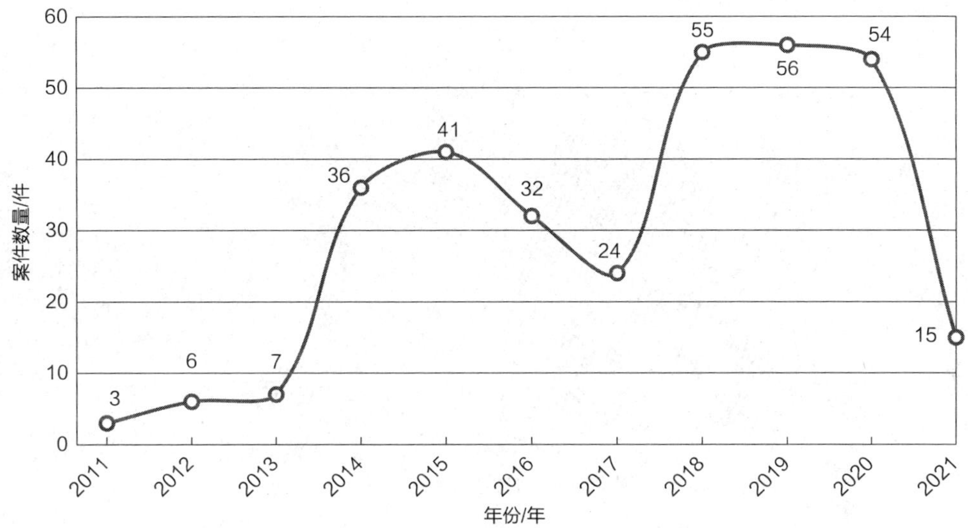

图 20-1　案件年份分布情况

如图 20-2 所示，从地域分布来看，当前假冒注册商标案例主要集中在江苏省、广东省、安徽省，分别占比 29.18%、18.54%、13.07%。其中江苏省的案件量最多，达到 96 件。

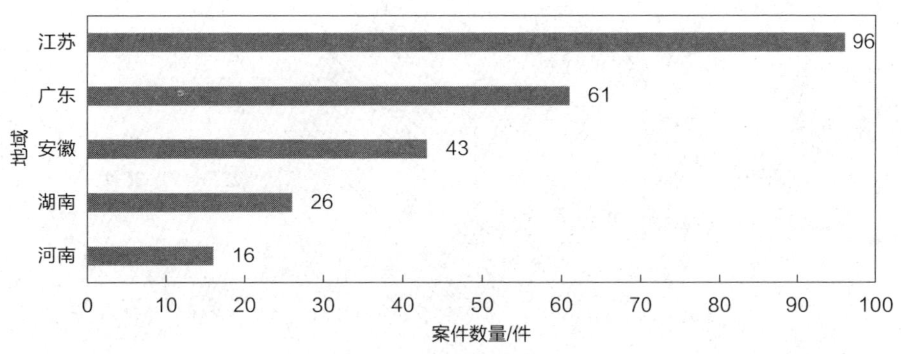

图 20-2　案件地域分布情况

如图 20-3 所示，从案件程序分类统计可以看到假冒注册商标罪当前的审理程序分布状况，其中一审案件有 262 件，二审案件有 64 件，再审案件有 3 件。一审上诉率约为 24.43%。

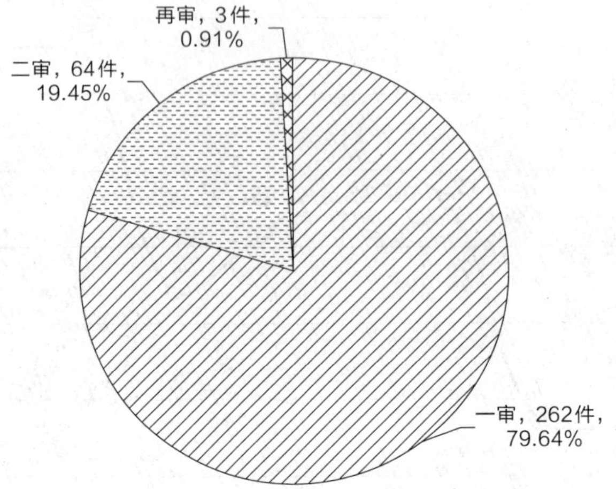

图 20-3　案件程序分类情况

如图 20-4 所示，通过对二审裁判结果的可视化分析可以看到，当前条件下维持原判的有 36 件，占比为 56.25%；改判的有 24 件，占比为 37.50%；其他的有 4 件，占比为 6.25%。

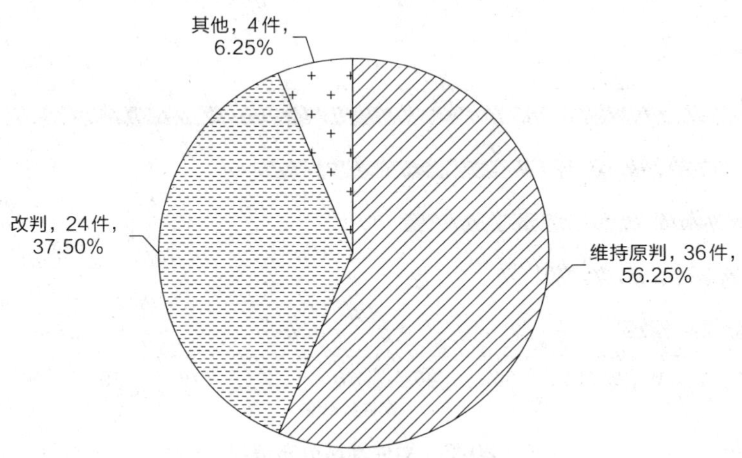

图 20-4　二审裁判结果情况

如图 20-5 所示，通过对再审裁判结果的可视化分析可以看到，当前条件下其他的有 3 件，占比为 100%。

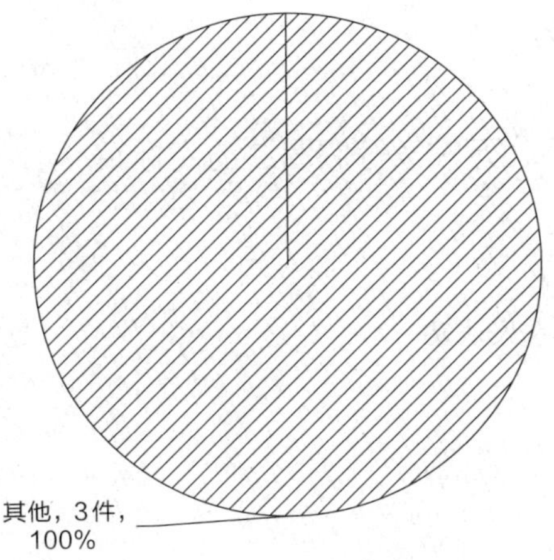

图 20–5　再审裁判结果情况

如图 20–6 所示，通过对主刑的可视化可以看到，当前条件下包含有期徒刑的案件有 282 件，包含拘役的案件有 20 件。其中包含缓刑的案件有 180 件，免予刑事处罚的案件有 1 件。

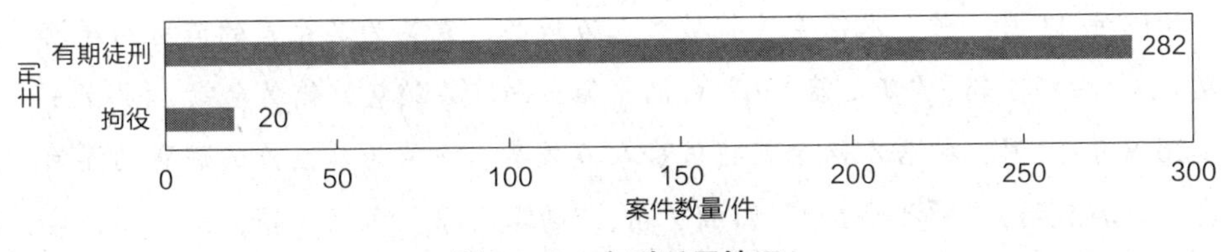

图 20–6　主刑适用情况

如图 20–7 所示，通过对附加刑的可视化可以看到，当前条件下包含罚金的案件有 287 件。

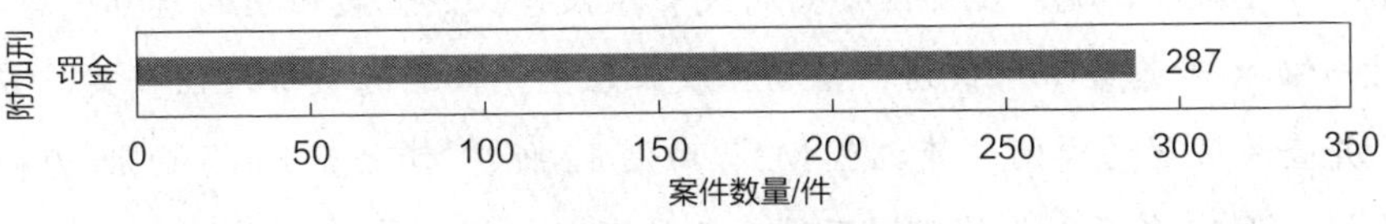

图 20–7　附加刑适用情况

二、可供参考的例案

例案一：徐金某、万蛟某等假冒注册商标案

【法院】

江苏省盐城市中级人民法院

【案号】

（2019）苏09刑初51号

【诉讼主体】

公诉机关：江苏省盐城市人民检察院

被告人：徐金某

被告人：万蛟某

被告人：袁某

【基本案情】

2018年11月，被告人徐金某将被告人万蛟某、袁某为其生产的假冒的洋河“梦之蓝M3”白酒1箱、“梦之蓝M6”白酒1箱，向陈某销售，销售金额1400元；

2018年12月，被告人徐金某将被告人万蛟某、袁某为其生产的假冒的洋河“海之蓝”白酒2箱、“梦之蓝M3”白酒2箱、“国缘淡雅”白酒5箱，向司某销售，销售金额3850元；

2018年12月，被告人徐金某将被告人万蛟某、袁某为其生产的假冒的洋河“梦之蓝M3”白酒20箱、“国缘淡雅”白酒13箱，向董某乙销售，销售金额18550元；

2019年1月3日晚，盐都区公安局民警在被告人徐金某租用的盐都区盐龙街道蟒南村一组×号董某甲家民房，当场抓获正在生产假酒的被告人徐金某、万蛟某、袁某，并查获假冒的洋河“梦之蓝M3”白酒12瓶、“梦之蓝M6”白酒40瓶；“国缘对开”白酒30瓶及大量的假冒高档白酒的酒瓶包装材料、当场查获的假冒白酒未形成实际销售的按市场价格和已形成实际销售按实际销售价格折合人民币17800元。经江苏今世缘酒业股份有限公司、江苏洋河厂股份有限公司鉴别，现场查获的白酒均系假冒洋河、国缘注册商标的白酒。

另查明，被告人徐金某曾因犯假冒注册商标罪于2011年11月18日被法院判处有期徒刑三年，缓刑四年，并处罚金人民币8000元。

【案件争点】

行为人犯假冒注册商标罪被刑事处罚后再次实施假冒注册商标行为构成犯罪的，可否对其适用缓刑。

【裁判要旨】

法院认为，首先，被告人徐金某、万蛟某、袁某未经注册商标所有人许可，在同一种商品上使用与其注册商标相同的商标，情节严重，其行为触犯了《刑法》第213条的规定，构成假冒注册商标罪。其次，被告人徐金某、万蛟某、袁某共同故意犯罪，根据《刑法》第25条的规定，系共同犯罪。被告人徐金某在共同犯罪中起主要作用，根据《刑法》第26条的规定，系主犯。被告人万蛟某、袁某在共同犯罪中起次要作用，系从犯，根据《刑法》第27条的规定，应当从轻、减轻或者免除处罚。再次，被告人徐金某、万蛟某、袁某归案后均如实供述自己的犯罪行为，根据《刑法》第67条第3款的规定，系坦白，可以从轻处罚。被告人万蛟某、袁某系初犯，无前科劣迹，当庭认罪悔罪，确有悔罪表现，且具备社区矫正条件，可以宣告缓刑。最后，被告人徐金某曾因犯假冒注册商标罪被刑事处罚，再次侵犯知识产权构成犯罪，不符合适用缓刑条件。综上，徐金某辩护人认为徐金某应当适用缓刑的相关辩护意见不予支持。

例案二：赵彦某假冒注册商标案

【法院】

江西省赣州市中级人民法院

【案号】

（2017）赣07刑终150号

【诉讼主体】

抗诉机关（原公诉机关）：江西省赣州市南康区人民检察院

原审被告人：赵彦某

【基本案情】

被告人赵彦某自2005年以来从事服装生产，先后在广东省中山市开办过中山市百尚佳制衣有限公司、中山市沙溪镇宇健时装厂。2011年，赵彦某来到原江西省南康市投资开办制衣厂，并分别于2013年5月、2014年8月以其舅妈许某的名义在南康注册了宇健时装厂、健新制衣厂，两厂的经营范围为服装加工、绣花和销售。2012年4月17日，赣州市工商行政管理局执法人员在原南康市南门市场二楼赵彦某经营的厂房内查获假冒“ABERCROMBIE&FITCH”公司（以下简称A&F公司）“ABERCROMBIE&FITCH”（以下简称A&F）、“HOLLISTER”注册商标专用权服装共计9200件、半成品1230件，并对赵彦某作出了行政处罚。2015年3月至9月期间，被告人赵彦某在没有获得“A&F”“HOLLISTER”注册商标所有权人A&F公司授权，也未核实委托生产“A&F”、“HOLLISTER”品牌服装的委托人是否得到授权的情况下，为他人生产制造“A&F”“HOLLISTER”品牌服装。2015年9月29日，南康区公安局民警在南门市场二楼赵彦某经营的服装厂库房内查获“A&F”“HOLLISTER”品牌服装成衣17749件。其中，“A&F”牌加绒带帽长袖卫衣6120件，“A&F”牌翻领短袖T恤7738件，“A&F”牌两侧插袋卫裤413件，“A&F”牌拉链立领棉背心74件，“HOLLISTER”牌翻领短袖T恤2443件，“HOLLISTER”牌两侧插袋长卫裤248件，“HOLLISTER”牌加绒带帽长袖卫衣353件，“HOLLISTER”牌拉链立领棉背心360件。经A&F公司鉴定，在赵彦某经营的健新制衣厂内查获的“A&F”“HOLLISTER”品牌服装为侵权假冒产品。

【案件争点】

行为人因侵犯知识产权被行政处罚后再次假冒注册商标构成犯罪的能否适用缓刑。

【裁判要旨】

一审法院认为，被告人赵彦某未经注册商标所有人许可，在同一种商品上使用两种以上与其注册商标相同的商标，非法经营数额为40822.7元，情节严重，依法应当判处三年以下有期徒刑或者拘役，并处或者单处罚金。公诉机关指控赵彦某非法经营数额为7504090元，证据不足，不予支持。赵彦某主动投案，自愿认罪，大量侵权产品质量与正品存在明显差异且未流入市场，社会危害性较小，可以酌定从轻处罚。被害单位的诉讼代理人谭某求提出，侵权服装数量应以第一次查获的29144件计算。经查，第一次查获的29144件服装内包含非“A&F”“HOLLISTER”品牌的服装，该事实有侦查机关出具的关于扣押服装情况的说明，证人李某1、刘某的证言加以证明，应当予以扣除，诉讼代理人的该意见，不予采纳。诉讼代理人谭某求还提出，被告人的非法经营数额还应当包括查明的已经销售的服装价值。经查，本案没有证据证明被告人赵彦某已经销售的“A&F”“HOLLSTER”品牌服装的具体数量及价值，诉讼代理人的该意见，不予采纳。辩护人提出，赵彦某具有自首情节。经查，赵彦某主动投案后有多次供述，但对其承接生产“A&F”“HOLLISTER”牌服装的时间、数量、客户、“小崔”寄存的部分，是否销售及加工方式等主要事实均未主动如实供述，不符合自首的构成要件，辩护人的该辩护意见，不予采纳。综上，结合赵彦某的犯罪事实、犯罪情节及悔罪表现，对赵彦某判处缓刑已不致再危害社会，决定对赵彦某从轻处罚并适用缓刑。

二审法院认为，原审被告人赵彦某未经注册商标所有人许可，在同一种商品上使用两种与其注册商标相同的商标，非法经营数额在15万元以上，根据《知识产权刑事司法解释》第1条第2款第3项的规定，属于《刑法》第213条规定的“情节特别严重”，应当以假冒注册商标罪判处三年以上七年以下有期徒刑，并处罚金。根据《知识产权刑事司法解释（二）》第3条第1项的规定，因侵犯知识产权被刑事处罚或者行政处罚后，再次侵犯知识产权构成犯罪的，一般不适用缓刑。赵彦某曾经因侵犯知识产权被行政处罚又继续侵犯他人的知识产权，且没有自首情节，因此原审法院对赵彦某宣告缓刑不当，应予以纠正。

例案三：胡燕某、胡某平、杜某刚等假冒注册商标案

【法院】

四川省宜宾市中级人民法院

【案号】

（2017）川15刑终429号

【诉讼主体】

抗诉机关：四川省宜宾市翠屏区人民检察院

上诉人（原审被告人）：胡燕某

原审被告人：胡某平

原审被告人：杜某刚

原审被告人：徐某进

原审被告人：曾某清

【基本案情】

2011年至2015年5月，胡燕某以生产一箱假酒30元至40元的价格雇用其妹妹胡某平在四川省成都市邛崃市“惠城汽修厂”内帮助其生产假冒“五粮液”“国窖1573”“红花郎”“茅台”等名酒。2015年5月，胡燕某将该制假窝点搬至胡某平在成都市邛崃市君平大道临邛镇三好村7组 × 号租住房内继续生产。胡某平生产好

假酒后，胡燕某将假酒存放在邛崃市前进镇华山村一组其岳父家中进行销售。截至2015年10月，胡燕某销售其安排胡某平生产的假冒“五粮液”“国窖1573”“剑南春”等名酒共计3000余箱，非法经营数额达200万元以上。胡某平共应获取报酬约10万余元。

2014年8月至2015年10月，杜某刚经徐某进介绍，以生产一箱假酒50元的价格在其自己位于邛崃市的家中为胡燕某生产假冒“五粮液”“国窖1573”“剑南春”等名酒，共生产假冒“五粮液”约80箱、“国窖1573”约30箱、“剑南春”约30箱，共计140余箱，非法经营数额达86000余元。杜某刚获取报酬7000余元。

2014年7月至2015年10月，徐某进从他人（具体身份不详）处购进伪造的“五粮液”等名酒包装材料，存放在其租用的邛崃市临邛镇滨江路“曲酒三厂”仓库内，雇用曾某清对伪造的“五粮液”等名酒包装材料以箱为单位进行整理配套，每箱6套，徐某进以每箱160～180元的价格向胡燕某销售了共计约300箱，非法经营数额共计5万余元。

2015年10月20日，公安机关在邛崃市前进镇华山村一组假酒仓库查获52度“五粮液1618”酒17箱、52度“泸州老窖1573”酒23箱、52度“剑南春”酒16箱零6瓶、53度“茅台”酒22箱零2瓶、“五粮春”酒31箱、“茅台”酒2瓶、“红花郎”酒4瓶、水晶瓶“五粮液”酒4瓶、“泸州老窖1573”酒7瓶、“泸州老窖1573典藏”酒6瓶、“泸州老窖国窖1573”酒6瓶；在邛崃市君平大道临邛镇三好村7组×号民居中查获52度水晶瓶“五粮液”酒31箱、52度“剑南春”酒5瓶、“五粮液厂徽”商标314枚、“五粮液颈标”300枚、“五粮液酒纸质商标”100枚、“五粮液外防伪标”51枚、“五粮液酒内防伪标”（RFID）40枚、“五粮液专用条码标”14枚、“五粮液防伪标识”说明书31张、“五粮液”水晶瓶瓶盖900个；在邛崃市惠城汽修厂内查获“五粮液”酒19瓶、“茅台”酒2瓶、“剑南春”酒4瓶、“国窖1573典藏”酒4瓶、“五粮液1618”酒60瓶、水井坊酒1瓶、“五粮液防伪标”说明卡6张、宜宾五粮液公司专用标识28张、五粮液空酒瓶7个；在邛崃市前进镇双江村杜某刚家中查获了“五粮液1618”酒1箱、“国窖1573”酒2箱、“茅台”酒手提袋50个、“茅台”酒瓶帽40个；在邛崃市“曲酒三厂”仓库内扣押“五粮液”手提袋、“五粮液1618”外箱、“五粮液”瓶盖、“五粮液”条码和“红花郎”盒子等共计33373个。

【案件争点】

行为人犯非法制造注册商标标识罪后再次实施假冒注册商标行为构成犯罪的，如行为人与被假冒注册商标权利人已达成赔偿协议的，是否适用缓刑。

【裁判要旨】

一审法院认为，胡燕某未经注册商标所有人许可，在同一种商品上使用与其注册商标相同的商标，又销售该假冒注册商标的商品，情节特别严重，其行为已构成假冒注册商标罪。胡某平、杜某刚明知胡燕某未经注册商标所有人许可，在同一种商品上使用与其注册商标相同的商标而为其生产假冒注册商标的商品，其行为均已构成假冒注册商标罪，其中，胡某平属情节特别严重，杜某刚属情节严重。徐某进销售伪造的注册商标标识，情节严重，其行为已构成非法销售非法制造的注册商标标识罪。曾某清明知徐某进销售伪造的注册商标标识而帮助其整理、运输，情节严重，其行为已构成非法销售非法制造的注册商标标识罪。胡燕某、徐某进在共同犯罪中起主要作用，是主犯，应按照其参与或者组织、指挥的全部犯罪予以处罚；胡某平在共同犯罪中虽帮助胡燕某生产假冒注册商标的商品的数量大，时间较长，但仅按照胡燕某安排进行生产，也未参与购进和销售，其未起到主导犯罪的作用，是从犯，依法对其从轻处罚；曾某清、杜某刚在共同犯罪中起次要、辅助作用，是从犯，依法予以从轻处罚。胡燕某、胡某平、徐某进、杜某刚、曾某清到案后如实供述自己的犯罪事实，且在审理过程中认罪、悔罪，依法予以从轻处罚。胡燕某、徐某进、杜某刚案发后赔偿被害单位经济损失，酌情予以从轻处罚。关于胡某平未获取 10 万余元报酬的辩解理由，经查，现有证据虽能根据胡某平所生产的假冒注册商标商品的数量及其供述应获取报酬的金额计算出其应得报酬数额，但不能证实其实际获取报酬的数额，故该辩解理由，予以采纳。根据胡燕某在本案中的犯罪地位、犯罪情节以及社会危害性，足见其主观恶性较深，社会危害性较大，不宜对胡燕某适用缓刑。根据徐某进、胡某平、杜某刚、曾某清的犯罪情节，在共同犯罪中的作用和地位以及所涉犯罪数额，适用缓刑不致再危害社会。徐某进的辩护人的辩护意见的合理部分予以采纳，其余部分不予采纳。

二审法院认为，原审被告人徐某进、曾某清销售伪造的注册商标标识，构成非法销售非法制造的注册商标标识罪。原审被告人徐某进的犯罪情节严重，在共同犯罪中系主犯，依法应当处以三年以下有期徒刑、拘役或者管制，并处或者单处罚金。又因徐某进曾于 2000 年犯非法制造注册商标标识罪，被判处有期徒刑一年六个月，缓刑二年。根据《知识产权刑事司法解释（二）》第 3 条第 1 项的规定，现徐某进又因侵犯知识产权构成犯罪，一般不应再适用缓刑。虽然徐某进在案发后与五粮液公司达成了赔偿协议，但其侵犯知识产权的主观恶性较深，不宜再适用缓刑。检察机关的抗诉理由成立，法院应予采纳。

三、裁判规则提要

（一）缓刑及其适用

缓刑，即刑罚的暂缓执行，是指对触犯刑律，经法定程序确认已构成犯罪、应受刑罚处罚的行为人，先行宣告定罪，暂不执行所判处的刑罚。缓刑由特定的考察机构在一定的考验期限内对罪犯进行考察，并根据罪犯在考验期间内的表现，依法决定是否适用具体刑罚的一种制度。对宣告缓刑的犯罪分子，在缓刑考验期限内，依法实行社区矫正，如果没有《刑法》第 77 条规定的情形，在缓刑考验期满后，原判的刑罚就不再执行，并公开予以宣告。

我国《刑法》第 72 条规定了缓刑的适用条件："对于被判处拘役、三年以下有期徒刑的犯罪分子，同时符合下列条件的，可以宣告缓刑，对其中不满十八周岁的人、怀孕的妇女和已满七十五周岁的人，应当宣告缓刑：（一）犯罪情节较轻；（二）有悔罪表现；（三）没有再犯罪的危险；（四）宣告缓刑对所居住社区没有重大不良影响。宣告缓刑，可以根据犯罪情况，同时禁止犯罪分子在缓刑考验期限内从事特定活动，进入特定区域、场所，接触特定的人。被宣告缓刑的犯罪分子，如果被判处附加刑，附加刑仍须执行。"第 74 条进一步对缓刑的适用对象作出规定："对于累犯和犯罪集团的首要分子，不适用缓刑。"

缓刑的适用条件包括刑期条件、对象条件及实质条件。就具体案件而言，对犯罪分子适用缓刑，其刑期条件必须是被人民法院判处拘役、三年以下有期徒刑的宣告刑；其对象条件分为应当适用与不应当适用两种类型：对犯罪时不满 18 周岁的犯罪分子、审判时怀孕的妇女以及已满 75 周岁的老年人满足适用缓刑条件的应当适用缓刑，并且强调累犯与犯罪集团的首要分子不得适用缓刑；实质条件则侧重于轻型犯罪，即必须情节较轻，属于轻型刑事犯罪，有悔罪表现，不具有再犯可能性。《刑法修正案（八）》对缓刑适用实质条件的修改使得缓刑适用的判断需加入新的考量因素，尤其是对社区影响的考量，即"宣告缓刑对所居住社区没有重大不良影响"。

（二）假冒注册商标罪及其缓刑适用条件

我国《刑法》第 213 条规定："未经注册商标所有人许可，在同一种商品、服务上使用与其注册商标相同的商标，情节严重的，处三年以下有期徒刑，并处或者单处罚金；情节特别严重的，处三年以上十年以下有期徒刑，并处罚金。”《商标法》第 60 条第 2 款规定“对五年内实施两次以上商标侵权行为或者有其他严重情节的，应当从重处罚。”《知识产权刑事司法解释》第 1 条也对“情节严重”与“情节特别严重”作出予以明确，即，“未经注册商标所有人许可，在同一种商品上使用与其注册商标相同的商标，具有下列情形之一的，属于刑法第二百一十三条规定的‘情节严重’，应当以假冒注册商标罪判处三年以下有期徒刑或者拘役，并处或者单处罚金：（一）非法经营数额在五万元以上或者违法所得数额在三万元以上的；（二）假冒两种以上注册商标，非法经营数额在三万元以上或者违法所得数额在二万元以上的；（三）其他情节严重的情形。具有下列情形之一的，属于刑法第二百一十三条规定的‘情节特别严重’，应当以假冒注册商标罪判处三年以上十年以下有期徒刑，并处罚金：（一）非法经营数额在二十五万元以上或者违法所得数额在十五万元以上的；（二）假冒两种以上注册商标，非法经营数额在十五万元以上或者违法所得数额在十万元以上的；（三）其他情节特别严重的情形。”

若犯罪分子的假冒注册商标罪情节特别严重，则要直接适用三年以上十年以下的有期徒刑，此时当然不能适用缓刑，因为其不满足缓刑适用的一般刑期条件：拘役或三年以下有期徒刑。若犯罪分子的假冒注册商标罪情节一般严重，对其是否能适用缓刑，除了刑期条件的考量，还需进一步对象条件以及实质条件。

此外，《知识产权刑事司法解释（二）》对知识产权类犯罪的缓刑适用作出了特别规定：“侵犯知识产权犯罪，符合刑法规定的缓刑条件的，依法适用缓刑。有下列情形之一的，一般不适用缓刑：（一）因侵犯知识产权被刑事处罚或者行政处罚后，再次侵犯知识产权构成犯罪的；（二）不具有悔罪表现的；（三）拒不交出违法所得的；（四）其他不宜适用缓刑的情形。”也即在知识产权犯罪的缓刑适用中，除了要考虑刑法总则部分的对于缓刑适用的一般规定，还须另外考虑以上四种情形。需注意的是，上述情形（一）不属于“累犯不得适用缓刑”的情形。累犯的构成有两次犯罪时间间隔的要求，而前述情形（一）未要求有两次犯罪的时间间隔要求，也不局限于侵犯知识产权犯罪，并将曾因侵犯知识产权而受到过行政处罚也考虑其中。从实质而言，这些情形都反映了该犯罪分子并没有真正的悔罪意识、主观恶性较深，一再侵犯知识产权的行为也反映了行为人具有再犯的风险，故不适合适用缓刑对其进行宽大处理。如在例案二中，虽然一审法院对被告人赵彦某认定适用缓刑，但经公诉机关抗诉，二审法院查明，发现被告人赵彦某并不存在自首情节，且其之前因侵犯知识产权受过行政处罚，因此，二审法院采纳了抗诉机关对其不适用缓刑的抗诉意见，纠正了一审法院的认定。

关于知识产权犯罪类型，我国刑法规定了七个罪名，分别为假冒注册商标罪、销售假冒注册商标的商品罪、非法制造、销售非法制造的注册商标标识罪、假冒专利罪、侵犯著作权罪、销售侵权复制品罪、侵犯商业秘密罪。对触犯其中任一罪名后再次假冒注册商标构成犯罪的，均不适用缓刑。如在例案一中，被告人徐金某虽具有坦白的从轻处罚情节，但其曾因犯假冒注册商标罪于2011年11月18日被判处有期徒刑三年，缓刑四年，并处罚金人民币8000元。这属于侵犯知识产权被刑事处罚后再次侵犯知识产权构成犯罪的情形，依据上述规定，法院驳回了被告人徐金某的辩护人关于其应适用缓刑的辩护意见。在例案三中，原审被告人徐某进曾于2000年犯非法制造注册商标标识罪，被判处有期徒刑一年六个月，缓刑二年。也即在本案之前，其曾因知识产权犯罪而受过刑事处罚，不属于能适用缓刑的情形，故法院驳回了要求对其适用缓刑的辩护意见。

四、辅助信息

《刑法》

第六十七条 犯罪以后自动投案，如实供述自己的罪行的，是自首。对于自首的犯罪分子，可以从轻或者减轻处罚。其中，犯罪较轻的，可以免除处罚。

被采取强制措施的犯罪嫌疑人、被告人和正在服刑的罪犯，如实供述司法机关还未掌握的本人其他罪行的，以自首论。

犯罪嫌疑人虽不具有前两款规定的自首情节，但是如实供述自己罪行的，可以从轻处罚；因其如实供述自己罪行，避免特别严重后果发生的，可以减轻处罚。

第七十二条 对于被判处拘役、三年以下有期徒刑的犯罪分子，同时符合下列条件的，可以宣告缓刑，对其中不满十八周岁的人、怀孕的妇女和已满七十五周岁的人，应当宣告缓刑：

（一）犯罪情节较轻；

（二）有悔罪表现；

（三）没有再犯罪的危险；

（四）宣告缓刑对所居住社区没有重大不良影响。

宣告缓刑，可以根据犯罪情况，同时禁止犯罪分子在缓刑考验期限内从事特定活动，进入特定区域、场所，接触特定的人。

被宣告缓刑的犯罪分子，如果被判处附加刑，附加刑仍须执行。

第七十三条　拘役的缓刑考验期限为原判刑期以上一年以下，但是不能少于二个月。

有期徒刑的缓刑考验期限为原判刑期以上五年以下，但是不能少于一年。

缓刑考验期限，从判决确定之日起计算。

第七十四条　对于累犯和犯罪集团的首要分子，不适用缓刑。

第七十六条　对宣告缓刑的犯罪分子，在缓刑考验期限内，依法实行社区矫正，如果没有本法第七十七条规定的情形，缓刑考验期满，原判的刑罚就不再执行，并公开予以宣告。

第七十七条　被宣告缓刑的犯罪分子，在缓刑考验期限内犯新罪或者发现判决宣告以前还有其他罪没有判决的，应当撤销缓刑，对新犯的罪或者新发现的罪作出判决，把前罪和后罪所判处的刑罚，依照本法第六十九条的规定，决定执行的刑罚。

被宣告缓刑的犯罪分子，在缓刑考验期限内，违反法律、行政法规或者国务院有关部门关于缓刑的监督管理规定，或者违反人民法院判决中的禁止令，情节严重的，应当撤销缓刑，执行原判刑罚。

第二百一十三条　未经注册商标所有人许可，在同一种商品、服务上使用与其注册商标相同的商标，情节严重的，处三年以下有期徒刑，并处或者单处罚金；情节特别严重的，处三年以上十年以下有期徒刑，并处罚金。

第二百一十四条　销售明知是假冒注册商标的商品，违法所得数额较大或者有其他严重情节的，处三年以下有期徒刑，并处或者单处罚金；违法所得数额巨大或者有其他特别严重情节的，处三年以上十年以下有期徒刑，并处罚金。

第二百一十五条　伪造、擅自制造他人注册商标标识或者销售伪造、擅自制造的注册商标标识，情节严重的，处三年以下有期徒刑，并处或者单处罚金；情节特别严重的，处三年以上十年以下有期徒刑，并处罚金。

《商标法》

第六十条第二款　工商行政管理部门处理时，认定侵权行为成立的，责令立即停止侵权行为，没收、销毁侵权商品和主要用于制造侵权商品、伪造注册商标标识的工具，违法经营额五万元以上的，可以处违法经营额五倍以下的罚款，没有违法经营额或者违法经营额不足五万元的，可以处二十五万元以下的罚款。对五年内实施两次以上商标侵权行为或者有其他严重情节的，应当从重处罚。销售不知道是侵犯注册商标专用权的商品，能证明该商品是自己合法取得并说明提供者的，由工商行政管理部门责令停止销售。

《知识产权刑事司法解释》

第一条 未经注册商标所有人许可，在同一种商品上使用与其注册商标相同的商标，具有下列情形之一的，属于刑法第二百一十三条规定的"情节严重"，应当以假冒注册商标罪判处三年以下有期徒刑或者拘役，并处或者单处罚金：

（一）非法经营数额在五万元以上或者违法所得数额在三万元以上的；

（二）假冒两种以上注册商标，非法经营数额在三万元以上或者违法所得数额在二万元以上的；

（三）其他情节严重的情形。

具有下列情形之一的，属于刑法第二百一十三条规定的"情节特别严重"，应当以假冒注册商标罪判处三年以上七年以下有期徒刑，并处罚金：

（一）非法经营数额在二十五万元以上或者违法所得数额在十五万元以上的；

（二）假冒两种以上注册商标，非法经营数额在十五万元以上或者违法所得数额在十万元以上的；

（三）其他情节特别严重的情形。

《知识产权刑事司法解释（二）》

第三条 侵犯知识产权犯罪，符合刑法规定的缓刑条件的，依法适用缓刑。有下列情形之一的，一般不适用缓刑：

（一）因侵犯知识产权被刑事处罚或者行政处罚后，再次侵犯知识产权构成犯罪的；

（二）不具有悔罪表现的；

（三）拒不交出违法所得的；

（四）其他不宜适用缓刑的情形。

《知识产权刑事司法解释（三）》

第八条 具有下列情形之一的，可以酌情从重处罚，一般不适用缓刑：

（一）主要以侵犯知识产权为业的；

（二）因侵犯知识产权被行政处罚后再次侵犯知识产权构成犯罪的；

（三）在重大自然灾害、事故灾难、公共卫生事件期间，假冒抢险救灾、防疫物资等商品的注册商标的；

（四）拒不交出违法所得的。

第九条　具有下列情形之一的，可以酌情从轻处罚：

（一）认罪认罚的；

（二）取得权利人谅解的；

（三）具有悔罪表现的；

（四）以不正当手段获取权利人的商业秘密后尚未披露、使用或者允许他人使用的。

《知识产权侵权惩治意见》

15. 对于主要以侵犯知识产权为业、在特定期间假冒抢险救灾、防疫物资等商品的注册商标以及因侵犯知识产权受到行政处罚后再次侵犯知识产权构成犯罪的情形，依法从重处罚，一般不适用缓刑。

16. 依法严格追缴违法所得，加强罚金刑的适用，剥夺犯罪分子再次侵犯知识产权的能力和条件。

《对数罪并罚犯罪分子缓刑适用问题复函》

根据刑法第七十二条的规定，可以适用缓刑的对象是被判处拘役、三年以下有期徒刑的犯罪分子；条件是根据犯罪分子的犯罪情节和悔罪表现，适用缓刑确实不致再危害社会。对于判决宣告以前犯数罪的犯罪分子，只要判决执行的刑罚为拘役、三年以下有期徒刑，且符合根据犯罪分子的犯罪情节和悔罪表现，适用缓刑确实不致再危害社会的案件，依法可以适用缓刑。

《商标侵权判断标准》

第三十四条　商标法第六十条第二款规定的“五年内实施两次以上商标侵权行为”指同一当事人被商标执法相关部门、人民法院认定侵犯他人注册商标专用权的行政处罚或者判决生效之日起，五年内又实施商标侵权行为的。